JN440591

따뜻한 상상력과 성찰의 시학

이상호 제4시론집

이 상 호

한국문화사

따뜻한 상상력과 성찰의 시학

발 행 일　2013년 2월 10일 초판 인쇄
2013년 2월 15일 초판 발행
지 은 이　이 상 호
꾸 민 이　김 성 아
펴 낸 이　김 진 수
펴 낸 곳　**한국문화사**
등　　록　1991년 11월 9일 제2-1276호
주　　소　서울특별시 성동구 아차산로 3(성수동 1가) 502호
전　　화　(02)464-7708 / 3409-4488
전　　송　(02)499-0846
이 메 일　hkm7708@hanmail.net
홈페이지　www.hankookmunhwasa.co.kr

책값은 뒤표지에 있습니다.
잘못된 책은 바꾸어 드립니다.

ISBN 978-89-6817-009-6 93800

이 도서의 국립중앙도서관 출판시도서목록(CIP)은 e-CIP 홈페이지 (http://www.nl.go.kr/cip.php)에서 이용하실 수 있습니다.
(CIP제어번호: CIP2013000437)

■ 책머리에

모든 것이 위기인 시대에 문학, 그리고 그 하위 갈래인 시라고 온전히 제 존재를 지키기란 애초에 어려운 일이다. 세상 물정이 빠른 속도로 변하는 만큼 시의 위상도 지난날과는 분명 달라질 수밖에 없다. 특히 뭐든 재화와의 교환가치로만 환산하려는 사람들이 대종을 이루는 자본주의의 짙은 그늘에서 재물보다는 사람살이의 진정성에 관한 성찰과 물음에 초점을 맞추는 서정시의 오지랖은 자꾸 좁아지지 않을 수 없다. 설령, 시가 재화를 바꾸는 원천이 되더라도 그 속성상 멀리 돌아가야 하는데, 조급한 현대인들이 그 우회로를 즐거이 따르기란 쉽지 않다.

그럼에도 불구하고 여전히 시가 우리 주변에 홍수를 이루는 점은 어쩌면 참 기이한 현상처럼 보이기도 한다. 시 전문 잡지가 줄어들기는커녕 해마다 늘어나고, 시인 지망생들도 여전하고, 매달 쏟아져 나오는 작품(집)들도 이루 다 헤아릴 수 없이 많은 것을 보면 아직도 많은 사람들이 시에 매혹당하고 있는 것이 틀림없다. 이런 현상을 어떻게 설명할 수 있을까? 물적 자원보다는 지적 자원, 그리고 그것을 현실화할 수 있는 창의력이 주로 상상력을 바탕으로 확장되고 창출된다는 점에서 오늘날 시의 매력은 새로운 인식으로 다가올 만하다. 시적 상상력만큼 깊이와 넓이를 가질 수 있는 양식이 없음을 생각하면 시야말로 상상력을 자극하고 참신한 발상을 갖게 하는 데 중요한 촉매제가 될 수 있다.

그런가 하면, 세계와 자아를 날카롭게 통찰하고 성찰하여 스스로 아름다운 존재로 거듭나려는 노력을 통해서 궁극적으로는 질서 있는 공동체를 만드는 일에 이바지하려는 전통적인 시정신도 새삼 되돌아보아야 할 중요한 시적 가치라고 생각한다. 지나친 오만과 독선으로 자기중심적인 사유와 행동을 하기 일쑤인 현대인들의 행태를 고려하면 왜 지난날보다 더 많은 사람들이 시를 읽고 감동하고 순정한 자기를 찾아가는 경험에 이르기를 바라는지는 저절로 밝혀진다.

이런 뜻에서 나는 이 비평집에 '따뜻한 상상력과 성찰의 시학'이라는 이름을 붙여보았다. 특히 나의 입장은 시란 모름지기 서정성을 바탕으로 할 때 좀 더 영원하고 깊은 감동을 불러일으킬 수 있다고 믿는 쪽이다. 물론 강단에서 시론과 창작론을 가르치다 보면 다양한 경향의 작품들을 만나고 학생들에게 소개하며 시에 대한 편견을 갖지 않도록 하려고 노력하지만, 개인적으로는 예나 이제나 읽는 이의 가슴 깊은 곳을 찌르고 울리게 하는 것은 서정성을 바탕으로 한 시라고 확신한다. 날이 갈수록 사람들의 마음이 메마르고 그에 따라 세상도 점점 각박해지는 것을 염두에 두면 현대인들이 가장 절실하게 되찾아야 할 것은 제 마음의 순정성과 온기라는 점에 대해 아무도 부정하지는 못할 것이다. 나는 서정시를 읽는 마음과 여유가 그런 우리들의 기대를 조금이나마 충족해 줄 수 있다고 믿고 싶다.

어떤 문학평론가는, 사람들이 감동을 통해 스스로 변하는 것은 총칼에 의한 혁명보다도 더욱 강력하다고 했는데, 그의 주장 이면에는 문학적-더 구체적으로는 서정시에 대한 관념이 깔려 있다. 나는 그의 말을 전적으로 신봉한다. 우리가 지금 가장 필요로 하는 것은 남을 탓하기에 앞서 먼저 자신이 변해야 하는 일이다. 그리하여 순정하고 따뜻한 마음을 가진 개인들이 모여 아름다운 공동체를 이루어갈 때, 온갖 이익다툼으로 갈등과 대결이 끊이지 않는 차가운 우리 사회를 따뜻하고 안락하게 가꾸어갈 수 있을 것이다.

나는 그 동안 이런 관점과 취향에서 주로 서정시를 옹호하고. 서정시를 쓰는 사람들의 작품에 대한 남다른 관심을 가져왔다. 그 결실을 네 번째로 엮어낸 것이 바로 이 책이다. 문예지에 발표한 평론과 서평 및 시집 해설 등이 주류를 이루는 이 글들은 목차를 통해서도 드러나듯이 대개 나와 교류가 있거나 친분이 있는 분들의 작품론들이다. 어떻게 보면 대상의 폭이 다소 좁다는 비판을 받을 수도 있지만 그것은 오지랖이 좁은 나의 한계이기도 하지만, 한편으로는 어차피 사회활동이란 인연이 닿는 사람들 사이의 교류라는 점을 감안하면 내 삶의 반경을 일러주는 것이기도 하다. 다만, 시에 대한 나의 열정과 분석력이 부족해 치밀하게 읽지 못한 탓에 그분들의 시를 더 높은 경지로 끌어올리지 못한 것이 아쉬울 따름이다.

좋은 시를 읽게 해준 시인들에게 이 기회를 빌려 감사의 말씀을 전한다. 앞으로도 시에 대한 열정과 세계와 자아에 대한 치열한 인식으로 시의 나라와 우리 사는 세계를 더 아름답게 가꾸어가기를 빈다. 나도 시를 쓰고 연구하고 가르치는 한 사람으로서 앞으로 더욱 뜨겁고 치열하게 살 것을 새삼 다짐해본다. 끝으로, 어려움 속에서도 기꺼이 이 책을 출간해주신 한국문화사에 고마움의 뜻을 표한다.

2013년 초봄

안산벌에서 倘山

■ 차례

제1부

제2부

제3부

제1부

감태준시론 —어두운 도시에서 사람의 집으로
정호승시론 —시의 감칠맛, 또는 아름다운 소통
김수복시론 —핏빛 노을 속에서 발원한 시의 길
장순금시론 —존재를 떠받치는 슬픔의 힘
황미라시론 —낭만적 인식에서 실재하는 이상향으로의 귀환
김상경시론 —하나로 어우러지는 미래를 열망하는 노래
허금주시론 —불멸의 노래에 대한 꿈
강초선시론 —기쁨과 슬픔 사이
조주숙시론 —존재의 불안, 그 너머의 세계에 대한 꿈
김영란시론 —나로부터 우리에게로 이르는 길
권경애시론 —아름다운 구속, 또는 역설의 시학
손옥자시론 —생명에 대한 긍정과 낙관의 힘

감태준시론

—어두운 도시에서 사람의 집으로

1. 치열한 예술정신

감태준은 1972년 『월간문학』 신인상에 「내력」이 당선되어 문단에 등단하였으니 어느덧 40년이란 세월이 흘렀다. 이 기간에 그는 두 권의 시집과 한 권의 시선집밖에 출간하지 않았다. 그는 등단 후 6년만인 1978년에 첫 시집 『몸 바뀐 사람들』[1]을 낸 후 둘째 시집 『마음이 불어가는 쪽』을 9년만인 1987년에 출간했다.[2] 그리고 1991년에 위의 두 시집에서 선별한 작품과 신작 9편을 보태어 감태준시선 『마음의 집 한 채』를 펴냈다.[3]

이렇듯 그가 비교적 과작으로 일관하는 것은 요즘같이 시집이 홍수를 이루는 세상에서 무척 특이하다. 그 까닭을 자세히 알 수는 없지만, 나름대로 객관적인 원인을 찾자면 그것은 아무래도 시에 대한 그의 긴장감 같은 것 때문이라고 생각된다. 즉 시상을 가능한 한 오래 곰삭혀서 가장

---

[1] 이 시집은 2005년 5월에 '문학동네'에서 다시 간행되었다. 원 시집에 있던 황동규의 해설을 허혜정의 해설로 바꾸었을 뿐 작품은 그대로 실려 있다.

[2] 이 두 권의 시집에는 각각 비교적 적은 편수인 40편씩 실려 있는데, 웬만한 시집들이 7-80편씩 실려 있음을 감안할 때 확실히 적은 편수임을 알 수 있다.

[3] 이 기간에 그는 녹원문학상, 윤동주문학상, 한국시협상 등을 수상했다.

정제되고 완성된 시를 써야 한다는 인식에서 기인된 결과로 보인다.[4] 이것은 그가 첫 시집의 서문에서 고백한 시적 인식에서도 어느 정도 암시를 받을 수 있다. 여기서 그는 무엇보다도 시가 예술정신의 소산이라는 점과 함께 '소리'의 중요성을 강조하였다. 시가 예술의 한 양식이라는 지극히 당연한 사실을 그가 새삼 강조하는 데는 그만한 이유가 있을 것이다. 이 시집이 70년대에 출간된 것임을 고려할 때, 그 이유는 당시 이른바 민중시의 범람에 따른 시단의 피폐화 현상에 대한 비판적 인식과 관련이 있다. 말하자면 시와 비시의 경계를 넘나드는 구호 같은 사이비 시들이 홍수를 이루면서 오히려 예술적 인식을 견지한 서정시를 쓰는 시인들이 매도되는, 전도된 가치가 횡행하는 이상한 시류에 대한 그의 뼈아픈 성찰이라고 할 수 있다.

'리듬 있는 언어로 이루어진 형식'이라는 시의 정의가 바뀌지 않는 한 예술정신의 소산으로서의 시란 무엇보다도 먼저 '소리'(리듬)가 되어야 하며, "소리 없는 시는 시의 근본에 대한 노력을 포기한 것"이라는 감태준의 시정신은 매우 온당하다. 예술작품이란 결코 의미의 전달만을 목표로 하지 않기 때문이다. 비록 결과적으로는 의미의 전달에 결부된다고 하더라도 먼저 그 의미를 어떻게 전달하느냐 하는 문제가 전제되지 않을 때는 시에서 사상이나 철학, 또는 윤리 도덕과의 변별적 자질이 사라지고 만다. 그렇다면 그 생리상 많은 인내와 고민을 동반할 수밖에 없는 우회적인 전달과정을 추구하는 시를 굳이 쓰고 읽을 이유가 없지 않는가. 이런 점에

---

[4] 이 글을 한창 쓰던 중에 마침 그와 자리를 함께 할 수 있는 기회가 있어서 궁금증 몇 가지를 슬쩍 물어보았더니 내 짐작이 맞았다. 그에 의하면 두 권의 시집에 똑같이 40편씩밖에 작품을 싣지 않은 것은 마음에 들지 않는 것들을 이것저것 제외하다 보니 자연스레 편수가 적어졌고 각각 40편씩 묶인 것은 우연한 것이라고 하였다. 그리고 둘째 시집을 낸 이후에 쓴 작품들은 대략 100여 편 정도 되며 곧 시집을 낼 것이라고 했다. 덧붙여 그는 발표한 작품들을 챙기는 버릇이 없어서 찾지 못해 시집에 누락된 것도 꽤 될 것이라 했다.

서 어디까지나 '시는 시다워야 한다'는 그의 주장은 진부한 것 같지만 여전히 진리로 통한다. 물론 시를 시답게 만드는 요소는 여럿이 있지만 그 중에도 리듬의 문제는 가장 근본적인 것이다. "어느 시대에나 진정 잘 된 시에서 적절한 음악의 형식은 발견되어야 한다."[5]는 주장은 바로 시에서 리듬이 얼마나 중요한 요소인가 하는 점을 잘 일깨워준다.

한편, 감태준이 지적하는 시에서의 '소리'는 단순한 리듬의 문제만을 가리키지 않는다. 그는 시의 근본으로서의 '소리'는 "인간의 살아 있는 목소리"이어야 한다고 주장하여 소리와 내용(의미)의 유기적 관계에 대한 문제까지 제기한다. 그는 '시가 생의 기록'이라는 사실이라는 점에서 "그 기록 속에는 인간의 소리가 들려야" 하는데, 인간의 소리란 곧 '생에 대한 가치의 식별'을 의미한다고 구체화한다. 그렇지 않을 때에는 "과거에 대한 향수 또는 불확실한 미래를 지레 보아 버리는 등의 서글픈 낭만의 소산이지 예술정신으로서의 시라고는 할 수 없을 것"이라고 일갈한다.

요컨대, 그가 주장하는 예술정신의 소산으로서 "인간의 살아 있는 목소리"를 표현하는 시란 소리(리듬)와 내용이 서로 겉돌지 않고 상생하는 것, 또는 유기적으로 잘 조화되어야 한다는 것을 뜻한다. 이때 리듬이란 인간의 육체와 정신을 살아 있게 하는 생명으로서의 호흡이나 맥박과 같은 것인 동시에 개인을 넘어서서 우리 삶의 본질과 보편성을 노래하는 것과 관련이 있다. 이렇게 보면 감태준의 시정신의 핵심은 예술정신이 충만한 서정시로서 '생에 대한 가치의 식별'에 관한 내용을 그에 걸맞은 리듬으로 풀어내는 것으로 집약할 수 있다.

---

5 김우창, 「시의 리듬에 대하여」, 『세계의 문학』, 1999 봄호, 204쪽.

2. 살아 있는 시의 리듬

감태준의 시에 관해 쓴 평설들을 살펴보면, 주로 내용에 대한 언급 일색으로 되어 있을 뿐 리듬에 대한 문제를 구체적으로 다룬 글은 없다.[6] 그렇지만 앞서 보았듯 감태준의 시정신에서 리듬의식은 무엇보다도 중요한 사안이다. 그 결과 그의 시에서도 초기에서부터 줄곧 리듬의식이 강력하게 표면화된다. 그만큼 그는 시에서 리듬의 중요성을 인식하고 자기 나름의 내밀한 시적 리듬을 찾기 위해 세심하게 주의를 기울였던 것이다. 그의 시적 리듬의 특성을 엿보기 위해 먼저 『몸 바뀐 사람들』의 첫 머리를 장식한 작품 한 편을 인용해본다.

> 다시는 만나지 않겠다 서울을 두번 보고
> 나간 사촌은,
> 고향에서
> 놀던 바다에서도 단독무늬로 밀려밀려,
> 많았던 색깔도 없이
> 그늘로만 밀려,
>
> 밀리면서 밀리지 않는다 한번
> 밀린 뒤에 밀리지 않았다 또 한번
> 고개를 저으면서,
>
> 線은 살아 그래도

---

6 다만, 황동규가 『몸 바뀐 사람들』의 해설에서 "끈질긴 감태준의 리듬"(91쪽), "정교한 그의 리듬", "요란스럽지 않으면서도 힘을 지닌 그의 리듬"(102쪽)이라고 언급함으로써 감태준 시의 리듬에 대해 처음으로 관심을 가졌으나 이런 정도로 문제제기만 할 뿐 더 구체적인 언급은 하지 않았다. 그 이후 다시 간행된 『몸 바뀐 사람들』의 바뀐 해설에서 허혜정이 잠시 언급했으나 (90-91쪽) 모호하고 관념적으로 개괄했을 뿐 실제 작품을 통해서 뒷받침할 만한 구체적 분석은 보여주지 않았다.

사촌은 말끝마다 주먹을 그리고,
내가 이제 어쩌겠느냐
늙은 바다는 하나 둘 동백이 지고 있었다

—「선(線)은 살아」 전문

이 작품은 감태준 시의 리듬의 특성이 고스란히 드러난다. 이 시에서 드러나는 리듬은 감태준의 세계인식을 담아내는 독특한 목소리로서 그의 시에 역동성과 감칠맛을 부여하는 요소이다. 특히 현대 자유시에 와서 전통적인 리듬 유형에 해당하는 음수율이나 음보율과 같은 형식은 현저히 자취를 감추었으나 주로 어휘나 어구 또는 통사적 반복(병렬) 같은 유형은 현재까지도 그 생명력을 유지하고 있다. 그것들이 대체로 단순한 반복(리듬)을 통한 강조의 의미를 드러내는 데 비해, 이 시에서는 다양한 형태를 통해서 형식미를 강화하는 동시에 시적 의미와의 유기적 관계를 이루고 있다는 점에서 감태준식 리듬의 특징을 선명하게 드러낸다. 이는 리듬 분석을 통해 확인된다.

이 시에서 리듬을 형성하는 핵심 어휘는 물론 '밀리다'이다. 이 어휘가 총 7번에 걸쳐 사용되고 있는데 그 형태는 모두 다르다. 즉, 그것은

① 밀려밀려
② 밀려
③ 밀리면서 밀리지 않는다
④ 밀린 뒤에 밀리지 않았다

와 같이 변화된다. 이것을 자세히 들여다보면 ①에서 ④로 이행되면서 '밀림'의 의미가 점점 약화된다. 즉 반복(연속성) → 1회성 → 밀림과 버팀의 중첩 → 밀림의 단절 등으로 밀리는 형태가 차츰 변화되어간다. 이를 통해 시적 화자가 바라보는 '사촌'의 삶은 수동적인 태도로부터 점점

의지적인 태도로 바뀌고 결국 밀리지 않는 모습으로 종착된다. 시에서 대부분 생략되고 암시적으로만 표현되어 있지만, 사촌은 (살기가 힘든 고향에서 밀려) 서울로, 다시 서울에서도 (살기 힘들어) 밀려 고향으로 가고, 고향에 내려가서도 바다에서 고립되어 희망 없는 존재로 전락된다. 막다른 골목에 이르러 이제 더 이상 밀릴 곳이 없다는 위기의식에서 그는 완강하게 버티어 보려고 한다. 그의 마음속에 살아 있는 線(삶을 지속하려는 의지)이 끝없이 밀려다니는 존재에 대한 울분을 토하고 용기를 갖게 하는 것이다.

그런데 문제는 더 이상 밀리지는 않지만 결국에는 모든 것을 체념할 수밖에 없는 처지가 되었다는 점이다. 그것은 '늙은 바다'와 '동백이 진다'는 표현에 암시되어 있듯이 그에게는 이미 바다를 경작할 만한 힘이 없는 무기력한 존재인 까닭에 고향에서마저도 희망을 찾을 수 없다고 판단한 결과이다. 따라서 이제 더 밀릴 곳도 없는 '사촌'의 운명은 진퇴양난의 막다른 골목에 다다라 다른 곳으로 밀리지만 않을 뿐 실제로는 밀리는 것보다 더 기막힌 형국에 처해 있다.

이 분석을 통해서 보다시피 감태준 시에서 리듬은 단순히 매끄럽게 읽히는 작용 이상의 시적 의미를 심화하는 기능을 갖는다. 그런 까닭에 이 시는 리듬과 그 이면에 깔려 있는 내밀한 의미를 도외시하고 읽을 때에는 제대로 이해하기 어렵다. 이렇듯 감태준 시에서 리듬은 시에 음악성을 부가하는 동시에 논리적 의미를 발전시키는 기능으로 작용함으로써 소리와 의미의 유기적 관계를 강화한다.

리듬은 자연스럽게 형성되는 것이 아니라 의도적으로 만들어진 것이어야 진정한 형식미가 부여된다는 점을 고려할 때, 감태준의 시에 드러나는 리듬은 매우 치밀한 의도로 이루어진 값진 결과라 하지 않을 수 없다. 그만큼 그의 시정신에는 리듬에 대한 섬세한 인식이 깔려 있다. 특히, 나의 과문 탓인지는 모르겠으나, 20세기 후반기의 현대시에서 이렇게 리듬에 대한 인식을 뚜렷이 가진 작품을 찾기 어렵다는 점에서 그의 시는 충분히 우리의 주목에 값할 만하다. 감태준의 전체 시를 일별하면 일일이 열거하기도 힘들 정도로 리듬의식이 뚜렷이 드러나는 작품들이 빈번하게 발견되는데, 이는 그가 "소리 없는 시는 시의 근본에 대한 노력을 포기한 것"이라는 초심을 항상 견지하고 있음을 증명하는 것이다.

3. 감태준의 세계인식과 의식의 지향성

누구나 그렇듯이 현실이 고통스러울수록 어린 시절에 근심 없이 뛰어놀던 고향에 대한 그리움은 더욱 짙어지게 마련이다. 감태준의 시에서도 고향(또는 바다)에 관련된 시어나 이미지들이 자주 등장한다. 물론, 그의 시에서 고향은 단순히 태어나서 어린 시절을 보낸 장소만을 의미하지 않는다. 그것은 하나의 원형질 같은 것이다. 이를테면 '생에 대한 가치의 식별'을 통해서 그가 도달하고자 하는, 인간다운 삶을 실현할 수 있는 미지의 시간이자 공간이기도 하다. 이렇게 보면 그의 시는 낙원을 탐색하고 찾아가는 도정이라고 할 수 있는데, 이제 그의 시를 통해서 그 도정이 어떻게 변모되는지 그 길을 따라가 보기로 한다.

1) 바다와 도시 사이에서 표류하는 존재인식

감태준의 작품들을 꼼꼼히 읽어 보면 그가 지향하는 세계인식의 큰 줄기가 이미 등단 작품에 하나의 밑그림처럼 투영되어 있음을 알게 된다. 등단 작품을 쓸 때 자신의 시적 생애에서 가장 고심하고 심혈을 기울인다는 점을 고려할 때, 등단 작품은 그 시인의 시적 세계가 어디로 열려 있는지 가늠할 수 있는 중요한 지도가 된다. 감태준의 등단 작품 역시 그 범주에서 크게 벗어나지 않는다. 그의 등단 작품인 「내력(來歷)」은 비교적 긴 길이만큼이나 마치 그가 앞으로 펼쳐갈 시적 역정을 시사하는 많은 사유들을 담고 있다. 긴 시인 관계로 전문인용은 피하고 이 작품에서 주목되는 부분만을 발췌해보면 이렇다.

기억의 해변에는
꼬리 긴 초침의 행렬,
거기 숨은 나를 캐는
형성의 설익은 동작에서도
꽃게만 가려내는 어린 날의 착한 혼들,
잃어버린 이마여

어머니의 긴긴 모래밭에서
우리가 완전한 평화를 짓고 있을 때,
나의 신선한 눈동자를
달려온 햇살들은 증명하고,
해일은 늘
아득한 곳에서 돌아섰다

들여다보면
고요한 영혼의 안팎,
목마가 살아 있는 과거 속으로
오색 나의 깃발은 뛰쳐나가고
한줌의 순수, 반짝이는 유리구슬을 버리면서
그때 나는 사나이들의 고독을 보았다.
- 1-3연

보이지 않는 年代의

한 끝으로부터
무변을 날고 있는
한 마리 심약한 새의 방황과
시야에서 물살짓는 사나이들의 우수는
아아, 미래의 내 것으로 다가오고 있었다

그렇다 못질한 꿈속까지,
폭력의 시린 삽 끝에 찍혀나간
도시는 위대한 첨탑으로 치솟고,
어머니의 해변에는
밤마다 떨리는 한 청년의 생애가 있었다
- 6-7연

먼 수평을 돌아드는
허기진 바람의 부피를 가누면서
나를 외면한 난파의 물결 속에서
표류하는 나의 주소,
나의 모반은 아직 떠오르지 않은
달을 기다리며,
항구로 상륙하는
저 밀물들의 습관을 엿보고 있다
- 끝 연

—「내력(來歷)」 부분

이 시 한 편에는 매우 복잡한 감태준의 세계인식이 담겨 있다. 이를 통해서 우리는 앞으로 감태준의 시적 편력이 어떻게 전개될 것인가 그 실마리들을 엿볼 수 있다. 일일이 분석하는 것을 피하고 전체 의미망을 조망하기 위해 이 시에 드러난 몇 가지 주요 사항들을 대립적인 관점에서 간추려보면 다음과 같다.

시간	어린 날(과거)	현재	미래
공간	해변(바다, 고향)	도시, 첨탑	(지향 대상으로서의 낙원)
	(수평적)	(수직적)	
인식	착함, 순수	폭력(악함, 타락)	
	평화	보이지 않는 年代 (불안, 두려움)	
	고요한 영혼	고독, 우수	
행위	(정착)	방황, 표류	
	(안주)	모반	

이 대비를 통해 선명하게 드러나듯 감태준의 인식 속에서 과거와 현재는 사뭇 대조적이다. 어린 시절이 오로지 긍정적 사안들로만 구성되어 있는 반면에 현재는 모두 부정적 내용들로 점철되어 있다. 시적 자아가 현재 도시 공간에 거주하므로 그는 한없는 외로움과 불안감에 젖어 현실을 그대로 받아들이며 살기 힘든 상황에 처해 있다. 이 때문에 그는 방황(표류)하며 그 현실을 벗어나기 위한 모반의 꿈에 젖는다. 모반은 필연적으로 새로 도달하고 싶은 제3의 어떤 상황(장소, 시간)이 상정되는데, 이 점을 고려하여 감태준의 인식 속에 자리 잡은 주요 상상력을 시간과 공간 차원에서 도식화하면 다음과 같다.

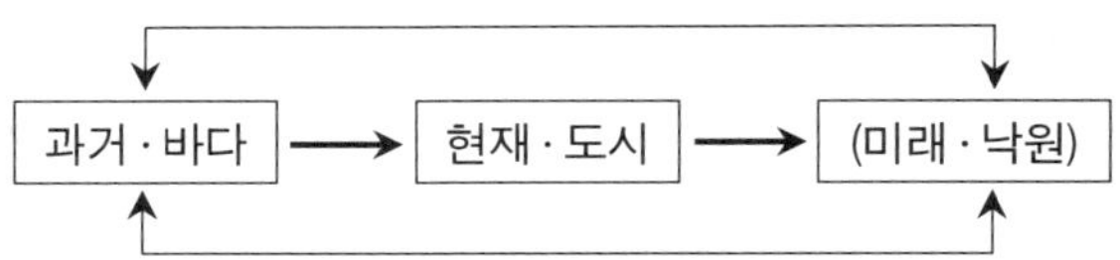

감태준 시에 드러나는 의식구조의 근간을 분석하면 대개 위와 같은 세 층위로 집약된다. 이는 두 가지 차원에서 접근할 수 있다. 하나는 자연적 시간의 흐름인 과거 → 현재 → 미래로 이행되는 선이고, 다른 하나는 서정시가 대체로 현재의 정서를 바탕으로 한다는 점을 고려한 정서적(문학적) 시간의 관점에서 현재로부터 과거와 미래로 각각 갈라지는 대립된 지향성이다. 이 가운데 과거지향성은 의식 속에서만 가능한 퇴행의식과 관련이 있는 반면에 미래지향성은 노력 여하에 따라서는 실현이 가능하기도 하다. 물론 인간의 역사와 경험이 증명하듯이 인간들이 궁극적으로 도달하고자 하는 미래의 낙원은 어디까지나 갈망의 대상일 뿐 현실에서 실현될 가능성은 매우 희박하다.

그래서 그럴까, 감태준은 현실 부정으로부터 새로운 세계에 대한 지향의식을 갖고는 있지만 구체적인 표현을 하지는 않고 주로 경험된 세계인 어린 시절의 모습만을 그린다. 우리는 이를 통해서 현대인들이 갈망하는 미래 낙원의 모습이 어떤 것인지 단지 짐작할 수 있을 뿐이다. 즉 과거가 현재와 대조적인 관계를 갖는다는 점에서 그가 꿈꾸는 미래의 낙원의 모습은 평화가 구현된 것인데, 이를 위해서는 도시를 만들고 살아가는 '사나이들(꾼, 놈)'이 악하고 타락된 존재로부터 착하고 순수한 존재로 거듭나서 다시 '몸이 바뀌어야' 한다. 그러면 이제 이것을 토대로 감태준 시에 드러나는 의식구조를 좀 더 구체적으로 해명하기 위해 현재 도시에 관한 그의 인식을 들여다보는 것으로 논의의 실마리를 풀어보기로 한다.

먼저, 그가 바라보고 인식하는 '자정직전의 도시는/ 발끝까지 검은 머리를 날리며 폐허로 뛰쳐나가고' '내 신경의 등피마다/ 끈질기게 달라붙는 불안의 개미떼'로 인하여 나는 '뿌리 뽑힌 25세'가 되어 '길이 많아서/ 요약되지 않는 길을 배회'(「길 · III」)하며, '사나이들은 산 채로 겨울비에 갇'혀 '조용히 아주 소리없이 소리치'고 '네 금간 이마에 날아앉은 새도 얼어붙'게 하는 '서울'(「겨울 비」)이다. 또한 아이들은 '서로 키 큰 나무'라고 우기거나 '제가 곧 나무의 나무'(「두 아이」)라고 주장하며 남을 딛고 서려고 하는가 하면, '골목에 띄엄띄엄 널려 있는 몸들은 그예, 線도 하나 색깔도 하나, 대체 내가 지금 어느 몸속으로 들어가고 있는지'(「내게 묻는 말」) 모르고, '우리는 하나같이 물든 자도 하나같이/ 드러난 색깔은 모두 지워져' 정체성을 상실한 채 빨래처럼 널려 '풀풀 날리는 얼굴'(「몸 바뀐 사람들」)로 '잃어버린 바다를 서러워'(「죄인」)해야 한다. 그래서 때로는 '주먹'(「겨울 비」)을 쥐어 보기도 하고 바다를 그리워해 보기도 하지만 '바다는 오지 않고' '어쩔 수 없'이 '어린 날의 푸른 파도는/ 그림 속에서 나'(「북두칠성이 빛날 때」) 만나며 대리만족에 급급할 따름이다. 이러한 서울이기에 '서울을 보면 슬퍼지는지 도로 눈을 감는' '그 사람'처럼 '나도 잠깐 눈을 감고 싶다'(「그 사람」)고 한다. 즉 스스로 도시를 외면함으로써 거기서 일탈하려고 한다.

그런데 문제는 이러한 도시를 그가 자의적으로 선택했다기보다는 시류에 따라 흘러왔다는 점이다. 즉 '시간의 희고 검은 손들이 나를 밀어붙일 때,/ 잔물결처럼 밀려온 도시'이며 '흘러온 서울'(「첫 번째 향수」)이다. 그의 시에는 '밀리다'라는 어휘가 자주 등장하는데 이는 어른(사나이: 순수성을 잃어버림)으로 성장하는 것이라든지 삶의 방편을 위해 도시로 이주하는 일들이 어쩔 수 없는 일이라는 점과 더불어 타의에 의해 소외되는 것을 암시하기도 한다. 그가 서울로 흘러들어온 것이 자의적으로 선택한 길이 아니기 때문에 그의 시에서 '후회'라는 말은 거의 찾아보기 어렵다. 그 대신에 때때로 '심약한 나의 줏대'로 인해 '나의 평화는/ 시장을 만나고/ 많은 죄를 만'나면서 '나로부터/ 처녀림이 끝났다'(「갈망의 뜨락」)는 것에 대해 부끄러움을 느낀다.

악에 대한 증오와 수치심[羞惡之心]을 갖는 것은 자신을 개선하는 원동력이 되듯이 감태준도 현실적 자아에 대한 성찰로부터 부끄러움을 느끼면서 더러는 '전에는 나였던 백합/ 갈 수 없는 골짜기에/ 반짝이는 빛과 유리'의 시절에 대한 향수에 젖고, 때로는 '적료한 슬픔 앞에, 나는 혼자 발을 씻'(「첫 번째 향수」)는 속죄의식을 갖기도 한다. 또 어느 때는 '정신은 나의 부끄러운 육체를 떠나/ 다른 나를 기다'(「갈망의 뜨락」)리며, '대체 내가 지금 어느 몸속으로 들어가고 있는지, 아시는 분 없습니까, 내가 어디 있습니까?'(「내게 묻는 말」)라고 반문하기도 한다.

그런데 감태준의 시에서 그리움에 관련된 퇴행의식은 그리 많지 않다. 그것은 의식 속에서나 가능할 뿐 현실적으로는 실현 불가능한 부질없는 것임을 인식한 때문인 것으로 보인다. 그래서 그는 과거에 대한 그리움보다는 속죄의식이나 새로운 자아에 대한 탐색정신, 또는 '단 한 알의 이슬이/ 바다를 기다린다'(「내게 묻는 말」)는 것과 같은 기다림의 자세를 더 중요하게 여긴다. 그러면서도 그의 탐색과정에서 주목되는 것은 '미움과 사랑의 상가에서/ 나는 늘 내 이름을 찾아다닌다'(「첫 번째 항수」)는 구절에서 보이는 바, 그가 이른바 '양가치(兩價値)' 혼란을 겪는다는 점이다. 이는 심리학적으로 두 개의 가치 사이에서 번민과 갈등을 겪는 것을 의미한다. 즉 이쪽을 선택할 수도 없고 저쪽을 선택할 수도 없는 진퇴양난의 입장이 되는 것을 말한다. 가령, 도시에 발을 붙이고 살면서 마음은 바다(유년기)를 향하고 있는 양상 같은 것을 들 수 있다. 현실적 삶을 영위하기 위해서는 어쩔 수 없이 도시를 떠날 수 없으면서도, 도시에서는 많은 번민과 고통에 시달릴 수밖에 없기 때문에 마음은 늘 그곳으로부터 이상적인 세계로 떠나기를 갈망한다.

그러나 낙원은 아득한 어린 시절에 잠시 존재했거나(사실 이것도 현실을 인식하지 못하는 순진한 상태에서 느낀 것이다) 지상에서는 존재하기 어려운 장소이기 때문에 현실적으로는 도저히 도달할 수도 없다. 그리하여 그는 상가에서 '미움과 사랑'을 동시에 느끼는가 하면, '바다와 도시, 믿음과 싸움의/ 두 배경 사이에서' 방황과 갈등을 거듭하다가 결국 '거리의 저편/ 바다로 가는 길목에서/ 나는 한 그루/ 육중한 나무로 서고 싶다'(「길 · IV」)는 모습으로 타협을 한다. 현실적으로 도시로부터 벗어날 수는 없고, 그렇다고 '유죄로서 끝까지/ 내가 혼자 남'(「내게 묻는 말」)지 않기 위해 기다리는 그 바다에도 도저히 도달할 수 없다는 판단에서 그는 방황(표류)하는 자아를 구원할 수 있는 길로 두 공간의 길목에서 '한 그루 육중한 나무로 서'는 것을 택하려 하는 것이다.

물론, 도시와 바다의 길목에서 한 그루 육중한 나무로 서는 일은 그가 '싶다'라고 표현했듯 소망이지 실현된 것은 아니다. 뿐만 아니라 그것은 현실적으로 어쩔 수 없는 상황에 의한 타협이므로 온전히 낙원에 이르는 방법도 되지 못한다. 그렇다면 낙원에 이르는 참다운 길은 무엇일까? 그 대답을 우리는

> 저녁 한 때 엿듣는 말씀이 있다
> 사랑하라 오직 자신을 위해서
> 서로 장작이 되거라
>
> —「아버지의 겨울」 부분

라는 구절에서 확인할 수 있다. 감태준은 겨울과 어둠을 극복하는 지혜를 아버지의 말씀에서 얻는다. '서로 장작'이 되라는 것은, 장작불은 그 따스함으로 겨울을 녹일 수 있으며, 그 빛으로는 어둠을 밝힐 수 있기 때문이다. 그래서 서로 추위를 녹여주고 어둠을 밝혀줄 수 있는 '사랑', 즉 이타 정신을 가지라고 아버지가 타일렀던 것이다.

그런데 여기서 주의할 것은 '오직 자신을 위해서'라는 구절이다. 이것을 오해하면 이기주의로 들리지 모르지만, 그런 의미가 아니다. 남이 먼저 행복하지 않으면 자신도 행복해질 수 없기 때문에 '오직 자신을 위해서'도 먼저 남을 사랑해야 한다는 것이다. 그러니까 이것은 순서의 개념이지 이기주의의 소산이 아니다. 이는 결국, 진정한 사랑이란 나를 위한다는 인식에서부터 출발하지만(그래야 더욱 절실한 문제로 다가오니까), 실천

은 먼저 남을 위한 일로부터 시작되어야 한다는 것을 의미한다.

이처럼 감태준은 겨울과 어둠으로 인식되는 도시에서 그것을 극복할 수 있는 길로서 아버지의 사랑방식을 헤아려 본다. 그는 그런 사랑의 구체적인 한 모습으로서 서로 자신이 크다고 우기는 아이들을 보며 '아마도 저들이 낙엽을 읽고 낙엽의 아름다움을 깨우치면 저 헛된 잎을 하나하나 벗어가는 아이가 되겠지'(「두 아이」)라는 구절을 통해서 드러낸다. 즉 사랑은 스스로 헛된 욕심을 버리는 일로부터 시작된다는 것이다. 나의 판단에 의하면 이 문제는 감태준의 시적 역정에서 가장 중요한 귀결점이라고 생각된다.

2) '사람의 집' 에 대한 갈망

갈 곳을 찾지 못하는 '작은 새'는 곧 '큰 짐승'(「어디서 큰 짐승이 울고 있다」이기도 하다는 암시로부터 시작되는 감태준의 둘째 시집 『마음이 불어가는 쪽』은 몇 가지 측면에서 첫 시집에 보인 특성이 지속되기도 하지만, 그보다는 더 많은 부분에서 새로운 인식과 변화를 보여준다. 가령, 끈질긴 리듬의식, 도시에 대한 부정적 인식, 끊임없는 탐색과 반문, 종종 드러나는 대립적 세계인식 등의 측면에서는 지속성을 보여준다. 그 반면에 어린 시절에 대한 그리움이 많이 사라지고, 사나이와 꾼과 놈이라는 어휘들이 거의 자취를 감추는 대신에 가족과 새의 이미지가 빈번하게 등장하고, 떠밀리기보다는 자의적으로 옮기려는 의지적 모습이 보이며, 서울로 옮겨온 연유와 거기서 펼쳐지는 삶의 정황이 다양하고도 구체적으로 드러난다. 또한 시인이 지향하는 미래나 꿈에 대한 실체가 구체화되고, 이상적 세계를 지향하는 도정과 그 변화의 과정이 확연히 드러나며, 그 밖에 서정시를 바탕으로 하면서도 서사성과 대화체의 삽입을 통한 극성을 적절히 가미하여 시적 생동감을 강화했다는 점 등에서 많은 변화를 보여준다.

첫 시집(초기 시)에 대비할 때 드러나는 이러한 동질성과 이질성을 고려하여 논의의 편의상 둘째 시집 『마음이 불어가는 쪽』(중기 시)에 투영된 감태준의 의식구조를 분석해보면 다음과 같이 도식화할 수 있다.

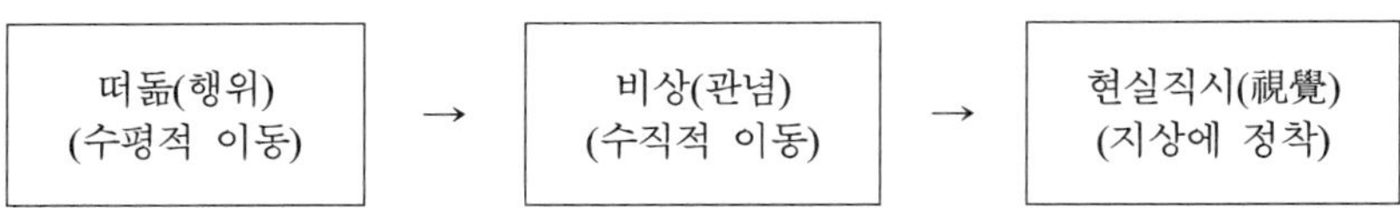

둘째 시집을 개관하면 감태준의 의식구조는 크게 위와 같은 세 개의 유형으로 대별된다. 물론 이것이 기계적으로 일직선으로 전개되지는 않는다. 특히 떠돎과 비상(초월)의 이미지는 때때로 반복해서 드러난다. 그래서 큰 그림으로 그릴 때 전반부에서는 주로 고향에서 서울로 이주해온 가족들이 떠돌이새가 되어 표류하며 힘겨운 삶을 영위하는 모습을, 중반부에서는 그런 수평적 이동의 무상함을 느끼면서 관념 속에서 별이나 하늘 같은 이상세계로 초월하는 수직적 이동을 꿈꾸는 것을, 그리고 후반부에서는 자기 한계와 무력감을 느끼는 것과 더불어 현실을 직시하려는 의지가 강화되면서 눈을 '땅'에 고정하려는 인식을 보여준다. 그리고 그 고통스런 현실을 아름다운 세상으로 변하게 하는 것이 무엇일까 궁리한다. 이제 이 과정을 좀 더 구체적으로 논의해보기로 한다.

우선, 시적 화자가 둘째 시집에 주요한 이미지로 등장하는 '떠돌이새'가 되는 과정부터 이해하는 것이 순서일 듯하다. 그의 가족이 떠돌이새가 된 것은 고향에서 사는 삶이 평탄하지 못한 결과이다. 즉 '바람에 몇 번 뒤집힌 새는/ 바람 밑에서 놀고/ 겨울이 오고/ 겨울 뒤에서 더 큰 겨울이 오고 있었다'는 위기의식이 아버지로 하여금 자구책으로서 '우리 한번……' '고향을 바꿔보자'는 탈향을 결행하게 하였고, 그리하여 고향을 바꾸어보려다가 '발을 헛딛은 자리', 그곳이 바로 '서울'(「철새」)이다. 이때부터 그의 가족은 '철새(떠돌이새)' 신세로 전락한다.

그런데 고향을 바꾸어보기 위해 선택한 서울은 그의 가족들에게 오히려 고향보다도 더 힘겨운 삶을 살게 한다. 그 때문에 어머니는 '우리가 너무 멀리/ 서울까지 온 것은 아닐란지'(「떠돌이새・2」)라고 후회해보기도 하지만 이미 소용없는 일이다. 서울에 뿌리를 내리려는 그의 가족들은 온전히 뿌리를 내리지 못하고 '길거리 밥집에서' '남비국수'를 먹거나(「떠돌이새・2」), '서울에서도 아버지는/ 높이 날지 못한 채/ 바람에 흰 머리를 날리며/ 세월도 날리고', '우린 우리 하늘을 날아야 해'라고 하면서 호기롭게 나갔던 형은 '시내에서 빌딩 허리를 들이받고 돌아'와서 '며칠째 다른 날개를 갈아달'(「떠돌이새・3」)아야 하는 서글픈 처지가 된다.

이렇듯 불우한 상황을 다만 지켜만 보고 있어야 하는 그는 번민과 갈등에 처한다. '대학 골짜기'의 '실편백나무에 매달려' 있다는 표현에 의하면 대학생인 그는 현실적으로 가정의 어려운 짐을 나누어질 수 없다. 그래서 그는 다만 '소년과 청년의/ 두 언덕을 번갈아 쳐다보'거나 '시내로, 공중으로, 골목으로, 다시/ 공중으로 끌려다'니기도 하지만 그 '뒤에는 언제나/ 골짜기 웅덩이에/ 거꾸로 처박'히곤 한다. 이러한 좌절감에서 더러는 술에 취하여 현실을 잊으려 하고, '긴 소설을 읽다가' 문득 하늘의 별을 쳐다보면서(「떠돌이새・4」) 이상에 젖어보기도 한다.

여기서 우리는 다시 그가 양가치 혼란에 직면하는 것을 볼 수 있다. 소년과 청년에서는 과거와 현재가 교차되는 반면, 시내-골목과 공중에서는 현실과 이상이 교차된다. 번갈아 쳐다보거나 오락가락 한다는 것은 어느 한쪽도 현실적으로 안주하거나 받아들일 수 없어 번민과 갈등에 처하는 것을 나타낸다. 이런 인식은 가령, '이상과/ 현실, 너와 나/ 생각과/ 행동, 비행동/ 날아다니는 것은 무엇이며/ 굴러다니는 것은 무엇일까'(「종로별곡」) 등에서 좀 더 구체화되기도 한다. 이러한 그의 대비적 인식은 결국 어떤 이유로든 어느 한 쪽을 선뜻 선택하기 어렵다는 것을 암시한다. 말하자면 소년 시절은 회귀 불가능한 시간이고 이상은 관념 속에나 존재하는 것이니 실현 가능성이 희박한 반면에 청년 시절인 현재는 고통스러운 것이기에 받아들이기가 어렵다. 또한 너는 너대로 나는 나대로, 생각은 생각대로 행동은 행동대로, 날아다니는 것과 굴러다니는 것 모두 저마다의 의미와 가치가 있는 것이기 때문에 일도양단할 수 없는 것이다.

이와 같은 번민과 갈등 끝에 그는 '서울은 웃지 않을 거야 아마/ 울지도 않을 거야'(「서울특별시 고향구」)라고 하면서 서울에 대하여 새롭게 인식하려 한다. 이를테면 이것은 서울이라는 공간 자체는 감정이 없는 것처럼 그것이 문제가 아니라 그곳에 사는 사람들의 행태가 문제라는 의미를 함축한다. 그로 하여금 이러한 인식에 이르게 한 원인은

내 눈은 자주
하늘과 땅을 오르내렸다
땅에서는 어느덧
아내와 딸이, 인간해바라기를 닮은
아빠를 그리기 시작할 때

무허가집 새들은
철거반이 내젓는 팔에 밀려 떠나고,
남은 새들은 뒤에서
온몸을 흔들었다
청명한 가을의
푸른 하늘 밑에서

리어카에 봇짐을 싣고
봇짐 위에 새끼새를 태우고

흔들흔들 산길을 내려가는 새들도
단풍든 손을 흔들었다

그때부터다, 내 눈은
땅에서 떠나지 못했다

—「떠돌이새 · 7」 부분

에서 보듯이 개인적인 것과 사회적인 것의 두 가지의 경험이었다. 즉 그가 한 사람의 가장으로서 가솔들을 책임져야 하는 입장이 되었다는 점과 함께 철거반에 대책 없이 쫓겨나는 사람들을 목격한 것이 그의 인식의 전환을 가져오게 하였던 것이다. 이를테면 가족에 대한 책임의식과 부조리한 현실인식이 그에게 현실을 똑바로 쳐다보게 함으로써 그때부터 그의 눈은 '땅'에 고정되기 시작한다. 다시 말하면 수평적 이동과 수직적 이동이라는 떠돌이 신세를 벗어나 현실을 직시하고 거기에 정착하려 한다. 따라서 자신과 사회에 대한 크나큰 책임감이 그의 양가치(兩價値) 혼란을 정화하는 구실로 작용하였던 것이다.

번민과 갈등이라는 시련을 통해서 '땅'에 눈을 고정시키기 시작한 그는 다시 새로운 인식을 갖기 시작하는데, 그것이 이른바 '사람의 집'에 대한 갈망('마음이 불어가는 쪽')이다. 그는 단순한 자리바꿈이나 관념을 통해서는 도달할 수 없는 곳, 그것이 곧 '사람의 집'이며, 그 집은 구체적으로 '바람 자는 집'으로서 '사람들의 따뜻한/ 피가 도는 가슴 속'(「내 갈 곳은」)을 지닌 곳이다. 즉 사람들이 사람다운 존재로 거듭날(바뀔) 때 실현될 수 있는 꿈의 집(이상향)이다. 그러므로 그런 집을 지상에 짓기 위해서는 필연적으로 그에 상응하는 노력이 요구된다.

이런 노력은 '가자 가자/ 뒤돌아보지 말고/ 마음 둘 데 없으면/ 마음 끝까지'(「내 갈 곳은」) 매진할 수 있는 신념을 갖고, 일상적 자아를 치열하게 반성하며 고민하는 것으로부터 시작된다. 또 그가 '장난감 곰'을 보면서 자신도 '잘 움직이는 기계'는 아닌지 성찰하면서 '한번은 달라져야지'라고 반성해 보기도 하고, 그래도 '바람이 멎지 않을 때는' 온갖 것을 다 바꾸어 보려고 하거나, '교회의 매부리코 전도사'를 통해 종교적 구원을 생각해보는 것이라든지(「사람의 집」), 또한 '나는 날아/ 어디로 가나?'(「거리의 새」)와 '왜 가는 것일까'(「종로별곡」)와 같은 많은 반문들은 모두 그런 노력의 일환이다.

그러나 그의 치열한 노력에도 불구하고 사람들이 갈망하고 꿈꾸는 이상향에 도달하기란 항상 요원하기만 하다. '언제나 있으나 어디에도 없다'는 아이러니로 규정되는 것이 바로 낙원이기 때문이다. 감태준 역시 그 점을 잘 안다. 우리가 갈망하는 '아름다운 나라'는 '우리가 손잡고 찾아갔다가 번번이/ 길을 잃고 돌아오는 거기'이면서도 또 '눈 감으면 불쑥/ 한 발자국 앞에 다가서는 거기'(「아름다운 나라」)라는 표현에서 그런 인식이 드러난다. 이처럼 이상향은 현실적으로 직접 경험할 수 없는 먼 곳이나 관념 속에만 존재한다.

그렇다면 온갖 번민과 갈등과 고통을 감내하며 묵묵히 살 수밖에 없는 것일까? 꿈을 먹고 사는 것이 사람인 이상 그럴 수는 없다. 아니, 인식과 깨달음의 능력을 지닌 사람이기에 어떻게 하든 사람다운 사람으로 거듭나려는 노력을 포기할 수는 없다. 감태준의 새로운 인식은 바로 여기서 변화의 물꼬를 튼다. 즉 현실 속에 굳건히 뿌리를 내리되 거기서 살아남을 수 있는, 또는 '사람의 집'을 지을 수 있는 새로운 길을 추구한다. 그것이 이른바 '사랑의 길은 장님의 길'(「우리 사는 세상」), 또는 '가을이 와서/ 단풍 든 이파리들 하나씩/낙엽 져 뒹굴며/뿌리로 돌아가는/길을 물을 때,/ 극락정토(極樂淨土)……'(「나에게도」) 등에서 보이는 바 무조건적인 사랑을 나누는 일과 이를 위해 먼저 자신을 낮추거나 버릴 줄 아는 지혜를 갖는 것이다. 우리는 이미 앞서 「두 아이」라는 시를 통해서 감태준의 궁극적 지향점을 본 바 있는데, 둘째 시집에서도 역시 그 문제를 귀결점으로 삼고 있다는 점에서 그의 존재인식에 자리한 원형질을 다시 한 번 확인하게 된다.

3) 허심으로 돌아가기, 또는 해탈의 꿈

지금까지 우리는 감태준의 두 시집을 통해서 그의 의식구조에 잠재한 원형질을 살펴보았다. 그의 시는 시적 자아가 숱한 번민과 방황과 갈등을 겪으면서 참다운 인간존재로 거듭나는 길을 탐색하고, 또 그 결과로서 '아름다운 나라'인 '사람의 집'에 이르기 위해서는 결국 스스로 욕심을 버리고 서로 사랑해야 한다는 진리를 깨닫는 과정을 보여주는 것으로 집약할 수 있다.

그런데 이런 과정을 거쳐 오면서 가장 뚜렷하게 우리의 마음속에 남아 있는 것은 무엇보다도 인식의 전환이 중요하다는 사실이다. 그러니까 사람을 살리는 길은 현실을 도외시한 공간의 이동이나 관념의 유희가 아니라, 오직 현실이라는 테두리 안에서 스스로 삶의 태도나 방법을 바꾸는 것밖에 없다는 것이다. 더 구체적으로 말해서 그것은 자신의 욕망을 줄임으로써 다른 사람들에게 따뜻한 마음을 나누어주는 일이다. 둘째 시집 이후에 발표된 작품들(후기 시)[7]에서는 확실히 이러한 인식이 훨씬 강화된다. 그것은 아무래도 그가 인간으로서, 또는 시인으로서 많은 연륜이 쌓였기 때문이라고 할 수 있지만, 사실은 그의 의식 속에 늘 잠재하는 그의 영원한 숙제를 다시 확인하는 것에 불과하다.

이 시기에 이르러 영원한 숙제를 재확인하는 만큼 그는 그것을 풀기

---

[7] 『마음의 집 한 채』의 후반부에 실려 있는 「너무 작은 이슬」 연작 및 그 밖의 근작들.

위한 노력을 한층 강화한다. 후기의 시에서 그의 시적 상상력의 바탕에 인식의 전환에 따른 한결 여유로운 마음(허심)과 작고 사소한 것이나 주변에 대해 따뜻한 인식을 갖는 것들이 주류를 이루는 것은 바로 그 때문이다. 가령, 「너무 작은 이슬」 연작에서 보면 그 점이 잘 드러난다. 우선 사람을 상징하는 '이슬'이라는 시어가 많은 것을 암시한다. 그것은 순수하고 영롱하며, 장소를 가리지 않고 아무 곳이나 내린다는 점에서 아름답고 자유로운 존재이다. 그런가 하면 밤새 맺힌 이슬이 아침 햇살에 곧 사라지고 만다는 점에서는 무상한 것이고, 또 그것을 너무 작다고 표현하였으니 보잘것없는 존재를 나타내기도 한다. 여기서 우리는 존재에 대한 그의 다양한 인식을 엿볼 수 있다.

그런 인식은 '지금 당신이 서 계신 허리우드극장 앞이/ 소나무 숲입니다'(「너무 작은 이슬」)와, '내가 떨리는 풀잎에 떨릴 때/ 빈 지갑을 보고 한숨짓거나/ 싸구려 향수에 끌릴 때/ 갑자기 날아와/ 흰 속살을 보여주는 너!!'(「너무 작은 이슬 2-당신」), 또는 '내 발붙일 곳/ 풀 향기 풋풋한 풀밭이 아니면 어때/ 바람에 날려/ 청계천 고가도로 위에 떨어진다 해도/ 마음에 간직한 풀잎/ 푸르고 푸르니/ 돌밭이면 어때'(「너무 작은 이슬 6-'투신'에 대하여」) 등의 구절에서 잘 드러난다. 즉 이슬은 그에게 마음먹기에 따라서는 허리우드극장 앞을 소나무 숲으로 생각하게 하고, 속물근성을 제어하게도 하며, 서 있는 장소보다는 항상 푸른 풀잎 같은 마음을 지니고 사는 것이 더 중요하다는 것을 일깨우기도 한다. 뿐만 아니라 그는 연작 9편 가운데 타계한 사람을 제재로 한 작품을 3편이나 쓰고 있는데 여기서는 이승을 떠난 자들에 대한 그리움과 존재의 무상함을 드러내는 한편, 남은 자들 - '그의 순한 아내와 세 아들'(「너무 작은 이슬 9-술집 악사」)에 대한 측은지심을 깊게 드러내기도 한다.

이렇듯 이슬처럼 내렸다가 홀홀히 사라지는 것이 인간존재라는 사실을 인식한다면, 아마도 저마다 제 욕심에 사로잡혀 서로 싸우고 갈등하는 일은 많이 줄어들 것이다. 그렇지만 흔히 말하듯이 남의 눈에 티는 곧잘 손가락질하면서 정작 제 눈의 대들보는 볼 줄 모르는 것이 인간의 한계인지라 이슬 같은 존재인식이 쉽게 마음에 와 닿지 않는다. 특히 무한 경쟁 속에서 남을 딛고 일어서지 않으면 제가 밑바닥으로 떨어질 수밖에 없는 자본주의 사회에서 스스로 욕심을 버리고 먼저 남을 사랑하기란 그리 쉽지 않다. 이러한 인간의 한계를 그는, 남한산성으로 가는 길에서 아무 미련 없이 단풍잎마저 털고 빈손 흔들어 보이는 차창 밖의 '느티나무 고목'을 통해 '해탈'을 떠올리면서도 '해탈이 어찌 내 품에 안기기를/ 바라겠는가'라고 회의하거나 '나도 몸 가뿐하게/ 버릴 것 버리고 나면/ 해탈이 찾아와줄까?'(「해탈」)라고 반문하는 것으로 암시한다. 세속적인 인간이 해탈의 경지에 들기란 그토록 어려운 것이다. 그러므로 그가 염원하는 '사람의 집'을 짓는 일도 그만큼 요원할 수밖에 없다.

그러나 그렇다고 우리가 그 길을 포기할 수는 없다. 아마도 그 노력을 포기하는 순간에 우리는, 감태준이 그토록 절망했던 춥고 어두운 도시나 만드는 '큰 짐승'('따뜻한 피가 도는 가슴 속'을 잃어버린 존재)으로 전락하고 말 것이다. 그가 많은 굴곡을 겪으면서도 허심으로 돌아가는 일과 사랑에 관한 문제만큼은 늘 염두에 두는 것은 바로 그 때문이리라. 사람들이 함께 행복할 수 있는 가장 확실한 방법이기에 그는 항상 그 길을 귀착점으로 삼고 있는 것이다. 그러면서도 그는 그것이 세상을 바꿀 수 있는 가장 확실한 방법이기는 하지만 남이 해주기를 바라는 것이 아니라 먼저 자기 자신의 내면으로부터 조용히 변화되어야 한다는 것을 믿고 있기 때문에,[8] 그리고 시가 예술정신의 소산인 이상 무엇보다도 먼저 시다운 시

[8] 그의 시에 등장하는 속죄의식과 부끄러움 인식, 그리고 많은 회의와 반문과 자기 성찰 및 책임의식은 모두 이와 관련이 있다.

로 빚어져야 한다고 확신하기 때문에 그는 많은 변화를 추구하면서도 가능하면 '인간의 살아 있는 목소리'와 서정성을 잃지 않으려고 애를 썼던 것이다. 이런 까닭에 비교적 과작하는 시인임에도 불구하고 그가 현대시사에서 70년대의 주요 시인으로 거론되는 것은 지극히 당연한 일이라 하겠다.

정호승시론
—시의 감칠맛, 또는 아름다운 소통

1. 섬세한 성형의식

지난 4월 중순쯤인가, 내가 '현대시론' 강의 시간에 학생들에게 시의 운율을 가르치면서 음위율(音位律)을 보여주는 예시로 정호승의 「꽃이 지는 저녁」이라는 작품을 들어 설명한 날 오후에 경주의 김성춘 시인이 전화를 하였다. 계간 『동리목월』 여름호에 정호승 시 특집을 계획 중인데 그의 시세계에 대해서 좀 써달라는 것이었다. 그런 전화를 받고 나자 조금 야릇한 생각이 들었다. 전적으로 우연이겠지만, 그것도 무슨 인연이거나 이심전심처럼 뭐가 통한 것이 있어 그런 것은 아닐까 하는 생각이 맴돌았기 때문이다. 그날 예로 든 작품은 이미지나 의미 이전에 먼저 형식이 우리의 눈길을 강하게 끌어당기는데 짧은 시이니 여기에 잠시 옮겨 보면 이렇다.

꽃이 진다고 아예 다 지*나*
꽃이 진다고 전화도 없*나*
꽃이 져도 나는 너를 잊은 적 없*다*
지는 꽃의 마음을 아는 이*가*

꽃이 진다고 저만 외롭*나*
꽃이 져도 나는 너를 잊은 적 없*다*
꽃 지는 저녁에는 배도 고파*라*

—「꽃 지는 저녁」 전문[1]

총 7행인 이 시에서 주목되는 부분은 '꽃'이라는 두운(頭韻)과 'ㅏ'라는 각운(脚韻)인데, 두운의 경우는 4행에서 파격을 주어 앞뒤 3행이 대칭되게 하였다는 점이다.[2] 주지하듯이 좋은 운율이란 규칙적인 반복과 지속뿐 아니라, 지속과 변화(파격)가 잘 어울리고 나아가서 리듬과 의미도 팽팽한 긴장관계를 이루는 것을 가리키는데, 이 시는 그 좋은 본보기가 될 만하다. 사랑과 이별, 외적 단절과 내적 지속, 현상과 본질, 영혼과 육체 등의 의미가 대비되면서도 궁극에는 그것들이 전혀 다른 것이 아니라 하나로 통합될 수도 있음을 은밀히 드러내는 이 작품에서 가운데 행의 파격을 통해 대칭을 이루게 한 두운과 동일한 음소의 반복을 통해 통일감을 부여한 각운은 시인의 세계인식을 매우 효과적으로 형식화한 것이라 하겠다. 이 작품이 지닌 유기적인 형식이 결국 시인의 치밀한 조형의식에서 비롯된 것임을 헤아린다면 그의 섬세한 미의식과 작시 과정의 고뇌가 어느 정도였을지 조금은 짐작이 간다.

정호승 시인의 가까운 지인의 술회에 따르면, 그는 "내가 시의 운율을 배운 것은 서정주한테였다"[3]라고 술회한 바 있다고 한다. 이로 보면 그의

---

[1] 정호승 외, 『사랑은 시가 되었다』, 모아드림, 2007, 19쪽. (밑줄과 이탤릭체 강조 인용자)

[2] 흔히 우리말의 특성상 한시나 서양의 시들처럼 운을 잘 살리기 어렵다고 하듯이 우리 시에서 운의 형성과 그 효과가 잘 드러나는 좋은 예를 찾기가 어렵다. 그래서 나는 이 시를 만나는 순간 운율의 예시로 쓰면 참 좋겠다는 생각을 하며 속으로 쾌재를 부른 적이 있다.

[3] 박해석, '눈사람을 기다리는 시인', 정호승 시집 『슬픔이 기쁨에게』, 창작과비평사, 1979(개정판 2004). 발문(跋文)에서, 133쪽.

운율 의식이나 감각은 일찍이 습작기부터 적극적으로 배우고 익힌 결과이다. 바꾸어 말하면 그는 시에서 차지하는 운율의 위상을 일찍부터 감지한 셈이다. 그러니까 그의 많은 시편들에서 유난히 도드라지는 운율적 자질들은 그의 시의식의 바탕에 깔린 운율에 대한 높은 가치 인식에서 비롯된 것이라 하겠다.

이번 특집을 위하여 시인이 직접 가려 뽑은 대표 시 13편[4]을 검토하면 위에 인용한 시와 같이 매우 적극적으로 규칙적인 운(韻)을 고려하여 지었다고 판단되는 작품은 없다. 그 대신에 「내가 사랑하는 사람」의 경우처럼 다소 약화된 두운이 드러나는 경우 외에는 주로 유사한 구절과 통사구조의 반복에 의해 형성된 리듬의 사례가 빈번하게 발견된다. 그 실태가 어느 정도인지 「서울의 예수」의 경우를 살펴보면 쉽게 짐작될 것이다. 이 작품은 산문시 형식을 취하여 리듬의 특성이 쉽게 드러나지 않음에도 불구하고 세심한 주의를 기울이면 상당히 뚜렷한 형태를 발견할 수 있다. 예컨대, 리듬이 가장 강하게 형성된 마지막 5절을 리듬을 고려하여 해체해서 재구성하면 다음과 같이 그 특성이 확연히 드러난다.

나를 섬기는 자는 슬프고,
나를 슬퍼하는 자는 슬프다.
나를 위하여 기뻐하는 자는 슬프고,
나를 위하여 슬퍼하는 자는 더욱 슬프다.
나는 내 이웃을 위하여 괴로워하지 않았고,
가난한 자의 별들을 바라보지 않았나니,
내 이름을 간절히 부르는 자들은 불행하고,
내 이름을 간절히 사랑하는 자들은 더욱 불행하다.

---

[4] 이 글의 여건상 그간에 발간한 정호승 시집을 일일이 검토하여 그 전모를 구체적으로 개진할 수 없기 때문에 여기서는 주로 편집부에서 보내온 대표 시 13편을 대상으로 고찰한다.

위에서 보면 우선 약간의 파격을 동반한 두운('ㄴ', 또는 '나')이 두드러진다. 그리고 교차 운('고'/'다')으로 이루어진 각운(역시 약간의 파격이 있음)도 분석이 가능하며, 또한 유사한 통사 구조를 반복하여 생기는 리듬에 의해 간절한 호소력이 배가되기도 한다. 산문시에서도 뚜렷이 드러나는 위와 같은 리듬의 특성들은 시인의 창작 의도에 의해 형성된 것이 분명하다. 따라서 이는 시인의 강력한 성형의식을 구체적으로 입증하는 것이기도 하다.

요컨대, 섬세한 성형의식으로 창작된 정호승의 시는 우선 형식에서부터 독자에게 읽는 맛과 정서적 안정감을 준다. 특히 근래의 시들에서 흔히 볼 수 있는 필요 이상의 수다와 넋두리와 난잡함을 염두에 둘 때, 그의 시는 시의 정도를 걷는 한 전형으로 꼽혀도 좋을 성싶다. 심지어 시인지 산문인지 구분마저 모호한 사이비 시들이 독자들에게 혐오감을 주어 그나마 적은 시 독자들을 시에서 자꾸 멀어지게 하는 판국에 그의 시는 오히려 많은 이들에게 사랑을 받는데, 여기에는 읽는 이에게 쾌감을 주고 마음으로 스며들게 하는 리듬의 효과도 한 몫을 단단히 했다고 할 수 있다.

2. 따뜻한 배려정신

리듬이 시의 형식적 묘미를 통해 독자들에게 시각과 청각에 쾌감을 주고 읽는 맛을 높이는 요소라면, 시에 함축된 시인의 그윽한 세계인식은 독자들의 마음을 움직이고 긍정적으로 변화하게 하는 데 기여한다. 특히 정호승의 시에서 발견되는 이타정신과 결핍된 존재들에 대한 따뜻한 배려정신은 이기주의와 비정함이 홍수처럼 넘치는 현대사회를 되돌아보게 하고, 사람들에게 훈훈한 정이 왜 필요한지를 되새겨 보게 한다는 점에서 호응도를 드높이는 또 하나의 자질로 작용할 수 있다. 그래서 여기서는 주로 그의 세계인식에 내재한 핵심으로 파악되는 '따뜻한 배정정신'에 관심을 가지려고 한다.

대표 시 13편을 검토하면, 그의 세계인식이 상당한 변화를 보여주는 것을 알 수 있다.[5] 먼저 그것을 요약적으로 제시하면, 사회학적 상상력 → 종교적 상상력[6] → 자기 동일성 추구 등 세 단계 정도로 대별된다. 그리하여 초기 시에서는 비극적 사회나 존재에 대한 관심이 높은 반면에 후기로 가면서 서정성과 자아 성찰의 빛깔이 강화된다. 그것을 증명하는 대표적인 것이 바로 시인의 관심과 시선이 '너'에서 '나'로 옮겨간다는 점이다. 가령, 배열된 순서에서 첫(초기) 작품인 「슬픔이 기쁨에게」와 끝(후기) 작품인 「밥값」을 대비하면 그 점이 뚜렷이 드러난다.

나는 이제 너에게도 슬픔을 주겠다
사랑보다 소중한 슬픔을 주겠다
겨울밤 거리에서 귤 몇 개 놓고
살아온 추위와 떨고 있는 할머니에게
귤값을 깎으면서 기뻐하던 너를 위하여
나는 슬픔의 평등한 얼굴을 보여 주겠다
내가 어둠 속에서 너를 부를 때
단 한 번도 평등하게 웃어주질 않은
가마니에 덮인 동사자가 다시 얼어 죽을 때
가마니 한 장조차 덮어주지 않은

---

5 세계인식의 변화를 살피기 위해서는 시간의 흐름을 고려해야 하는데, 대표 시 13편은 각 시집에서 한두 편씩 뽑아낸 것으로 확인되어 창작시기에 따른 선후관계를 파악할 수 있다. 따라서 이 자료들은 시인의 세계인식의 변화 추이를 실체적으로 살필 수 있는 장점이 있다.

6 13편중에 「서울의 예수」·「소년부처」·「그리운 부석사」·「수선화에게」·「선암사」·「산산조각」·「밥값」 등 종교적 이미저리나 관념이 직접 드러나는 작품만 7편이나 되어 절반을 상회하는데, 이 가운데는 특히 불교에 관련된 시어가 등장하는 작품이 대종을 이룬다.

무관심한 너의 사랑을 위해
흘릴 줄 모르는 너의 눈물을 위해
나는 이제 너에게도 기다림을 주겠다
이 세상에 내리던 함박눈을 멈추겠다
보리밭에 내리던 봄눈들을 데리고
추워 떠는 사람들의 슬픔에게 다녀와서
눈 그친 눈길을 너와 함께 걷겠다
슬픔의 힘에 대한 이야기를 하며
기다림의 슬픔까지 걸어가겠다

—「슬픔이 기쁨에게」 전문

어머니
아무래도 제가 지옥에 한번 다녀오겠습니다
아무리 멀어도
아침에 출근하듯이 갔다가
저녁에 퇴근하듯이 다녀오겠습니다
식사 거르지 마시고 꼭꼭 씹어서 잡수시고
외출하실 때는 가스불 꼭 잠그시고
너무 염려하지는 마세요
지옥도 사람 사는 곳이겠지요
지금이라도 밥값을 하러 지옥에 가면
비로소 제가 인간이 될 수 있을 겁니다

—「밥값」 전문

사회학적 상상력이 두드러진 「슬픔이 기쁨에게」는 가난하고 헐벗은 존재에 대한 깊은 관심에서 그들을 외면하는 비정한 사람들에 대해 증오심과 징벌의식을 갖는 것을 근간으로 하는 반면, 불교적 상상력에 자아성찰을 근간으로 하는 「밥값」은 인간다운 인간으로 살지 못하는 자아에 대한 비판적 인식에서 스스로 지옥에 들어 시련을 겪음으로써 죄값을 치르겠다는 자기 징벌의지가 바탕을 이룬다. 이렇게 시인의 세계인식은 초기의 비정한 '너'를 증오하던 관점에서 후기에 이르러서는 먼저 '나'부터 허물을 고치는 것이 순서임을 자각하는 것으로 바뀌었다.

위의 두 편을 참고할 때, 관심과 비판의 대상이 '너'에서 '나'로 바뀌어 대조를 이루기는 하지만, 사실 따지고 보면 너와 나는 사회를 구성하는 최소 단위라는 점에서 시인의 인간관은 근본적으로 비극적이다. 다시 말하면 그가 파악하는 세상이 비정하고 슬픈 것은 너나없이 모두가 인간다운 인간으로 살지 못하기 때문이라는 것이다. 이러한 부정적/비판적 인간관이 바로 그로 하여금 종교적 상상력에 깊이 침잠하도록 만든 것으로 보인다. 종교적 이념이 비록 최종 목표는 이타행에 있다고 하더라도 그것을 온전히 실천하기 위해서는 먼저 자기 수신부터 수행해야 한다는 점을 상기하면, 그가 초기의 '추위에 떠는 사람들의 슬픔'을 깊이 의식하며 그들에게 무관심한 비정한 사람들에게 '나는 이제 너에게도 슬픔을 주겠다'(「슬픔이 기쁨에게」)고 당당히 말하던 우월적 태도를 유보하고 점차 자아에게로 시선을 돌리는 까닭을 충분히 헤아릴 수 있다.

예컨대, 그것은 종교적 인식이나 수행과정을 암시하는 몇몇 구절들, 즉 '인간이 아름다워지는 것을 보기 위하여, 예수가 겨울비에 젖으며 서대문 구치소 담벼락에 기대어 울고 있다.'(「서울의 예수」), '소년부처다/ 누구나 일생에 한번씩은/ 부처가 되어보라고/ 부처님들 일찍이 자기 목을 잘랐구나'(「소년부처」), '나는 부석사 당간지주 앞에 평생을 앉아/ 그대에게 밥 한 그릇 올리지 못하고/ 눈물 속에 절 하나 지었다 부수네/ 하늘 나는 돌 위에 절 하나 짓네'(「그리운 부석사」), '눈물이 나면 걸어서라도 선암사로 가라/ 선암사 해우소 앞/ 등 굽은 소나무에 기대어 통곡하라'(「선암사」), '그때 늘 부서지지 않으려고 노력하는/ 불쌍한 내 머리를/ 다정히 쓰다듬어주시면서/ 부처님이 말씀하셨다/ 산산조각이 나면/ 산산조각을 얻을 수 있지/ 산산조각이 나면/ 산산조각으로 살아갈 수 있지'(「산산조각」), '지금이라도 밥값을 하러 지옥에 가면/ 비로소 제가 인간이 될 수 있을 겁니다'(「밥값」) 등등의 표현상을 보면, 그의 인식과 태도의 변화를 분명히 감지할 수 있다. 인용 구절들에서는 부정적인 너에 대한 비판의식과 증오의 목소리는 싹 가시고, '인간이 아름다워지는 것을 보기 위하여' 자아가 걸어갈 길만을 의식하는 것이 대종을 이룬다. 즉 예수처럼 다만 울면서 스스로 죄의식을 갖거나 자아를 성찰하고 반성하면서 '밥값'을 할 줄 아는 인간다운 인간으로 나아가는 길을 탐색할 뿐이다.

이런 과정 속에서 시인은 사람의 '그늘'(허물)까지도 사랑하는 너그러운 마음으로 '다른 사람의 눈물을 닦아주는 사람의 모습은/ 그 얼마나 고요한 아름다움인가'(「내가 사랑하는 사람」)라고 반문하는가 하면, 더 적극적인 자세로 '칼을 버리러 강가에 간다/ 어제는 칼을 갈기 위해 강가로 갔으나./ 오늘은 칼을 버리기 위해 강가로 간다/ (중략)/ 배고픈 물고기들이 우르르 칼끝으로 몰려들어/ 톡톡 입을 대고 건드리다가/ 마침내 부드러운 칼을 배불리 먹고/ 뜨겁게 산란을 하기 시작한다'(「부드러운 칼」)고 하여, 타인에 대한 증오심에서 복수하기 위해 품었던 무기로서의 '칼'을 버리고 그것을 오히려 희생물로 삼아 창조적 매개체로 거듭 나는 것을 인식하기도 한다.

이상에서 보듯이 정호승의 세계인식은 초기 시에서 후기 시로 이행되는 과정에서 상당한 변모를 보여준다. 물론 그 바탕에 깔린 타인(특히 가난하고 헐벗은 사람들)을 배려하는 따뜻한 마음에는 변화가 없지만, 그들을 측은히 여기고 사랑을 실천하는 과정과 방법에서는 크게 달라져 있다. 말하자면 남을 탓하기에 앞서 먼저 자신을 성찰하고 반성함으로써 온전한 자아로 거듭나려는 자세로 바뀌었다. 남의 눈의 티는 보면서 정작 제 눈 속의 대들보는 보기 어려운 것이 사람의 이기심인 데다가, 또 날이 갈수록 점점 심해지는 무한경쟁으로 인해 너나없이 비정하고 삭막해지는 현대사회라는 점을 상기하면, 사회 형성의 출발점이자 핵심 인자인 '나'부터 먼저 온전한 존재로 거듭나야 한다는 시인의 세계인식이야말로 무엇보다도 절실한 공감을 불러일으킬 수 있다. 이런 점이 바로 그의 시가 온갖 상처와 슬픔으로 점철된 현대인들에게 잠시라도 마음에 온기를 불어넣을 수 있는 난로 같은 것으로 다가가는 요인이라 하겠다.

3. 감칠맛과 아름다운 소통

정호승은 1973년『대한일보』신춘문예에 당선하여 시단에 올랐으므로 올해로 벌써 40년에 가까운 시력을 지닌 중진이다. 이 기나긴 세월 동안 그가 세상에 내놓은 작품도 수없이 많을 것이므로, 이 짧은 글에서 그의 시세계의 전모를 밝히기란 애초에 불가능하다. 그래서 나는 편의상 그가 가려 뽑았다는 대표 시 13편을 중심으로 그 줄기를 가늠하는 것으로 만족할 수밖에 없었다. 사실 이런 살핌 이전에 그의 시의 높이는 이미 많은 독자들이 사랑하는 현상 자체가 구체적으로 일러준다. 그만큼 그의 시는 독자들의 가슴을 파고들어 움직이게 하는 요인들을 많이 간직하고 있는 셈이다. 그것을 나는 주로 그의 시적 인식에 내재한 섬세한 성형의식과 따뜻한 배려정신으로 구분해서 간략히 살펴보았다.

요컨대, 그의 시는 잘 버무려진 섬세한 성형의식과 따뜻한 배려정신이 서정이라는 바탕그릇에 형상화됨으로써 감칠맛을 더 내는 것으로 판단된다. 예나 지금이나 대다수 독자들의 마음을 사로잡는 유형은 시의 본류로 맥맥히 이어져온 서정시라 할 수 있는데, 그는 누구보다도 서정시의 가치를 옹호하는 시인 중의 한 사람이다. 이 글의 텍스트로 삼은 대부분의 작품들은 한 눈에 들어오는 단형에다가 음악성이 농후할 뿐만 아니라 자기 성찰이나 고백 형식을 취한 현재형(style)으로 이루어져 서정시의 특성이 잘 드러난다. 그리하여 그의 시는 읽고 곱씹을수록 청량감과 훈훈한 맛이 번져 여운이 길어진다. 그것이 번거로운 세사에 시달려 지친 독자들의 마음속 어둠을 마치 부드러운 솜처럼 빨아들여 환한 통로로 나아가게 함으로써 자꾸 읽고 싶은 열망을 부추긴다. 이런 점에서 그의 시는 그렇지 않아도 한없이 답답한 현실에서 그보다 더 답답하고 장황하게 필요 이상으로 언어를 낭비하는 시들과는 확연히 변별된다.

시도 하나의 예술이라면 무엇보다도 먼저 읽는 맛을 기초로 한 다음에 느끼는 맛이 조화가 되도록 해야 한다. 읽는 맛이 섬세한 성형의식에서 나오는 것으로 시를 시답게 하는 근본 요소인 미의식에 관련된다면 느끼는 맛은 읽는 맛에서 더욱 짙게 번지는 교훈적 효과인 까닭에, 이 두 요소는 잘 융합될수록 '아름다운 소통'도 극대화된다. 오늘날과 같은 대중사회에서 혼자만의 넋두리같이 소통되지 않는 난삽한 시가 무슨 의미가 있겠는가? 그렇다면 정호승의 시야말로 그 두 요소가 절묘하게 어우러져 서정시의 장점을 한껏 살리고, '아름다운 소통'의 길을 꾀하는 한 본보기라 해도 손색이 없을 것이다. 바로 이 점이 독자들의 호기심을 자극하여 즐거움을 주고 읽는 보람을 한껏 높여주는 요인이라 하겠다.

김수복시론

—핏빛 노을 속에서 발원한 시의 길

1. 시심의 원천

작품을 쓰는 사람에게는 성장과정에서 겪은 주요 경험들이 의식의 밑바닥에 잠재되어 의식적이든 무의식적이든 작가의식(시정신, 詩心)의 원천으로 작용하는 경우가 많다. 그 경험이 자의식에 충격을 강하게 준 것일수록 더욱 그는 그 끈에서 온전히 풀려나기가 어렵다. 좀 비약하자면 예술의 속성상 시인은 늘 새로움을 추구하여 변화를 꾀하기 위해 다양한 이미지로 작품 세계를 변주해나가지만, 궁극적으로 시심의 근저에는 시의 이미저리를 만들어내는 원형질이 깊이 뿌리를 내리고 있다. 김수복은 친절하게도 체험적 시론인 「내 시의 시원의 그곳, 무릉역을 지나며」를 통해서 자기 시심의 원천을 다음과 같이 밝힌 바 있다.

> 이 무렵의 첫 번째 정신적 배경은 '노을'이었다. 노을은 내 유년시절을 휘감고 있었다. 그 노을은 지리산 자락의 역사적 삶의 빛깔이었다. 열두세 살 무렵 풀을 베거나 땔감을 구하러 필봉산 허리를 오르내리면서 나이든 사람들로부터 전해들은 좌우익의 피비린내 나는 공방은 바로 노을 빛깔이었으며, 내 유년을 억눌렀다. 당시 지리산을 배경으로 하는 역사적

전후 체험은 마음 깊은 곳으로 체화되어왔다.[1]

이렇듯 김수복에게 '노을'은 유년시절에 '나이 든 사람들'을 통해서 전해들은 '지리산 자락의 역사적 삶의 빛깔'이 밴 매우 특수한 이미지로 각인되어 있다. 노을이란 밝음의 세계에서 어둠의 세계로 넘어가는 과정에서 빛의 굴절작용으로 인하여 나타나는 하나의 자연현상이지만, 낮과 밤의 경계로서의 시간적 의미나 황홀한 빛깔 등으로 하여 시의 제재로 흔히 쓰이는 것 중의 하나이다. 김수복은 주로 노을을 피비린내와 연관 지음으로써 핏빛 이미지를 연상케 하는데, '피비린내'가 갈등과 싸움의 결과요, 또 삶과 죽음을 가로지르는 경계선의 의미를 띠는 것으로 보면 그의 인식에 내재한 노을은 매우 복합적인 이미지로서 그의 시심을 일궈내는 동인으로 작용한다. 다시 말하면 어린 시절에 강한 충격으로 각인되어 있는 노을 빛깔, 사람과 사람 사이의 갈등과 싸움을 환기하는 핏빛 – 더 적극적으로 말하면 사람이 사람을 죽이고 죽임을 당하는 피비린내 나는 살육현장이라는 끔찍한, 도무지 이해하기 어려운 일들에 대한 회의와 분노가 김수복 시의 첫길을 열었다면, 그의 시적 행로와 역정은 그런 사람에 대한 회의와 분노를 잠재울 수 있는 길을 찾아가는 것으로 볼 수 있다. 그의 작품 대부분이 자연을 제재로 짙은 서정성을 바탕으로 하는 것은 바로 이런 이해하기 힘든 사람에 대한 그의 회의와 기피증이 직간접적으로 작용한 결과라 해도 무방할 것이다.

물론, 1975년 등단 이후 30여 년간 시적 삶을 살며 9번째 시집을 출간할 만큼 많은 작품을 발표한 그의 시세계를 떠받치는 시심의 원천을 이렇게 단 몇 줄로 단순화하는 것은 어불성설일 수도 있다. 그럼에도 불구하고 필자가 김수복의 시적 역정을 이런 방향으로 자리매김하려는 것은, 비록

---

1 김수복, 제6시집 『모든 길들은 노래를 부른다』, 세계사, 1999, 101쪽.

표면적으로는 시인의 세속적 나이와 시적 연륜에 따라 시집마다 빛깔을 조금씩 다르게 장식해오고는 있어도 그 심층에는 거의 불변하는 어떤 원형질이 깔려 있다고 보았기 때문이다. 필자는 그것을 한 마디로 '사람 속(또는 사람살이)에 대한 지극한 관심'이라고 규정하고자 한다. 구체적으로 말하자면 어린 시절에 전해들은 사람들의 끔찍하고 잔인한 모습이 줄곧 그의 시심의 원천으로 작용하고 있다. 그는 이 샘물을 퍼 올려서 다양한 작품으로 빚어내어 나름대로 시집에 따라 하나씩 매듭을 지어오고 있는 것이다.

2. '사람 속' 에 대한 궁금증, 또는 사람의 길 찾기

작품의 숫자만큼이나 다양한 시어들이 등장하지만, 김수복이 최근에 가장 즐겨 쓰는 시어를 고르라면 필자는 '사람(속)'에 관련된 시어를 들고 싶다. 그의 시를 읽으면 마음・가슴・몸/몸속 등의 시어들을 흔히 만날 수 있다. 특히 후기로 오면서 '몸속'이라는 시어가 더욱 빈번하게 드러난다. 가령, 제8시집인 『우물의 눈동자』에는 총 60편의 작품 중에 '몸/몸속'이라는 시어가 1번 이상 들어 있는 작품이 39편(65%)이나 되며, 이 밖에도 그에 관련된 정신・내 안・가슴・마음 등의 시어가 들어 있는 작품이 10편 정도이니 합하면 무려 49(81.7%)편이나 된다. 그리고 이번 시집 『달을 따라 걷다』에서도 '몸속' 16개에 '몸'(7)・'온몸'(1)・'몸짓'(1)을 포함하면 총 45편 가운데 25편(55.6%)에 몸에 관련된 시어가 등장한다. 여기에 '가슴'(9)・'마음'(1) 등의 시어가 등장하는 작품 10편을 더하면 '몸/몸속'에 관련된 시어가 1번 이상 등장하는 작품이 77.8%에 이른다. 그러니까 김수복은 근년에 이르러 부쩍 '사람(속)'에 대해 관심을 집중함을 알 수 있다. 그렇다면 그는 왜 이토록 '사람 속'을 궁금해 할까?

> 사람들은 저희 몸속에 창고를 하나씩 갖고 있습니다 저녁 골목길에서 주워온 녹슨 못을 숨겨두기도 하고, 계단을 올라가면 삐걱거리는 소리를 내는, 욕망을 감춰두는, 새벽 산책에서 돌아와 이슬 묻은 신발을 소리 없이 갖다 두는, 십자가를 모아 두는, 아무도 몰래 지은 죄도 숨겨 둘 수 있는 오래 된 몸속의 창고 하나씩 갖고 있습니다
>
> —「창고」 전문[2]

> 제 마음 속에 공장을 세워 사람들은 제 몸을 살찌우는 욕망의 무기를 만들기도 하고, 낡은 몸을 폐기시키고 새 몸을 만들기도 하고, 향기 나는 몸을 만들기도 합니다 사랑과 기쁨이 넘치는 천국 공장을 새웁니다 공장지대에는 하늘로 팔을 휘저으며 올라가는 사람 연기로 가득 찹니다
>
> —「몸속의 공장」 전문[3]

'사람 속'(몸속/마음속)에 대한 시인의 인식을 좀 선명하게 들여다보기 위해 이번 시집의 직전에 낸 제8시집에서 두 편을 인용해 보았다. 이번 시집의 핵심이 바로 이 연장선상에 있다고 파악되었기 때문이다. 인용한 두 편에서 보면 시인의 인식에 내재한 '사람 속'은 매우 복잡하다. 한 마디로 도무지 알 수 없다는 인식이 뿌리 깊이 자리를 잡고 있다. 말하자면 긍정적인 모습과 부정적인 모습이 뒤섞여 있어 어떤 모습이 진정한 것인지 알기 어렵다는 인식을 보여준다. 그러면서도 굳이 그 경중을 달아보면 부정적인 의미 쪽으로 저울의 추가 기울어진다. 그것은 '제 마음 속에 공장을 세워 사람들은 제 몸을 살찌우는 욕망의 무기를 만들기도 하고', '공장지대에는 하늘로 팔을 휘저으며 올라가는 사람 연기로 가득 찹니다'라는 구절을 통해서 분명히 알 수 있다. 즉 사람 속은 온갖 욕망으로 가득 차고 음흉하기 짝이 없다는 것이 시인의 인식이다. 여기서 우리는 왜 김수

---

[2] 김수복, 제8시집 『우물의 눈동자』, 청동거울, 2004, 68쪽.

[3] 위의 시집, 69쪽.

복이 '사람 속'에 대한 궁금증을 점점 강하게 갖는지 이해할 수 있다. 알면 알수록 더 어려워진다는 말이 있듯이 나이가 들수록 알 수 없는 사람 속에 대한 궁금증이 그의 시심에 더욱 세찬 물결을 일으켰던 것이다.

그런데 이번 시집에 이르러 김수복은 사람 속에 대한 관심을 바탕에 깔고 있으면서도 한편으로는 조금씩 새로운 인식을 보여주기도 한다. 즉 그는 이제 사람 속에 대한 궁금증에 시달리며 이리저리 탐색하는 길을 걷기보다는, 그 결과로서 사람이 가야 할 길을 표현하는 데 더 많은 관심을 기울인다. 다음 시에서 그 징후를 구체적으로 찾을 수 있다.

> 우리가 걸어온 길들은 노래가 되지 못하고
> 칼이 되었다
> 칼 속에서는 길이 끝나지 않는다
> 등 뒤에 솟구치는 어둠의 몸속에
> 낡은 칼들이 가득 차 있다
> 산은 새벽 몸속 칼을 노래로 만들어
> 남쪽으로 길을 내어놓는다
>
> —「오솔길-해뜨는 곳에서 해지는 곳까지 · 1」 부분

이 시를 통해서 우리는 사람에 대한 시인의 두드러진 인식을 두 가지로 대별할 수 있다. 첫째는 인간의 속성에 대한 인식이다. 즉 인간은 근본적으로 악한 존재라는 것이다. 이것은 '산'에 대립되는 '우리'; 사람이 걸어가는 길은 칼(무력, 폭력, 위험, 갈등, 싸움, 악 등등)을 만드는 데 비해 산은 그 '칼을 노래로 만들어 남쪽으로 길을 내어놓는다'는 표현을 통해서 알 수 있다. 둘째는 인간으로서 마땅히 추구해야 할 도리에 대한 인식이다. 이는 '칼 속에서는 길이 끝나지 않는다'는 대목에서 드러난다. 말하자면 인간이 걸어가는 길이 칼이 되지 않고 평화가 되는 그 날까지 참된 사람의 길[方道]을 찾는 일도 종식될 수 없다는 것이다.

이렇듯 사람의 속성을 분명히 알고, 또 그 사람이 걸어가야 할 길을 알게 된 시인으로서 그는 이제 그 속이 어떤지 들여다보려고 안달하기보다는 '칼'—악과 죄를 낳는 근원에서 벗어나는 길을 찾으려 한다. 이러한 변화는 아마도 '이제 쉰 살이 훌쩍 넘어'(「고래사냥 — 철조망 · 7」 어느덧 이순에 가까워지는 그의 연륜도 한 몫을 하지 않았을까 한다. 어쩌면 삶과 시에 대한 오랜 경험이 이제 그를 안정의 세계로 끌고 가는지도 모른다. 자아성찰의 이미지가 두드러진 다음 두 편의 시를 통해서 우리는 그의 시심이 흘러가는 방향을 가늠할 수 있다.

> 내 몸은 이제 겨울 숲이 되어
> 지난날들의 살도 빠지고
> 잎들은 모두 떨어져 나가 돌아오지 않는다
> 숲 속 뼈들 사이로 바람이 지나간다
> 한때 사랑했던 먼 기억의 가지 끝에는
> 저녁이 물들기 시작했다
> 누군가 나를 내려다보고 있다
> 나는 이제 내 몸속에 머물던
> 모든 것을 떠나보내고, 텅 빈
> 몸속의 우물을 바라보며
> 아름다웠다고 했던 머리 위의 별들도,
> 연초록 잎으로 사랑했던 사람의 눈빛도,
> 골목길의 적의도, 그 모든 것들도
> 지나가 버리고, 그러나 싸움은
> 아직 끝나지 않았다고
> 누군가 나를 내려다보고 있다
> 살을 파고드는 먼 저녁의 불빛으로
> 나는 텅 빈 몸을 밝히고 서 있다
> 온몸이 터져 밝히고 서 있다
>
> —「겨울 숲」 전문

어머니가 옷을 입혀주신다
앙상한
어둠에 갇힌 몸
바위로 몸을 가려야 했던
검은,
껍질밖에 남아 있지 않았던
죄를 벗기고
어머니 옷을 갈아입혀주신다

—「신록」 전문

위에 인용한 두 편은 각각 겨울과 봄의 숲을 제재로 하여 존재인식을 표현한 작품이다. 「겨울 숲」에서는 존재의 무상감을 느끼는 한편 그럼에도 불구하고 무엇인가 해야 할 일이 남아 있다는 인식을, 「신록」에서는 '어머니'(절대자)에 의하여 죄를 벗고 거듭 태어나는 모습을 보여준다. 앞의 작품이 주체인식이 강한 반면에 뒤의 작품은 타율적 존재인식을 보여주어 상보적 관계를 갖는다. 두 작품의 의미를 좀 더 구체적으로 분석하면 이렇다.

먼저, 「겨울 숲」은 자아성찰이 두드러진다. '겨울 숲'으로 바뀐 '내 몸'이 '저녁이 물들기 시작'하는 시간에 이르러 '내 몸속에 머물던 모든 것을 떠나보내고, 텅 빈 몸속의 우물을 바라보며' 지난날들을 반추한다. 그런데 그는 모든 것들이 다 지나가 버렸음에도 불구하고 '그러나 싸움은 아직 끝나지 않았다고 누군가 나를 내려다보고 있다'는 생각을 한다. 여기서 '누군가'는 신(절대자)일 수도 있고, 스스로 책임의식을 일깨우는 비판적 자아이자 자기 암시일 수도 있다. 어떻든 중요한 것은 '싸움은 아직 끝나지 않았다'는 인식인데, 이는 우리가 세상에 존재하는 한 참된 사람의 모습을 찾는 일이 지속되어야 한다는 것을 뜻한다고 볼 수 있다. 그토록 사람다운 사람으로 반듯하게 서는 일이 무척 어렵다는 것이리라. 그래서 그는 '살을 파고드는 먼 저녁의 불빛으로' '텅 빈 몸을 밝히고 서 있다'. 말하자면 그는 모든 것을 버린 상태의 '텅 빈 몸'을 뼈저리게 생각한다.

한편, 「신록」에서는 피동적인 자아인식을 보여준다. 자아는 '어둠에 갇힌 몸'으로 세상에 당당히 나설 수 없었으나 '검은, 껍질밖에 남아 있지 않았던 죄'를 벗기고 어머니가 옷을 갈아입혀줌으로써 새로운 존재로 태어난다. 그러니까 시인은 겨울에서 봄으로 넘어가는 숲의 모습을 통해서 존재의 변화가 자신의 힘만으로는 불가능함을 은밀히 드러낸다. 다시 말하면 그는 누군가의 도움이 없이는 온전해질 수 없는 개인의 한계를 인식한다.

이 두 편을 통해 우리는 김수복이 인식하는 인간 존재의 숙명을 엿볼 수 있다. 그는 인간에게 영원한 것이란 없다는 것, 아름다움도 사랑도 적의도 모두 한 때일 뿐이라고 본다. 그래서 그는 오직 '텅 빈 몸'– 빈손으로 태어났듯이 모든 것을 버리고 무욕의 상태로 돌아가는 것만이 존재의 본질임을 절실히 생각한다. 또 그런 궁극에 드는 것은 스스로의 힘만으로는 불가능하기 때문에 남의 도움을 받지 않을 수 없다는 것이다. 병아리가 껍질을 깨고 새 생명으로 태어나기 위해서는 어미의 도움과 자신의 힘이 합쳐져야 하듯이. 요컨대, 그는 존재의 유한성을 실감하면서 관계의 중요성을 더욱 깊이 인식하는 방향으로 시심의 물꼬를 튼다.

3. 달 이미저리, 또는 우주적 상상력

시집의 표제에 '달'을 내세운 점을 통해서도 짐작할 수 있듯이 이번 시집에서는 유난히 달에 관련된 시어나 이미지가 많이 등장한다. 그러니까 '몸 · 몸속' 이미지가 앞 시집의 연장선상에 놓인다면, '달'에 관한 이미지는 제8시집을 출간한 이후에 변화를 추구하면서 집중적으로 관심을 갖기 시작한 제재이자 이미지라 할 수 있다. 물론 이것은 아무런 연관도 없이 갑자기 불거진 것이 아니라 김수복이 추구해온 시정신의 큰 줄기에 밀접하게 관련되어 있다. 이를테면 이것은 노을빛깔의 시간과 세계를 지(벗어)나거나 초월하는 의미를 함축하는 것으로 볼 수 있다. 즉 노을빛깔이 갈등과 싸움과 피비린내 나는 살육을 환기한다면, 달 이미지는 고요와 안식과 포용의 의미를 거느리기 때문이다. 그렇다면 '달' 이미지에 투영된 구체적인 의미는 무엇일까?

작품에 들어가기 전에 참고삼아 먼저 '달'에 관련된 이미지와 의미를 떠올릴 수 있는 속성을 생각해보면 이렇다. 달은 보름을 주기로 계속 서서히 찼다가 기울어졌다 하는 속성을 지니므로 변화와 순환의 의미를 거느린다. 여기서 변화는, 「로미오와 줄리엣」의 대사에 나오듯 더러는 변심/변절, 또는 영원하지 않는 것을 나타내는 이미지로 인식되기도 한다. 그리고 낮의 해에 대비되는 밤의 달이면서 음양의 조화를 나타내기도 하고, 해가 이글거리는 욕망과 성장의 근원을 상징한다면 달은 은은한 빛을 발하며 어둠과 공존하는 휴식과 포용성을 지닌다. 또한 바닷물을 사리와 조금으로 변화시키는 인력(引力)도 지닌다.

모든 사물에 대한 이미지가 그렇듯이 '달'도 많은 이미지로 변용될 가능성이 있는데, 김수복의 시에서도 대체로 다양한 이미지와 의미를 포괄하는 한편, 그 나름의 개성을 지닌 의미로 변주되기도 한다. 가령, 「맷돌포」와 「동행」 등에서는 인력과 관계성을,[4] 「달의 귀」에서는 미지의 세계로 초월하려는 꿈을 보여주는가 하면, 「달의 눈빛 · 1」에서는 구원의 동행자로,[5] 「달이 눈을 뜰 때」에서는 어머니에 대한 죄책감의 자의식을 불

[4] 사리 밀물이 가슴까지 차올랐다가/ 中天의 달이 힘이 빠지면서/ 바다는 흘러내리는 치마를/ 걷어 올리느라 속수무책이다 —「맷돌포에서」 부분, 남해 月門里 벚나무들은// 바다 몸속// 달이 뜨면// 함께 몸을 세워서// 달이 지나가는 소리에// 제 몸의 꽃잎들을 활짝 열어놓고// 죽어도 좋아 죽어도 좋아 —「동행」 부분.

[5] 마을 어귀 다다라/ 뛰어들었던, 어머니/ 가슴속에까지/ 따라와 서 있던/ 달의/ 눈빛

러일으키는 감시자로 그려지기도 하고,[6] 또 「달의 가슴」에서는 아내의 유해를 묻는 봉분이 되기도 한다.[7] 이들 이미지에서 주목되는 것은 달의 귀·눈빛·가슴 등으로 달을 감각화하고 세속으로 끌어내려 친근감을 준다는 점이다. 그 반면에 달을 중심 제재로 하는 작품들은 어둠에 섞인 은은한 달빛을 연상하리만큼 대개 함축성이 강하여 표면적 의미가 잘 드러나지 않는 공통점을 지니기도 한다.[8] 이러한 특성들을 종합할 때 김수

을 보았다 —「달의 눈빛」 부분.

6 어둠속에 지나온 길들이 젖어 있다 핏빛으로 온통 물든/ 달이 눈을 뜨고 내 몸속을 들여다/ 보고 있다. —「달이 눈을 뜰 때」 부분.

7 주인공은 아내의 유해를 기억도 잘 나지 않는 아내 고향의 산언저리를 돌고 돌다가 그만 개울물에 떠오른 달의 가슴에다 묻어줬다 추석이면 그 냇가에 나타나는 달의 가슴에 묻어둔 아내를 찾아갔다 —「달의 가슴」 부분.

8 가령, 다음과 같은 시가 대표적이다.

해변의 쭈글쭈글한 살결
주름이 잡힌 추억의
둥근 몸속으로
떠오르다 식어버린
달의,
萬里 밖으로
내미는 귀,

해변의 살결을
빠져나가는
겨울 새떼들

—「달의 귀」 전문

이 작품의 핵심 의미를 파악하기는 그리 쉽지 않다. 그런 만큼 심층적 의미에 도달하기 위해서는 다독과 깊은 상상력이 필요하다. 나름대로 이 작품의 의미를 짚어보면 다음과 같다. '해변의 쭈글쭈글한 살결'은 굴곡진 모래사장을 나타내는 것으로 세월의 풍파와 사람들의 발자국으로 어지러운 모습을 떠올리게 한다. 이것은 '주름이 잡힌 추억'으로 연결되어 굴곡 많은 과거를 회상케 한다. 그런데 여기서 '주름이 잡힌 추억'과 '추억의 둥근 몸속'이 서로 모순을 일으키고 있는데, 이는 아무리 힘든 과거였더라도 추억은 아름답다는 의미를 생각하면 이해할 수 있다. 그래서 잠시 추억을 떠올리며 마음을 설레던(달뜨던) 화자는 돌연 추억 속에서 빠져 나와 먼 데 소리에 귀를 기울인다. 말하자면 시각적 한계에서 청각적인 세계

복에게 환기되는 달의 이미지는 온갖 욕망으로 들끓는 사람 몸속의 대척점에 자리한, 우리가 꿈꾸는 이상향과 밀접한 관련을 맺는다. 가령, 다음에서 그 점을 엿볼 수 있다.

달이 제 가슴을 내밀어 구름에 가는 것을 바라보는 새벽,
너와 나는 너무 멀었다 손을 뻗쳐도 닿을 수 없는,
손을 내밀어도 만질 수 없는, 그 먼 가슴에는 구름도
흐르지 않았다

—「새벽하늘의 먼 가슴」 전문

어머니들은 전쟁통 같은 뱃속에서
우리를 낳았다
저녁이면 그래도 양수가 차올라 달이 뜨고
먼 바다의 아버지가 돌아온다

—「갯벌—해뜨는 곳에서 해지는 곳까지 · 2」 부분

먼저, 「새벽하늘의 먼 가슴」에는 '달과 구름'의 관계와 '나와 너'의 관계가 대비된다. 다시 말하면 자연과 인간이 대립되는 존재임을 암시한다. 특히 달이 제 가슴을 내밀어 구름에 가는 것을 바라보면서 자신도 손을 뻗쳐 너에게로 내밀어보지만 너와의 거리가 너무 멀어 닿을 수도 만질 수도 없어 좌절감에 빠지는 시적 화자의 모습에서 우리는 현실적으로 인간관계가 얼마나 단절되어 있는지 확인할 수 있다.

「갯벌—해뜨는 곳에서 해지는 곳까지 · 2」에서 달은 순환하는 시간의 이미지를 함축한다. 전쟁통에도 어머니가 우리를 낳았고 저녁이면 달이 떠오르고 먼 바다의 아버지가 돌아오듯이, 절망은 영원하지 않기에 어떤

로, 과거로의 잠행에서 미래로 인식의 방향을 바꾼다. '해변의 살결을 빠져나가는 겨울 새떼'들, 즉 겨울 해변으로부터 비상하는 새떼들은 바로 그런 시적 화자의 초월적 인식을 형상화한 것이다.

경우에도 희망은 다시 생길 수 있다. 여기서 달은 시인에게 낙관적 미래를 내다보게 하는 대상으로 작용한다.

달의 이미지를 통해서 드러나는 이러한 김수복의 세계인식과 자아인식을 종합하면, 비록 현실은 어려울지라도 어둠 속에서 달이 떠오르듯이 미래는 어떤 형태로든 희망이 있다는 것이며, 그리고 그 희망을 위해서는 자연에 일체화될 수 있는 자신의 변화가 전제되어야 한다는 것으로 집약할 수 있다. 이런 인식은

> 나보다는 멀리 있는 어머니를 생각하기로 했다
> 나보다는 은사시나무 아내를 생각하기로 했다
> 나보다는 가슴이 커 가는 구름, 아이들을 생각하기로 했다
> 가슴 한 편에 밀려오는 먹구름보다는
> 그대 몸속에 열려있는 무지개를 하루 종일 생각하기로 했다
>
> —「가을하늘의 무지개」 전문

에서 보이는 것처럼, 먼저 자신을 버리고 가족을 생각하는 이타정신으로 수렴되기도 하고, 어느 때는 '누군가를 증오하며 용서할 수 없을 때// 자꾸자꾸 떠오르는 새벽달의/ 그 눈빛'(「달의 눈빛」)을 떠올리거나, '뒤늦게/ 사랑이/ 있다는 걸/ 깨'(「사이-철조망」)닫기도 하며, 지아비와 아내(「신발」), 또는 아비와 아들의 관계(「사막」)를 되새기게도 한다. 다시 말하면 우리 모두가 희망을 가질 수 있는 아름다운 세계의 도래는 먼저 자신을 바르고 맑게 하는 일로부터 시작되며, 그 다음에는 더불어 사는 미덕-관계의 중요성을 그는 뼈저리게 느낀다.

이러한 시인의 인식은 궁극적으로 세계를 총체적으로 바라보려는 우주적 상상력과 밀접한 관련이 있다. 달리 말하면 세계를 바라보고 인식하는 그의 시심이 한층 깊고 넓어졌음을 의미한다. 세계를 현상에만 집착하지 않고 그 이면이나 심층을 함께 바라보면 당연히 그에 따른 인식도 달라질

수밖에 없다. 이를테면 '누군가 말했다/ 나뭇잎이 제 몸을 떼내어/ 땅에 입을 맞추는 것은 어린나무로/ 다시 태어나기 위해서라고,/ 제 몸의 무지개를 다시 보기 위해서라고,'(「누군가 말했다」)에서 드러나는 바, 나뭇잎이 떨어지는 현상 자체에 집착하지 않고 그 이면의 세계로까지 상상력을 확장하면 만물에 내재하는 역설과 순환(재생)의 섭리를 발견할 수 있으며, 결과적으로 존재의 영원성에 대한 믿음도 가질 수 있다. 이와 같은 총체적/우주적 상상력을 더욱 극명하게 보여주는 작품이 바로 「사람들 속에 하늘이 있다」이다.

사람들 속에 하늘이 있네
내 죽어 하늘의 길 열 수 없으나
길은 사람들 속에 있었네
사람들이 사람으로 보지 않는 사람
사람과 사람 사이 무지개로 걸린 사람
들길 숲에서 종일 우는 사람
가을 빈 들녘에 바람으로 서 있는 사람
사람들 속에 하늘이 있었네

사람들 속에 하늘이 있었네
죽음이 끝나는 곳에서 봄이 있고
눈물이 끝나는 곳에서 기쁨이 있고
절망이 끝나는 곳에서 천사가 있고

솔숲의 향기도 하늘로 가지 못하고
강물의 가을도 바다에 이르지 못하네
온 몸으로 부르는 노래도 하늘의 귓가에 닿지 못하고
어둠의 숙명도 새벽의 가슴에 빛을 내지 못하네
새벽 새 소리의 사랑도 나무의 귓가를 스치고

강변 새벽 안개도 그 숨결 하늘에 닿을 길 없네
산문으로 가는 길 진리에 이를 길 없고
사랑으로 꽃피우는 장미 오월에도 피지 않네
마주 보는 잎과 꽃이 얼굴을 돌리고 있네
하늘을 나는 새는 날개가 없고
나무들은 피가 말라 입과 귀가 없네
사람들과 사람들 죽은 나무가 되었네

사람들 속에 하늘이 있네
입과 귀가 하늘이었네
무지개와 들녘의 가을 바람
기쁨과 천사와 눈물이 하늘이었네
땅이 하늘이었네
사람과 사람 사이 사랑이 하늘이었네
너와 나의 죽음이 하늘이었네
원수가 하늘이었네
증오가 하늘이었네
아, 드디어 사람이 하늘이었네

—「사람들 속에 하늘이 있다」 전문

이 작품은 김수복의 변화된 시의식과 세계인식을 종합적으로 보여준다. 형식적으로 호흡이 빠르고 리듬을 한껏 살렸다는 점, 기승전결의 구성을 통해 인식의 변화를 구조화했다는 점이 주목된다. 주지하듯이 시와 리듬은 뗄 수 없는 관계를 갖는다. 즉 시에서 리듬은 시를 시답게 하는 기본 형식으로서 반복과 병치를 통해 일차적으로는 매끄러운 음송을 가능하게 하고, 이차적으로는 주지(主旨)를 강조하여 독자에게 시의 의미를 효과적으로 내면화하도록 하는 작용을 하기도 한다. 이런 점에서 이 시에서 강화된 리듬은 시인의 표현의도를 한껏 돋보이게 하고 구현하는

데 크게 기여한다.

한편, 전체 4연으로 이루어진 이 작품은 구성상 기승전결의 형식을 갖추고 있다. 4단 구성에 입각해서 분석하면, 먼저 1연에서 '사람들 속에 하늘이 있네'라는 주제문을 제시하고 다양한 사람의 모습을 변주한 후, 2연에서는 1연의 의미를 부연 발전시키면서 순환하는 자연의 섭리를 표현하여 삶의 역전현상을 드러내고, 3연에서는 다시 여러 가지 한계상황을 제시함으로써 앞서 제시한 인식을 반전시킨다. 그리고 마지막 4연에 이르러서는 그럼에도 불구하고 결국 세상의 모든 것이 곧 하늘이라는 점을 강조하여 제각각 차이를 지니면서도 궁극에는 모두 하늘로 귀결되는 우주적 인식을 보여주는 것으로 마무리한다.

이렇듯 구조와 내용을 통해서 보면 이 작품에는 매우 복합적인 인식이 담겨 있는데, 특히 기존의 시인의 인식에 큰 변화가 이루어지고 있음이 두드러진다. 즉 자연과 사람을 대조적으로 바라보던 인식이 여기에 와서는 모든 것은 긍정적일 수도 있고 부정적일 수도 있다는 양면성을 함께 고려한다는 점이 가장 큰 변화라 할 수 있다. 이러한 김수복의 세계인식의 변화는 매우 중요한 의미를 지닌다. 그것이 어떤 의미를 지니는지 이해하기 위해서는 도입부에서 잠시 살펴보았던 그의 '체험적 시론'을 다시 참고할 필요가 있다.

> 무릉역은 사람이 내리지 않는다. 나는 무릉역을 지나간다. 존재의 아름다운 시원의 공간, 의식의 통합이 이루어지는 아름다운 그곳, 무릉역을 나는 이미 지나쳤다. 새들이 사라진 가을의 등 뒤로 날아오르는 무릉역, 아 아, 다다를 수 없는 존재의 아름다운 그곳, 나는 자꾸 멀어지는 무릉역을 흐린 창변에 기대어 바라보고 섰을 뿐이다.[9]

[9] 앞의 글, 106쪽.

'무릉역'(무릉도원을 연상케 함)은 김수복이 간절히 돌아가기를 꿈꾸는 공간이다. '존재의 아름다운 시원의 공간, 의식의 통합이 이루어지는 아름다운 그곳'이라는 진술에 따르면 그 공간에 도달하는 순간에 이른바 자기동일성을 실현할 수 있기 때문에 그는 늘 간절하게 그곳으로 회귀하기를 염원한다.

그런데 그는 정작 그 역에 이르자 내리지 않고 지나친다. 왜 그토록 열망하면서도 그 역에서 내리지 않았을까? 그것은 '다다를 수 없는 존재의 아름다운 그곳', "무릉역은 이 지상에는 없다.", 또는 "그러나 이 존재의 아름다운 시원의 세계는 지상에 존재하지 않을 것이다."[10]라는 진술 등을 통해서 보면, 그의 꿈은 현실에서는 근본적으로 실현 불가능하다고 판단한 결과이다. 그러니까 그가 회귀하려고 염원하는 그곳은 그야말로 언제나 있으면서 어디에도 존재하지 않는 낙원(유토피아)에 불과하다. 즉 다만 꿈꾸는 대상일 따름인 것이다. 이로 보면 김수복은 지금까지 이상과 현실을 명백히 구분해왔다. 마치 그가 가고 싶어 하는 그곳이 "중앙선 하행 안동역을 지나서 첫째 간이역"[11]으로 실재하는 '무릉역'이 아니라 상상 속의 낙원인 무릉역인 것처럼.

이처럼 현실과 이상을 구분했던 그였는데, 이제 그는 '사람들 속에 하늘이 있네'라고 하는 인식을 갖는 존재로 바뀌어 있다. 지금까지 살펴온 바에 따르면 그런 변화는 사람들의 태도에 따라서는 세상이 바뀔 수 있다는 낙관주의적인 인간관과 미래관에 기인한다. 여기에 사람이 존재할 수 없는 상상 속의 낙원보다는 사람들이 함께 몸을 부대끼며 어떤 관계를 이루고 사는 현실이 더 중요하다는 현실주의적인 인식도 한 몫을 한 것으로 보인다. 이런 인식 속에서 그는 현실에서 낙원을 실현하는 길을 찾는

---

[10] 위의 글, 105쪽.
[11] 위와 같음.

데, 그것이 바로 사랑임을 그는 '사람과 사람 사이 사랑이 하늘이었네'라는 구절을 통해서 강조한다. 그리하여 이제 그는 사람과 사람 사이에 사랑이 충만할 때 '아, 드디어 사람이 하늘이었네', 즉 사람이 곧 하늘임을 증명할 수 있다고 굳게 믿는다.

4. 또 다른 출발

김수복은 시단에 등단한 이후 30여 년간 누구보다 성실하게 시인의 길을 걷고 있다. 일찍이 어린 시절에 어른들에게 들은 충격적인/잔인한 인간들에 관한 이야기를 '몸속'에 품고 인간 존재에 대한 회의와 의문, 또는 그 몸속에 대한 궁금증을 해소하는 방향으로 시의 길을 걸어 이제 아홉 번째의 시집 『달을 따라 걷다』를 펴내기에 이르렀다. 짧은 이 글에서 그의 30여 년의 시력을 일별하기는 어렵지만, 한 가지 분명한 사실은 대체로 그는 곁눈질 하지 않고 우직하게 짙은 서정성을 중심으로 시심을 풀어왔다는 점이다. 물론 서정시를 고집하는 그의 일관된 시정신은 누가 뭐라 하든 시다운 시란 결국 서정성을 바탕으로 하는 것이라는 점, 나아가서 시인에게는 무엇보다도 시다운 시를 만드는 것이 가장 우선되어야 한다는 신념이 떠받치고 있다.

이번 시집 역시 그의 일관된 시정신이 바탕을 이루고 있으면서도 그 위에 돋은 시의 싹과 줄기와 꽃의 빛깔은 부분적으로 앞의 세계의 연장선상에 있거나 새로운 모습을 보여주기도 한다. 필자는 그 중에도 특히 그가 새롭게 집중하는 제재인 '달' 이미지에 대해서 좀 꼼꼼하게 의미화해 보려고 노력하였다. 그는 대체로 '달'의 원형적 이미지에 많이 의존하면서도(달에 관련된 말은 초승달 · 상현달 · 보름달……그믐달 등 다양하지만 그는 주로 '달'이라는 시어를 사용하여 보편성과 복합성을 동시에 함축하도록 한다) 감각적 이미지로 표현하는 등 나름대로 개성을 보여주기도 한다. 결과적으로 달 이미지를 통하여 그의 세계인식에 상당한 변화가 이루어지고 있음을 볼 수 있다. 그 중에도 특히 세계를 총체적으로 바라보려는 우주적 상상력이 돋보인다. 그는 자연과 인간을 대립적으로 바라보던 시각을 수정하여 관계의 중요성을 인식하고 '사람=하늘'이라는 등식에 관심을 갖는다. 그는 이 등식이 성립되기 위해서는 무엇보다도 '사랑'이 중요함을 강조한다. 물론 그가 염원하는 대로 지상 낙원이 실현될 날은 요원하지만, 아니 근본적으로 불가능할지도 모르지만 그 염원마저 저버릴 수 없는 것이 바로 인간된 도리이자 숙명이라고 본다면, 그의 꿈은 참으로 당연하고도 아름다운 것이 아닐 수 없다.

김수복의 세계인식은 고지에 도달한 것으로 볼 수 있지만, 시인의 길은 끝이 없기에 이것 역시 하나의 매듭에 불과하다. 늘 그리해왔던 것처럼 아마 그는 다시 신발 끈을 졸라맬 것이다. 그 징후를 우리는 이번 시집의 말미에서 확인할 수 있다. 최근작인 「철조망」 연작이 바로 그것이다. 아직 출발단계라 단적으로 말하기는 어렵지만, 여기서 그는 먼 기억을 반추하면서 다소 강한 목소리를 드러내고 있다. 이것이 장년기의 후반으로 접어드는 나이에 상관된 것인지, 아니면 새로운 실험의식에 기인하는 것인지는 좀 더 두고 지켜볼 일이다. 어떻든 예술가에게 변신은 무조건 아름다운 것이니 그의 또 다른 출발에 기대를 걸어본다.

장순금시론
—존재를 떠받치는 슬픔의 힘

1. 새로운 빛깔 추구

장순금의 시가 많은 변화를 보여주고 있다. 상상력의 확장도 그렇거니와 특히 세계를 바라보는 눈이 한층 그윽해졌다. 그 동안 주로 '가슴 안쪽 골목을 기웃거리'거나(「새 양복 한 벌」), '어두운 터널 속' 같은 내면으로 자맥질하여 들어가서 '어디론가 길을 끌고' 다니는 '야생말'의 떼를 만나거나(「사막—위장」), '불면에 결박당한 몸'(「몸에게」), 또는 '내 캄캄한 몸'(「두려움이 없어」, 이상 제3시집 『조금씩 세상 밖으로』)을 느끼는 것과 같은 존재론적 몸부림에 관한 것이 많은 부피를 차지했는데, 이번 시집에서는 우주적 상상력과 삶에 대한 다양하고도 깊은 탐구를 보여주는 시편들을 많이 볼 수 있다. 이는 무엇보다 시적 변모에 대한 시인의 의지가 무척 강렬했던 결과일 터인데 가령,

종을 친다
시간의 층계를 타고
생의 꼭대기에 올라
누구의 손인지

알 수 없는 손이
열심히 종을 친다고 생각했는데
자세히 보니
꽃들이 제 손으로
제 생의 저녁을 알리는 종을
이미 정오부터
난타하고 있었던 것이다.

—「만발한 꽃」 전문

에서 보는 바와 같은 현상 저편으로 내닫는 상상력의 깊이, 또는

하나같이 비상등을 켜고
영구차 행렬이 지나간다

경부고속도로 하행선
넓은 길에
한바탕 소나기가 쏟아진다

잘 오시라고 하느님이
깨끗이 물청소를 하신다.

—「소나기 · 1」 전문

에서 드러나는 바와 같은 무거운 주제를 경쾌한 이미지로 바꾸어내는 상큼한 상상력, 그리고

저녁 미사를 보고 돌아오는 길에
연등 행렬을 보았다
그래, 오늘이 부처님 오신 날이지.
목탁 소리 밤하늘에 향을 피우고

해탈한 연등 하나씩 가슴에 달았다

모두들 제 마음 닦는 게지,
제 속에 부려놓은 죄목 씻어
하얗게 불 밝히려
세상 길을 열심히 걷고 있었다
몸을 낮추어 굽이굽이
세상의 발치를 따라
유순히 걷고 있었다

그래, 제 속에 박힌 못
조금씩 빼내고 있는 게지
아니,
살 속에 박혀
살이 된 못
보듬어 쓰다듬고 있는 게지

저녁 미사 보고
혼자 걸어오는 길
향그런 길.

—「연등」 전문

에서 드러나는 포용력과 온유한 마음을 가지려는 자세 등을 통해서 그의 변모 의지와 그 결과가 어떤 것인가 잘 드러난다. 첫 머리에서 잠시 인용한 몇몇 구절들에서 배어나는 분위기와 이러한 작품들을 대비하면 장순금 시의 빛깔이 매우 새로워졌음이 확연히 드러난다. 이는 위에 인용한 시의 특징을 좀 더 구체적으로 들여다보면 수긍이 가리라 생각된다.

사실, '만발한 꽃'을 바라보는 정오의 한 때에 꽃이 져 버린 저녁의 어느 시점을 내다보는 시인의 상상력은 예사로운 것이 아니다. 어떻게 보면 무척 비관적 세계관을 가진 것으로 비칠 수도 있는 그의 상상력 속에는 그보다는 삶과 죽음이 별개의 것이 아니라는 존재론적 인식이 깔려 있다는 점에서 매우 우주적인 차원으로 확장되어 있다. 이를테면 태어나는 것은 죽게 되어 있고, 행복 뒤에는 불행이 오기 쉽다는 자연의 이치를 되새기게 한다는 점에서, 또한 그런 자연의 이치를 망각하고 영원히 살 것이라고 착각하며 오만해지거나 한 순간의 행복에 빠져 허우적거리다 생을 망치기 일쑤인 인간의 한계를 헤아려 보게 하는 마음을 불러일으킨다는 점에서 그의 상상력은 우주적이며 지혜를 동반하게 하는 특별한 것으로 읽힌다.

「소나기 · 1」의 경우, 그런 깊은 세계 인식을 바탕으로 하고 있으면서도 아주 밝고 경쾌한 느낌을 줄 정도로 상상력의 폭이 확장되어 있다는 점에서 차별성을 지닌다. 즉 고속도로를 달려가는 영구차 행렬과 한바탕 쏟아지는 소나기는 아주 우연의 일치일 뿐인데, 이를 연결시키는 상상력이 돋보인다. 갑자기 한바탕 쏟아지는 소나기를 망자의 편안한 저승길을 위해 하느님이 물청소를 하는 것으로 상상함으로써 알 수 없고 두려운 신(하느님)의 세계가 아주 친근한 속계로 전환되는가 하면, 마치 망자의 저승길을 빌어주는 상여소리 같은 소나기 내리는 소리가 귀에 선하게 들려올 듯하다. 그만큼 저승을 이승의 가까운 거리로 당겨놓음으로써 이별에 의한 슬픔의 농도를 줄이고 죽음을 하나의 자연스런 우주적 섭리로 받아들이게 한다. 말하자면 상상력의 돌연한 확장이 죽음에 의한 이별길이라는 무거운 일을 무척 가벼운 마음으로 받아들일 수 있게 하는 이미지로 바꾸어 놓은 셈이다.

이에 비해 「연등」은 상상력의 확장보다는 시인의 포용력과 온유한 마음이 잘 드러나서 관심을 끄는 작품이다. 저녁 미사를 보고 돌아오는 길이라니까 연등 행렬을 하는 사람들과는 다른 종교를 갖고 있음이 분명한데 흔히 그렇듯 그것을 배타적으로 바라보지 않고 비록 종교적 이념은 다를지라도 그 믿음과 행동이 추구하는 목표, 즉 속죄의 길을 걷는다는 것은 다르지 않을 것으로 생각하면서 그 행렬을 만나게 됨을 무척 기분 좋게 받아들이는 자세에서 종교적 이념을 넘어서는 높은 차원의 포용력과 따뜻한 마음이 잔잔하게 번진다. 그러기에 저녁 미사를 보고 돌아오는 길이 '향그러운 길'로 느껴지는 것은 지극히 당연한 일일 터이다.

장순금의 이번 시집은 전체적으로 세계 인식이 깊어지고 상상력의 폭이 넓어진 결과 작품의 빛깔이 무척 다양하면서도 분위기가 대체로 많이 밝아졌다는 특징을 지닌다. 이것은 이른바 시의식이 그만큼 치열해졌음을 보여주는 것인 동시에 세상을 바라보는 눈과 마음이 한결 성숙되고 여유를 갖게 되었다는 것을 나타내는 것이기도 하다.

2. 존재의 비극성에 대한 역설적 인식

시인의 변화의지가 두드러진 것을 이번 시집의 중요 특징으로 지적할 수 있다면, 장순금 시의식의 밑바탕을 이루는 것으로 보이는 비극적 존재 인식도 상당히 변모되어 있다. 시인의 세계인식과 상상력의 깊이가 심화된 만큼 존재의 속내를 들여다보는 관점도 사뭇 달라져 있음이 뚜렷이 드러난다. 즉 그 동안 시의 바탕을 형성했던 아픔이나 슬픔에 대한 인식에 큰 변화가 엿보인다. 그 변화는 우선 존재에 내리는 아픔이나 슬픔에 대한 인식이 더욱 깊어지고 있으면서도, 그것을 삶의 본질로 인식함으로써 그로 하여 좌절하는 것이 아니라 도리어 존재를 끌어올리는 강력한 힘으로 받아들인다는 점이다. 그래서 시인은 자발적이고도 적극적으로 존재의 아픔이나 슬픔을 껴안으려 한다. 마치 청마 시에 드러나는 '허무의지' 같은 점을 엿볼 수 있다.

잘 알다시피 청마 시에 드러나는 허무의지는 삶의 궁극으로서의 정화(精華)의 순간에 이르기 위한 하나의 방법론적 과정으로서의 출발점을 이룬다. 그것은 이상적 존재에 이르기 위한 전단계로서의 현존의 부정태를 지워 버리고자 하는 의지에서 비롯된다. 그래서 그의 허무의지는 삶 전체를 부정하는 것이 아니라 잘못 된 부분을 정화하기 위한 수단으로서 오히려 적극적으로 살고자 하는 의지와 같은 맥락을 지닌다. 이런 점에서 청마 시의 허무의지는 역설적인 동시에 변증법적 의미를 띤다. 즉 그의 허무의지에는 부정을 통해 긍정에 이르는 논리적 과정이 은밀히 내재되어 있는데, 장순금 시에 드러나는 아픔이나 슬픔에 대한 인식도 궁극적으로는 그런 의미를 띠게 됨으로써 이전의 시들과는 매우 다른 빛깔과 향기를 지닌다.

변화의 특징으로서는 먼저 아픔과 슬픔을 느끼는 농도가 다르다는 점을 지적하지 않을 수 없다. 작품을 읽으면 마치 물기 젖은 솜에서 물방울이 떨어지듯이 아픔과 슬픔이 여기저기서 번져 나오고 있는데, 이는 시인이 그것을 존재나 삶의 본질로 인식하고 있음을 나타낸다. 그것이 그의 인식 속에 얼마나 절실하게 자리를 잡고 있는가, 다른 말로 바꾸자면 그것이 얼마나 깊은 그의 시적 원천이 되고 있는가 하는 것은 작품에 투사된 빈도에서도 잘 드러난다. 이를테면, 그것은

운명처럼 나를 아프게 하리라

—「운명처럼」

무성한 흑녹색 이파리들
눈물처럼 햇살에 파닥이는 길에

—「화성 가는 길」

깨달음의 끝에 열리는

한없이 고요한 슬픔
두어 방울

—「슬픔의 힘」

악기는 바람 든 소리로 울었지만
더 이상 내게 떨어뜨릴 눈물은 없어,
폭우에 젖은 생이
느리게 악보를 읽고 있었다.

—「콘트라베이스」

또 다시 마음에 낭자한 멍 자국
푸릇푸릇 돋고

—「손톱을 깎아주며」

문득 상처라는 활자가
크게 들어온다 상 · 처

—「서점에서」

시간이 무섭게 상처를 키우는 동안

—「가뭄, 그 웅덩이」

알 수 없는 벽에 갇혀
울먹이는 내 몸을

—「공간」

등에서 보듯, 그의 시 도처에서 상처와 아픔과 슬픔과 눈물이 넘쳐난다. 시집 제1부에서 아픔과 슬픔에 관련된 시어가 구체적으로 드러나는 몇 편만을 들었을 뿐인데 그것이 이토록 뚜렷한 수맥을 이루고 있다. 이렇게 아픔과 슬픔에 관련된 시어들이 작품 곳곳에 드러나게, 또는 은밀히 도사리고 있다는 것은 우선 시인의 의식이 존재의 아픔과 슬픔에 민감하게 반응하고 있음을 보여주는 것이다.

그렇다면 장순금 시에 흐르는 아픔과 슬픔의 물줄기는 어디에서 발원하는 것일까? 그 수맥의 원천을 찾아내기란 그리 쉬운 일은 아니지만, 개개 작품들을 꼼꼼히 읽으며 중심 되는 이미지의 맥락을 따라가 보면 우리는 두 가지 큰 줄기를 만난다. 하나는 근원적 측면에서 불완전한 존재 인식이라고 한다면, 다른 하나는 불완전한 사회 인식에 기인한다. 즉 그는 세계의 주체로서의 자아가 불완전하다는 인식과 더불어 그런 자아로 하여 형성되는 세계 역시 불완전할 수밖에 없다는 인식을 시적 모티프로 하여 궁극적으로는 그로부터 진정한 자아, 또는 참된 세계를 지향하는 의지를 시적 형상화의 근본으로 삼는다. 그러므로 장순금 시를 지탱하는 근원으로서의 시적 원천은 결국 불완전한 존재 인식이라 할 수 있는데, 나는 이러한 맥락을 통하여 그의 시가 지닌 핵심과 그 특성을 짚어 보고자 한다.

3. 존재의 근원 성찰

장순금 시의 원천이 되는 불완전한 존재, 또는 비극적 자아인식은 확대하면 인간 존재의 근원에 대한 뼈아픈 성찰이라 할 수 있다. 그에 의하면 인간은 운명적으로 비극적 존재일 수밖에 없다. 우리가 살아 있는 한 그것은 피할 수 없는 존재의 업보 같은 것이며, 또한 피할 수 없는 것이니까 순응하고 받아들일 수밖에 없는 것이기도 하다. 아니, 순순히 받아들이는 그 순간에 이미 비극성을 초월할 수 있는 길로 들어서는 것이기도 하다는 것이 그의 존재론적 사유인 것으로 보인다.

> 어느 날 보통우편으로 배달되어 오는 사랑 한 통을 받아보리라 운명처럼 남루한 생애에 잠시 걸렸다 사라져 버릴 깨끗한 손수건 한 장, 가파른 고개를 오르는 내 이마의 땀을 닦아주리라 믿지 않았던 사랑이 성큼 다가와서 내 가슴에 무덤을 파리라 운명처럼, 어찌 손수건 한 장으로 내 생애의 남루를 다 가릴 수 있으랴마는 마른 풀잎 끝에 잠시 맺혔다 증발해 버릴 이슬이듯 어두운 내 생의 목구멍을 잠시 적셔 줄 깨끗한 사랑 한 사발 배달되어 오리라 운명처럼 나를 아프게 하리라
>
> —「운명처럼」 전문

이 작품은 장순금 시에 투영된 자아 인식의 근간을 살펴 볼 수 있는 좋은 본보기가 된다. 즉 이 작품의 뼈대를 이루는 소망 → 성취 → 아픔/상처라는 삼원구조가 바로 그것인데, 이것은 시인의 내적 구조의 바탕이 되는 동시에 인간 삶의 원형적 구조이기도 하다. 그러니까 우리 삶은 궁극적으로 이 삼원구조가 무한 순환함에 다름 아니라는 것을 이 작품은 강조한다.

'남루한 생애', 또는 '구멍난 생'(「화성 가는 길」), 즉 불완전한 자아 인식이 '깨끗한 손수건' 같은 '사랑'을 소망한다면, 그 사랑 역시 근본적으로 한 순간에 불과할 것이라고 생각하기에 불완전한 자아를 완전한 모습이 되게 할 수는 없다. 사랑을 갈구하면서도 결국 다시 그것이 '나를 아프게 하리라'고 예감하는 것은 그 때문이다. 그래서 '남루한 생애'로부터 온전히 벗어나는 길은 없으며, 여기서 깨끗한 사랑에 대한 갈망은 끝없이 이어져야 한다. 말하자면 소망 → 성취 → 아픔의 삼원구조가 온 생애를 순환한다. 이렇게 순환 고리에 무한히 얽매어 있는 것이 인간이라는 생각에 이르면, 참으로 인간은 슬픈 존재라는 느낌을 지울 길이 없다.

그러나 그것을 삶의 피할 수 없는 속성이요, 운명 같은 것이라 생각한다면 그 아픔과 슬픔의 의미는 상당히 달라질 수가 있다. 아픔과 슬픔에 노출되어 있다는 그 자체가 살아 있다는 증거가 되는 것이니까. 시인이 깨끗한 사랑 뒤에 오는 아픔을 운명처럼 받아들이려 하고, 자신이 소망하

는 사랑이 오는 순간에 아픔도 함께 따라올 줄 알면서도 사랑에 대한 소망을 버리지 않는 것은 바로 그런 인식에 근거한다. 달리 말하면 이는 아픔을 동반하지 않는 사랑은 없다는 것과 더불어 아픔을 겪는 일보다 깨끗한 사랑에 대한 갈망이 더 크다는 인식을 보여주는 것이기도 하다. 그만큼 남루한 생애를 깨끗하게 정화하고 싶은 의지가 그에게 절실한 목표가 되고 있는 셈이다.

남루한 생애를 정화하려는 그의 의지가 강렬한 만큼 그것은 그의 시에 다양한 이미지의 형태로 드러난다. 특히 그 중에서도 「화성 가는 길」·「밖으로」·「비보호 좌회전」·「소지」·「청계사에 오르다」 등의 작품에서 바탕색을 이루는 자아 성찰과 일탈에 대한 이미지, 그리고 「코알라」·「영혼에게」 등에서 드러나는 그리움 이미지가 큰 비중을 차지한다. 가령, 성찰과 일탈에 대한 이미지는

벼랑 끝을 향해 달려가는
시간의 등에 업혀
나도 모르게
풀 풀 풀
흩날리는 내 삶의 이른 저녁 길을
지나온 길이 먼저 가서
나를 마중하고 섰다

제 멋대로 나를 옮기고 유린하는
저 보이지 않는 길
둘둘 말아 소지를 올린다
풀 풀 풀
나를 빠져나가고 싶어

—「소지」 전문

청계사 길을 오른다
생의 좁은 길을 오르듯
그저 막막히 오른다

부처의 눈길처럼 서늘한
나무들의 환대가 무성하고
오늘따라 다정한 척 등을 밀어주는
바람과 함께 오르는 이 길은
어느 전생의 길목인가

어디에 이르기 위해
삐걱거리는 뒷굽을 끌고
이토록 가파른 능선을 서성이는가

—「청계사에 오르다」 부분

에서 보이는 바와 같은 것이다. 즉 구태의연한 삶이나 힘겨운 삶에 대한 성찰을 통한 비판적 인식이 그러한 존재로부터 일탈 또는 초월하고 싶은 욕구를 밀어 올린다. 그리고 그 연장선상에

한사코 매달릴 수밖에 없다
내 식성에 딱 맞는 너에게
이미 알코올처럼 중독 되어
완강히 밀어내도 어쩔 수 없다
(중략)
오직 네 마음 한 자락에 매달려
온 생애를 건 도박을 하고 있다.

—「코알라」 부분

돌부리에 채이고

폭풍을 맞을지라도
너를 내 중심에 두고 싶다.
땀 냄새 가득한 노동의
고통도 담담히 껴안으며
너를 보듬어 느끼고 싶다.

—「영혼에게」 부분

에서 드러나는 바와 같은 진한 그리움의 이미지가 놓인다. '내 식성에 딱 맞는 너'에게 '온 생애를 건 도박을 하고 있다'는 것, 또는 영혼에게 '돌부리에 채이고/ 폭풍을 맞을지라도/ 너를 내 중심에 두고 싶다'고 호소하는 것을 통해서 우리는 시인의 그리움의 정체가 어떤 것인가 확인할 수 있다. 즉 그의 그리움은 남루한 생애를 정화하고 진정한 자아로 나아가고자 하는 소망에서 발원된 물줄기인 셈이다. 그러므로 진정한 자아를 추구하고자 하는 소망이 간절할수록 현존으로부터 일탈하거나 초월하고 싶은 꿈도 강력하게 분출된다.

그러나 너에 이르는 길은 결코 순탄하지 않다. 아니, 소망하는 대로 쉽게 이루어질 것이라면 이미 꿈이 아니고 그리움도 피워 올릴 이유가 없듯이 시인의 꿈은 근원적으로 완성되기 어려운 것이다. 그래서 현존으로부터 일탈하려는 꿈과 아픔(슬픔)은 서로 꼬리를 물고 순환한다. 그런 사실에 대한 인식과 성찰이 시인으로 하여금 '어설프게 꿈꾸어 온'(「화성 가는 길」) 자아를 만나게 하고, 때로는 '순장 당한 꿈이 기일게 눕는'(「손톱을 깎아주며」) 모습을 목격토록 하기도 한다. 이를테면 꿈꾸기와 그 꿈이 실현되기 어려운 현실 사이를 오가는, 갈등하는 자아를 만나게 된다.

남몰래
너에게로 가는 길은
아무에게도 보호받지 못한다.

길은
언제나 위험한 통로
아찔한 순간들로 이어진다.

그러니 길은 없다
다만 행간뿐,

행간 속에서
은밀하게 활활 타오르는 여자를
무심히 내려다본다
꿈이다.

꿈 밖에는
차가운 몸에
소금 한 짐 실려 있다.

—「비보호 좌회전」 전문

꿈이 불만스러운 현실로부터 은밀히 일탈하고자 하는 욕망의 한 형태인 만큼 그것은 항상 실현 가능성이 낮게 마련인데, 위의 시는 그런 인식을 바탕으로 한다. '남몰래 너에게로 가는 길'은 '비보호 좌회전' 같은 것이라서 언제나 위험한 통로나 아찔한 순간들로 이어진다. 그러니 그것을 온전한 길이라 하기는 어렵다. 또 온전한 길이 아니니까 사실 가서는 안 되는 길이거나 가더라도 여간 조심을 하지 않으면 안 되는 길이다.

그러나 그것은 어디까지나 일상적 의미에서 그렇다는 것일 뿐이다. 다시 말하면 '남몰래 너에게 가는 길'을 드러내놓을 수는 없지만, 일상 저 너머에서는 그런 일탈을 꿈꾸고 싶은 마음이 간절하게 피어나는 것이 또한 인간인 것이다. 행간이란 말이 그것을 암시한다. 일상적이고 표면적 의미를 떠나 그 내면을 들여다보면 인간에게는 그런 은밀한 마음이 불타고 있다는 것이다. 비록 보호받을 수 없는 길이기는 하지만 갈 수는 있는 길이니까 힘들더라도 가고 싶은 마음이 생길 수 있다. 아니, 가기 어려운 길이라 하니까 더욱 가고 싶은 욕구가 솟아오른다. 아무에게도 보호받지 못하는 길을 위험을 무릅쓰고 비보호 좌회전으로 가려고 하는 것은 바로 그런 인간의 은밀한 욕망을 실현하고 싶은 소망에서 비롯된다. 금지된 것일수록 더욱 모험심에 불타는 것이 인간이 아닌가.

그런데 한편으로 생각하면 그런 행간에 숨어 있는 길은 쉽게 실현될 수 없는 것, 그것은 꿈에서나 가능한 것일 뿐이다. 그래서 '행간 속에서/ 은밀하게 활활 타오르는 여자를/ 무심히 내려다본다.' 즉 '활활 타오르는 여자'를 무심히 내려다본다고 함으로써 시인은 그런 욕망을 타자에게로 옮겨 객관화시키고 냉정함을 찾으려 한다. 그리고 다시 그것을 꿈으로 처리함으로써 무의식 속에 잠재한 한갓 욕망에 지나지 않는 것이라고 규정해 버린다. 이렇게 시인은 극적으로 마음을 돌리고 있지만, 사실 그 꿈은 결코 가볍게 넘겨 버릴 성질의 것이 아니다. 어떻게 보면 금기 사항을 범하고 싶은 욕망만큼이나 마음에 부담을 주는 것이다. 그것은 꿈에서 깨어 다시 현실로 돌아왔을 때 '차가운 몸에/ 소금 한 짐 실려' 있다고 하는 것과 같이 온몸이 땀에 젖게 하는 힘겨운 노동 같은 것이다. 그럴 정도로 현실과 꿈의 거리가 멀며, 또한 그러니까 그 꿈이 깬 뒤에는 허망함의 부피도 커진다는 것이다.

이렇듯 지켜야 할 사회적 규범과 그것을 깨고 싶은 욕망 사이에서 갈등하는 것이 인간이란 사실을 시인은 비보호 좌회전에 절묘하게 비유하고 있다. 그리하여 그것이 무서운 꿈으로 끝날 수밖에 없는 것이라는 결말로 처리함으로써 결국 현실적 굴레를 쉽게 벗어날 수 없는 사회적 존재로서의 인간의 한계를 암시한다. 나아가서 그것이 한낱 허망한 꿈에 불과한 것이라 하여 비판적 의미까지 부여한다. 바로 여기서 꿈꾸기와 좌절의 과정을 통해서 인식하게 되는 인간적 한계와 그로 인한 아픔과 슬픔, 또는 허망함의 부피를 줄이기 위한 노력의 필요성이 제기된다.

누가 자꾸 불러내었다
신발을 신은 채 자게 하고
정체 모를 얼굴이
암호를 띄우고 비밀번호를 누르고
고압전류를 흘려
문을 열게 하였다

밖으로 난 저 길은
그냥 밖일 뿐이다
한 순간도 품에 잠재우지 못하는
허공이다

(중략)

이제
헐거운 마음 하나
저 절망에 지워 내놓는 일만
남았다

—「밖으로」 부분

내가 자발적으로 그렇게 하는 것이 아니라 '정체 모를' 어느 '누가 자꾸 불러내었다'고 하여 현실로부터 일탈하고 싶은 욕망을 타자에게로 돌리려고 하는 것, 또는 '밖으로 난 저 길은/ 그냥 밖일 뿐' '한 순간도 품에 잠재우지 못하는/ 허공'이라고 생각하는 대목에서 스스로 헛된 욕망에 빠지지 않으려 하는 의지가 드러난다. 그리고 '헐거운 마음 하나/ 걸망에 지워 내놓는 일만/ 남았다'는 구절에 드러나는 바와 같은, 마음의 여유와 겸허함을 갖고 초월적 존재로 들어서려는 성숙함이 그런 의지를 더욱 현실화시킨다.

시인이 '헐거운 마음 하나'마저 내놓고 무심으로 돌아가려는 것은 '완강하게 팔을 휘저을수록/ 무수한 너의 손들은/ 더욱 빠르고 강하게/ 나를 끌어당긴다.'(「수영을 하며」)는 삶에 내재된 모순이나 아이러니를 인식했기 때문이다. 그래서 그는 '차라리/ 전신에 힘을' 빼고, 자신을 끌어당기는 그 어떤 것으로부터 벗어나려는 욕망과 의지를 버린 채 '익사한 듯' 누워 본다. 그러면

꽃잎처럼 가볍게 떠서
스스로 길을 내며
흘러갈 수 있을까

—「수영을 하며」 부분

라는 생각에서. 아무리 벗어나려고 발버둥을 쳐도 벗어날 수 없는 것이라면 그것은 운명과 같은 것이기에 차라리 운명에 맡겨 두는 것이 마음의 갈등이나 아픔을 줄이는 일이 될 수도 있다. 더욱이 다소 불확실하기는 하지만, 꽃잎처럼 아름답고 가볍게 떠서 '스스로 길을 내며' 흘러가는 자유로운 존재로 나아가는 길이 될 수 있다는 인식에까지 이르고 보면 오히려 그것이 최선책이 될 수도 있다. 시인이 삶의 과정에서 부과되는 상처와 아픔과 슬픔을 외면하지 않고 있는 그대로 껴안으려 하는 것은 바로 이러한 깨달음에 근거한다. 그러니까 제게 주어지는 모든 것을 껴안고 받아들이려 하는 순간에 그는 이미 번뇌하고 갈등하는, 무겁고 어두운 존재로부터 가볍고 자유로운 존재로 재생되고 있는 셈이다.

4. 나를 넘어 우리로

삶에 대한 이러한 그의 인식은 사회적 상상력을 바탕으로 하는 작품들을 통해서 더욱 분명하게 드러난다. 가령, '위태로운 것들이 모여서/ 굳게 스크럼을 짜고/ 한 시대의 평안을 지탱해온 돌담에/ 가만히 기대어 본다'(「돌담길을 지나며」)는 구절에 드러나는 연대의식이라든지, '석탄보다 검은 작업복을 입고/ 막장 같은 또 다른 하루와/ 다정한 듯 악수를 나누고' '막막한 삶의 화덕에/ 연탄불처럼 활활 타오를/ 어떤 아침의 눈부심을 위하여/ 오늘도 노동의 아침은 부산하다.'(「탄광촌 · 1」)는 구절에 드러나는 적극적 삶의 의지, 즉 비록 막장처럼 고되고 막막한 삶이지만 회피하거나 좌절하지 않고 오히려 다정한 듯 악수를 나누며 미래의 눈부신 아침을 위해 열심히 노동의 현장으로 나가는 광부의 성실한 삶의 자세에 대한 관심을 보이는 대목, 또는

지하 2천 미터
컴퓨터의 '알 수 없는 영역' 같은 거기,
탄차를 타고 숨막히듯 내려가
도달하는 막장. 아 거기
마지막, 막다른, 막막한
막장은 슬픔이다, 아니다 신성한
노동의 땀방울이 모여
보석 같은 삶의 결정체가
이룩되는 곳.

(중략)

죽은 듯이 고요한 갱 속
아니, 죽을 듯이 살아있는 삶에

숨구멍을 뚫을 듯이
아주 짧은 광채 속에
떠오르는 다이아몬드
눈물과 땀방울로 이룩되는
검은 다이아몬드.

—「탄광촌 · 2」 부분

에서 보는 바와 같은, 인내는 곧 보람으로 이어진다는 삶에 대한 긍정적 인식 등에 그러한 점이 뚜렷이 드러난다. 특히 '막장은 슬픔'인 동시에 '보석 같은 삶의 결정체가 이룩되는 곳'이기도 하다는 역설적 인식을 통해서 우리는 존재에 부가되는 아픔과 슬픔이 어떤 의미를 지니는 것인지 분명히 알 수 있다. 다시 말하면 아픔과 눈물에 젖어 절망과 한탄으로 허송세월하지 않고 꿋꿋이 견디며 '신성한 노동의 땀방울'을 흘린다면 그것은 반드시 보석 같은 값진 대가로 돌아온다는 시인의 적극적이고도 미래지향적인 인식이 그 바탕에 깔려 있다. 그것은 마치 자연에서 온갖 유기물들이 불타고 썩어서 석탄이나 다이아몬드로 재생되는 것과 같은 맥락을 지닌다.

이렇게 보면, 아픔과 슬픔은 그것을 받아들이는 주체의 인내심과 극복하려는 노력이 중요한 것이지 그 자체가 존재를 절망의 나락으로 밀어 넣는 것은 아니다. 아니, 아픔과 슬픔이라는 것을 느끼기에 그것을 딛고 일어서려는 적극적 의지가 솟아나고 결국 '눈물과 땀방울로 이룩되는/ 검은 다이아몬드'를 만나는 기쁨도 맛볼 수 있다. 그러니까 그것은 삶의 보람을 찾게 하는 밑거름이요 근원이 되는 셈이다. 물론, 그것이 가치 있는 결실로 이어지는 길은 숱한 시련과 인내를 동반해야 하기 때문에 결코 평탄할 수 없다.

독한 소주 마시며, 말짱하다

소주보다 독한 게
내 안에 있는가 보다.

너를 사랑하는 동안
나는 얼마나 꽃다웠던가,

바람이 풀밭에 방목되는 동안
나는 조금씩 흔들리면서
네 향기의 정체를 깨달아 갔다.

깨달음의 끝에 열리는
한없이 고요한 슬픔
두어 방울

이 슬픔의 힘이
지구를 떠받친다.

—「슬픔의 힘」 전문

슬픔으로부터 지구를 떠받치는 창조적 힘을 끌어올리기 위해서는 무엇보다 독한 소주보다도 더 독한 내면의 강인한 힘을 필요로 한다. 그리고 꽃다운 사랑을 하면서 느끼는 행복과 그 뒤에 따라오는 시련과 방황, '네 향기의 정체'를 깨닫는 순간에 도리어 슬픔이 열린다는 것 등과 같이 매우 복합적이고 모순된 것이 인간 존재이고 그 삶이라는 것도 헤아릴 줄 알아야 한다. 한치 앞을 내다보기 어려운 것이 인간이라 하듯 유한한 존재로서 이러한 삶에 내재한 모순과 역설적 의미를 간파해내기는 쉽지 않지만, 그러나 봄에서 겨울로, 다시 겨울에서 봄으로 순환하는 자연의 이치를 생각하면 또 그리 막막한 것만은 아니다. 생각해 보면 영원한 기쁨도 영원한 슬픔도 없는 것이 강물처럼 흐르는 우리네 삶이지 않는가.

사실, 한 치만 더 멀리 내다보면 지구를 떠받치는 힘이 슬픔에서 나온다는 시인의 역설적, 변증법적 인식의 근원에 도달할 수가 있다. 아픔이나 슬픔을 경험하지 않고는 그것으로부터 벗어나고자 하는 꿈도 꾸지 않듯이 그 속에는 이미 근원적으로 존재를 위로 끌어올리는 원동력이 내재되어 있고, 그 힘들이 모여 지구를 앞으로 밀고 간다. 이를테면 인간의 내면에는 항상 시련을 극복할 수 있는 힘, 모진 생명력이 숨어 있기 때문에 역사적으로 인류는 숱한 시련에 직면했으면서도 어떻든 조금씩 발전해왔던 것이다. 따라서 그러한 힘을 믿는 자에게는 어떤 아픔과 슬픔도 결코 영원할 수 없다.

요컨대, 장순금 시의 원천은 한 마디로 존재에 내리는 아픔이나 슬픔을 적극적으로 받아들이고 거기서 역설적 의미를 발견하려는 것으로 파악된다. 그런 깨달음에 이르기까지는 참으로 많은 인내와 땀방울을 필요로 하지만 어차피 삶이란 상처와 아픔과 슬픔과 동행하는 것이란 생각을 하면 그것을 적극적으로 인식하고 그 안에서 초월을 꿈꾸려는 것은 지극히 인간다운 자세라 할 수 있다. 한층 다양하고 심화된 그의 세계인식과 상상력, 그리고 한껏 치열해진 그의 시의식이 그 깊은 곳까지 감수성의 촉수를 닿게 했음은 물론이다.

황미라시론

—낭만적 인식에서 실재하는 이상향으로의 귀환

1. 비극적 인간관과 시적 회의(懷疑)

황미라는 1989년에 시단에 올랐으니 벌써 시력(詩歷) 20년을 넘긴 중견 시인의 대열에 들어섰다. 그런데 시력 20년을 넘긴 시인 치고는 그동안 겨우 두 권의 시집밖에 출간하지 않았다는 것은 그녀가 무척 과작하는 시인인 듯한데(하기야 세상 어딘 가에는 평생 한 권의 시집도 못 내고 시적 삶을 마감한 시인도 있을 터인데 그에 비하면 많은 편이지만), 지금까지 상자한 두 시집의 출판 연도를 살펴보면 사실 등단 초기에는 꼭 그렇지만도 않았다. 즉 첫 시집인 『빈잔』은 등단 후 2년만인 1991년에, 그리고 두 번째 시집인 『두꺼비집』은 첫 시집을 낸 이후 3년만인 1994년에 출간한 것으로 보아 초기에는 무척 활발한 창작역량을 보여주었음을 알 수 있다.

그러나 두 번째 시집과 세 번째 시집이 될 이번의 『스퐁나무는 사랑을 했네』의 출간 거리는 무려 17년이나 되어 결코 예사롭게 보아 넘기기가 어렵다. 두 번째 시집을 출간한 이후 시 쓰기에 대한 그녀의 심경에 어떤 변화가 온 것이 분명할 텐데, 무엇 때문일까 불현듯 나는 그 까닭이 궁금해졌다. 물론 그녀가 아주 절필한 것은 아니고 가끔 작품을 발표한 것으로는 알고 있지만, 강산이 두 번이나 바뀔 시간인 무려 17년이라는 긴 세월 동안에 고작 47편(시집 원고에 따름. 따라서 창작 편수는 더 있을 가능성은 있음)의 작품만을 창작했다는 것은, 한 해 평균 미처 3편도 안 되는 숫자이므로 거의 침묵으로 일관했다고 해도 지나치지 않을 정도이니까 말이다. 등단 초기의 시에 대한 그 열정이 불과 5년이 지나면서 그렇게 싸늘하게 식었다는 것은 분명 무심히 넘길 사안이 아니라는 생각이 나에게 강한 궁금증과 호기심을 촉발시켰다. 그렇다면 그 까닭은 무엇일까?

이런저런 생각들이 내 머릿속에 엉켜들었다. 등단 전후에 집중적으로 창작한 나머지 갑자기 시심의 원천이 고갈되었기 때문일까, 아니면 어떤 돌발 상황에 부딪혀 시에 대한 회의를 느끼고 의도적으로 멀리했기 때문일까, 그도 아니라면 지나치게 바쁜 일상생활의 굴레가 시인에게 시를 돌아볼 겨를이 없도록 만든 탓일까…… 그러고 보니 좀 오래 된 기억이기는 하지만 언젠가 그녀는 학업 관계로 아이들을 서울에 보내놓고 그들을 건사하느라 바쁘다는 얘기를 들은 적이 있기도 한 것 같기도 하다. 내 경험에 비추어보아도 바쁜 생활의 감옥에 갇히면 마음에 여유가 사라지면서 자연스레 시로부터도 멀어질 수밖에 없었으니까.

어쨌든 여러 가지 생각이 꼬리에 꼬리를 물고 내 머릿속으로 지나갔지만, 나는 그 문제의 원인은 아무래도 작품을 통해서 찾는 것이 바람직하다는 판단을 내리고 직전 시집에서 어떤 실마리를 얻을 수 있으리라는 생각에 먼지 쌓인 『두꺼비집』을 찾아 먼 시간 속에 자리한 그녀의 시심 속으로 잠행하였다. 시집을 통독하자 그녀가 시에 열정을 더 이상 불태우기 어려웠으리라 짐작되는 대목들이 여기저기서 고개를 들었다. 즉 시 쓰기에 대한 시인의 고뇌와 회의를 어렵지 않게 발견하였다. 그 단적인 예로서 표면에 직접 드러난 것이 '시가 밥이 되지 않음'에 대한 절실한 인식이라

한다면, 그 근원에는 인간과 신에 대한 깊은 회의가 자리를 잡고 있다. 그 점과 관련된 비교적 선명한 이미지나 의미를 보여주는 대목들을 시집에 실린 작품의 순서대로 나열하면 다음과 같다.

> ① 나의 일상을 정신없이 휘들러 주세요 그리운 무늬 꽃물 흐리게 바래도 뽀송뽀송 기쁨으로 널리고 싶습니다 때묻어 다시 거품 물고 스러져도 주름 잡힌 가슴 꺾인 팔 다리 곧게 펴고 맑은 날 정직한 하늘에 한번 불붙어 봤으면
>
> —「당신이 잊으신 모양입니다—두꺼비집 · 10」 부분

> ② 우리들 가난한 둥지 슬픈 겨드랑이에 있었을 원시의 날개 튼튼히 달아 주세요 날고 싶어요 한 줌 흙이 되려 하나의 거대한 흙덩이 굴려가는 모순의 풍경 깊숙히, 당신의 순수로 깃드세요 죄다 놓아주고 혼자만 사세요
>
> —「되돌려 주세요 나의 날개—두꺼비집 · 21」 부분

> ③ 향기로운 밤꽃이 저버린 뒤 아무도 모르게 열매 맺고 각피 속에 키워 온 진실 그대여, 나의 삶도 못난 속 깊이 단단한 그 무엇 하나 여물렸으면
>
> —「알밤—두꺼비집 · 46」 부분

> ④ 떨리는 나의 계절에 오만하게 그리운 이상기온, 한번쯤 자연도감에도 없는 원시의 꽃이고 싶습니다
>
> —「원시의 꽃—두꺼비집 · 48」 부분

> ⑤ 시를 쓰다가 시가 밥이 되지 않으므로 부엌으로 갑니다 희망으로 요리를 해도 깔깔하게 씹히는 일상을 식구들과 나누는 저녁이면 왠지 무서워 환히 전등을 켜고, 가난한 시를 쓰다가 시가 안식이 아니므로 잠을 잡니다 꿈보다 막막한 오늘이 오고, 고단함 속에 다시

부질없는 시가 부질없이 쓰여집니다 그대여,

—「막막한 오늘—두꺼비집 · 51」 전문

⑥ 당신은 사기꾼, 뒷짐 지고 서서 무조건 오라 하십니다 넘어져 피 흘려도 피 흘리다 끝장나도 끄떡 않는 당신, 희망 하나 숨겨놓으시고 한 굽이 돌면 또 한 굽이 가도 가도 아무것도 보이지 않는데, 죽을 때까지 실낱 같은 빛을 찾으라 하십니다 이제 알 것 같아요 빛은 우리 자신 속에 있다는 걸, 그걸 부시게 피워 보라는 소리없는 메시지, 아름다운 사기꾼 그대, 그대여

—「아름다운 사기꾼 그대—두꺼비집 · 67」 전문

위에 여섯 편(일부 또는 전문)을 인용했지만, 시인의 인식과 시적 개념상으로는 ①~④(관념성 : 정직 · 순수 · 진실 · 원시성 염원), ⑤(일종의 메타 시로서 시의 현실적 가치에 대한 회의), ⑥(신과 자아에 대한 재인식) 등으로 대별된다. 등단 초기의 시적 관심사가 농축된 이들 작품에 의하면 그녀는 슬프거나 가난하고 못났거나 추운 존재감에서 이상향을 그리워하며 거기에 도달하기 위해 신에게 갈구하지만, 현실적으로는 시가 밥이 되지 않듯 '당신/그대'로 세속화된 '신'은 '뒷짐을 지고 서서 무조건 오라'고만 할 뿐 '넘어져 피 흘려도 피 흘리다 끝장나도 끄떡 않는 당신'으로 침묵하거나 못 본 체 할 따름이다. 이에 시인은 더욱 간절히 기구(祈求)하지만(일종의 시 쓰기의 형식이기도 함), 결국엔 아무것도 응답하지 않는 당신/신임을 깨닫게 됨으로써 그대를 사기꾼으로 규정한다. 그렇지만 그 사기꾼은 현실적 차원이 아니라 오히려 신의 근본 모습임을 인식함으로써 시인은 '아름다운 사기꾼'이라는 역설적 존재로 신을 바라본다.[1]

[1] 이는 파스칼이 말한 "진실한 당신은 숨은 신이다."라는 관점과 일맥상통한다. 여기서 '숨은 신'이란 '언제나 현존하며 언제나 부재하는' 신을 일컫는 역설적 관념의 소산이다. '숨은 신'에 대한 루카치의 부연을 참조하면 그 의미가 좀 더 구체적으로 밝혀진다. "그(비극적 인간)는 강한 적대자들 사이의 싸움에 대해 신의 판단과 궁극

그리하여 결국 시인은 구원의 빛은 절대자나 남의 도움에 의해 실현되는 것이 아닌, 자기 외부에서 비추어지는 것이 아니라 '우리 자신 속에 있다는' '소리없는 메시지'를 어떤 계시처럼 스스로 암시받기에 이른다.

황미라가 이런 회의와 결론에 도달했을 때 시 쓰기를 통한 자아실현의 방법을 계속 추구하기 어려웠으리라는 점은 어느 정도 짐작할 수 있는 일이다. 시가 자아실현의 한 방법이 될 수 없다고 스스로 판단했을 때, 비록 시인이 둘째 시집의 서문에서 "그리움으로 궁글린 『두꺼비집』은 신에 대한 나의 질문이며 고백이며 투쟁이다. 신이 누구이든, 나는 당분간 그를 괴롭힐 것 같다."(밑줄 강조 : 필자)는 예감을 가졌다고 하더라도 초기와 같은 열정으로 계속 시심을 추스르고 창작에 열중하기는 힘들었을 것으로 보이기 때문이다. 그래서 시인은 둘째 시집을 묶을 때의 심정과는 달리 결과적으로는 차츰 시의 영역 밖으로 자신을 밀어내고 있었던 것으로 보인다.

2. 낭만적 관념에서 현실적 포용의 자세로

그러나 그럼에도 불구하고 예술이라는 영역이 현실적 쓰임새와 구분되면서 태어났듯이 태생적으로 현실적 한계를 갖고 있을 뿐만 아니라, 또

적 진리에 대한 말씀이 내려지기를 바란다. 그러나 그를 둘러싼 세계는 자신의 길만을 좇아가기만 할 뿐, 문제와 대답에 무관심한 채로 있다. 사물들은 모두 벙어리가 되고, 전투는 자의적이고 무관심하게 승리자와 패배자를 구분한다. 신의 판단의 명확한 말씀은 더 이상 운명의 행로에 울리지 않는다. 모든 것을 일깨워 생명을 불어넣은 것은 말씀의 소리였지만, 이제 모든 것은 스스로의 힘으로 홀로 살아야 한다. 심판의 소리는 영원히 들리지 않는다. 그렇기 때문에 그(인간)는 패배 속에서보다 승리 속에서 정복당하게--멸망하게--될 것이다." Georg Von Lukács, 루시앙 골드만, 송기형 · 정과리 옮김, 『숨은 신』, 연구사, 1986, 48쪽, 재인용(밑줄 강조 : 필자). 이 말을 참조할 때 초기 시에 나타난 황미라의 신과 존재에 대한 인식을 이해할 수 있다. 즉 그녀의 내면에는 어느 정도 비극적 인간관이 짙게 깔려 있는 셈이다.

그것은 누가 시켜서 되는 일이 아닌 자기 내발적인 열정을 못 이겨 스스로 빠져드는 것이기도 하기 때문에 한 순간의 회의가 그 전부를 포기할 만큼 결정적인 파괴의 힘으로 작용하기는 어렵다. 좀 더 직설적으로 말하면, 한 때 어떤 회의로 인하여 모두 포기하고 싶은 마음이 들기는 했을지언정 시로부터 영원히 등을 돌릴 수 없는 숙명이 시인으로서의 그녀의 본심에도 내재되어 있었다고 해야 할 것이다. 그녀가 오랜 침묵 끝에 셋째 시집을 엮어내기로 마음을 굳힌 것은 바로 그런 연유라고 보아야 마땅할 것이다. 그리고 신과 존재와 시에 대한 회의의 심연이 깊었던 만큼 내면으로의 침잠과 침묵의 시간도 길어질 수밖에 없었을 것임을 짐작하면 둘째와 셋째 시집의 터울이 17년이라는 세월도 그리 허망한 일만은 아닐 것이다.

이런 사정들을 감안할 때, 이 셋째 시집은 쉽게 해결되기 어려운 존재에 대한, 또는 시 쓰기에 대한 시인의 회의를 어느 정도 극복하여 얻은 결실이라 그 의미가 사뭇 깊다. 다르게 말하면 그야말로 아주 오랜만에 세상에 내놓을 이번 시집은 시 쓰기란 현실적으로 쓸모없거나 부질없는 일이라는 자기 회의를 중화시킨 후 오랜 세월의 침묵을 깨고 출산하는 어쩌면 늦둥이 같은 의미를 지닐지도 모른다. 그런 만큼 비 온 뒤에 땅이 굳어지듯이 이번 시집에서는 자아와 세계에 대한 인식이 더 깊고 넓어졌는데, 특히 시의 형식적 측면에 대한 세심한 배려가 한결 심화되었다. 말하자면 그녀의 시가 큰 변화를 이루고 있는 셈이다.

그 변화는 우선 형식에서 크게 일신되었다. 『두꺼비집』은 전체가 '두꺼비집'이라는 하나의 제목 아래 매 편마다 소제목을 붙인 연작으로 이루어진 산문시 형식인 반면에, 이번 시집은 모두 개별 작품으로 대부분 자유시 형식을 취하고 있다.[2] 산문시가 산업화 이후 세속화와 물신주의가 만연하

---

[2] 별다른 기교 없이 줄글로 일관했던 산문시를 염두에 두고 의미나 이미지에 따라 형식을 구사한 다음 시를 보면 두 형식의 미학적 차이를 분명히 느낄 수 있을 것이다.

면서 일면 부정적으로 변화되어 가던 세태를 형식적으로 반영하여 미학성이나 정제된 리듬보다는 의미 추구에 더 많은 강점이 있다면, 자유시로의 회귀는 시심의 축이 그 반대 방향으로 회전하는 것으로 볼 수 있다. 황미라 시에 이 두 형식이 시집에 따라 교차적으로 변화하는 것은 일견 그런 의미가 그 이면에 잠재되어 있는 것으로 보인다. 이를테면 앞 시집의 산문시가 부정적 현실인식이나 비극적 인간관에 긴밀하게 연관되어 있다면, 이번 시집에서 자유시 형식의 리듬으로 회귀한 것은 가능한 한 현실을 포용하고 그 속에서 이상적인 것을 찾아내려는 자의식을 반영한 결과라고 볼 수 있다. 그러니까 시의 형식적 변화를 통해서도 우리는 시인의 세계인식이 어떻게 달라졌는지 짐작할 수가 있다. 다시 말하면 초기 시가 시인의 결핍인식이 낭만적 꿈꾸기와 절망감으로 발산되는 형국을 지닌다면, 이번 시집에서는 눈에 보이는 세계뿐 아니라 눈에 보이지 않는 존재/세계까지 긍정하고 수용하려는 현실주의적 세계관과 진정성이 토대를 이룬다. 그 단초를 나는 「이 땅은 다 그리움이지」라는 작품에서 찾고 싶다.

고등어를 굽는다 오랫동안 식탁에 올리지 않던 비린내를 마음놓고 풍긴다
노릇노릇 하루가 간다
껍질이 타들어간 고등어,

이모 장례식에서 돌아와 눈을 털었다
이모는 뇌출혈로 팔 년을 누워지냈다
탁탁 털어내도 더 이상 이모 냄새는 나지 않았다

짭짤한 슬픔이 한 술 저녁 위에 얹힌다

누군가 노을을 지펴 하늘을 굽, 는, 다,
까맣게 태운다
어둠의 껍질을 벗겨내면 비리디비린 아침이 환히 밝아 올 것이다

뼈를 발린 고등어 한 마리가 눈부시다

—「다시, 고등어를 굽다」 전문

새들이 높이 솟구쳐도 사라지지 못하고 숲에 깃들거나 지붕 위에 앉는 걸 보면 세상 어딘가에 꽁지를 내리고 싶은 거야
사방 열려 있지만 가 닿을 수 없는 허공에서의 선회, 환히 보이는 높이에서 피로가 뼛속까지 스미면
이 땅은 다 그리움인 거야
목구멍으로 삼킨 모래알들이 먹이를 잘게 부술 때마다 새들은 기억하지, 두 발에 닿던 대지의 온기를
겁 없이 솟구치다 공중분해 될까봐, 날아다니는 즈들만 죽어서 한 줌 흙으로 돌아가지 못할까봐, 모래주머니를 몸속에 달고 다니는 거지
따뜻한 사람의 집에 등불이 켜지고 짐승들이 고물고물 새끼를 품는 저녁이면, 날개를 부러뜨리고 뱀처럼 기어서라도 피 묻은 알을 까고 싶은 거야
새들을 누가 자유라 부르나, 슬픔이 차오른 아랫배를 끌어안고 제자리 찾아온 힘으로 푸득이지만
날개는 자랑인 줄 알고 새들을 하늘로, 하늘로, 띄우기만 하네

—「이 땅은 다 그리움이지」 전문

새를 제재로 하여 존재인식을 풀어낸 점에서 우화의 속성을 지닌 이 작품은, 행갈이를 하였으므로 근본은 자유시이지만 대체로 행의 길이가 긴 편이어서 산문시의 느낌을 주기도 한다. 그러니까 이 작품의 성격은 모두 산문시로만 이루어진 둘째 시집과 주로 자유시로 구성된 셋째 시집의 중간쯤 된다. 이러한 변화는 존재인식에서도 그대로 반영된다. 초기 시에서는 주로 이상적인 것에 대한 그리움과 기원의식을 형상화한 반면, 이 시에서는 새가 하늘로 솟구치지만 결국엔 다시 땅으로 내려올 수밖에 없는 (이상과 현실의) 모순적 존재인식, 또는 존재의 양면성을 함께 들여다보려는 여유로운 관점이 돋보인다. 예컨대, 그것은 '사방 열려 있지만 가 닿을 수 없는 허공에서의 선회, 환히 보이는 높이에서 피로가 뼛속까지 스미면/ 이 땅은 다 그리움인 거야'라는 구절에서 선명히 대비된다. 이를

테면 '허공'이란 사방으로 열려 있기는 하지만 제 뜻대로 쉽게 가 닿을 수 없는 것이기 때문에 새는 한 순간 허공으로 비상하더라도 곧 끝까지 오를 수 없으니 선회할 수밖에 없고 그러다가 피로가 뼛속까지 스미면 다시 땅으로 하강해야 하는 비극성을 안고 있다. 따라서 '이 땅은 다 그리움이지'라는 탄성은 완전한 비상의 불가능성을 깨달은 존재의 자성(自省)이자 땅에 대한 새로운 발견과 인식이 되는 셈이다.

우리의 영혼은 늘 하늘(이상향)로 비상하고 싶고 또 자유롭게 훨훨 날아다니고 싶지만 사실 그것은 현실의 굴레에 얽매어 있는 한 애초에 불가능한 일이다. 그런 까닭에 그 꿈이 클수록 좌절감도 비례하기 마련이다. 이 관점으로 접근하면 땅은 언제나 최후에 도달해야 할 안식처가 되는 셈이다. 그래서 땅에 대한 그리움이 더 절실해지는데 그것이 얼마나 강력한 것인가는, '새들이 높이 솟구쳐도 사라지지 못하고 숲에 깃들거나 지붕 위에 앉는 걸 보면 세상 어딘가에 꽁지를 내리고 싶은 거야', '겁 없이 솟구치다 공중분해 될까봐, 날아다니는 즈들만 죽어서 한 줌 흙으로 돌아가지 못할까봐, 모래주머니를 몸속에 달고 다니는 거지', '새들을 누가 자유라 부르나, 슬픔이 차오른 아랫배를 끌어안고 제자리 찾아온 힘으로 푸득이지만' 등에 잘 드러난다.

여기서 또 하나 눈여겨볼 것은 '따뜻한 사람의 집에 등불이 켜지고 짐승들이 고물고물 새끼를 품는'이라는 구절이다. 슬프거나 가난하고 못났거나 추운 존재감이 '따뜻한 사람의 집'이나 '짐승들이 고물고물 새끼를 품는' 다정다감한 인식으로 바뀌고 있는 것이다. 이러한 시인의 변화된 인식은 가망 없는 그리움보다는 가능한 현실에 정을 붙이고 순응하는 것이 더 낫다고 본 결과이거나, 아니면 허공을 선회하다가(그리움과 탐색의 결과) 피로가 뼛속까지 스민 존재의 위기의식에서 찾아낸 새로운 출구일 수도 있다. 그리하여 시인은 이제 '사방 열려 있지만 가 닿을 수 없는 허공'에 대한 열망으로 방황하고 절망하기보다는 세상 모든 것에 대한 의미를 새삼 깨달으면서 사소한 것에까지 눈길을 주고 정감을 나누려 한다.

거미줄을 따라 가면
그 끝에서 만나는 것이 있다
처마 밑이나 나뭇가지, 하다못해 썩은 지푸라기라도
거미줄은 부여잡고 있는 것이다
거미줄의 처음과 끝이 닿아 있는
거미줄보다 절대 먼저 놓아버리지 않는
힘겨울 땐 언제나 잡아보라고
이 세상 손이 사방 뻗어 있는 것이다

—「세상의 손」 전문

시인이 도달 불가능한 허황한 '허공'으로부터 손에 잡히는 가까운 세상으로 하강하여 만난 대상이 '거미줄'과 '세상의 손'이다. 그리고 거미줄이 사소한 현상이라면 세상의 손은 근원적인 힘이요 구원의 손길이다. '힘겨울 땐 언제나 잡아보라고/ 이 세상 손이 사방 뻗어 있는 것이다'이라는 시인의 인식에 따르면, "하늘이 무너져도 솟아날 구멍이 있다."는 속담처럼 사람들이 아무리 힘겨워도 세상은 구원의 손길을 놓지 않을 것이므로 희망을 갖고 살 만한 가치가 있다는 것이다. 이러한 시인의 긍정과 믿음과 희망을 간직하려는 자세는,

이제는 모든 게 끝났다고 더는 갈 곳이 없다고
푹푹 내리쉬던 한숨, 어지러운 내륙에서 믿던 한계, 지도를 짚어가며
그리움을 내리던
땅끝, 에 와서
땅끝, 이란 말을 버린다

무엇보다 깊은 땅
작은 섬 너머에 섬이 있고 그 섬 너머에 또 섬이 있다 섬 너머 섬, 섬 너머 대륙이 있다
표도 없이 배에 오른다 나는, 살아 있는 것이다

—「섬 너머 섬」 부분

라고 하는 대목에서 극명하게 드러난다. 이 시에서 눈여겨볼 것은 시인의 인식이 '땅끝'에 와서 급변한 점이다. 즉 '이제는 모든 게 끝났다고 더는 갈 곳이 없다고/ 푹푹 내리쉬던 한숨, 어지러운 내륙에서 믿던 한계'라는 표현에 드러나는 '내륙'(삶의 현장, 현실)에 대한 고통과 한계 인식이 '지도를 짚어가며 그리움을 내리던/ 땅끝'에 이르러 '무엇보다 깊은 땅/ 작은 섬 너머에 섬이 있고 그 섬 너머에 또 섬이 있다 섬 너머 섬, 섬 너머 대륙이 있다'는 무한한 가능성의 세계 인식으로 바뀌고 있다. 시인은 '땅끝'의 '끝'이라는 말의 절망감을 불식하는 일이 곧 자아를 앞으로 밀고 나아가게 하는 원동력이라고 믿는다. 그래서 시인은 '표도 없이 배에 오른다'는 다소 위험한 용기를 갖고 새로운 탐색 여정을 감행하면서 그것이 바로 '살아 있는 것'을 증명하는 길임을 확인한다. 이와 같은 시인의 '끝'을 불식하려는, 즉 끝이 곧 시작이라는 긍정적 인식은,

① 오래된 상처가 길을 내고 사람을 들인다

—「내려가는 산길」 부분

② 뒤집혀 본 사람은 안다/ 우리에게 이면이 있다는 것을/ 거짓말처럼 누군가 하루아침 엎어버려도/ 가만히 들여다보면 여기 또한 이승이라는 것을

—「이면지에 쓰다」 부분

③ 뼈를 발린 고등어 한 마리가 눈부시다

—「다시, 고등어를 굽다」 부분

④ 모르긴 해도 저 눈사람도 따뜻한 햇살이 그리울 거라고 생각하다, 그만 미안해졌습니다/ 그것은 곧 죽음일 테니까요/ 내가 어깨에 내린 눈을 탁탁 털고 있을 때/ 차가운 눈송이 송이로 뼈와 살을 빚어 동안거에 든/ 눈사람,을 만난 것만으로도 이 겨울이 내게 축복입니다

—「눈사람」 부분

⑤ 삐걱이는 사랑이여,/ 가거라,/ 애틋하게 수선한들 얼마나 더 견디겠느냐/ 나의 안식이었던 구두를 벗어던지고 맨발로 걸어가는데/ 한결 가볍다, 하는 순간/ 무엇에 찔렸는지 발가락 사이 붉은 꽃이 핀다/ 환한 상처, 핑그르르 눈물은 돌고

—「내 구두 소리가 내 귀에 너무 크다」 부분

등등에서 만날 수 있다. 인용한 구절들에서 확인되듯이 시인의 긍정의식은 대부분 아이러니(역설 포함) 기법으로 표현되어 있다. 즉 상처가 길이 되고(①), 뒤집힌 이면이 또한 이승이며(②), 뼈를 발린 고등어가 눈부시기도 하고(③), 눈사람에게는 따뜻한 햇살을 만나는 것이 곧 죽음이지만 눈사람을 만난 것만으로도 이 겨울이 내게 축복이라는 것(④), 삐걱이는 사랑을 버리고 한결 가볍다고 생각하는 순간에 무엇에 찔려 발가락 사이에 붉은 꽃이 피지만 그것을 환한 상처로 받아들이려는 자세(⑤) 같은 대목들이 바로 그것이다. 아이러니/역설적 기법이 세계의 양면성이나 전체를 바라보려는 인식 작용, 말을 바꾸면 세계의 이면에 내재한 본질을 들여다보려는 노력의 한 형태임을 고려하면, 위의 주요 구절들은 시인이 일상적 인식을 떨쳐 버리고 세계와 존재의 본질에 이르기 위해 노력한 흔적이 된다.

일상적 관점에서 '상처'는 아픔이요 고통의 흔적으로서 보기 흉한 것일

수도 있지만, 그 아픈 경험으로 하여 같은 실수를 반복하지 않을 수 있는 가능성을 지니므로 삶에 새로운 길을 제시해 줄 수가 있다. 이렇게 보면 생각하고 마음먹기에 따라서는 '절망의 녹슨 심연의 아날로그 꼬챙이로/ 조용히 세상을 받아들이는'(「피뢰침」) 것처럼 절망도 절망이 아닌 것이 될 수 있고, 비록 따뜻한 햇살이 비치면 곧 녹아버릴 눈사람이지만 '눈사람,을 만난 것만으로도 이 겨울이 내게 축복'(「눈사람」)이 된다는 안분자족할 줄 아는 마음을 간직할 수도 있다. 또한 시인은 제주도의 푸석푸석한 현무암을 통해서 '허풍스레 무게 잡지 않'고 '모난 구석 다듬느라 억지 부르지 않'으며 바람과 '맞붙지 않으면서 바람을 이기'(「제주도 가면 알겠네」)는 무위자연의 위력과 소중한 가치를 깨닫는가 하면, 들판에서 '흔드는 이 없는데 꽃잎 하나 뚝, 떨어'지는 겸허한 모습에서 '이 빠진 아이처럼 배시시 웃는 작은 구도자'(「들꽃」)를 만나기도 한다. 이렇듯 초기 시에서 자아의 결핍 인식과 그리움(기원 의식 촉발)과 절망감에 허덕이던 정황에 대비하면 시인의 세계 인식이 얼마나 달라졌는지 우리는 실감할 수 있다.

3. 궁극적 지향점

낭만적 관념(허공)의 세계에서 현실(땅)로 내려온 황미라의 관심사로 떠오른 것이 일상적 삶의 이면에 감추어진 은밀한 본질의 세계요, 삶의 궁극적 자세와 관련된 정신의 문제였다면, '서로를 온전히 살려놓은 진흙땅과 짐승들, 해남 우항리에서 문득 사람이 그립다'(「흔적」)에 드러나는 바, 이제 시인은 사람 자체에 대한 그리움으로, 그리고 특히 사람 중에도 자신에게 가장 가까운 가족 구성원에 대한 애틋한 정으로 관심을 돌린다. 즉 하늘→땅→사람→가족으로 인식의 대상을 점차 시인 가까이로 좁혀

가서 하나의 원근법을 이룬다. 결국 시인의 궁극적 지향점은 가족이 되는 셈이다.

그러나 시인이 가족을 심중에 들여놓기까지는 앞서 보았듯이 먼 길을 돌아왔다. 그것은 마치 '서로를 온전히 살려놓은 진흙땅과 짐승들, 해남 우항리'가 사람에 대한 그리움을 자아내게 한 것과 같은 구조를 이루는데, 다음 시에서 시인의 마음이 가족에게로 향하게 되는 구체적인 계기가 잘 드러난다.

> 그랬었다
> 그냥 모래에 주저앉아 바다만 바라봤다 갈매기들 꺽꺽 울어댔고
> 파도만 철썩였을 뿐, 밀려왔던 바닷물이 쓰윽 빠질 때
> 작은 바위에 달라붙은 조개들만 얼핏 보였을 뿐
> 다시 밀려온 파도가 바위를 깰 듯 내리치고 수없이 내리쳐도
> 다닥다닥 머리를 맞대고 살 궁리를 하는
> 손바닥만한 터만 있어도 악착같이 새끼를 치고 일가를 이루는
> 새카만 조개들의 검은 등만 번쩍 빛났을 뿐
>
> 그리고
> 바람이 조금 불었을까
> 그 바람에 밀리는 척, 내 온기와 머리카락이 아직 남아 있을
> 집으로 가야겠다고
> 나 슬그머니 일어났던 거 같다

—「가족」 전문

시인은 짐짓 '…파도만 철석였을 뿐', '작은 바위에 달라붙은 조개들만 얼핏 보였을 뿐', '새카만 조개들의 검은 등만 번쩍 빛났을 뿐'이라며 능청을 떨고 있지만, 사실 그의 눈과 마음은 '다시 밀려온 파도가 바위를 깰 듯 내리치고 수없이 내리쳐도/ 다닥다닥 머리를 맞대고 살 궁리를 하는

/ 손바닥만한 터만 있어도 악착같이 새끼를 치고 일가를 이루는/ 새카만 조개들의 검은 등만 번쩍 빛'나는 모습에 깊이 꽂혀 있다. 다시 말하면 파도로 인한 수없는 시련에도 끄덕하지 않고 오히려 '살 궁리'를 하고 '악착같이 새끼를 치고 일가를 이루는', 이를테면 시련에 들수록 더욱 삶에 대한 애착과 가족애에 불타는 한갓 미물에 불과한 '새카만 조개'들이 '내 온기와 머리카락이 아직 남아 있을/ 집으로 가야겠다'는 귀가의지를 불러 일으켰던 것이다. 시인은 바람에 밀려 못이기는 척 '나 슬그머니 일어났던 거 같다'고 수동적 자세로 표현했지만 사실은 미물에 대비된 민망한 자아 성찰과 쑥스러움이 그 이면에 깔려 있다.

나는 앞에서 황미라의 시의식이 원근법적 구조를 이룬다고 했지만, 허공에서 가족에게로 향하는 축소지향성(다르게 말하면 구체성 지향)은 사실 사회를 형성하는 최소/최초 단위이자 출발점인 근원에 대한 가치를 재인식한 것이라 할 수 있다. 그러니까 건강하고 온전한 가족들이 모일 때 그 가족의 집합체인 사회나 국가, 나아가서 인류도 건강하고 온전하게 성립할 수 있는 것이다. 그렇다면 시인이 가족을 재발견하고 궁극적 지향처로 확신하는 것은 필연적인 결과이다. 이런 점에서 시집의 중후반부에 집중적으로 드러나는 가족을 제재로 한 다양한 작품들은 시인의 가족에 대한 애틋한 정과 관심의 깊이를 가늠하게 하는 실체이자, 사회와 가족 또는 가족과 사회의 관계가 우주의 구심력과 원심력처럼 서로 불가분의 引力으로 맺어져 있음을 의식하는 범우주적 세계관을 엿보게 하는 증거이기도 하다. 이를테면 그것은

> 그 벽돌을 싸안은 가족들 뼈마디마다 줄줄이 금이 가고
> 금을 따라 슬픔의 강이 깊다
> 그러나 그 벽돌도 알고 있는 것이다
> 작은 제 몸뚱이가

이 집의 바람막이 벽이 되고, 따뜻한 방이 되고
기댈 수 있는 가슴이 된다는 것을,
그래서 허물어진 하늘 귀퉁이를 받쳐들고 비바람 눈보라 다 견디고 있는 것이다
오래된 벽돌집을 들여다보면, 붙박혀 아름다운
벽돌들의 눈물이 보인다

—「오래된 벽돌집」 부분

는 구절에 드러나는, '벽돌을 싸안은 가족들'(집)과 또 그 벽돌의 '작은 제 몸뚱이가/ 이 집의 바람막이 벽이 되고, 따뜻한 방이 되고/ 기댈 수 있는 가슴이 된다는 것'과 같은 이치이다. 그래서 시인은 자신이 하나의 벽돌처럼 '붙박혀 아름다운' 길, 즉 참된 존재의 집을 짓는 길을 집(가족) 밖에서 찾기 위해 방황하던 마음을 접고 스스로 가족의 벽이 되고 따뜻한 방이 되고 기댈 수 있는 가슴이 되고자 귀환한다. 그리하여 시인의 남다른 가족애는 아버지 · 어머니 · 남편 · 자식 등 다양한 대상으로 드러나는데 그것은 예컨대,

①

- 가족이란 이름의 둥근 집을 지으셨다 —「아버지의 집」 부분

- 쓸쓸하고 가난한 귀에 밤낮으로 속삭이던 '슬픔의 날을 견디면 머지않아 기쁨의 날이 오리니……' 나는 아버지께 묻고 싶은 것이다 그거 부적처럼 어머니 가슴에 붙여 놓으셨던 거죠? 아버지도, 어머니가 멀리 내빼실까봐 불안하셨던 거죠?

—「아버지와 푸슈킨」 부분

②

- 어머니 때마다 아궁이에 소망을 피우시더니 어쩌다 모여도 여기저기

흩어져 앉는 자식들, 그 틈새 서운한지 추억의 불씨 어디에다 지피나 어머니 분주히 오고 가시고

—「그리운 아랫목」에서

• 어머니, 아무렴 너희들은 내가 지킨다 머리에 수건을 말아 쓰고 고운 풀을 창호지에 입혔네

—「깊은 꽃잎」 부분

③

• 붓을 놀려 참을 인, 자를 써주시던 내 아버지처럼/ 그 사람 술을 흘려 넣어 참을 인, 자를 가슴에 쓰는 거라고/ 베개를 고쳐주었습니다

—「그 사람보다 쓸쓸한 술 냄새」 부분

④

• 짐짓 모른 척 딴전을 피우는/ 이제는, 마음 한 장 내밀지 않는 네가 서운해/ 네 유년을 액자에 끼워놓고 우리 집 주문을 외운다// 사랑과 희망을 하면서 놉셔요?

—「사랑과 희망을 하면서 놉셔요?」 부분

등과 같은 작품에서 확인할 수 있다. 여기서 성장한 자식의 무심함을 섭섭해 하며 살가운 정을 그리워하는 마음을 표현한 ④를 제외한 나머지, 즉 아버지(①)와 어머니(②) 그리고 남편(③)을 표현한 작품들은 지난 기억에 의존하든 현재 상황을 그려내든 대체로 애틋한 정을 기반으로 한다. 그만큼 가족의 구성원들이란 자아와 떼어서 생각하기 어려운 소중한 존재들이기 때문이다. 그러므로 가족의 의미와 그 사랑에 대해서는 더 이상 구구한 설명이 따로 필요 없을 것이다.

그러나 그럼에도 불구하고 우리는 또한 그것이 소중하고 의미가 깊을수록 경계해야 할 것도 많다. 만약 가족을 사랑하고 지키는 일이 우리가

궁극적으로 도모해야 할 근원적인 문제라고 생각하면 생각할수록 그곳으로 가는 길은 더욱 멀고 험하다는 사실을 잊어서는 안 된다. 왜냐하면 그것은 '그게 칼인 줄 알면서도/ 사람들은 꽃이라 부르'(「서리꽃」)는 어리석은 존재일 뿐만 아니라, 이번 시집의 표제작이기도 한 「스퐁나무[3]는 사랑을 했네」에서 드러나듯 '애틋하게 품어 안을수록 그 여자 뼈마디 어긋난다는 것', 즉 사랑인 줄 알고 껴안는 일이 도리어 파괴 행위로 귀결되는 아이러니 현상을 낳을 수도 있으니까!

우리 존재란, 또는 우리가 사는 세계란 한없이 오묘하고도 미묘하여 우둔한 인간으로서는 그 진실을 다 알기는 거의 불가능하다. 그런 까닭에 그 비의를 탐색하고 즐기고 때로는 독자를 일깨움으로 일으켜 세우는 시의 길 또한 지극히 멀고 험난할 수밖에 없다. 그렇다면 황미라가 긴 공백을 깨고 다시 새로운 시집을 들고 우리 곁으로 가까이 다가오는 것은 기쁜 일이기도 하지만, 한편으로는 끊임없이 새로운 길을 모색해야 하는 시업(詩業)의 생리상 다시 고뇌의 길을 자초하는 안쓰러움으로 다가오기도 한다. 물론 그것은 스스로 선택한 길이므로 아름다운 고뇌임에 틀림없다. 그래서 우리는 벌써 그 아름다운 고뇌의 빛깔이 또 어떻게 형상화되어 드러날지 그 귀추가 무척 궁금해진다.

---

[3] 스퐁나무: 캄보디아 앙코르 타프롬사원에 있는 무화과나무의 일종으로 나무열매를 먹은 새가 사원의 상층부에 배설을 하면 거기서 싹이 터 뿌리를 뻗게 되는데, 그 뿌리가 벽을 타고 내려오며 사원을 휘감아 서서히 무너뜨리고 있다.(原註)

김상경시론
—하나로 어우러지는 미래를 열망하는 노래

1. 시로 새 세상을 열고 싶은 별난 과학자

나의 판단에 의하면 우현 김상경은 사실 시 자체보다는 어지러운 세상을 아름답게 바꾸고 싶은 열정이 훨씬 더 크다. 『심상』을 모지로 그와 인연의 끈을 맺어온 지난 10여 년간 그가 나에게 심어준 이미지는 적어도 그렇게 각인되어 있다. 이러한 그의 열정은 우주의 섭리를 연구하여 우리 삶의 편리성을 높이려는 과학자의 사회적 책임의식과 밀접한 관련이 있다. 말하자면 과학이 몸의 안락을 추구하는 학문이라면 시는 마음의 안위를 도모하는 예술의 한 형태라는 점에서 그 둘의 조화는 우리 삶을, 또는 우리 사회를 아름답게 가꿀 수 있는 수레의 두 바퀴 같은 것이다. 몸만 건강하고 마음이 건전하지 않으면 그 몸이 오히려 없는 것만 못한 것처럼, 마음은 건전하나 몸이 허약한 것 역시 창조적인 일을 하지 못하여 쓸모가 없다. 이런 논리로 본다면 김상경의 마음속 깊이 자리를 잡은 과학자로서의 정신과 예술가로서의 시심은 매우 상보적이고도 조화로운, 그만의 독특한 경지라 할 수 있다.

나에게 과학은 학창 시절에 배운 것이 전부이고, 이제 그나마 숱한 세월의 물살에 씻겨 기억 저편으로 가물가물 멀어져 가서 실낱만큼이라도 아는 척 하기기 무척 힘들다. 그렇지만 과학이 인류 사회를 끊임없이 발전시키고 사람살이를 나날이 편리/편안하게 하는 데 가장 크게 공헌했다는 것 정도는 쉽게 눈치를 채고 있다. 호롱불이 어두운 방을 밝히는 거의 유일한 수단이었던 어린 시절과 휘황찬란함을 넘어 황홀할 지경인 오늘날 도시의 야경을 대비해보면 과학이 우리 삶을 얼마나 크게 안락하게 바꾸어주는지 더 말할 필요도 없다. 특히 20세기 후반기에 발명된 컴퓨터에 힘입어 이제 그 발전에 엄청난 가속도가 붙은 지금 정말 우리는 상상으로도 따라가기 힘들 정도로 급변하는 세상을 직접 확인하고 있다. 그야말로 휘둥그러진 눈과 마음으로……

그런데 그럼에도 불구하고 우리는 여전히 마음 한 구석이 허전하고 불안하기 짝이 없다. 아니, 갈수록 가슴을 차지하는 서글픔의 면적이 넓어진다. 몸은 점점 더 편한 방향으로 나아가는데 마음은 점점 더 불안한 방향으로 나아가 반비례하고 있으니 참 얄궂은 세상에 살고 있다는 회의(懷疑)를 도무지 감추기 어렵다. 나는 이 모순적인 사회와 인간에 대한 깊은 성찰이 바로 김상경이 과학자로서 시에 관심을 갖고 시를 통해서 새로운 세상을 열고 싶은 열정을 불태우는 근본 동인이라고 생각한다. 관심 있는 분은 알고 있듯이 그가 『시로 여는 세상』이라는 계간지의 탄생에 결정적인 산파역을 맡았고, 또 어려운 가운데도 지금까지 그 옥동자를 계속 돌보고 키워온 것은 오로지 어지러운 세상을 닫아 버리고 아름다운 새 세상을 열고 싶은 일념에서 비롯된 것이다. 이런저런 일로 그를 만나면서 나는 그 충정을 온 마음으로 느꼈다. 과학자다운 순수한 마음이 아니고는 아무나 해내기 어려운 발상과 실천을 그는 우리에게 구체적으로 보여주고 있다. 이런 그를 과학자들이 보면 참 별난 사람이라는 생각을 할 수도 있지 않을까? 나는 지금 그런 주제넘은 걱정을 하면서 그의 시세계 속으로 들어간다.

2. 꽉꽉 닫아 버리고 싶은 세상에 대한 혐오감

예술의 효용성에 관한 얘기로부터 김상경의 셋째 시집이 될『미래로 가는 계단』에 올라서는 것이 좋을 듯하여 잠시 원론적인 문제를 짚어본다. 전통적으로 보면 문학의 효용성은 크게 교시성(敎示性, 또는 교훈성; 주제에 관련된 철학적, 윤리적 사유)과 쾌락성(또는 심미성; 표현에 관련된 미적 체계)으로 나눈다. 역사적으로 볼 때에 관점에 따라 주제나 형식은 다르게 인식되었다. 가령, 공자가 주장한 시는 '생각에 사악(邪惡)한 점이 없는 것'[思無邪], 즉 순수함을 노래하는 것이라는 가치 인식이라든가, 또는 루크레티우스가 문학을 '당의정(糖衣錠)'에 비유한 것, 즉 몸에 좋지만 쓴 약(주제)을 먹기 편하게 하기 위한 수단으로 겉에 설탕(형식, 재미)을 바른다는 그의 인식에 의하면, 문학의 형식은 주제를 전달하기 위한 수단이므로 부차적인 것이 된다. 이에 비해 칸트의 '무목적의 목적' 설에 의하면 예술은 '무엇'을 위한 수단이 아니라 아름다움을 추구하려는 열정 그 자체가 일차적인 것이 된다. 이렇게 관점에 따라 예술의 두 기능은 서로 다른 위상을 갖지만, 현대적 관점으로 보면 서로 조화될수록 독자에게 감동의 폭을 더 넓혀줄 수가 있다. 이론적으로는 이렇게 쉽게 설명할 수 있지만, 실제 현실로 눈을 돌리면 매달, 또는 매 계절마다 부지기수로 쏟아져 나오는 작품들 중에 그런 높은 시적 성취를 얻은 이상적 실체(작품)를 만나기는 극히 드문 것이 사실이다. 이는 어떻게 보면 예술의 길이 그만큼 멀고 험난하다는 것을 반증하는 것이라고도 말할 수 있을 것이다.

이런 생각을 전제로 우현의 시를 읽을 때 나의 일감은, 아름다운 미래 세상을 열고 싶은 그의 열정이 그로 하여금 쾌락성보다는 교시성에 더 무게의 중심을 두도록 한 것으로 보인다. 다시 말하면 그의 시에는 기법의 현란함보다는 의미 전달의 강렬성이 더 뚜렷한데, 그것은 아마도 그가 함축하거나 감추어 에둘러 표현하는 시적 방법을 통해서는 결코 치유할 수 없을 만큼 세상이 곪아터지고 썩어빠져 있다고 보기 때문이 아닐까 생각한다. 이를테면 한없이 어지러운 세상을 꽁꽁 결박하거나 꽉꽉 닫아 버리고 싶은 심정이 그에게 다소 격한 목소리로 세상과 인간을 읽어내도록 부추긴다고 할 수 있다. 그렇다면 그가 그토록 혐오하는 세상은 어떤 모습일까? 다음 시에 그 한 단면이 극명하게 드러난다.

사차원 틈바귀에서
몸부림친다.

할 수만 있다면
부자인 척, 명예로운 척, 힘센 척
그렇게 몸부림치다가,

바람이 할퀸 살갗을
드러낸 파도를 타고,

홍시 같은 태양을
삼켜 버리는
저 - 끝이

입 다물 듯
닫아야 할
시간이 되어서야,

벌거벗어야
겨울을 날 수 있는
길이 있는 데도,

수치의 옷을 벗지 않으려고
전설 속으로 도망친다.

—「신(神)이 된 허수아비」 전문

이 시의 핵심 구절인 '부자인 척, 명예로운 척, 힘센 척/ 그렇게 몸부림치다가,' '벌거벗어야/ 겨울을 날 수 있는/ 길이 있는 데도,// 수치의 옷을 벗지 않으려고/ 전설 속으로 도망친다.'는 대목에 선명하게 드러나듯이, 시인은 세상 사람들이 뭐든지 다 가진 척하며 허세나 부릴 뿐 부끄러움을 떨쳐 버리려 하지 않는 것으로 살핀다. '벌거벗어야/ 겨울을 날 수 있는/ 길이 있는 데도' 그저 제 잘난 척만 하고 있으니 '겨울' 세상을 벗어날 길이 요원하다는 것이다. 인간들의 잘난 척과 허위의식이 얼마나 가관인가 하면 '신이 된 허수아비'란 제목이 암시한다. '허수아비'라는 시어에 시인의 인간에 대한 비판적 인식이 내포되었음을 고려하면, 그는 허수아비처럼 한낱 가짜에 불과한 인간이 신인 척 과장하고 있다고 생각한다. 그러니 신의 입장에서 보면 참으로 오만방자하여 쓴웃음을 금치 못할 존재가 바로 인간이라는 요물인 셈이다.

시집의 앞부분에 배치된 이 작품은 이번 시집에서 매우 중요한 의미를 띤다. 왜냐하면 이 작품은 우현의 세계인식의 뼈대를 보여줌은 물론, 그의 시세계라는 심연에 닿을 수 있는 사다리의 역할을 한다고 보아도 좋을 만큼 그가 추구하는 시적 세계의 원형질이 고스란히 드러나기 때문이다. 그래서 이것을 집약적으로 제시하자면, ① 세상이 가식과 허세로 가득 차 있으며, 그리하여 겨울이 되어가는 세상은 ② 지나친 욕망에 의해 ③ 수치심을 모르는 철면피한 사람들 때문이라는 것 등 세 가지로 나눌 수 있다. 그러니까 이 세 항목이 우현의 마음에 분노를 불러일으키고 시의식에 불꽃을 피우게 한 것이라면, 그 불길은 겨울 세상을 태우고 정화하여 새 세상을 여는 방향으로 번져간다고 할 수 있다.

이렇게 우현의 시심을 들끓게 한 혐오스런, 또는 추악한 인간(사회)의 모습을 좀 더 들추어내면, '밥벌레들의/ 개꿈은/ 떠돌이 꿈이지,' …(중략) … '청동 빛 상여 속에/ 술 취한 들개들이,/ 저녁노을/ 움켜쥐고/ 빛바랜/ 뼈다귀의 소유권을 놓고/ 게걸스럽게/ 요란한 말품을 판다.'는 「너벌섬의 잡시」라는 작품에서도 아주 적나라하게 드러난다. 시인이 '밥벌레', '말품'이라고 표현했듯이 이 작품도 지나친 욕망에 사로잡힌 인간을 풍자한다. 여기서 시인은, 밥을 주식으로 한다는 것만 다를 뿐 '벌레'에 불과하다거나, 또 그냥 들개도 아니고 '술 취한 들개'에 지나지 않는 것이 바로 인간이라고 일갈한다.

그렇다면 시인은 왜 그토록 인간에 대해 부정적 인식을 가질까? 그것은, 인간이란 곧 어둠 속으로 사라져갈('저녁노을을 움켜쥐고') 유한한 존재임에도 불구하고 그것을 깨닫지 못하고 끝끝내 '빛바랜/ 뼈다귀의 소유권을 놓고/ 게걸스럽게/ 요란한 말품을 판다.'는, 이를테면 헛된 것을 서로 차지하려고 끝없는 욕망과 집착과 허풍에서 벗어나지 못하는 인면수심(人面獸心)의 동물에 지나지 않는다는 시인의 판단에 기인한다. 그래서 그는 인간의 탈을 쓴 인간답지 못한 그들을 보면 '씁쓸한 웃음'이 나오는 것을 참지 못한다.

> 지하도 벽면에
> 탈이 몇 개 걸려 있다.
> 몇 년을 보아도
> 씁쓸한 웃음이 나온다.
>
> 질박하게 웃는 코와 눈
> 콩알 여드름에
> 튀어나온 관자놀이같이 노는
> 헤- 벌린 입,

불에 그을린 굴뚝 같은
시꺼먼 화상.

새벽이슬처럼
해맑은 얼굴도
살다보면 저리되지-

그래도 벗을 수 있는
탈이라서
천만다행이다.

—「탈」 전문

이 시는 '지하도 벽면'에 장식용으로 걸려 있는 '탈'을 보면서 시인이 인간의 어떤 속성을 성찰하는 것을 주요 모티프로 되어 있다. 2연에 묘사되어 있듯이 그 탈은 '질박하게 웃는 코와 눈'을 가진 반면에 '콩알 여드름에/ 튀어나온 관자놀이 같이 노는/ 헤- 벌린 입,/ 불에 그을린 굴뚝 같은/ 시꺼먼 화상.'으로 되어 있어 조화롭지 못한 모습이다. 이중적인 그 해괴한 모습이 시인에게 '씁쓸한 웃음'이라는 역설적 표현을 선택하도록 만들었던 것이다. 이를테면 일상적인 관객의 눈과 마음으로 바라보면 그 탈은 장식품이라는 의미 그대로의 전통 예술로 다가와 즐거운 웃음을 주는 대상이지만, 시인의 눈과 마음으로 들여다볼 때에는 혐오스럽게 일그러진 못된 인간의 한 모습으로 인식되어 그의 마음을 아프게 만든다.

그런데 1-2연에 드러나는 시인의 두 가지 시점(視點)—일상인의 눈과 시인의 눈—은 3-4연과 통합하여 전체 시로 확대되면 또 다른 측면에서 세계를 바라보는 두 가지 눈과 인식으로 바뀐다. 하나는 '탈'에 흉측한 인간의 모습을 중첩시켜 '씁쓸한 웃음'을 짓는 것, 즉 탈의 모습을 통해서 혐오스런 인간을 비판하는 것이라면, 다른 하나는 후반부에 드러나는 존재의 변화에 대한 인식이다. 나는 이 가운데 특히 존재의 변화에 대한 인식을 강조하고 싶다. 잘못된 세상을 비판적으로 바라보는 것도 중요하지만 인간/세상이 선한 방향으로 변화할 수 있다는 가능성에 대한 인식이나 믿음이 더 중요하다고 보는 것은, 그것이 우리에게 미래에 희망을 갖게 하는 토대가 되기 때문이다. 미래에 대한 전망이 부재할 때 부정적 현실을 개선하려는 노력은 물론이거니와 삶의 의욕도 상실되고 마는 까닭에 그렇다.

이런 차원에서 변화에 대한 시인의 인식이 돋보이는데, 이 시에서 보면 시인은 그 변화를 크게 두 가지 방향으로 가늠한다. 즉 '새벽이슬처럼/ 해맑은 얼굴도/ 살다보면 저리되지-'라는 구절과 '그래도 벗을 수 있는/ 탈이라서/ 천만다행이다.'라는 대조적인 구절에 따르면, '해맑음→탈(시커먼 화상)'; 긍정적 존재에서 부정적 존재로의 변화와 그 역인 '탈→벗을 수 있음'; 가식적 존재에서 순수한 존재로의 변화로 나누어진다. 이와 같이 시인이 변화에 대해 양방향성을 함께 사유하는 것은 그가 인간과 세상을 오로지 부정적으로만 바라보지 않고 낙관적인 전망도 함께 갖고 있음을 나타낸다. 즉 그는 노력 여하에 따라서는 부정적인 인간도 개선, 또는 구원의 가능성이 있음을 믿으려 한다. 이 전망적 인식이 바로 우현에게 시의 위의를 확신하고 시를 쓰게 하는 요인이자 당위성이기 때문에 그의 시의식과는 불가분의 관계를 맺는다.

3. 새로 열고 싶은 세상에 대한 열망

만해의 「당신을 보았습니다」라는 시의 말미에 '인간의 역사의 첫 페이지에 잉크칠을 할까'[1]라는 표현이 나온다. 이 구절의 속뜻은 유사 이래로

---

[1] 마지막 부분을 인용하면 다음과 같다. '아아! 온갖 윤리, 도덕, 법률은 칼과 황금을 제사지내는 연기인 줄을 알았습니다./ 영원의 사랑을 받을까, 인간의 역사의 첫 페

'칼과 황금'으로부터 자유롭지 못한 세상, 즉 늘 '힘과 돈'이 지배해온 세상이라면 애초에 잘못된 역사이므로 그것을 송두리째 지워 버리고 다시 시작하고 싶은 의지를 나타내는 것으로 풀이할 수 있다. 말하자면 무력과 금력에 의해 타락한 세상을 닫아 버리고 새로운 세상을 열고 싶은 염원을 만해는 그렇게 암시적으로 표현했던 것이다.

그런데 만해가 시를 쓰던 시기로부터 시간이 많이 흘러 시대가 바뀌고 세상물정이 엄청나게 달라졌음에도 불구하고 여전히 '칼과 황금'을 숭배하는 사람들의 마음은 바뀐 것이 없다. 아니, 자본주의 이념이 더욱 팽창하면서 그 위력은 사람들을 더욱 꼼짝 못하게 만들어 버렸다. 그러니까 권세와 재력이라는 무소불위의 도깨비 방망이에 매료당한 현대인들이 그것을 좇기 위해 온통 혈안이 되어 있다고 해도 과언이 아니다. 이런 세태가 지속되는 한 희망적인 미래의 도래는 요원한데, 겨울 같은 세상을 봄처럼 따뜻하게 바꿀 수도 있다고 미래를 낙관하는 우현의 고민은 바로 여기에 있다. 그래서 그는 한없이 잘못 돌아가는 세태를 치유하고 희망적인 미래를 열기 위해 '백신 1호'라는 약을 다음과 같이 조제하고 있다.

우상의 나라
가질 마라.
권세와 물질에
유혹되거나
그 앞에 경배하지 마라,
이들 속에는
자유와 평화는 없으리오.
욕망의 난(亂)-불은
사망의 문이라
진리를 사모하는 이여

이지에 잉크칠을 할까, 술을 마실까 망설이는 때에 당신을 보았습니다.'(밑줄 필자)

두려우면
무소유란 백신을
맞아보라.

—「백신 1호」 전문

이 시를 통해서 우리는 시인이 소망하는 미래와 그 세계에 도달할 수 있는 첫 계단에 어떻게 올라설 수 있는지 알 수 있다. 시의 표현에 선명하게 대비되어 있듯이 시인이 바라보는 현실세계와 그가 꿈꾸는 미래세계는 대립적이다. 즉 현실이 '권세와 물질'을 우상으로 경배하며 그 유혹에 빠진 무리들이 지배하는 세계라면, 그가 소망하는 미래는 욕망으로부터 자유로운 순순한 사람들이 어우러진 세계이다. 그래서 그는 '진리를 사모하는 이'들에게 '사망의 문'으로 들어가는 속물근성을 버리고, '욕망의 난(亂)-불'을 끌 수 있는 '무소유란 백신을 맞아보라'고 권유한다.

시인이 속물근성에 사로잡힌 사람들이 고질병을 치유하고 '자유와 평화'의 낙원에 들어갈 수 있는 약제를 '무소유'라는 '백신 1호'라고 이름 지은 것에서 알 수 있듯이, 현대인들에게 가장 필요한 것이 바로 '무소유' 정신이라는 것이다. 말하자면 지나친 욕망에서 벗어나는 것이 '미래로 가는 계단'의 첫 단계이자 근본임을 그는 강조한다. 그리하여 일단 이 첫 계단에 올라서면 그 다음 단계들은 자연스럽게 열릴 수 있는데, 그것을 시인은 '정(情)', '자연과의 조화', '사랑' 등으로 변주하고, 궁극에는 인간이 자연의 일원으로 거듭나는 존재가 될 때 우리가 소망하는 진정한 세계에 들 수 있다고 한다. 가령, 그것은

①
이 세상엔 정이란 것이 있어 그 봄이 다시 오면, 벌 · 나비 다시 만나려니 운니동 사람들에겐 꿈이 있단다.

—「운니동 브루스」 부분

②
동지 상천에
이름 모를 나그네 생각에
먹거리를
띠 엄·띠 엄
실가지 끝에 남겨 놓는
넉넉함에,

박새는,
늘,
그 곳에서
더불어 사는 정을 나누며
하늘 길을 안내한다.

—「감시(甘柹)와 박새」 부분

③
좋은 세상은 어떤 세상일까, 이름 없는 들풀에게 예쁜 이름을 지어서 불러주려고 벌 나비와 상의하는 농부가 살고 있다는 그 나라에 가서 무릎 꿇고 물어봐야겠다.

—「미래로 가는 계단」 전문

④
속삭이는 듯
청아한 새소리,
숲 속을 방문하는
빗소리,
바람소리,
나뭇잎 부딪는 소리,
물소리,
벌레소리,

귀 기울여
빈 가슴 속
가득 채워보니
모두가 한결같이
사랑한다는 떨림이었네.

—「산 울림」 부분

등에서 구체적으로 드러난다. ①에서는 사람들 사이에 나누는 정이 새로운 봄을 꿈꾸게 할 수 있다는 것, ②에서는 사람과 새(박새) 사이에 나누는 정(사람들은 익은 감을 다 따지 않고 남겨 놓아 새가 먹도록 하고, 새는 그 보답으로 하늘 길을 안내한다는 것), ③에서는 자연과 교감하는 사람(농부), ④에서는 조화로운 자연에서 사랑의 의미를 되새기는 것 등이 각각 중심 모티프가 되어 있다.

이렇듯 시인이 그리는, 또는 꿈꾸는 '좋은 세상'이란 한 마디로 말하면 '정'을 나누고 마음이 소통되는 따뜻한 공간을 의미한다. 사람 사이는 물론이고 사람과 자연 사이에도 교류하거나 교감하는 정이 있을 때 세상은 모두가 하나로 어우러진 아름다운 모습으로 바뀔 수 있다는 것이다. 우주만상이 하나로 조화를 이루는 것, 그 경지가 바로 자연이라면 시인이 '미래로 가는 계단'을 한 칸 한 칸 밟고 올라가서 도달하고 싶어 하는 '하늘'(낙원)은 궁극적으로 자연에 합일하는 것이 된다. 그것은 관념 속의 현실 저편에 있는 어떤 요원한 세계가 아니라 지상에서 도달하고 실현할 가능성이 있는 미래의 공간이기에 구체성을 띤다. 물론 서로의 정 나눔을 통해 조화로운 자연의 일원으로 거듭나는 것은 무소유 정신의 실현을 의미한다. 이기적으로 집착하고 독점하는 것이 아니라 서로 교감하고 남에게 나누어주는 것이므로 자신을 버리고 비우는 겸허한 행위에 다름 아니기 때문이다. 시인은 이러한 삶의 자세가 바로 '진리를 사모하는' 것이고, 자연의 순리에 따르는 것이라고 보고 있는데, 그것을 자연을 통해서 성찰하기도 한다.

> 덜 익은 대추나무에 살금살금 오르던 아이의 손가락을 대추나무 쐐기가 창으로 찔렀다. 눈물이 나도록 아프고 아린 손을 만지며 이 못된 벌레를 왜 만들었을까, 하늘에 기도하던 아이가 있었다.
>
> 아침, 저녁으로
> 선선해지던 어느 날,
> 풀쐐기는
> 어디론가 사라지고
> 대추는 검붉게
> 익어 있었다.
>
> —「열매 지킴이」 전문

'자연의 순리'를 강하게 의식하는 이 시에서는 특히 관점의 문제가 결부되어 있다. 즉 덜 익은 대추를 따먹기 위해 대추나무에 오르는 '아이'(인간)의 입장에서 보면 '쐬기'는 '못된 벌레'가 되지만, 그 반대로 대추나무(자연)의 편에서 보면 익지도 않은 대추열매를 따려는 '아이'가 도리어 '못된 벌레'가 된다. '덜 익은 대추'는 대를 이어갈 종자 구실을 못하므로 아이가 성급하게 그것을 따려고 나무에 오르는 행위는 자연의 순리에 역행하는 짓이다. 그러므로 '대추나무 쐐기'는 자연의 순행을 고수하려는 파수꾼 같은 존재가 된다.

이러한 관점과 관련하여 우리는 무위자연(無爲自然)의 삶을 강조하는 장자의 말씀을 널리 기억한다. 산에 있는 많은 나무들 중에 목수(인간)의 입장에서 보면 곧고 큰 나무가 재목으로 사용할 수 있는 좋은 것이고, 작고 뒤틀린 나무는 쓸모가 없는 것이다. 그러나 나무(자연)의 입장에서 보면 인간에게 쓸모 있음이 자신의 목숨을 빼앗기는 요인이 된 반면에, 쓸모없음은 오히려 자신의 목숨을 지켜 천명을 누리게 하는 장점이 된다. 이것은 인간의 눈으로 보면 참으로 아이러니한 현상일지 모르지만 사실 유한한 인간의 눈과 마음으로는 쉽게 읽어낼 수 없는 자연의 오묘한 섭리라고 할 수 있을 것이다.

위 작품에서 우현은 이러한 관점의 문제를 통하여 오만한 인간과 그 욕망(소유욕; 익지도 않은 대추를 탐하고 취하려는 것이기에 성급함까지 합쳐져 악의가 배가된다)에 일침을 가한다. 특히 여기서 그는 '자연의 순리'에 따르는 태도를 강조하기 위해 '아이'와 '쐐기'의 관계에 빗대어 인위와 자연, 그리고 죄와 벌을 일깨운다. 말하자면 자연의 순리를 어기고 싶어 하는 인간의 욕망(죄)과 그것을 제어하고 징계(벌)하는 '쐐기'를 통해 시인은 '무소유'와 '자연의 순리'를 강조한다. 그것이 바로 자연을 온전하게 하고 영속케 하는, 인간이 거역할 수 없는 진리라는 것을 우현은 한낱 미물에 지나지 않는 '쐐기'에서 읽어낸다. 그래서 이 작품은 그윽한 그의 눈과 상상력을 엿보게 한다.

그렇다면 이제 사람들이 '무소유'를 실천하고 '자연의 순리'에 따르는 삶을 살아서 도달할 미래의 '자유와 평화'의 나라는 구체적으로 어떤 모습일까, 우리는 이제 그 계단의 꼭대기—하늘의 접점에 대해 궁금해진다. 먼저 그 궁금증을 해소해줄 작품을 보기로 한다.

①
사랑의 아름자리
우주를 닮아
높은 곳도 낮은 곳도
위도 아래도 없이
더불어 살아가는

삶은
모두가 둥글게 둥글게 돈다네.

—「섬김으로 시작하는 일」 부분

②
밝고도
은은하여

더함도 없고
넘침도 없는

넉넉한
온유함이려니

다툼도
부딪침도
없는

절로
멋스러움이라.

—「낮아지는 멋」 전문

두 편의 작품은 표현은 다르지만 궁극적으로는 같은 범주에 든다. 우주-자연의 이치, 구별 없는 평등의 극치, 더불어 살아가는 원만함과 멋스러움 등의 의미를 공유함은 물론, 모두 일상적 인식으로는 이해 불가능한 역설적 표현을 토대로 하고 있다는 점에서 그렇다.

이 중에도 나는 특히 ②에서 '낮아지는 멋'이라는 역설적(또는 아이러니) 표현에 눈길이 오래 머무는데 그것은 겸손의 미덕이 지닌 의의를 곱씹게 할 뿐만 아니라, 이번 시집에서 우현의 시의식이 도달하는 귀착점이기도 하기 때문이다. 먼저 겸손의 미덕이 지닌 의의란 '낮아지는' 것이 곧 '절로 멋스러움'이 된다는 점에 있다. 겸손은 자신을 낮추고 나누어주고 버려서 궁극적으로는 무소유로 돌아가 '밝고 은은하고' '다툼도 부딪침도 없는' 평화와 자유와 아름다움의 세계에 드는 일이기에 그렇다. 이를 통해 '자연의 순리'에 따르는 삶의 소중함을 다시 확인할 수 있다.

또한 이번 시집의 마지막 장인 제7부에는 무엇보다도 역설적 표현이 곳곳에서 발견되는데 이는 결코 우연한 결과가 아닌 것으로 생각된다. 역설적 기법이 세상과 존재의 내밀한, 또는 심층적인 본질에 도달하기 위한 언어 표현의 한 형태임을 고려하면, 시인이 역설적 인식을 통해서 세상을 읽는 방법을 시집의 말미에 배치한 이유를 짐작할 수 있다. 다시 말하면 이것은 병폐를 앓는 인간에 대한 성찰로부터 시작하여 이상적 미래에 이르는 계단의 끝에서 궁극의 세계에 들기 위한 마지막 수단이라고도 할 수 있다. 마치 절체절명의 위기에서 '필생즉사 필사즉생'의 역설적 인식을 통해 필승의 기상을 분출했던 충무공처럼, 거의 치명적인 위기에 처한 현대라는 거대한 어둠을 물리칠 수 있는 길은 역설적 인식을 통하지 않고는 불가능하다는 절박한 심정에서 그 표현을 빈번하게 사용하는지도 모른다는 생각이 든다. 이런 생각을 더욱 확고하게 하는 것은 유독 7부에서만 대분의 작품에 역설적 기법이 드러난다는 점인데, 두드러진 몇몇 구절들을 인용하면 다음과 같다.

> ① 작은 하늘에/ 큰 하늘을/ 가득 채워 본다
>
> —「찻잔 속 · 2」
>
> ② 눈을 감고/ 보지 않으려 애를 써도/ 빛으로/ 안겨 오는/ 혼돈의 열림이/ 내 영혼의 정수리를 뚫고
>
> —「딸꾹질」

③ 들이 쉬면/ 다시 내 쉬어야 하는 숨아!

—「생명의 바다」

④ 하나 안에 무진장 있지만 한 숨 자고 나면 그 또한 하나라고 한다.

—「한 알의 씨앗」

⑤ 끝없는 풍선 안에/ 물과 불이/ 한 몸 되어 춤을 춘다.

—「공간」

⑥ 너도 없고 나도 없는/ 통합된 생명이/ 우주로 열린 창 밖

—「새로운 탄생 · 2」

⑦ 시작도 끝도 없는/ 출렁이는/ 유리바다로/ 씨앗 한 알/ 날개 달아 날려 보낸다.

—「탯줄」

⑧ 꿈속에서/ 또 꿈을 꾸었네./ 안도,/ 밖도,/ 아닌 것이/ 속은,/ 텅 비었으나/ 그 곳엔/ 사무치는/ 것이 있었네.

—「빅뱅」 전문

이렇게 우현은 다양한 의미와 형태로 세계를 인식한다. 그런데 표현 양상은 각각 조금씩 차이가 나지만 심층으로 내려가면 유사한 의미로 통합됨을 알 수 있다. 이를테면 심오한 눈으로 바라볼 때 세계는 작은 것이 큰 것이고 큰 것이 작은 것이며, 하나가 여럿이고 여럿이 하나이며, 물과 불이 한 몸으로 춤을 추고, 너도 없고 나도 없으며, 시작도 없고 끝도 없고, 안도 밖도 아닌 어떤 것이다. 이 역설적 인식과 표현에 극명하게 드러나듯이 진리의 세계는 분별할 수가 없는데, 역설적 인식을 통해서 도달하려는 그 세계가 바로 우현이 지향하는 최종 목적지라고 할 수 있다.

널리 알려져 있듯이, 기독교의 박애정신이나 불교의 자비정신 등 대부분의 종교가 분별하지 않는 큰 사랑을 근본이념으로 한다. 우현의 시적 인식의 밑바탕에도 이러한 종교적 이념과 같은 고차원의 우주관과 인간애가 깔려 있다. 이를테면 '자유와 평화'가 충만한 미래의 도래는 속물근성에 젖은 인간들이 자연의 일원으로 편입되어 '무소유'를 실천할 때 가

능하다는 사유, 즉 그의 크나큰 꿈인 인간=자연이라는 등식과 종교의 궁극적 목표가 크게 다르지 않기 때문이다.

요컨대, 우현이 이번 시집을 통해서 '무소유'의 정신과 그 실천을 위해 '자연의 순리'에 따르는 삶을 살기를 빼저리게 강조하는 까닭은, 그것을 통해서만 모두가 하나로 어우러져서 위아래도 없고 시작도 끝도 없으며 안과 밖도 없는 영원하고 자유로운 미래 세계로 가는 계단에 올라설 수 있는 단초가 된다고 확신하기 때문이다. 그리고 그는 이것이 그의 최종적인 꿈임을 암시하기 위해 이번 시집의 말미를 역설적 인식을 바탕으로 한 작품들로 장식했던 것이다. 그래서 이 부분이 더욱 우리 마음속에 긴 여운을 남긴다.

4. 과연 시로 세상을 열 수 있을까?

과연 시로 새로운 세상을 열 수 있을까? 참 어려운 물음임에 틀림없을 것이다. 최근에 개봉된 「詩」라는 영화에서는 조손(祖孫) 사이의 괴리된 삶의 형태를 통해 일말의 회의가 깔려 있음을 암시하는 것으로 보이는데, 그것은 수천 명(어떤 이는 만 명도 더 된다고도 한다)의 시인이 이 땅에 살고, 매달 수도 없는 시가 쏟아져 나오고 있음에도 불구하고 오히려 날이 갈수록 어둠이 더욱 짙게 깔리는 것을 염두에 두면 그 회의에 동감할 수 있다. 이렇게 보면 어두운 세상을 밝히는 일에 시는 참으로 무력한지도 모르겠다.

그러나 그럼에도 불구하고 우리는 비록 좀 여릴망정 시가 세상의 어둠을 밝히는 한 자루의 초가 될 수 있기를 간절히 기대하고 염원한다. 시인으로서 우현의 미래에 대한 낙관적 인식과 더불어 시의 위의에 대한 믿음이 아주 허망한 관념이 아니기를 비는 뜻뿐만 아니라 시인된 존재로서 조금이나마 사회적 의미를 갖기 위해서라도 시의 현실적 가치를 확신하고 싶어진다. 이 확신에 힘을 실어줄 인용문을 하나 제시한다.

> …… 의식적이건 무의식적이건 아무튼 말의 두 가지 용법의 구별을 따르지 않고 시를 잘 읽어 낼 수는 누구도 없다. 이것은 너무도 명백하여 이제 새삼스레 들어서 주장할 것까지는 없다. 그러나 다시 말한다고 한다면 진술(陳述)을 하는 것과 태도(態度)를 환기(喚起) 또는 표현(表現)하는 것을 구별하지 않으면 몇 개의 시론은 이해할 수가 없다. 이를테면 …(중략)… '시란 하나의 정신'이라고 하는 브래들리 박사의 외침이라든가, '시는 영원의 진실로서 표현된 삶의 모습 그 자체이다'라고 한 셸리의 말, …(중략)… 산문(散文)과 시(詩)를 구별한다는 것(지금 설명한 구별을 이런 모양으로 바꿔 말해서 좋다고 한다면)은 단순히 학구적인 활동은 아니다. 이 구별을 잘 생각하지 않기 때문에 수학의 분야를 제외하면 거의 온갖 문제가 아주 복잡해져 버렸다. 또 거의 온갖 정서적 반응이 부적절한 요소의 침입에 의해서 불구가 되어 버렸다. 이 구별을 널리 온갖 분야에서 지킬 수가 있으면 그것에 의해서 초래될 인간생활의 혁명은 다른 어떠한 혁명보다도 큰 것이 될 것이다.[2]

좀 오래된 문학 이론서에서 주장된 내용이라 한물 간 얘기로 들릴지 모르나 이 시대의 정황이야말로 진정 리처즈의 말이 우리에게 무척 솔깃하게 들리도록 만든다. 산문과 시를 구분하는 것-즉 '진술을 하는 것'(산문)과 '태도를 환기 또는 표현 하는 것'(운문=시)의 중요성을 강조한 것이라든지, 그에 따라 시의 정서적 반응에 대한 가치를 적극적으로 인식하려는 주장이 이른바 산문시대로 일컬어지는 한없이 타락한 현대의 한복판에서 절실한 울림으로 다가온다. '태도를 환기하거나 표현하는' 시 양식에 의한 '정서적 반응'을 분명히 구분하는 것, '그것에 의해서 초래될 인간생활의 혁명은 다른 어떠한

[2] I. A. 리처즈, 김영수 옮김, 『문예비평의 원리』, 1981, 369~370쪽.

혁명보다도 큰 것이 될 것'이라는 말이 물질만능주의가 극에 달한 이 시대에 다소 공허한 메아리로 들릴 수도 있으나, 시단의 말석에 앉아 있는 나로서는 그 말을 자꾸만 액면 그대로 받아들이고 싶은 충동에 사로잡힌다.

리처즈의 이 주장에 대한 믿음과 실감이 배가되는 것은 오늘날 교육 제도나 법치 수단이 점점 강화됨에도 불구하고 날이 갈수록 사회 질서는 오히려 퇴보하거나 더 추락하고 있기 때문이다. 말하자면 적어도 지금과 같은 추세라면 이성에 호소하는 어떤 방법도 우리를 '미래로 가는 계단'이 있는 문으로 들어서게 할 수 없다. 내가 자꾸 리처즈의 이 주장에 솔깃하게 귀를 기울이고 싶은 까닭은 바로 이 때문이다. 욕망의 과잉, 언어의 과잉, 불신 과잉의 이 시대에 '진술'을 통한 설득은 이제 한계에 다다랐다고 해도 과언이 아니다. 정서적 반응의 가치와 중요성은 바로 여기서 제기된다. 말하자면 이해나 설득보다는 감성의 자극과 감동을 통해 스스로 마음의 문이 열리고 변화의 물꼬가 트여야 한다. 총칼에 의한 혁명이 상대방을 물리적으로 굴복시킬 수는 있을지 모르지만 그 마음까지 얻기는 어렵다는 점에서 정서적 반응을 통한 '인간생활의 혁명은 다른 어떠한 혁명보다도 큰 것이 될 것'이라는 리처즈의 말이 무척 진실하게 다가오는 것이다. 다시 말하면 리처즈의 생각에 따르면 시를 통해서도 새로운 세상이 열릴 수 있다. 아니, 솔직히 말해서 열릴 수 있다는 무한 믿음을 갖고 싶다.

김상경이 시를 통해서 새로운 세상을 열고자 하는 충정과 열정이 전혀 메아리 없는 헛수고로 귀착되지 않을 것임을 나는 리처즈의 시관을 통해서 새삼 확인한다. 무엇이든 돈으로 환원되지 않는 일에 선뜻 나서기 어려운 자본주의 사회에서 오직 시를 통해서도 새로운 세상을 열 수 있다는 믿음 하나로 시의 사회화에 적극 참여하고 뒷받침하는 그의 순정은 그 무엇보다도 소중하게 오래 기억되어야 하리라고 믿는다.

허금주시론

—불멸의 노래에 대한 꿈

1. 시인에 대한 지극한 꿈

허금주는 시집 해설을 위해 전자우편으로 작품을 보내면서 몇 마디 간단한 인사말을 건네는 중에 "'책으로 태어나는 여자'가 이 시집을 관통하는 상징"이라는 말을 어떤 화두처럼 내게 던져 주었다. 밑도 끝도 없이 던진 이 한 마디가 오래도록 나를 어둠 속에 가두었다. 그게 무엇을 뜻하는 말인지, 또 그 의미를 핵심으로 하여 시집 해설을 써줬으면 좋겠다는 뜻인지, 이래저래 알 듯도 하고 모를 듯도 한 그 말이 긴 여운이 되어 나를 오래도록 붙잡았다.

'책으로 태어나는 여자'라니. 말 그대로 이해하자면 '여자가 책으로 태어난다'는 의미인데, 그렇다면 이것이 상징하는 구체적 의미는 무엇일까. 한 여자의 삶을 책 속에 담겠다는 것인지, 또는 세속적 의미로서의 여자를 일탈하여 오로지 책을 통해서만 자신을 나타내겠다는 것인지, 아니면 책처럼 누구든 보고 읽을 수 있고 지식과 지혜를 얻을 수 있게 하는 존재로 거듭나겠다는 것인지, 이도 저도 아니라면 …… 이런 저런 의문을 품고 그의 시를 읽기 시작했는데 그 과정에서 내 눈길을 오래 붙잡는 대목이 있었다.

그리운 내일
가난으로 불안해도 돌아갈 주소가 없어
한 줄 불멸의 문장으로 남을 수 있기를
세상 저 밑바닥에서 울리는 노래가 될 수 있기를
나는 그렇게 한 가지 기도로만
홀로 남은 어둠을 견디었다.

—「나의 길—책으로 태어나는 여자 13」 부분

이 구절에서 우리는 몇 가지 중요한 의미를 찾을 수 있다. 첫째는 현재 가난한(만족스럽지 못한) 상황으로 인하여 자아가 불안감에 휩싸여 있다는 사실이다. 둘째는 그래서 어디론가 탈출하고 싶은 마음에서 내일(현재의 비극성이 개선된 시점은 필연적으로 미래일 수밖에 없는데, 내일은 넓은 의미에서 그 미래를 총체적으로 일컫는 말이자 좁은 의미로는 가난한 상황이 극복된 가장 가까운 날이기도 함)에 대한 그리움을 갖고 있다는 점이다. 셋째는 그러나 탈출구로 인식되는 그 내일이라는 시점도 역시 '돌아갈 주소가 없어' 불안감이 해소되기 어렵다고 보아 비극적 미래인식을 갖고 있다는 점이다. 넷째는 이러한 현재와 내일에 대한 불안감으로 인하여 시적 자아는 결국 '한 줄 불멸의 문장으로 남을 수 있기를/ 세상 저 밑바닥에서 울리는 노래가 될 수 있기를' 기도하는 방향으로 인식의 전환을 갖게 된다는 점이다. 끝으로 다섯째는 그 기도가 유일하고도 최후의 것이며, 그것으로 '홀로 남은 어둠을 견디었다'는 점이다.

이렇게 분석적으로 읽어 본 결과에 의하면 시인이 '이 시집을 관통하는 상징'으로 삼는다는 '책으로 태어나는 여자'라는 말의 의미가 무엇인지 다소 선명하게 규정되는 듯하다. 이를테면 세속적인 존재의 불안감으로부터 영원성을 획득할 수 있는 길을 모색하는데, 그것이 곧 '한 줄 불멸의 문장으로 남을 수 있기를/ 세상 저 밑바닥에서 울리는 노래가 될 수 있기를' 염원하는 것이라는 것이다. 그의 존재가 시인이라는 관점에서 볼 때

'한 줄 불멸의 문장으로 남을 수 있'고 '세상 저 밑바닥에서 울리는 노래가 될 수 있기를' 염원하는 것이란 무엇보다도 훌륭한 시를 써서 인구에 회자하도록 하는 것과 깊은 연관을 맺는다면, 이제 우리는 그가 염원하는 궁극적 목표가 무엇인지 짐작할 수 있다. 즉 그것은 세상 사람들을 감동시킬 수 있는, 영원히 세상에 남을 수 있는 그런 시를 쓰는 데 모든 것을 바치겠다는 굳은 결의와 관련이 있는 셈이다.

그런데 다음 시에 의하면, 시인이 '세상 저 밑바닥에서 울리는' '불멸의 노래'를 써서 사람들에게 빛을 던져 주겠다는 의지와 염원이 어제오늘에 이루어진 것이 아님을 알 수 있다.

수국의 밤
나는 이상한 예감에 사로잡혀
눈앞이 흐려지고 있었다
조금 전 손을 잡은 사람들의 얼굴과
펼쳐 든 책의 글자 위로
부우연 안개가 서려
분간할 수 없는 움직임 속에서
나는 그 많은 말을 버리고
정신을 잃지 않게 하소서
하나의 기도를 주문처럼 외우며
오래도록 가슴에 묻어 둔 노래 하나가
너와 나 사이로 흘러가기를
흐르는 그 노래가
초점을 잃어 가는 내 눈의 시력을
잠시 다른 세상을 투시하는 빛이 되기를
이것이 내 삶의 떨리는 최후여도
간절한 노래의 자리에 서 있으니
지극한 축복임을

나는 정점에서 편안해졌다
노래가 끝난 후
내게 남은 것은 깊은 수면뿐
누구도 나를 깨우지 못했고
잠 속에서도 가던 그 길의 아득한 흔들림
잃어가던 시력이 조금씩 사물을 알아보며
나를 세상의 길로 인도할 때
다시금 울려오던 떠나간 시간의 노래여
노래의 빛이여
나, 노래에 살리라

—「노래는 나의 빛」 전문

이 시는, '수국의 밤'이라는 구절에 의하면, '시와시학사' 주체로 경남 통영의 어느 섬에서 열렸던 시창작학교(수국학교)에 참가했을 때의 경험과 관련이 있는 것으로 보인다. 이 시기는 시인이 등단하기 전이었는데, 이 학교의 '수국의 밤' 행사에서 그는 시인으로 살아가야 할 어떤 운명 같은 것을 느꼈던 것으로 보인다. 즉 '오래도록 가슴에 묻어 둔/ 노래 하나가/ 너와 나 사이로 흘러가기를/ 흐르는 그 노래가/ 초점을 잃어 가는 내 눈의 시력을/ 잠시 다른 세상을 투시하는 빛이 되기를/ 이것이 내 삶의 떨리는 최후여도/ 간절한 노래의 자리에 서 있으니/ 지극한 축복임을' 깨달으면서 '나는 정점에서 편안해졌다'는 것, 또는 '노래의 빛이여/ 나, 노래에 살리라'는 신념을 갖게 되었다는 구절들이 그것을 암시한다. 그러니까 이때 이미 그는 노래의 참된 의미, 즉 세상을 밝히는 빛이 됨을 분명히 인식했고, 그 자각이 그에게 노래(시)를 위해 살 것을 다짐하도록 만들었던 것이다.

사실, 1980년대에 심상청소년문학창작캠프(경기도 가평)에 참가한 시인들은 익히 알고 있듯이 허금주는 고교생 시절에 이미 그 캠프에 참가하여 백일장에서 입상을 함으로써 시에 대한 관심과 재능이 많음을 보여준 바 있다. 이것만 보아도 시에 대한 그의 인식이 매우 조숙했음을 알 수 있는데, 그 이후에도 시에 대한 그의 관심은 식지 않아 대학에서도 문예창작을 전공하고, 등단을 거쳐 대학원까지 진학하여 창작뿐만 아니라 시 평론과 연구도 겸하고 있으니, 그야말로 소녀시절부터 지금까지 줄곧 시의 길에서 이탈하지 않고 매진해오는 것이다.

이렇듯 지금까지 걸어온 그의 시적 삶이 웅변으로 말해주고 있는 바, 시에 대한 그의 신념과 열정은 참으로 예사롭지 않음을 알 수 있는데 위에 인용한 시들이 그것을 다시 한 번 확인해 준다. 말하자면 그는 어쩔 수 없이 시인으로서의 삶에 헌신할 수밖에 없는 운명을 타고났다고 해도 과언이 아니라고 할 수 있다. 그리하여 이제 등단 10년을 넘기면서 그는 자신의 운명을 새삼 확인하게 되었다고 할까, 아니면 자신이 걸어가야 할 길이 그 길밖에 없다는 것을 더욱 분명히 인식했다고 할까, 하여튼 그런 치열한 자기 성찰이 시인에게 '책으로 태어나는 여자'라는 화두를 꺼내들게 한 것이 아닌가 생각된다.

2. 지난한 시인의 길

그러나 불멸의 작품을 쓰고 인구에 회자하는 시인으로 태어나는 일은 그리 쉬운 일이 아니다. 신념과 의도는 어디까지나 목표 지향점일 뿐, 그것의 실현은 대체로 별개의 사안이 되기 십상인 탓이다. 또한 그것이 일치되기도 어렵거니와 설혹 일치된다고 한들 인간의 욕망이 순순히 그 선에서 머물러 자족할 수 있도록 가만히 내버려두지 않는 까닭에 그렇다. 여기서 곧 지향점도 중요하지만 그보다는 지향점에 도달하려는 굳은 의지와 그 과정에서 투여해야 할 성실성 문제가 더 중요한 것으로 대두한다. 예술적 성취를 이룩하기 위해서는 어느 정도 예술적 감수성과 재능도 있어야 하지만 반드시 그에 합당한 열정과 노력과 성실성이 따라야 가능하기 때문이다. 따라서 '책으로 태어나는 여자'를 꿈꾸는 것은 시인이 그런 어떤 문제에 대해 치열하게 생각하고 있는 것이 아닌가 생각된다. 그런 징후는 시집 곳곳에서 드러난다. 가령,

언덕의 끝에서
눈이 아프게 빛나는
붉은 꽃이 자라고 있을 동안
나는 보았지
금박의 문장처럼
야광을 가진 것은
사랑뿐
그것이 한평생이 되는 것을
기다리면서

그의 노래 속에
오래 전부터 살고 있는
기쁜 화음과 불멸의 음절들
끝끝내 그의 꽃이 되지 못할
푸른 하늘을 올려 보며
나는 고요히, 쓰러진 날개의 문맥을 부여한다
다시는 오르지 못할 언덕에서 그렁대는
그
리
운

—「날개 거기 접다—책으로 태어나는 여자 · 2」 부분

이라는 시에 드러나는 영원하고 가치 있는 노래('금박의 문장')에 대한

인식과 자기 한계에 대한 성찰, 그러나 그럼에도 불구하고 '기쁜 화음과 불멸의 음절들'이 살고 있는 노래를 추구하는 것을 결코 단절할 수 없다는 간절한 그리움, 또는

얇은 종이에 얼굴을 댄다
다시는 머리 누일 없는 아버지의 날들이여
다시는 타오르지 않을 생일 케이크의 촛불이여
미샨샤스와 장미의 꽃바구니
기억을 오래오래 간직할 것입니다
아버지, 이제 방문을 두드리지 마세요
황금의 문자가 목젖을 기어올라옵니다

—「슬픈 잠—책으로 태어나는 여자 · 3」

라는 대목에서 '황금의 문자'를 잡는 데 전념('얇은 종이에 얼굴을 댄다')하기 위해, 또는 자기 정체성을 확립하기 위해 아버지와의 단절을 시도하는 것이라든가,

고백합니다
당신이 뿌리고 간 슬픔
내 심장에 무늬 놓아
머리 풀고 소복한 나는
노래로 밥을 짓고
노래로 빨래하고
노래로 목욕하고
노래로 용서하여
강바닥 모래틈마다 노래를 심는
백수광부 아낙임을

—「고백—책으로 태어나는 여자 · 5」 전문

라는 시에서 적나라하게 드러나는 바, 모든 삶을 오직 노래로 채워 버리겠다는 강렬한 의지와 실천을 통해서 시인의 심중에 자리잡은 시의 부피와 무게가 어느 정도인지 가늠할 수 있다. 이처럼 불멸의 노래(시)에 대한 시인의 집념과 뜨거운 사랑은 끝이 없다.

그러나 그 사랑은 쉽게 이루어질 수 있는 것이 아니다. 우리가 염원하는 사랑의 밀도가 높아질수록 그 순간에 도달하기는 점점 어려워지는 것은 물론이거니와 그리하여 실패하게 되면 그만큼 상처만 커지게 되는 것을 우리는 잘 알고 있다. 그래서 그럴까. 시인은 '당신을 사랑할수록/ 내 몸 속에는 곰팡이가 번져간다'(「곰팡이—책으로 태어나는 여자 · 6」)는 아이러니를 인식한다. 사랑에 대한 열정만큼 그 이면에 쓸쓸한 그림자도 쌓인다는 것을 그는 깨닫고 있는 것이다. 그러면서도 또 한편으로 그는 그 상처와 아픔이 견디기 힘들다고 해서 쉽게 사랑하기를 멈출 수도 없다. 이러한 진퇴양난의 상황에서 시인은 또 다른 아이러니에 도달한다.

> 당신이 나에게 이별의 옷을 입혀도
> 나는 사랑하는 당신을 향하여
> 온몸에 곰팡이를 뒤집어 쓴 채
> 내 하나뿐인 왕국의 성전(聖典) 안을
> 저 달과 함께 흘러다니며
> 시들면서 완벽해지리라
> 당신은 영원히 나를 울릴 것이다
>
> —「곰팡이—책으로 태어나는 여자 · 6」 부분

라는 구절에 그 점이 잘 드러난다. 시인은 설령 '당신'(노래, 시)이 이별을 고하여 온몸이 곰팡이로 가득해진다고 해도 '내 하나뿐인 왕국의 성전 안을' 영원히 배회하면서('저 달과 함께 흘러 다니며') 점점 완벽해질 것이라고 한다. '시들면서 완벽해지리라'는 것은 사랑에 대한 꿈이 큰 만큼 실패할 확률도 높아져(그만큼 실체에 도달하기 어려워질 테니까) 상처를 받게 될 것이지만, 그 상처가 도리어 더욱 강렬한 도전의식을 발동시켜 결국엔 완벽한 경지(궁극적 목적지)에 이르게 할 수 있다는 것을 암시한다. 그러니까 이중 아이러니 구조에 의해 결과적으로 긍정적 가치로 바뀐다. 당신에 대한 사랑이 절대적 가치를 지니므로 어떤 난간에도 불구하고 좌절하거나 포기하지 않겠다는 굳은 의지를 갖게 되고, 이로 인하여 비록 그 과정에서는 상처로 얼룩지고 시들어갈지라도 결국에는 당신에게 가까이 다가가는(완벽해지는) 결과를 얻을 것이라고 시인은 인식한다.

이렇듯 불굴의 의지를 갖고 희망의 싹을 꺾지 않겠다고 누누이 다짐하면서도 시인은 성취의 순간에 도달하는 일이 얼마나 어려운 것인가를 분명히 한다. 즉 '당신은 영원히 나를 울릴 것이다'라고 선언함으로써 그는 '불멸의 노래'에 완벽하게 이르러 기쁨을 누리기란 불가능한 것임을 실토한다. 말하자면 '불멸의 노래'에 이르려는 것은 영원히 하나의 과정일 따름이지 결코 완성될 수 있는 것이 아니라는 것이다. 여기서 그것은 어떤 목표에 도달하는가의 여부보다는 그 과정에서의 성실성 여부가 중요한 것으로 인식되는 우리 삶의 길과도 통하는 것임이 드러난다. 이런 사정을 이해하는 지점에 이르면 삶이든 예술이든 즐길 일만 남게 된다.

> 당신, 영원히 오지 않는다는 거 알지만
> 검은 제복의 사제보다 경건한 믿음으로 춤을 추죠
>
> 백 년 동안 분홍신을 신고 춤을 추며
> 침묵의 왕 당신, 내 것이라 여기며
>
> 눈에도 가슴에도
> 불의 어둠 불의 사랑을 품었어요
>
> —「탄생—책으로 태어나는 여자 · 9」 부분

'당신, 영원히 오지 않는다는 거' 알기 때문에 실망하고 미리 포기하는 것이 아니라 그러기에 더욱 '검은 제복의 사제보다 경건한 믿음으로 춤을 추죠'라고 하는 것, 이것이 진정한 삶의 자세가 아니고 무엇이겠는가. 사실 이것은 깊이 따져볼 것도 없다. 아주 단순하게 말해서 우리는 누구나 영원히 살고 싶은 욕망을 갖고 있지만 언젠가는 죽음이라는 그 무시무시한 슬픔의 종착역에 도달할 수밖에 없다. 그럼에도 불구하고 대부분의 사람들은 슬픔에 빠지거나 좌절하여 미리 삶을 포기하지 않는다. 세속적인 것이란 그렇게 제 욕망대로 이루어지는 것이란 거의 없는 법을 알기 때문이다. 그래서 하루하루 성실한 삶을 통해서 보람을 찾고 작은 행복감에 젖어 다시 내일을 기약하게 되는 것이 곧 인생인 것이다.

이런 삶의 이치에 도달하게 되면 시인이 왜 '당신, 영원히 오지 않는다는 거 알지만/ 검은 제복의 사제보다 경건한 믿음으로 춤을 추'고 '백 년 동안 분홍신을 신고 춤을 추며/ 침묵의 왕 당신, 내 것이라 여기며// 눈에도 가슴에도/ 불의 어둠 불의 사랑을 품었어요'라고 말하는지 이해할 수 있을 것이다. 성취의 희열감을 최고 가치로 삼는 사람은 결국 상처만 안게 될 것이 뻔한 반면에, 그것은 애초에 불가능한 것이라고 받아들이게 되면 아파하거나 슬퍼할 일도 줄어들게 된다. 즉 '불의 어둠 불의 사랑'을 품고 춤을 출 일만 있을 따름이다. 불이 어둠도 되고 사랑도 되는 것처럼 만사는 복합적 의미를 띠게 마련이다. 그러니 슬픔/기쁨, 행복/불행도 대립적인 것이기보다는 생각하기 나름인 것이다.

하
많은
고통 속에서

이제까지 쓰여진 것은

서막일 뿐

—「서막—책으로 태어나는 여자 · 15」 부분

시인이 불멸의 노래, 또는 완벽한 사랑에 이르는 길을 고통으로 점철되어 있는 것인 줄 알면서도 포기하지 않는 것은 고통을 고통으로 느끼지 않고 당연한 것으로 받아들이기 때문이다. 그런 인식에 철저하므로 '하/많은/ 고통 속에서// 이제까지 쓰여진 것'을 아주 하찮은, 겨우 '서막'에 불과한 것으로 치부해 버릴 수가 있는 것이다. '이제까지 쓰여진 것'을 '서막'이라 한다면 아직 본론은 시작도 되지 않았다는 것이므로 진정한 고통은 이제 시작된다고 할 수 있다. 그렇지만 그 고통 역시 충분히 감내할 수 있는 것임을 우리는 알고 있다. '시를 사랑하지 않았다면 만날 운명이 아니었을'(「연두의 말—책으로 태어나는 여자 · 4」) 것, 거꾸로 말하자면 시를 사랑한 까닭에 만나게 된 운명이었으므로 그 고통까지도 껴안아야 한다는 것을 그는 분명히 인식하고 있기 때문이다. 그래서 시인은

차라리 한 마리 낙타로 태어나서
저 끝없는 모래벌판을
태양과 나란히 서서 시련을 길들이며
발자국마다 평화를 놓아
사랑을 놓아
행복을 놓아
하루가 지나면 모래바람에 깨끗이 지워지는
오히려 기쁘고 영원한
먼 나의 안식을 가네

—「명사산(鳴沙山)」 부분

라고 하면서 스스로 '시련을 길들이며' 끝없는 고행의 길을 가려고 한다. 이 시는 진정한 의미에서 시와 시인이란 존재가 무엇인지 시인의 관점을

엿보게 한다. 즉 시가 '끝없는 모래벌판'에 평화와 사랑과 행복을 깃들게 하는 것이라면, 그런 시를 쓰는 시인은 운명적으로 영원히 새로운 길을 걸어야 할 숙명을 타고났지만 그것이 고달픈 것이 아니라 오히려 '기쁘고 영원한' 것이면서도 '안식'과는 거리가 먼 것으로 보는 존재라는 것이다. 고행의 길을 자청하고 그 길을 즐거이 가야 할 시인의 운명은 수도자의 운명과 거의 다를 것이 없다.

> 연초록 꿈으로 가득 차오르던 여학생 시절
> 사막을 사랑하는 검은 수도복의 수녀
> 사랑의 비밀을 귀띔해 주었다
> 나는 누에고치처럼 뽑아져 나오는 투명한 실을 따라
> 더 큰 가난한 사랑을 찾으려
> 내 속을 걷기 시작했다
> 사막 어딘가에 샘이 있으리라는 기대도 좋지만
> 차라리 샘 없는 사막을 택하겠다는 수녀의 영혼은
> 사막에서 푸른 잎으로 서 있는 나무들의 영혼과
> 얼마나 닮은 것인가
> 수녀가 귀띔해준 사랑의 비밀은 나에게 사막을 주었다.
> 나를 비우고
> 한 세계가 사라져야만 열리는
> 푸른 공간에 초승달로 뜨는 오아시스
>
> —「월아천(月牙泉)」 부분

문학(시)과 종교는 그 과정만 다를 뿐 인간을 구원하는 것을 목표로 한다는 점에서는 같은 맥락을 지니듯, 허금주는 일찍이 그런 경험을 하고 있었던 것이다. 그는 '연초록 꿈으로 가득 차 오르던 여학생 시절/ 사막을 사랑하는 검은 수도복의 수녀/ 사랑의 비밀을 귀띔해' 준 것을 계기로 '더 큰 가난한 사랑을 찾으려/ 내 속을 걷기 시작'하였고, 그러한 자기 내면

성찰을 통해서 도달한 것이 '사막에서 푸른 잎으로 서 있는 나무들의 영혼'을 닮은 수녀처럼 '나를 비우고' 사막의 '오아시스' 같은 존재로 거듭날 것을 다짐하게 되었다는 것이다. 이런 수도자의 삶과 같은 길이 곧 그에게는 시인의 길이 되는 셈이다.

3. '금박의 문장' 에 대한 꿈

허금주의 시적 편력을 가늠해보면, 그는 여학생 시절부터 꾸었던 꿈을 조금씩 실현 중에 있다. 즉 수도자와 같은 삶을 살겠다는 꿈을 시인이 되어서 세상에 평화와 사랑과 행복이 깃들게 하는 시를 쓰는 것으로 실현하고 있다. 다만, 지금까지 거쳐 온 것은 아직 서막에 불과하다고 하니 이제 본격적으로 그 일을 시작할 단계에 이르렀다고 할 수 있다. 이를테면 자기 시적 생애에서 불멸의 노래를 남기기 위해서 지금까지 터를 닦아왔다면, 이제는 그 기초 위에 본격적으로 시다운 시를 쓰기 위해 치열한 고민과 성실성을 투여하려고 한다. 그런 의지와 신념이 곧 '책으로 태어나는 여자'라는 화두 속에 내포되어 있다고 하겠다. 그래서 그는 그것을 실현하기 위해 지금 철저히 아프고 고독한 존재가 되려고 한다. 그 아픔과 고독이 오래 곰삭고 수없이 담금질된다면 '금박의 문장'으로 태어날 것이다. 우리는 그 순간을 무척 기대한다. 그것은 시인 허금주의 꿈이자 시를 사랑하는 우리 모두의 꿈이기도 하기 때문이다.

강초선시론
—기쁨과 슬픔 사이

1. 리듬과 의미의 유기성

강초선의 시에서 가장 먼저 나의 감성을 자극한 것은 리듬에 대한 감각이었다. 이는 시의 형식에 대한 문제일 터인데, 다 그렇지는 않지만 대체로 시인이 작시 과정에서 리듬에 대하여 상당히 신경을 썼구나 하는 흔적이 곳곳에서 드러난다. 시인이 리듬에 대하여 관심을 기울인 깊이만큼 독자에게는 시를 읽는 쾌감을 느끼도록 하는 것이기에 시적 의미에 이르기 전에 먼저 형식(리듬)의 문제가 나의 감성을 자극했던 것이다.

사실, 따지고 보면 시에서 리듬의 문제는 언어를 매체로 하는 예술 양식에 대하여 그것이 운문(시)인가 산문인가를 가름하게 하는 첫째 조건임에도 불구하고 오늘날 많은 시인들이 그 기본 사항마저도 망각하거나, 무시하거나, 그도 아니면 무지한 결과로 인하여 현대시들은 현저히 산문화의 경향을 띠면서 때로는 시인지 산문인지도 구분하기조차 어려울 정도로 난삽해진 경우가 많다. 물론, 이러한 현상은 어제오늘의 일이 아니다. 산업사회로의 이행이 점점 심화되면서 사람들의 삶도 그만큼 복잡해지게(또는 타락하게) 됨으로써 그것을 옛날처럼 정제된 리듬에 담기 어려워지게 되었다는 인식이 싹트면서부터 진행되어 온 것이기 때문에 상당히 오래 되었다. 말하자면 과거와 같은 절제된 형식 속에는 복잡다단하게 변화된 현대사회의 내용물을 제대로 담아내기가 어렵다는 시인들의 인식이 팽배하면서 시에서 리듬에 대한 인식도 점점 희박해져 왔다고 할 수 있다.

그런데 강초선의 시는 좀 다르다. 산문화로 기울어져 읽는 맛보다는 생각하게 하는 의미만을 지나치게 강조하는 현대시의 좋지 않은 측면을 고려한 나머지일까, 그녀는 많은 작품에서 리듬 감각을 뚜렷하게 드러낸다. 많은 작품에서 리듬 감각이 뚜렷이 드러난다는 것은 적어도 우연한 결과라고 보기는 어렵다. 그것은 어떤 형식이나 의미를 강조하기 위해 의도적으로 고려하고 의식적으로 배려한 결과로 보아야 한다. 가령,

> 어제 죽은 네 기일이 오고 네가 죽고 태어난 아이의 생일이 오고 신용불량자의 파산선고가 오고 머리에 화관 쓴 누이의 결혼식이 오고 누가 오고 있다
>
> 실업과 불황 속 시험합격 통지서가 오고 어둠을 쿨럭거리던 어머니의 천식이 내게 옮겨오고 새벽을 첨벙거리며 백치도 불구도 아닌 침묵의 초록 입술 들고 누가 오는 길목에
>
> i) 「누가 오고 있다」에서

> 길이 묻히고 비행기가 여객선이 묻히고 밭두렁 덜컹거리는 경운기가 묻히고
> 비닐하우스가 묻히고 무럭무럭 계절 모르는 참외 수박 딸기들이 묻히고
> 묻혀도 좋을 것들(실업과 불황, 이데올로기와 전쟁) 안 묻히고
> 한라산 어리고개 묻히고 역사가 묻히고 너와 나 사이 섬이 묻히고
>
> ii) 「산다화, 폭설」에서

건널목 신호등 앞에서 딱 걸렸네 정지 신호를 알리는 빨간 신호등 목에 걸고 눈에 걸고 파란 신호등 기다리는 사이 버스가 가네 택시가 가네 현관앞 두고 온 신발이 가고 가방을 맨 약속이 가네 트럭이 가고 소방차가 가고 낮달이 가네 앰뷸런스가 가네 봄날이 가네 가네 꽃피고 새 울던 복사꽃 환한 사월이 가네 오월이 가고 유월이 무더운 한낮을 데불고 가네 가네 갑순이 갑돌이 두고 시집을 가네 쑥부쟁이 구절초 꺼억꺼억 손 흔드는 바람 아래 갑순이 울면서 시집을 가—아—는

iii) 「딱 걸렸네」에서

와 같은 대목에서 우리는 리듬에 대한 시인의 인식이 어떤 것인가 분명히 엿볼 수 있다. 위에 인용한 세 편의 작품은 비교적 뚜렷하게 리듬 의식이 드러나는 것을 골라본 것인데, 여기서 보면 가장 먼저 눈에 띄는 것은 현대사회의 세태를 비판하거나 풍자하고 있다는 점이다. 그러니까 이 형식에 드러나는 일차적 의미는 현대사회의 이런저런 문제들이 끝도 없이 나열하고 싶을 정도로 많이 속출하고 있다는 것이다. 그러면서도 다시 그 속성을 자세히 들여다보면 단순한 나열이 아니라 거기에는 또 다른 시인의 의도가 깔려 있음을 알 수 있다. 이것은 위의 구절들을 리듬 형태가 잘 드러나도록 다음과 같이 재배치하고 기호화하면 좀 더 뚜렷해질 것이다.

i)
어제 죽은 네 기일이 <u>**오고**</u> a
네가 죽고 태어난 아이의 생일이 <u>**오고**</u> b
신용불량자의 파산선고가 <u>**오고**</u> a
머리에 화관 쓴 누이의 결혼식이 <u>**오고**</u> b
누가 <u>**오고**</u> c 있다

실업과 불황 속(a) 시험합격 통지서가 <u>**오고**</u> b

……… 어머니의 천식이 내게 옮겨 **오고** a
……… 침묵의 초록 입술 들고 누가 **오는** c 길목에

ii)
길이 **묻히고** a
비행기가 여객선이 **묻히고** a
밭두렁 덜컹거리는 경운기가 **묻히고** a
비닐하우스가 **묻히고** a
… 계절 모르는 참외 수박 딸기들이 **묻히고** a
묻혀도 좋을 것들(실업과 불황, …) **안 묻히고** b
한라산 어리고개 **묻히고** a
역사가 **묻히고** a
너와 나 사이 섬이 **묻히고** a

iii)
버스가 **가네** a
택시가 **가네** a
현관 앞 두고 온 신발이 **가고** b
가방을 맨 약속이 **가네** a
트럭이 **가고** b
소방차가 **가고** b
낮달이 **가네** a
앰뷸런스가 **가네** a
봄날이 **가네 가네** a^2
꽃피고 새 울던 복사꽃 환한 사월이 **가네** a
오월이 가고 유월이 무더운 한낮을 데불고 **가네 가네** a^2
갑순이 갑돌이 두고 시집을 **가네** a
…………………… 갑순이 울면서 시집을 **가—아—는** c

위의 세 형태를 다시 리듬 사슬로 기호화하여 나타내면,

i) ababc (a)bac

ii) aaaaabaaa

iii) aaba(/)bbaa(/)a²aa²ac

위에서 보듯이 i)-iii)은 각각 다른 형태와 성격을 지닌다. 먼저 i)의 경우, 시인은 '오고' 있는 것을 부정적인 것(a)과 긍정적인 것(b)(세상사), 그리고 미지의 것{자연, 계절(봄)} 등 세 유형으로 구분하고 있는데, 이는 세상사의 다양성과 더불어 교차성이나 순환성을 나타낸다. 말하자면 순환하는 계절처럼 가는 것이 있으면 오는 것도 있는 법이므로 인간사에서 절망이나 희망이 영속되지 않는다는 것을 강력하게 암시한다. ii)의 경우, '안 묻히고'(b)가 들어 있는 1행을 중심으로 앞뒤에 여러 가지 형태의 '묻히고'(a)를 반복 배열함으로써 세상에서 없어져야 할 것은 안 없어지고 없어지지 않아야 할 것들만 줄줄이 없어진다는, 우리들의 기대와는 전혀 다르게 돌아가는 전도된 세태를 고발하고 비판한다. iii)의 경우는 시적 상상력 속에 「갑돌이와 갑순이」라는 민요가 개재되었듯이 민요조의 율격, 이른바 aaba형{예를 들면, '형님(a) 형님(a) 사촌(b) 형님(a)' 같은 것}과 그것을 변주(bbaa, a²aa²ac)한 형식이 눈길을 끈다. 여기서는 가는 것 일색으로 운을 맞추어 놓음으로써 세상에 변화하지 않는 것은 없다는 짙은 허무의식을 강조한다.

이렇듯 강초선 시에서 리듬은 단순히 시의 음악성, 즉 매끄럽게 읽히는 작용만 하는 것이 아니라 의미와 깊은 상관을 맺는다. 그러니까 단순해 보이면서도 형식과 의미가 융합된 생성적인 관계로 맺어져 있음을 알 수 있다. 여기서는 비교적 뚜렷한 리듬의 형태를 보여주는 것 세 유형만 잠시 인용했지만 그녀의 작품을 읽다보면 외형적인 것과 내재적인 것 등 다양한 리듬들이 작용을 하면서 독자에게 시를 읽는 맛을 느끼게 해 준다. 이는 결국 그만큼 리듬에 대한 시인의 섬세한 배려가 있었음을 실증하는 것이라 할 수 있다.

2. 영혼의 허기 인식

앞서 리듬 감각을 살피는 과정에서 이미 일부 암시되었는데, 강초선의 시 전체를 꿰뚫는 중심 끈의 빛깔도 결국엔 그 범주에서 크게 벗어나지 않는 것으로 파악된다. 즉 이번 시집 전체를 관통하는 시의식의 특성을 한 마디로 간추린다면 '세상 돌아가는 이치에 대한 성찰'이 주류를 이룬다고 할 수 있다. 이러한 성찰로부터 때로는 세태에 대한 비판이나 풍자의 형태가 나오고, 또 그것을 계기로 자아를 성찰하고 참다운 세계를 갈망하는 그리움이 흘러나오기도 한다. 예컨대, 다음에 인용한 「채소를 다듬다가」와 같은 작품에 드러나는 주된 색깔이 강초선 시편들의 가장 두드러진 특색이라 해도 무방할 것으로 보인다.

> 한 뿌리에서 돋아나
> 속잎과 겉잎으로 갈라지는
> 채소, 우리네 삶의 가지에도
> 진짜와 가짜는 태어나는 법
> 그래, 어쩌면 꼭 필요한지 몰라
> 속잎을 보호하기 위한 겉잎으로
> 진짜를 진짜이게 하기 위한 가짜
> (중략)
> 세상 어느 장소 어디를 가도
> 가짜가 진짜처럼 주름 잡고
> 화려한 조명발 받는 세상
> 사라져 가는 것은 쓸쓸한 진짜들의 뒷모습
> 잃어버린 진짜들의 설 자리
>
> 바람과 햇살이 부족한 이 땅에서
> 몇 잎 안 되는 속잎마저 말라버린다면

속잎이 없는, 먹을 수 없는
겉잎으로만 자라는
쓰레기 밭을 가꾸는 세상이 될까
그 것 이 두 렵 다

—「채소를 다듬다가」 부분

이 시가 다소 장황한 느낌을 준다면 그것은 아마도 자꾸만 비뚤어져 가는 세상에 대한 시인의 생각과 할 말이 너무나 많기 때문인지도 모른다. 그토록 현대라는 이 시대가 의식 있는 사람들에게는 많은 성찰과 숱한 고뇌를 요구하고 있는 것이다.

한편, 이 시는 시적 화자가 채소를 다듬다가 세상사도 채소와 하등의 다를 바가 없음을 인식하면서부터 시상의 실마리가 풀린다. 시인은 한 뿌리에서 돋아나도 '속잎과 겉잎으로 갈라지는 채소'처럼 인간들도 '진짜와 가짜는 태어나는 법'이라는 사실을 생각하게 된다. 그리고 그것이 인간사에서 어쩔 수 없다는 생각에 이르면서 이제는 오히려 역설적으로 진짜를 진짜이게 하기 위해서라도 가짜가 필요한 것이라는 엉뚱한 생각을 해보기도 한다. 물론, 이상적 차원에서 볼 때 이는 받아들일 수 없는 한낱 궤변에 불과하지만, 현실적으로 볼 때에는 가짜가 없는 세상이 있을 수 없다는 생각, 즉 백이 있으면 흑도 있게 마련이라는 상대성의 논리로 본다면 어느 정도 수긍이 가기도 한다.

그러나 실제로 돌아가고 있는 세상은 그런 차원에만 머물러 있지 않다는 점에서 시인의 두려움과 걱정은 예사롭지가 않다. 어쩌다가 가짜가 조금씩 섞여 있는 것이 아니라 '세상 어느 장소 어디를 가도/ 가짜가 진짜처럼 주름 잡고/ 화려한 조명발 받는 세상/ 사라져 가는 것은 쓸쓸한 진짜들의 뒷모습/ 잃어버린 진짜들의 설 자리'인 까닭에 이렇게 본말이 전도된 세태가 점점 심해지는 추세로 가다가는 머지않아 이 땅이 온통 '쓰레기 밭을 가꾸는 세상이 될까' 시인은 몹시 '그 것 이 두 렵 다'고 한다. '그것이 두렵다'를 굳이 한 자씩 또박또박 띄어 썼듯, 날이 갈수록 점점 가짜가 판을 치는 세상에 대한 두려움은 아무리 강조해도 지나치지 않은 것이다.

그러면서도 한편으로 생각하면 '쓰레기 밭을 가꾸는 세상이 될까/ 그 것 이 두 렵 다'고 하는 어조로 볼 때 여기에는 걱정은 되지만 아직은 절망적인 극단에까지는 이르지 않았다는 다소의 여유 아닌 여유가 있다는 점에서 그래도 아직까지는 가능성이 남아 있는 세상이라는 의미가 깔려 있기도 하다. 그러니까 현대인들이 안고 있는 숙제는 이러한 가능성의 확률을 현실에서 어떻게 높여갈 것인가 하는 것이라고 할 수 있는데, 시인은 그것을 다양한 형태로 변주한다. 아니, 본말이 전도된 세상에서 과연 어떤 존재가 되어야 할 것인가 그 출구를 이리저리 찾고 있다고 하는 것이 더 정확한 표현이 될 정도로 그녀는 세상사에 관한 많은 생각을 시라는 형식 속에 담아 펼쳐 놓는다.

강초선이 난세를 극복할 수 있는 출구를 찾는 길목에서 가장 많은 관심을 갖는 것은 무엇보다도 자아성찰이라 할 수 있다. 잘못 되어가는 세상을 비판하고 걱정하는 입장에서 본다면 자아성찰의 빈도가 높다는 것은 당연한 이치일 것이다. 적어도 지성인이라면 남을 탓하기에 앞서 우선 자기 자신부터 되돌아보는 것이 바른 순서이자 참된 인간의 도리라고 생각하기 때문이다. 이런 관점에서 볼 때 그녀의 많은 작품에서 자아성찰의 기미가 드러나고 있다는 것은 날이 갈수록 혼란이 가중되는 사회에서 살아가는 현대인의 본분이 무엇인가 그녀는 십분 이해하고 있는 것으로 보인다.

그런데 문제는 자아성찰의 결과로 파악된 자기의 모습이,

양지의 꽃들 환한 웃음
창 너머 불빛 퍼져갈 때

풀은
오늘도
혼자 울었다

그 울음 들판을 적실까봐
애기똥풀 놀란 잠 깨울까봐
풀은
속울음 몰래몰래 꺼내 울었다

바람머리 맞은 뽑히지 않는 파편
음지에서 음지로 웅크린 발가락
먹구름 천둥 속에서
울음이 키운 것은
제 몸보다 더 커진 가슴이었다

—「풀」 전문

에서 보듯 음지에서 혼자 속울음 울며 점점 내성화되어 결국엔 '제 몸보다 더 커진 가슴'이 된 존재, 즉 온통 생각만 많이 하는 존재라고 하거나,

고물거리는 귀속에서
피라미 떼 무수히 거슬러 오르는
강물 바라보며
시류에 동승 못하는
무공해 배추 잎 같은
벌레가 다 파먹어 버린
구멍 숭숭한 내 삶

—「벌레, 구멍 숭숭한 배추 잎」 부분

에서 보듯 '구멍 숭숭한 내 삶', 즉 상처로 얼룩진 존재라는 점에 있다.

이를테면 그녀가 자아성찰=비극적 존재 인식=고통의 등식 안에 들어 있으므로 결국 자아성찰은 그녀에게 또 다른 고통을 안겨주고 있는 것이다. 특히 그 존재의 고통에 대한 뼈저린 인식이 잘못된 삶으로 인한 자업자득의 결과가 아니라, '그 울음 들판을 적실까봐/ 애기똥풀 놀란 잠 깨울까봐/ 풀은/ 속울음 몰래몰래 꺼내 울었다'라고 하듯이 이웃을 배려할 줄 아는 참다운 삶과, 또 '시류'에 동승하지 못하는 '무공해 배추 잎'처럼 타고난 순수성을 온전히 지키며 산 대가였다는 점에서 더 억울하고 가슴 아픈 것이다.

이러한 억울하고 아픈 존재인식 때문일까, 아니면 '음지에서 음지로 웅크린 발가락/ 먹구름 천둥 속에서/ 울음이 키운 것은/ 제 몸보다 더 커진 가슴이었다'고 하듯 음지에 던져진 존재인 까닭에 온갖 시련 속에서 지나치게 내성화된 탓일까. 그녀는 때로는 신비스런 원초성에 대한 그리움을 갖기도 하고, 또 어느 때에는 시류에 편승하여 속 편히 살고 싶은 유혹에 잠시 마음이 흔들리기도 하는 이중적 태도(망설임)를 보여주기도 한다.

회색 베일 속 감추어진
종잡을 수 없는 네 모습
(중략)
개망초, 달맞이 천진함도
참나리, 코스모스 고운 손사래도
종일 후둑거리는 네 쉰 목소리
풀씨들의 발목을 적시고
금낭화 등꽃 환한 미소를 적시고
발아래 차가운 몸 푸는 검은 구름
산 첩 첩,
길 첩 첩,
시퍼렇게 구불텅거리는

뱀 한 마리의 유혹
숨 막히게 깎아지른 초록의
폭포,

나, 길을 잃고 싶어!

—「미시령」 부분

"사랑을 원하세요
대화를 원하세요
아니면 가지고 싶으세요"

— 소희
060—700—7142

(중략)

자판기 커피 마시듯 쉽게 만났다 헤어지는 디지털 시대의 디지털사랑 앞에 광수의 '사랑'은 늙은 이마 주름살처럼 풍경이 되지 않는, 읽혀지지 않는 고장 난 자전거 체인에 전설이 돼버린, 전설 따라 삼천리가 흑백 티브이에서 칼라 티브이로 연방 들락거리는 발뒤꿈치 사이에서 "아침에 피었다가 저녁에 지고 마는 나팔꽃 속절없는 사랑"을 죽어라 외쳐 대는 임주리의 입술 끝에서 묻어나는

시대의 사랑
체온 없는 사랑
동전 몇 개로 언제 어디서든
꺼내 먹을 수 있는 인스턴트 음료처럼
전화 한 통이면
은밀한 사랑의 비밀도 벗길 수 있다는
시대, 사랑시대

나 시방 전화를 걸어 말어!

—「사랑은 전공 이탈은 부전공」 부분

위의 두 편에서 시인은 모두 유혹에 넘어가고 싶은 느낌을 갖고 있지만, 그녀를 유혹하는 대상은 사뭇 다르다. 「미시령」에서는 (타락한 현실로 돌아가는) '길을 잃고' 신비스런 자연의 그 '숨 막히게 깎아지른 초록의/ 폭포' 속에 안주하고 싶은 마음을 나타내는 반면, 「사랑은 전공 이탈은 부전공」에서는 거꾸로 현대문명에 물들어 한없이 경박하고 속된 사랑을 비판하면서도 한편으로는 그 유혹에 빠져보고 싶은 충동을 완전히 단절하지 못하는 심정을 표현하고 있다. 그러니까 전자가 시류로부터 일탈하여 원초적 자연 속으로 몰입하고 싶은 소망을 나타낸다면, 후자는 도리어 시류의 한복판으로 뛰어들고 싶은 욕망을 나타낸다.

그런데 이러한 상반된 삶의 태도를 사회적 이상으로 가늠하자면 두 말할 것도 없이 전자의 태도가 옳다고 할 수 있겠지만, 그러나 현실을 무시할 수 없는 세속적 존재임을 완전히 부정할 수 없다는 점에서 우리는 후자의 태도 또한 간단히 물리칠 수 없는 것이기도 하다. 특히 '시류에 동승 못하는/ 무공해 배추 잎 같은/ 벌레가 다 파먹어 버린/ 구멍 숭숭한 내 삶'이라는 인식에서 보듯이 '무공해'(순수)의 삶이란 곧 '구멍 숭숭한 내 삶'(상처 많은 인생)으로 귀결되는 것에 다름 아니라는 인식이 이른바 그런 부정적 아이덴티티(어떤 극단적 상황에서 평소에는 그렇게 되어서는 안 된다고 생각하던 방향으로 선회하는 경우)를 선택하도록 부추길 수도 있다. 다시 말하면 시류에 영합하지 않고 순수하게 산 결과로서 돌아오는 것이 고작 상처뿐인 영광도 아니고 상처투성이인 삶뿐인가라는 자괴감과 허탈감이 차라리 시류에 편승하여 적당히 안주하며 살아가고 싶은 욕망을 꿈틀거리게 만드는 것이다. 따라서 이 대목은 고통스런 삶으로 인하여 고뇌할 수밖에 없는 현대인들의 초상을 풍자하는 동시에 희화화하는 것이기도 하다.

그러나 아무리 그렇다고 해도 어느 시대를 막론하고 사회적 이상은 항상 전자의 형태에 초점을 맞추어왔듯이 언제나 우리가 꿈꾸는 아름다운 세상은 결국 순수한 존재들의 연대의식에 의해서 열린다는 믿음을 저버릴 수는 없다. 너무나 답답한 나머지 어쩌다가 그런 일탈에 대한 유혹에 한번 빠져볼까 하는 호기심이 발동할 수는 있지만, 어디까지나 그것은 '부전공'(부차적인 것)이고 '전공'(본질적인 것)은 참다운 사랑이라는 사실은 누구도 부인할 수 없을 것이다. 강초선의 작품들 중에 후자에 관련되는 것이 거의 보이지 않는다는 것은 그녀 역시 그런 사회적 이상 밖에 존재하지 않는다는 것을 확인시켜 준다. 이를테면 그녀의 많은 작품들이,

입안에서 살살 녹는 카푸치노 같은
거품이 많은 친구보다
블랙커피처럼 양념이 안 된
먹지 못하는 코피처럼
시대에 덜 떨어진 조금은 어눌한
겁 많고 정 많아 눈물이 많은
바람 불어도 덜컹
흐린 안개 빗방울만 날려도
눈시울 축축한, 겨울은 싫어도
함박눈을 좋아하는 친구 그런 친구가 좋더라

—「블랙커피, 그런 친구가 좋더라」 부분

하늘 지독히 젖는 날
출렁이는 와인처럼 투명한 소주처럼
취하고 싶은 오솔길에 들면
기다린 듯 마중하는
패랭이꽃 같은 제비꽃 같은
작은 미소를 가진

한 사람 있었으면 좋겠다
그 사람 빈 의자처럼
내 영혼의 허기
언제나 쉴 수 있는
등대 같은, 섬 같은 넉넉함이 아름다운 사람
그런 사람 있었으면 좋겠다 참 좋겠다

—「사람이 그리운 날」 부분

등에서 보이는 것과 같은 문명이나 도시 이미지의 대척점에 자리한 시골이나 순수성에 관련된 이미지가 주류를 이루는 것은 바로 문명화의 길이란 결국 진정한 행복으로 가는 길이 아닐 수도 있다는 그의 현대성에 대한 비판적 인식에서 귀결된 것이다. 시인이 '입안에서 살살 녹는 카푸치노 같은/ 거품이 많은 친구보다' '블랙커피처럼 양념이 안 된' '시대에 덜 떨어진 조금은 어눌한/ 겁 많고 정 많아 눈물이 많은' '그런 친구가 좋더라' 하고, 또한 '패랭이꽃 같은 제비꽃 같은/ 작은 미소를 가진/ 한 사람' '그 사람 빈 의자처럼/ 내 영혼의 허기/ 언제나 쉴 수 있는/ 등대 같은, 섬 같은 넉넉함이 아름다운 사람/ 그런 사람 있었으면 좋겠다 참 좋겠다'라고 간절한 소망을 갖는다는 것은 이 시대에 그런 사람을 찾아보기 힘들다고 생각하기 때문이다. 다시 말해서 현대문명에 닳고 닳은 인간들 속에서는 '내 영혼의 허기'를 충족할 길이 없다는 것이다.

이미 다각도로 거론되어왔듯이 이성과 합리성을 바탕으로 발달되어온 서구 자본주의라는 것이 그 고안된 초기의 기대만큼 인류를 온전히 행복의 나라로만 이끌지 못한다는 것은 주지의 사실이다. 그래서 현대성을 비판적으로 바라본 알랭 투렌은 이러한 모순 현상을 "현대성이 갖는 인간을 해방시키는 힘은 현대성이 승리를 거둘수록 오히려 쇠잔해져 간다."고 역설한 바 있다. 그러니까 현대성이 강화될수록 인간들은 그 본연의 자유로운 존재로부터 점점 멀어져서 억압의 굴레 속에 갇히고 만다는 것이다.

이러한 현상은 아마 현대인이라면 누구나 한두 번쯤 뼈저리게 느껴 보았을 것이다. 가령, 빨리 달리고 싶은 인간 욕망의 산물이요 문명의 이기라는 자동차가 그 욕망에 충실할수록 자칫하면 제 생명을 앗아가 버리는 거대한 흉기로 돌변하는 것 같은 경우라든가, 또 빠른 시간에 많은 이윤을 얻기 위해 매우 합리적으로 설계된 공장의 컨베이어 시스템은 그 앞에 앉아서 작업하는 직공을 한낱 기계의 부속품으로 전락시켜 그를 인간으로부터 소외시켜 버리는 것이 그 좋은 예가 될 것이다. 이러한 것들을 통해서 보면 현대성이란 참으로 아이러니하고도 모순된 점이 많다. 여기서 우리는 이성과 합리성이 오로지 긍정적 의미만을 갖는 것이 아닐 뿐만 아니라 또 빨리 가는 것만 능사가 아님도 알게 되며, 나아가서 최근에 이른바 '느리게 사는 지혜'의 중요성을 새삼 강조하거나 일깨우는 글들이 많이 유통되고 있는 이유도 십분 이해할 수 있다.

그랬다, 그날 나는 완행열차 표를 사기 위해
길게 줄을 선 사람들 틈에서
서둘러 급행열차 표를 샀다
단 일 분이라도 먼저 도착하기 위해서
아니, 계산된 시간의 소모를
내 삶 속에서 분명히 빼기 위해서
재빠르게 열차에 몸을 담았다
밑그림도 없는 유년의 그림 몇 점 지나가고
가볍게 덧칠하는 플라타너스 잎새 사이
반짝, 햇살 몇 올 빌딩 숲을 어슬렁거리다가
정오와 하오 사이로 걸어든다
가을걷이 끝난 들판을,
허허로이 홀로 서 있는 허수아비
(중략)
가까이 나무들은 누가 먼저랄 것도 없이

가장 붉고 노란 잎사귀들을
차례차례로 떨어뜨리고 있었다
수북이 쌓여 가는 시간의 부재를 빠져 나온
나무 한 그루
길 위의 길도 길 아래 길이라며
삶이란 결코 서두르는 게 아니라며
완행열차 표를 사기 위해 길게 줄을 선 사람들처럼
천천히 돌아보며 살펴 갈 길이라며
오랜 스승처럼 가르치고
기차는 가을 살 깊숙이…

—「줄서기」 부분

강초선 역시 속도를 재화로 환치하고자 하는 현대 자본주의사회의 일원답게 '단 일 분이라도 먼저 도착하기 위해서' '완행열차 표를 사기 위해/ 길게 줄을 선 사람들 틈에서/ 서둘러 급행열차 표를' 산다. 그런데 그녀는 급행열차를 타고 가면서 심리적 변화를 일으킨다. '가을걷이 끝난 들판을,/ 허허로이 홀로 서 있는 허수아비'와 '가까이 나무들은 누가 먼저랄 것도 없이/ 가장 붉고 노란 잎사귀들을/ 차례차례로 떨어뜨리고 있'는 모습이 그녀로 하여금 자아성찰에 들게 하고 세상을 살아가는 자세를 고치도록 하는 계기를 마련해준다. 그리하여 시간이 지나면 모든 것은 허허로운 존재로 돌아간다는 자연의 이치에 당도함으로써 그녀는 급행열차처럼 달려가는 것이 곧 성공으로 가는 지름길이라는 현대인들의 강박관념에 대하여 다음처럼 일침을 놓는다. '삶이란 결코 서두르는 게 아니라며/ 완행열차 표를 사기 위해 길게 줄을 선 사람들처럼/ 천천히 돌아보며 살펴 갈 길이라며/ 오랜 스승처럼 가르치고'라고. 이렇듯 열려 있는 시인의 마음은 차창 밖을 스쳐가는 한낱 나무 한 그루를 통해서도 훌륭한 스승을 만나 자아를 새로운 존재로 거듭나게 할 수도 있다.

3. 중용의 미덕

완행열차 표를 사려는 줄에서 이탈하여 급행열차를 타려 한 마음이 무한경쟁시대를 살아가는 현대인다운 가치관에 연결되어 있다면, 급행열차를 타고 가면서 바라본 가을 숲길의 나무를 통하여 완행열차를 타고 가는 삶의 의미를 되새기는 마음은 반현대적인 가치관이라 할 수 있다. 물론, 강초선은 지나치게 현대성에 몰입하는 것은 결국 불행해질 수밖에 없다고 보고 있으므로 그녀의 가치관은 후자 쪽에 기울어져 있다. 따라서 그녀의 가치관에 의하면 현대성에 함몰되어 불행해져 가는 현대인들을 구원할 수 있는 길이란 현대성 저편의 삶의 방식, 즉 반문명적이고 반도시적인 삶의 형태—원초성(순수성)을 복원하는 데 있다.

그런데 앞에서 살펴보았듯이 강초선의 세계인식은 상당히 낙관적임을 알 수 있다. 그것은 돌고 도는 것이 세상인 까닭에 모든 것은 대체로 자정능력을 내포하고 있다는 믿음 때문이기도 하지만, 인간이란 대체로 남을 배려하고 때로는 자신을 바칠 줄도 아는, 본질적으로 선한 존재라고 보는 인간관에 기인하는 것이기도 하다.

그는
물에 닿으면 반드시 녹는다
그러나
젖은 제 몸의 향기를 지극히
사랑하는 까닭에
한 순간의 生이
뜬금없는 거품일지라도
오래 전
세상 눈뜨기 전부터 키워 온
제 몸의 향기를

흐르는 물에
아낌없이 게워낼 줄을 안다

—「비누」 전문

이번 시집의 첫 장에 배치할 만큼 중요하게 여기는 이 작품에 의하면, 인간의 본성에는 남을 위해 헌신하는 희생정신이 내포되어 있다. 비록 인생이라는 것이 한 순간의 거품 같은 것일지라도 제 본성을 숨길 수 없는 까닭에 언제나 이타적인 행위를 그만 둘 수가 없다는 것이다. 즉 거품처럼 꺼져 버릴 순간적인 존재라는 허무한 인식 때문에 남을 위해 희생하며 힘겨운 삶을 살기보다는 어차피 그런 인생이니 차라리 한 순간만이라도 즐기며 살자는 생각에서 자칫 향락적 삶에 빠져들 수도 있지만, 인간이란 '세상 눈뜨기 전부터 키워 온/ 제 몸의 향기를/ 흐르는 물에/ 아낌없이 게워낼 줄' 아는 비누와 같은 본성을 가졌기에 그런 부정적인 방향으로 흐를 가능성이 매우 낮다는 것이다. 그래서 시인은 어떻든 아름다운 세상에 대한 희망의 불꽃은 영원히 꺼지지 않을 것이라는 믿음을 간직한다.

이러한 낙관적 세계관이 바로 시인으로 하여금 현대사회의 모순을 비판하면서 그 대안으로 순수한 삶에 대한 그리움이나 열망을 갖게 한다. 생성하는 것이 있으면 반드시 소멸하는 것도 있기 마련인 자연의 이치에 따르면 세상사에서 흑이든 백이든 영원한 것은 없다. 다만 서로 교차하거나 순환할 따름이다. 그러니까 아무리 깊은 어둠에 잠긴 존재라 할지라도 항상 역전의 가능성은 잠재되어 있기 마련이다. 그녀가 종종 모순어법, 또는 역설적 표현을 즐기는 것도 아마 그런 세계관에서 비롯된 것이리라. 가령,

시작과 끝의 긴긴 꼬리 물고 있는
길 위에서

떠나기 위해 돌아오는 것은

—「퍼즐놀이」 부분

어둠은 또 다른 빛이었고
추락은 수직의 상승이었다

—「폭포」 부분

길 아닌 길 더듬어
불가를 가불로 고쳐 미리 가보는

—「담쟁이」 부분

와 같은 구절들에서 그런 역설적 세계인식이 잘 드러난다. 이처럼 '시작과 끝의 긴긴 꼬리 물고 있는 길'과 같은 순환하는 세계 인식, 또는 '어둠은 또 다른 빛이었고 추락은 수직의 상승이었다'는 역설적 인식을 통해서 보면 그녀가 은밀히 구사하는 시적 리듬도 궁극적으로는 영원한 생명력에 대한 갈망과 밀접한 관련이 있다. 끝없이 순환하는 것이 자연의 이치이고 또 거기에 내재된 리듬이 질서와 생명력의 바탕을 이루는 것임을 상기해 보면 그 의미를 쉽게 이해할 수 있을 것이다. 여기서 우리는 강초선 시의 형식과 의미가 유기적으로 잘 어우러지고 있음을 다시 한 번 생각하게 된다. 그리고 이를 통하여 그녀의 시의식이 매우 섬세하다는 것도 알게 된다.

인간에게 영원한 기쁨도 없고 영원한 슬픔도 없으며, 다만 그것들이 서로 교차하거나 순환할 따름이라고 본다면(대부분의 시에서 거의 마침표를 찍지 않은 것은 이런 그녀의 인식을 형식화하려고 한 것이 아닐까) 결국 오직 영원한 것은 '기쁨과 슬픔 사이'('시인의 말'에서)에 있는 그 무엇이 아닌가 생각된다. 이를테면 강초선이 시를 통해서 탐색하려는 진정한 '생의 아름다운 존재'란 궁극적으로 기쁨과 슬픔이라는 양극단을 아우르는 것일 수 있다. 더 구체적으로 말하자면 그것은 '비누'처럼 남을 위해 기꺼이 자신을 헌신하는 것, 그 진정한 사랑을 간직하고 베풀 줄 아는 존재라고 보아도 될 것이다.

극과 극은 서로 부딪쳐서 갈등과 비극을 낳는다고 볼 때, 강초선의 지향 세계로서의 존재인식은 오늘날 끝없이 어둠 속으로 추락하는 현대사회를 구원할 수 있는 가장 확실한 길이 될 수 있을 것이다. 기쁨과 슬픔의 사이길, 어떻게 보면 그 길은 아주 밋밋하고 무덤덤한 상태일 수도 있지만, 그러나 다른 측면에서 보면 그 길로 들어설 때에는 누구도 슬프지 않은, 이른바 '최대다수의 최대행복'이라는 진정한 자본주의의 꽃을 피울 수 있다고 보기 때문이다. 그래서 그 길을 치열하게 인식하고 그 길로 우리들을 이끌어 들이고자 애쓰는 강초선의 시의식과 그 시편들은 한낮에도 길을 잃어버릴 정도로 너무도 난감한 이 시대, 우리들에게 한 줄기 희망의 불빛을 던져 주리라 믿는다.

조주숙시론
—존재의 불안, 그 너머의 세계에 대한 꿈

1. 현대문명의 그늘과 우주적 사유

정보화의 시대가 열리기 시작하면서 불확실성의 시대라는 말이 이제는 우리에게도 조금도 낯설지 않게 다가오고 있다. 급변하는 세계에서 우리는 결코 내일을 조망할 수 없다. 내일을 내다보기 어려우니 단지 우리에게 있는 것은 오늘이라는 것밖에 없고, 그럼에도 불구하고 우리는 내일을 향해서 가고 있으니 그 내일에 대한 궁금증은 더욱 커져만 간다. 불확실성의 시대에 현대인들이 한없는 불안감과 슬픔을 안고 살아가야 하는 이유는 바로 여기에 있다.

지금 우리는 너나없이 불안감에 휩싸여 있다. 내일이라는 것이 우리에게 어떤 의미로 다가올지 몰라서 불안하고, 길만 나서면 사람과 차량의 물결에 곡예를 해야 하는 일이 불안하고, 집에서도 도둑이나 들지 않을까 문을 꼭꼭 걸어 잠그고도 불안하여 모두가 안절부절 못하는 형국이다. 그러니까 지금 우리에게는 마음 편히 살 수 여유가 없다. 그저 불안하기 짝이 없는 것이 우리들의 삶의 정황이다. 우리가 행복하기 위해서 달려온 현대라는 이 시대가 고작 이런 식으로 우리에게 다가와 있다.

물론 따져 보면 현대라는 이 시대에 긍정적인 면도 적지 않다. 문명의 발달이 가져다준 편리한 삶의 행태가 그것이다. 가까운 예로 우리 주변에 있는 전자 제품들을 보라. 날이 갈수록 우리의 힘을 덜 들일 수 있도록 조작 단계를 줄이는 것은 물론이고 이제는 손끝 하나 까딱하지 않고도 기기를 켤 수 있는 음성인식 장치까지 나오고 있는 실정이다. 이토록 우리가 편리한 삶을 영위할 수 있게 된 것은 오로지 문명의 발달에 기인하는 것임은 두 말할 여지가 없다. 그러니까 이런 측면만 두고 생각한다면 우리는 지금 고도로 발달한 문명의 크나큰 혜택을 받고 있다.

그러나 우리는 지금 마냥 행복하지만은 않다. 양지가 있으면 음지도 있다는 말이 있듯이 왠지 자꾸 불안하고 강박관념에 사로잡히고 있다. 그것은 무엇 때문일까. 생각건대 그 대부분은 아마도 문명의 발달에 기인하는 것이라 해도 과언이 아닐 것이다. 자유니 민주니, 정보화니 열린 사회니 운운하면서 겉으로는 우리가 무한한 자유를 누리는 것 같지만, 기실 따지고 보면 우리는 수많은 얽힘 속에서 자유 아닌 구속을 당하고 있다. 말하자면 사회가 발달할수록 인간관계나 사회구조가 복잡해지고 지켜야 할 의무도 그만큼 많아지기 때문에 자칫 그 의무를 소홀히 할 때 우리는 유형무형의 속박으로부터 조금도 자유롭지 못하다.

현대라는 시대와 존재의 자유, 어쩌면 이는 서로 맞물려 있는 톱니바퀴처럼 돌아가는지도 모른다. 다시 말하자면 사회가 현대화되면 될수록 존재의 자유는 반비례하는 것인지도 모른다. 문화나 문명이라는 것은 자연으로부터 점점 멀어지는 것이라는 말 속에서도 우리는 그것을 어느 정도 감지할 수도 있듯이, 인간에게 사회적 의미가 높아질수록 한 개인의 자연적 존재로서의 의미는 그만큼 위축되고 축소되는 것이 분명하다. 현대인들이 눈부신 문명의 동산에 살고 있으면서도 항상 짙은 그늘을 피할 수 없는 이유는 바로 그 때문이다. 그러니까 문명의 발달이란 필연적으로 우리에게 빛과 그림자를 동시에 던져주고 있는 것이다. 여기에 현대인들이 문명의 이기를 마음껏 누리면서도 마음 한 쪽에 도사린 불안감과 강박관념을 지울 수 없는 근원이 자리한다.

조주숙의 시를 읽으면 이와 같은 현대인들의 초상을 곳곳에서 만날 수 있다. 그는 우리 앞에 다가서 있는 현대, 즉 첨단 문명의 시대를 인정하면서도 불안감과 강박관념에 사로잡히고 있음을 자주 시적 대상으로 추구하고 있다. 가령, 모든 것의 경계가 무너져 버린 정보화시대를 염두에 두고 쓴 듯한 '시집 머리에'에서도 그런 징후가 단적으로 드러난다.

하늘 모니터를 켜면
우리는 하늘이다
나도 하늘이고
너도 하늘이다
우리는 하나이다
나는 너이고
너는 나이다
나 아닌 게 없다
하늘 아닌 게 없다
아픔이 나에게 있을 때
눈을 들어 하늘 모니터로 들여다본다
아, 의미 아닌 게 없다

한 편의 시처럼 쓰고 있지만 이것은 이른바 시집의 서문에 해당하는 것이다. 주지하듯 시집의 서문이란 시집을 묶는 시인의 심정이나 시적 견해를 드러내는 것이 일반적이다. 그래서 서문을 읽으면 부분적으로 시집의 의미나 시인에 관한 정보를 알 수 있기도 하다. 특히 첫 시집을 내는 시인의 감회는 남다를 수밖에 없는데, 조주숙은 그런 설렘이나 소회를 위와 같이 시의 형식을 빌려 토로하고 있다.

'시집 머리에서'를 읽으면서 우리가 주목할 수 있는 것은 그의 시적 인식이, 나아가서 세계인식이 어디에 닿아 있는지 희미하게나마 엿보이고 있다는 점이다. 특히 '모니터'라는 말에 관심을 집중할 필요가 있다. 이는 물론 컴퓨터 주변기기로서 컴퓨터에서 작업하는 것을 작업자에게 보여주는 기구이다. 그런데 문제는 이 첨단 기기 앞에 '하늘'이라는 말을 접속하여 쓰고 있다는 점이다. 그러니까 가장 현대적인 것과 가장 시원적인 것이 한 몸으로 어우러져 우리 앞에 드러나고 있는데, 이것이 우리를 당혹케 하는 동시에 이 시인의 세계관과 시적 상상력의 뿌리가 어디에 닿아 있는지 생각케도 한다. 이를테면 그의 관심사는 현대 문명적이면서도 우주적(자연적) 상상력이라 할 수 있다. 좀 더 구체적으로 말하자면 현대문명 속에 살아가는 한 사람의 현대인으로서 문명으로 하여 파생되는 여러 가지 문제들을 헤아리면서 그 속박에서 벗어나고 싶은 관념들이 조주숙의 시적 테마를 이루고 있다고 할 수 있다.

2. 보이지 않는 손

나는 앞에서 조주숙의 첫 시집을 장식하고 있는 주된 테마를 현대 문명과 그 반대편에 있는 우주적(자연적)인 것으로 규정한 바 있다. 이것은 다소 도식적인 냄새를 풍기고 있기는 하지만, 그의 시를 좀 더 선명하게 들여다보기 위해서 편의상 대별시켜 본 것이다. 단적으로 말하면 전자가 현대인에게 불안감이나 강박관념을 싹트게 하는 것이라면, 후자는 그것을 치유할 수 있는 근원적인 것이 된다. 그러니까 현실이라는 것은 우리에게 문명의 숲으로 들어가도록 자꾸 등을 떠밀고 있지만 심정적으로는 오히려 뒤로 돌아가고 싶다는 것이 시인이 읽고 있는 현대라는 시대상이다.

따라서 이 두 개의 관점을 뼈대로 하여 조주숙의 시를 읽으면 그의 시의식의 토대가 무엇인지 좀 더 확연하게 들여다볼 수 있을 것이라 생각되기에 나는 다소 도식적이라는 우려를 감수하면서도 의도적으로 이원화해 보았던 것이다.

조주숙 시의 출발점은 아무래도 이 시집의 제목이기도 하고 앞부분에 연작시로 제시되어 있는 「무인카메라」에서 찾는 것이 좋을 듯하다. 여담이기는 하지만 그는 처음에 이 시집에 실려 있는 대부분의 작품을 '무인카메라' 연작으로 하고 싶었다는 것을 알고 있는데, 그처럼 그에게서 '무인카메라'는 하나의 시적 화두와 같이 그의 의식을 사로잡고 있다. 운전을 해 본 사람이라면 누구나 알고 있을 터이지만, 운전자에게 무인카메라는 마치 아무 죄도 없으면서도 불심검문에 걸릴 때 가슴이 두근거리는 것만큼이나 마음을 흠칫거리게 하는 것이다. 특히 모르는 길에서 과속을 하다가 갑자기 그것에 맞닥뜨릴 때 당하는 난감함이란 당해 본 사람은 알 수 있을 것이다. 조주숙 시에서 「무인카메라」는 이러한 경험을 확장하여 드러낸 것이라 할 수 있다. 우리는 흔히 남을 속일 수는 있지만 하늘은 속일 수 없다는 말을 하는데, 이런 의미로 확장할 때에 '무인카메라'는 '하늘 모니터'와도 일맥상통하는 의미를 갖는다. 이렇게 의미를 확장할 때 '무인카메라'는 다양한 의미를 거느릴 수 있는데, 우선 이에 관련된 시 한 편을 들어본다.

> 교통위반 범칙금 고지서가 날아들었다
> 샅샅이 뒤졌지만 기억이
> 희미하게 고개 저었다
> 그러자 얼굴 없는 파수꾼은
> 자동차 번호판을 후진시켜
> 무의식 저편에서 명백한 증명사진을 찾아 내민다

교묘하게 불심검문에서 빠져나갔던
한 순간이 찍혀있었다
길 위의 무인카메라는
내가 보이고 싶은 앞모습은 보아주지 않고
감추고 싶은 뒷모습만 꺼내놓는다
밝은 조명 아래 터지는 먹물
무단주차로 가로챈 사랑은 없는지
생명선을 넘어 사고원인제공자는 아니었는지
스파이처럼 차칵차칵 자료준비중이다
옴짝달싹 할 수 없는 물증으로
황색 교통의 제물이 되어
이승에 견인된 나의 명함
일그러진 얼굴
전생의 업보 갚으라 할까
은행에 과태료를 납부해도 풀려날 수 없는 죄
그 피사체의 자유로울 수 없는 자유.

—「무인카메라 · 1」 전문

어느 날 문득 교통위반 범칙금 고지서가 날아들었고, 그것을 받아든 시인은 아마 당혹해 했을 것이다. 이것은 현실이고 사실이다. 그러나 여기서 그것은 별 의미가 없는지도 모른다. 이 시인이 꼭 그와 같은 경험을 했는가 하지 않았는가 하는 것을 따지는 것은 무의미한 것이니까. 다만 지금 우리가 살아가는 도시나 도로의 곳곳에는 무인카메라가 설치되어 교통위반자를 검색하고 있으며, 많은 사람들이 한두 번쯤은 그것에 의해 적발되었든지 아니면 적발될 가능성이 있다는 것만은 틀림없는 사실이다. 시인의 상상력을 자극한 것은 바로 이런 것이라고 하는 것이 옳을지도 모른다. 어쨌든 시인은 그 무인카메라의 기능이나 그것에 의해 위반사실이 적발된 사람들에 대한 관심을 확장하여 우리의 삶을 되돌아보고 있다.

우리는 살아가다가 보면 알게 모르게 많은 잘못을 저지르기 마련이다. 아무리 바르고 깨끗하게 살아간다고 자부하더라도 자신이 완전무결하다고 장담할 수 있는 사람은 그리 많지는 않을 것이다. “털어서 먼지 나지 않는 사람이 없다”는 우리의 속담이 그것을 일러준다. 이렇듯 설령 바르게 살려고 노력할지라도 때로는 자기도 모르게 잘못을 저지르고 남에게 고통을 줄 수도 있는 것이 우리네 삶이다. 시인은 무인카메라를 연상하면서 그런 우리 삶을 생각하고 있는 것이다. ‘무단주차로 가로챈 사랑은 없는지/ 생명선을 넘어 사고원인제공자는 아니었는지’ 하며 제 삶에 드리워진 허물을 찾아본다. 그리고 그는 이렇게 결론을 내린다.

옴짝달싹 할 수 없는 물증으로
황색교통의 제물이 되어
이승에 견인된 나의 명함
일그러진 얼굴

이라고. 이 구절에 의하면 우리는 시인의 인식이 불교적 상상력에 닿아있음을 알 수 있다. 즉 인연설에 근거하여 그는 이승에서 ‘일그러진 얼굴’로 존재하는 것을 저승에서의 업보라고 생각하고 있는 것이다. 그러니까 그 업보(원죄)는 ‘은행에 과태료를 납부해도 풀려날 수 없는 죄’이고, 따라서 이승에서의 우리 삶이란 근원적으로 자유로울 수 없다. 시인이 이 시의 끝을 ‘그 피사체의 자유로울 수 없는 자유’라는 역설로 처리한 데서 우리는 인간에 대한 존재인식을 잘 엿볼 수 있다. 그에 의하면 우리가 피상적으로는 자유를 누리고 있는 것처럼 보일지 모르지만 끝끝내 진정한 자유를 누릴 수는 없다는 것이다. 인간은 하나의 피사체에 불과하고 주체가 될 수는 없다는 것, 누군가에 의해서 계속 감시를 당해야 하는 원죄인, 그것이 바로 인간이라는 인식이 이 시의 배경에 깔려 있다.

이쯤에서 우리는 '무인카메라'의 실체가 무엇인지 눈치를 챌 수 있다. 그것은 하늘일 수도 있고 신일 수도 있으며, 보이지 않는 곳에서 우리를 조종하고 감시하는 어떤 절대자일 수도 있다. 이것을 세속화해서 시인은 무인카메라로 비유하고 있는 것이다. 그리고 무인카메라가 때로는 '생명줄을 끌어당기는 손'과 '힘이 있'(「무인카메라 · 4」)는 수영장에서의 안전요원이 되기도 하고, '연약한 것들의 혼탁한 숨결을 잠재'우는 '할매'(「무인카메라 · 7」)가 되기도 한다. 그러면서도 또 어느 때는 '누군가의 손'(「무인카메라 · 5」), '세상의 아가리에서 나를 집으로 돌려보내줄/ 큰 손길'(「집으로 가는 길」) 등으로 표현하면서 어떤 힘이 우주를 주재하는 것은 인식하되 그 실체를 분명히 알 수 없다는 것을 드러내기도 한다.

그런데 어떤 절대자에 대한 이와 같은 세속화의 경우나 '알 수 없음'이라고 하는 대목에서 우리가 알 수 있는 것은 두 가지 상반된 감정이다. 즉 세속화가 그것을 좀 더 분명한 인식의 대상으로 삼는 것이라면, '알 수 없음'은 여전히 신비한 대상으로 남아 있음을 나타내는 것이라 할 수 있다. 이러한 차이는 있지만 결국 인간이 주체자일 수 없는 연약한 피동체라는 인식에서는 동일하다. 그것은 '목숨은 하늘의 것인데 삭막한 도시에 옮겨 심어져/ 매연과 굉음에 차례차례 침몰하는 것이 되었다'(「무인카메라 · 7」)고 하는 구절에 잘 드러나고 있다. 이렇듯 조주숙의 존재인식의 근간에는 비극성이 내재되어 있다. '업보', '피사체'라는 시어라든지 앞에서 잠시 인용한 「무인카메라 · 7」에 보이는 위기의식, 그리고

오늘도 그대에게 전화를 건다
세찬 바람이 덜컹이며 나의 몸을 물어뜯는다
바람에 무너지며 그림자 길게 눕힌다
정신이 깜박깜박 나갔다 들어온다
그 횟수가 잦아지다 밧대리 끝

마침내 나는 먹통 될 것이다.

—「연가」 부분

라고 하는 구절 등에서 직접 읽을 수 있듯이 그에게 인간은 다만 비극적 존재일 따름이다.

그러나 인간이 비극적 존재라고 해서 절망해야 한다는 뜻이 아니라는 점에 우리는 주의를 기울여야 한다. 그것은 하나의 일차적인 의미로서의 진단일 뿐이지 그 때문에 주저앉아 자포자기해야 한다는 것을 부추기는 것은 아니다. 다시 말해서 그런 진단은 곧 그것을 극복하기 위한 전 단계로서의 의미를 지니는 것이라고 이해해야만 한다. 이를테면 비극성을 일탈하기 위해 더욱 성실한 자세를 지녀야 한다는 것을 시인은 문맥의 이면에 깔아놓고 있는 것이다. '무인카메라'를 인식하는 그 자체가 바로 그런 주제에 입각하고 있음을 간과해서는 안 될 것이다. 보이지 않는 곳에서 누군가가 나를 지켜보고 있다고 생각할 때 어찌 함부로 행동할 수 있단 말인가. 그런 겸허한 마음으로 세상을 성실하게 살아갈 때 우리는 '모니터로 가만히 들여다보면/ 내 안의 벌레 단단한 희망의 뿌리 하나 남아있다'(「무인카메라 · 6」)는 사실을 발견할 수 있음은 물론이다. 그리고 희망을 품고 있는 자는 결코 주저앉지 않는다.

그도 달린다
세상으로부터 오염된 생각
머리 가득 메운 악성종양을 잘라내고
그는 매일 눈을 감고 달린다
몇 차례의 고통으로 잠시 비틀거리지만
피와 땀으로 담금질하며
그는 마라톤을 계속한다
방안에 머무는 순간에도

그는 마음의 눈으로 세상을 달린다
힘을 내라
고 박수를 보내는 길의 손을 꼬옥 잡고
그는 힘껏 삶을 껴안으며 달린다
눈감으면 코 베어간다는 서울 한복판
그는 눈을 감고 달린다
꼴이 우습지만 약삭빠르지 못하지만
달리는 모습만으로 누군가 도울 수 있다면
그는 완주할 때까지 계속 달릴 것이다.

—「모두들 달린다」 전문

이 시에서도 우리는 시인의 세상 읽기와 그런 세상에서 어떻게 살아가야 할 것인가 하는 인식이 잘 드러나고 있다. '눈감으면 코 베어간다는 서울 한복판'이라는 세계인식, 그리고 '세상으로부터 오염된 생각/ 머리 가득 메운 악성종양을 잘라내고'라는 일탈인식, '꼴이 우습지만 약삭빠르지 못하지만' '눈을 감고 달린다'는 우직한 삶의 자세 등에서 한없이 번거롭고 어지러운 이 시대를 건널 수 있는 모습이 어떤 것인가를 알 수 있다. 세상이 번거롭다고 자신도 거기에 휩쓸려 같이 약삭빠르게 대처하는 것이 아니라 그럴수록 더욱 우직하고 성실한 자세로 끝까지 완주해야 한다는 것이 시인의 생각이다. 흔히 우리네 삶을 마라톤 경주에 비유하듯이, 약삭빠르게 구는 사람들이 일시적으로는 앞서가는 것처럼 보일지 모르지만 장거리 경주에서는 결국 재주부리지 않고 묵묵히 뛰는 사람이 이긴다는 교훈을 우리는 이 시를 통해서 새삼 확인할 수 있다.

3. 자기 갱신의 길

눈감으면 코 베어간다는 세상이지만, 그런 세상으로부터 일탈하여 조금은 우직하더라도 짐짓 눈을 감고 묵묵히 자기 길을 질주하는 것이 '누군가 도울 수 있'(「모두들 달린다」)는 일이고 나아가서 자기도 구원할 수 있는 직접적인 방법이라면, 유년시절을 떠올리고 어머니를 생각하는 것들은 힘들고 지친 삶의 길에서 잠시 포근하고 아름다웠던 시절을 그림으로써 마음의 위안을 얻는 일이 된다. 그것은 무인카메라와 관련된 내용, 즉 문명의 편에서 반대쪽으로 향하는 길이기에 궁극적으로는 자연으로 귀의하고자 하는 의지와 밀접한 관련을 맺는다고 할 수 있다.

자연이란 무엇인가? 그것은 문명에 물들지 않은 원초적인 것이요, 온갖 번거로운 것들에 의해 때묻지 않은 순수한 것이며, 숱한 오류에 의해 난잡해진 현대가 아닌 출발점으로 되돌아간 상태이기도 하다. 그러니까 유년시절이나 어머니를 그리워하는 것은 상징적으로 보면 결국 모태회귀의 이미지에 유합될 수 있다. 인간이 잉태된 이후 가장 안온한 시절이 모태에서 존재하던 시절이듯이 그 시절이야말로 절대적인 안락함만 있던 시절이다. 물론 그 시절의 경험이 우리에게 인식적 대상으로 자리 잡고 있는 것은 아니지만, 그것은 인간에게 하나의 선험적인 것으로서 궁극에는 회귀하고 싶은 시절이 된다. 특히 현재가 만족한 상태가 아니라고 할 때에는 더욱 그렇다.

도시 그림자에
혼자 뒤챘다
동백꽃 피던 바닷가
거길 다녀왔다는 사람만 만나도
얼굴 붉게 물들던

그 초가집 등잔불엔
거름통에 빠진 어린시절이 있다
막내동생 첫울음 소리가 타고 있다
꽃게발 한 솥
부뚜막에 끓고 있다
온 마을 사물놀이로 휘젓던 날
장롱 꼬까옷 꺼내 입고
두 발 모아 동동 뛰던 날이 있다

물결 흘러 장항만
옛 집터 찾느라 한나절을 보냈다
옛사람 찾으면 달포 안에나 찾아질까
물결에 밀려도 고갤 못 돌리고온 밤
추워추워 나 혼자 번쩍이며 타올랐다

—「유년의 집」 부분

1
거울 속에서 어머니
내 이름 부르신다
어머니 닮은 이 눈
푸른 호수로 내 허물 안아주신다
거울 밖으로 손을 뻗어 눈물 닦아주신다

2
거울 속 깊어 투명한 그대
눈동자와 눈동자 초점 하나로 맺어진다
감열지 사르는 보이지 않는 빛
흐르던 시간이 두둥실 하늘에 떠올라
영원 속으로 소용돌이치며 빨려든다
호수는 양수처럼 안온하다

문득 눈뜨면
거울 속에서 풀려나는 황홀한 최면

3
하루에 몇 시간씩 거울을 본다
거울 속에서 만나는
어머니 같기도 한
그대 같기도 한
저편 무의식의 흐름
그들과 차를 마시며 말하고 웃으며 같이 산다

—「무의식」 전문

위에 인용한 두 편의 작품에서 우리는 인간들이 때때로 왜 유년시절이나 어머니에 대한 그리움을 갖는지 이해할 수 있다. 우선 「유년의 집」에 의하면 유년의 집을 찾는 원인은 '도시 그림자에 혼자 뒤챘다'는 구절에 드러나듯 문명의 그늘에서 고독한 존재자라는 인식 때문이다. 그렇다면 유년은 어떤 시절인가. 그것은 '비록 거름통에 빠진' 기억이 있는 어린 시절일망정 새 생명이 잉태되는 시간이며('막내 동생 첫울음 소리가 타고 있다') 온 마을이 잔치마당이요, 자신도 '장롱 꼬까옷 꺼내 입고' 흥에 겨워 '동동 뛰던' 시절인 것이다. 이를테면 그것은 고독과 슬픔의 반대편에 자리 잡은 생성과 환희의 시절이다. 이러한 인식은 「무의식」에서 어머니에 대한 관념을 통해서도 동일하게 드러난다. 어머니는 '푸른 호수로 내 허물 안아주'는가 하면 '눈물 닦아주'는 존재이기도 하다. 이 구절에 의하면 현재의 자아는 허물과 눈물에 젖은 상태요, 어머니는 그것을 달래줄 수 있는 존재이기에 그 품에 들면 '양수처럼 안온하다'. 그래서 우리는 위난에 처하는 순간에 때때로 과거회귀나 모태회귀 의지에 사로잡히게 되는 것이다.

그러나 문제는 그것도 그리 간단하지만은 않다는 점에 심각성이 있다. 즉 옛집이나 옛사람은 쉽사리 찾을 수 없고 그러기에 결국엔 '추워추워 나 혼자 번쩍이며 타올랐다'는 구절에 드러나듯 춥고 고독한 현실로 되돌아올 수밖에 없다. 말하자면 유년시절로 돌아가고 싶은 욕구가 일시적이고 의도적인 한 순간의 꿈에 불과하다는 점이다. 시인 역시 그 점을 잘 안다. 어머니 품이 '양수처럼 안온하다'는 것을 느끼면서도 그것이 현실로 실현될 수 없음을 알고 있기에 '문득 눈뜨면/ 거울 속에서 풀려나는 황홀한 최면'에 들었음을 인식하게 되는 것이다. 그래서 결국 시인은 '황홀한 최면'이라는 표현을 쓰고 있듯 그것을 스스로 최면 상태에 드는 것이라 함으로써 자기 의지에 의한 순간적 황홀경에 빠지는 상태라 하고 있는 것이다. 그럼에도 불구하고 그 순간만은 허물과 눈물로부터 일탈할 수 있기에 '하루에 몇 시간씩 거울을' 보며 어머니를 만나고, 드디어는 그것이 자아(ego)가 아닌 '무의식(id)의 흐름'이라고 하여 원초적이면서도 본능적인 것임을 시사한다.

그런데 「무의식」이라는 작품에서 우리가 주의할 것은 어머니와의 만남이 거울을 보는 행위를 통해서 이루어지고 있다는 점이다. 거울 이미지가 대체로 자기 성찰을 내포하고 있듯이 이 행위의 이면에는 결국 자기를 성찰하는 동시에 어머니의 눈을 닮은 자아를 어머니와 동일시함으로써 스스로 어머니와 항상 함께 있다는 의미가 깔려 있다. 그러니까 우리의 무의식 속에 잠재해 있는, 어머니와 영원히 함께 있고 싶은 소망을 그런 거울 이미지를 통해서 드러내고 있는 것이다. 심리적으로 볼 때 이는 일탈이 안 됨으로써 독립적 존재로서 개성화가 이루어지지 않은 것이라 할 수도 있지만, 상호 텍스트적 의미에 의하면 그러한 심리는 문명의 그림자에 의해 소외되고 고독한 존재로 전락하는 자아를 구원하기 위한 일종의 방어기제에서 비롯된 것임을 알 수 있다. 따라서 그것은 현실이라는 것이 그토록 혐오스럽다는 것을 나타내는 것에 다름 아니다.

현실 혐오감이 시인으로 하여금 과거나 모태 회귀 의식을 갖게 하지만, 사실 그것은 언제나 일시적으로 자기 위안을 구할 수 있는 일일 뿐 그 자체로서 현실을 개선할 수 있는 일은 아니다. 위와 같은 심리적 방어기제의 한계가 바로 여기에 있다. 그렇기 때문에 퇴행심리가 긍정적인 의미를 지니기 위해서는 그것이 재충전으로서 새로운 출발을 하기 위한 전 단계가 되어야 한다. 마치 태아가 결국엔 세상으로 나올 때 비로소 진정 한 사람의 인간으로 존재할 수 있는 것과 같다. 그래서 현실에서 고통스러움이 가중될 때 때때로 그와 같은 심리적 작용을 통해서 정신적 위안을 받고 다시 현실로 돌아올 수 있는 힘을 얻게 되는, 그런 행태의 퇴행의식(退行儀式)이 될 때 그것은 긍정적이고 바람직한 의미를 띨 수가 있다.

이런 점에서 조주숙 시에 드러나는 퇴행의식은 대체로 긍정적 의미를 지닌다. 그가 '도시 그림자'에 짓눌려 고독과 불안과 슬픔에 빠지는 경우에 때때로 유년시절이나 어머니에 대한 그리움에 젖을 때도 있지만, 그것으로 하여 현실을 외면하거나 자기 안일에 머물러 있지 않기 때문이다. 가령, '홀트 아동복지원 사랑의 집'에 가서 근무력증으로 팔다리가 마비된 아이에게 밥 먹여주는 사람이 되어 보는 것이라든지(「엑스트라 · 1」), '너는 몸 밖은 마음대로 못해도 몸 안은 깨끗하다/ 나는 몸 밖은 깨끗해도 몸 안은 마음대로 못한다/ 오늘은 나도 치약으로 뒤발해본다'(「엑스트라 · 2」)고 하는 구절에 보이는 자기 성찰과 노력, 또한 이주실의 연극 「쌍코 말코 이별연습」을 통하여 '단 한 번의 울음을 위해/ 아픔과 치부를 환한 촛불 아래 드러내놓고/ 가시나무 뾰족한 그림자에 가슴을 찍으며/ 정면대결을 펼친다/ 혼신을 사르는 땀방울 흠뻑 뒤집어쓰고/ 영화처럼/ 연극처럼/ 박수치는 우레소리 속을 겨울비 맞으며 걸어간다'(「이주실과 종교」)는 의미를 되새기는 대목에서 우리는 자기 삶에 경건하려는 건강한 인식을 만날 수가 있다. 이러한 건강한 인식과 자기 삶에 대한 경건하고 성실한 자세야말로 문명의 그림자로 어두워지는 현실에 빛을 되찾아줄 수 있는 가장 확실한 담보가 될 수 있을 것이다.

잎들이 흔들리고 있다
나무의 숨결은
더께 앉은 시간의 때
나는 아직도 낡은 옷 입고
겨울 뒷뜰에 서 있다

비워냄으로써 가득 차오르는
시간의 징검다리
어깨에 지는 가랑잎
네 푸르름 앞에 서 있다

네 팔이 밀어낸 하늘만큼
내가 커질 수 있다면
네 발이 닦아낸 조약돌만큼
내가 반짝일 수 있다면
숨겨진 뿌리의 뜨거움으로
네 앞에서 빛나는 잎이 되고 싶다.

—「신록 앞에서」 전문

다소 동시적인 분위기가 풍기는 이 시를 통해서 우리는 조주숙의 밝고 깨끗한 심성을 들여다볼 수 있다. 아니, 그보다는 자신을 되돌아보는 겸허함과 삶에 대한 열정이 더욱 우리의 눈길을 끈다. 푸른 신록을 보면서 '숨겨진 뿌리의 뜨거움'을 헤아리고 '빛나는 잎이 되고 싶다'고 되뇌는 목소리에서 우리는 그의 푸른 마음을 엿볼 수 있기 때문이다.

날이 새면 또 한 켜의 어둠이 세상을 짓누르는 오늘날, 한없이 무거운 짐으로 어깨가 늘어지기만 하는 현대인들에게 위와 같은 삶에 대한 열정과 자기 갱신의 의지는 한 줄기 청량제로 작용할 것임이 분명하다. 이러한 뜨거움이 시인 자신은 물론이거니와 우리 모두에게도 끝끝내 식지 않을 때 분명 세상은 더디나마 우리가 기대하는 방향으로 나아갈 수 있을 것이다.

일찍이 윤동주 시인이 '잎새에 이는 바람에도/ 나는 괴로워했다'고 읊조렸듯이 시인은 풀잎 하나 물방울 한 점도 예사롭게 보지 않는다. 그러니 시인으로서 어찌 이 세상과 존재에 드리워지는 어둠에 대하여 나 몰라라 방관할 수 있으랴. 세상 어둠에 대하여 누구보다 민감하게 반응하고 견딜 수 없는 아픔으로 받아들이는 것이 시인의 운명이라면, 조주숙 역시 시인다운 감수성이 다분함을 작품 곳곳에서 엿볼 수 있다. 그 감수성으로 하여 시인으로서의 그의 미래도 밝게 전개되리라 기대된다.

김영란시론

—나로부터 우리에게로 이르는 길

1. 존재인식의 두 주춧돌

인간 존재에 대한 의문과 탐색은 비단 철학자들뿐만 아니라 동서고금을 막론하고 의식 있는 모든 존재들의 영원한 숙제일 것이다. 왜 존재하고 어떻게 살 것이며, 언제 어떻게 사라질 것인가라는 물음은 물론이고 또 현실적으로 자아와 非自我(자기 정체성에서 거리가 먼 자기답지 못한 자아), 나와 타인, 나와 사회(세상) 등등의 여러 관계 속에서 끊임없이 긴장하며 적절한 관계를 유지하기 위해 노력해야 하는 존재가 인간이기에 한시도 고뇌와 고통으로부터 완전히 자유로울 수가 없다.

이러한 문제가 존재의 근원적인 고뇌이자 영원한 물음이라고 한다면, 문학은 본질적으로 이런 물음에 대한 대답을 구하려는 특성을 갖고 있기에 철학이나 종교의 범주와 크게 다르지 않다. 다만, 문학인들은 철학적 존재인식과 종교적 구원의식을 아우르는 동시에 그것을 문학적 양식을 빌려 우회적으로 표현함으로써 독자들에게 미적/예술적 체험을 통해서 외부세계와 자기존재의 본질을 성찰할 수 있는 어떤 계기를 마련해 주려고 한다는 점에서 철학자나 종교인들과는 조금 다른 길을 걸을 뿐이다.

그러니까 과정상으로는 상당한 차이가 있지만 궁극적 목적지로 본다면 크게 다를 바가 없다고 해도 과언이 아니다.

이런 관점에 입각할 때, 독실한 신자로 알려진 김영란이 시단의 일원이 된 것은 매우 자연스런 일이다. 그에게 시는 종교이며 종교가 곧 시일 수도 있다. 특히 그의 작품에서 유난히 존재의 내밀한 의미를 들여다보려는 의지에 관련된 시편들이 많다는 점에서 그의 시는 독자로 하여금 철학과 종교와 문학이 잘 어우러진 한 진면목을 엿보게 하는 좋은 기회를 제공하리라 생각된다.

물론, 우리는 시란 어디까지나 예술의 영역인 이상 일차적으로 시적 형상화가 이루어져야 한다는 점을 간과해서는 안 된다. 말하자면 시에서 철학과 종교와 예술이 만나는 지점은 표면이 아니라 심층이며, 그 심층에 도달하기 위해서 우리는 상상력이라는 안경을 써야만 한다. 왜 굳이 이런 상식적인 말을 새삼 꺼내는가 하면, 김영란 시에서 적어도 표면적으로는 신앙의 냄새가 거의 풍기지 않는다는 점을 상기시키기 위해서이다. 문학과 철학과 종교를 혼동하는 사람들은 흔히 시의 표면에서 그런 요소들을 찾으려 애를 쓰는데 그것은 예술의 본질을 오해한 결과일 따름이다. 우리는 자신의 신앙심이나 이념만을 너무 강조한 나머지 사상의 뼈대만 앙상하게 드러날 뿐 예술적 향기를 맡기 어려운 작품들을 수도 없이 보아왔기 때문이다. 그런 시인들을 만나면 예술과 철학과 종교가 각각 존재할 가치와 이유가 따로 있다는 것을 망각하는 듯해서 안타깝기 그지없다. 그러므로 무엇보다도 일차적으로 시적인 형상화에 깊은 관심을 갖고 작품의 완성도를 높이려 애쓴 김영란의 시의식은 매우 건강하고 온당하다.

이러한 태도를 견지한 김영란의 작품을 일별할 때 무엇보다도 존재의식을 주제로 한 것들이 상당한 분량을 차지한다는 특징을 지닌다. 시인은 그것을 주로 시간과 그리움과 여행이라는 제재를 통해서 형상화하였다.

시간이 만물의 생성 · 변화 · 소멸을 주재하는 근원적 요소라면, 그리움은 그런 시간의 지배 안에 있는 유한한 인간으로서 영원성을 지향하는 정서와 인식의 표면화이며, 여행은 참되고 영원한 존재에 대한 탐색 행위의 한 형태이다. 그러니까 그의 시적 모티프의 근간을 이루는 것으로 보이는 이 세 개의 항목은 고리를 형성하면서 서로 맞물려 있다.

그런데 이 세 항목에 관련된 의미를 이항대립의 관념으로 집약하면 '떠돎과 머묾'으로 가름할 수도 있다. 떠돎의 정서가 實存(현실+존재, 또는 현상)에 대한 결핍 인식으로부터 발동하는 것이라면, 머묾의 정서는 그것이 해소된 상태(이상향+자기 동일성, 또는 본질)에 정착하고 싶은 것으로 규정할 수 있다. 이 세계에 존재하는 한 욕망으로부터 자유롭기 어려운 것이 인간인 까닭에 누구나 현실에 만족하며 살기는 어렵듯이 늘 더 나은 세계로 이행하거나 초월하고자 하는 꿈에 시달리는 것이 인지상정이다. 그래서 인간들은 항상 고통과 슬픔으로부터 벗어나 영원히 안주할 수 있는 이상향을 찾아 떠돌아다니는 삶의 길(방황, 탐색)에서 쉽게 벗어날 수가 없다. 이를테면 인간이란 영원한 보헤미안, 또는 정신적인 유목민으로 살아갈 수밖에 없는 존재인 셈이다. 김영란 시의 바탕에 깔려 있는 두 개의 중심축인 '떠돎과 머묾'은 바로 정신적 유목민으로서의 인간들의 속성을 성찰한 결과인 동시에 시적 탐색행위가 된다고 할 수 있다.

2. 시간에 대한 민감한 반응

김영란 시에서 자주 만날 수 있는 '떠돎의 정서'를 촉발시키는 요소는 무엇보다도 시간에 대한 민감한 반응이라 할 수 있다. 「단풍」 · 「그 여자 · 4—불혹」 · 「섣달 그믐날 오후」 · 「10월」 · 「가을」 · 「상강(霜降)」 · 「9월이 오기 전에」 · 「겨울 산」 · 「다시 7월에」 · 「눈 오는 날」 · 「봄 이야기」 1, 2 · 「겨울나무」 · 「겨울 소묘」 · 「7월의 엘레지」 등등 얼른 눈에 띄는 시의 제목들만 살펴보아도 알 수 있듯이 그는 시간이나 그것에 직접 연관된 세계를 제재로 한 작품을 많이 쓰고 있다. 그리고 또 한 가지는 봄과 7월에 관련된 4편을 제외하면 대부분 가을과 겨울을 제재로 한다는 특징을 지니기도 한다.

가을과 겨울이란 무엇인가? 이는 다양한 의미로 읽힐 수 있겠지만, 흔히 시적 이미지나 상징적 의미로서 쉽게 생각할 수 있는 것은, 가을이 존재에 대한 성찰에 깊이 관련되어 있다면, 겨울은 봄이 오는 가장 가까운 길목이라는 점에서 역설적으로 희망의 원천이라는 점이다. 그러면 우선 가을에 관련된 시 한 편을 읽으면서 김영란 시의 지향점이 어디로 열려 있는지 가늠해 보기로 한다.

아무런 생각도 없이
집을 나서서
길모퉁이를 돌아서는데
바람이 툭 어깨를 친다

무심코 돌아보는 내 눈에서
눈물이 쏟아질 것 같아
하늘을 바라보았다

아무도 따라오지 않는 길을
혼자 조바심하면서 가고 있는데
어느새 내 안에 들어와
칼춤을 추고 있는
10월의 바람

—「10월」 전문

이 작품에서 10월이라는 시간관념은 단순히 자연적 시간만을 의미하지 않는다. 여기에는 자연적 시간관은 물론이거니와 이른바 경험적 시간관이 중첩되어 있다. 즉 자연적 시간에 의해 운행되는 우주질서를 인간의 경험으로 들여다본 결과를 시인의 정서를 통해서 재구성해 놓은 것이다. 따라서 이 작품 속에 깔려 있는 깊은 의미에 도달하기 위해서는 우리의 일상적이고 단순한 관념을 뛰어넘는 상상력의 발동을 필요로 한다.

예컨대, 자연적 시간관으로 본다면 10월이란 (특히 농경사회에서) 성숙기나 결실기로 볼 수 있는 반면에 이제 곧 겨울이라는 휴면기이자 침묵의 계절로 접어드는 입구이기도 하다. 그래서 이 시기는 풍요로움을 누리는 동시에 잠시 노동으로부터 해방될 수 있는 기대를 갖게도 하지만, 한편으로는 생명체들이 성장을 멈추고 겨울이라는 혹독한 추위를 견뎌야 하는 시련기로 접어드는 두려움의 입구이기도 하다. 그리고 이러한 자연의 복합적인 시간관은 인생에도 그대로 적용할 수 있다. 즉 인생에서 청춘기를 벗어나는 장년기를 흔히 가을로 표현하기도 하듯이 이 시기는 젊은 시절에 열심히 노력한 대가로 결실을 이루는 인생의 황금기이자, 성숙한(또는 원숙한) 존재로서 삶의 의미를 어느 정도 이해할 수 있는 시점이기도 하다. 그런가 하면 한편으로는 정신없이 달려오던 길에서 잠시 여유를 가지며 삶을 음미할 수 있는가 하면, 떨어지는 낙엽을 보면서 삶의 허무를 느끼듯이 황혼기를 생각하지 않을 수 없는 시기이기도 하다. 이렇듯 자연적 시간이란 다만 기계적으로 흘러갈 뿐인데 그것을 경험적 시간관으로 인식하면 다양한 의미를 부여할 수 있다.

그렇다면 우리는 이 가운데 과연 어떤 의미가 본질이고 진실이라고 말할 수 있는가? 그것은 누구도 함부로 말하기 어렵다. 상황에 따라, 또 개인의 입장이나 관점에 따라 얼마든지 달라질 수 있기 때문이다. 이런 까닭에 우리는 어떤 세계의 본질에 이르기란 쉽지 않다. 특히 일상적 삶에 얽매어 살다보면 눈앞에 보이는 것에 급급하면서 좁은 생각의 틀에서 벗어나기가 무척 어려운 까닭에 그렇다. 그래서 세상은 무한히 열려 있는데, 유한하고 미련한 인간들은 그저 자기 편한 대로 쉽게 생각하고 판단하면서 그럭저럭 살기 마련이다. 그러나 꿈을 먹고 사는 인간인 이상 그런 안주하는/정체된 삶이 바람직한 방법은 아닐 것이다. 예술이, 문학이, 시가 존재할 가치와 당위성은 바로 여기에 있다. 일상적인 눈으로는 도달하기 어려운 세계의, 존재의, 삶의 본질이나 그 진실이 무엇인지 알고 싶어 애를 태우면서 항상 진실에 목말라 하는 사람들이 바로 예술인이기 때문이다.

이와 같은 여러 가지 의미들을 생각해 보면, 왜 시인이 해마다 돌아오는 지극히 일상적인 '10월'이라는 계절 앞에서 가슴 저린 의미들을 떠올리는지 조금은 이해할 수 있을 것이다. 그러면 이제 위의 시 속으로 좀 더 깊이 들어가서 시인이 표현하려고 한 궁극적 의미가 무엇인지 음미해 보기로 한다.

시적 자아는 무슨 이유 때문인지 무작정 집을 나선다. (흔히 가을이란 조락의 계절로서 인간에게 깊은 사색에 들게 하고 허무감을 느끼고 방황하게 한다는 점을 상기하면, 그 이유가 무엇인지 대충 짐작할 수는 있다.) 막 길모퉁이를 돌아서는데 한 줄기 서늘한 바람이 그의 어깨를 툭 치고 스쳐 지나간다. 서늘한 바람을 통하여 그는 가을을 느끼고 문득 눈물이 쏟아질 것 같은 감정에 젖는다. 그 순간 그는 애써 눈물을 감추려고 하늘을 바라본다.

그러나 눈물이 흘러내리지 않도록 하기 위해 하늘을 바라본다고 가슴 속으로 스며드는 애상마저 깨끗이 지워 버릴 수는 없는 법. '아무도 따라오지 않는 길을/ 혼자 조바심하면서 가고 있는데'라는 구절에서 알 수 있듯이 10월은 인간에게 '고독한 존재'라는 사실을 일깨워 비감에 젖게 하기 때문이다. 그리고 '칼춤을 추고 있는/ 10월의 바람'이라는 구절에 내포된 망나니의 이미지를 떠올리면 슬퍼지는 이유가 무엇인지도 짐작할 수 있다. 망나니가 한바탕 칼춤을 춘 다음에 죄수의 목을 치듯이 '10월의 바람'은 퇴색된 나뭇잎을 마침내 떨어뜨리고 앙상한 가지만 남겨 놓는다. 그리하여 초목들은 겨울 동안 가사(假死) 상태에 드는데, 이것을 상징적으로 읽자면 죽음에 이른 모습이 된다. 가볍게 어깨를 툭 치던 바람으로 생각되던 것이 '어느새 내 안에 들어와/ 칼춤을 추고 있는/ 10월의 바람 '이라고 느끼게 된 변화의 이면에는 그런 인식이 자리를 잡고 있다. 그래서 '10월의 바람'은 시적 자아로 하여금 슬픔에 젖게 하고, 고독감에 휩싸이게 하며, 때로는 위기의식을 갖게도 한다.

앙상한 나뭇가지 끝에서
먼저 뛰어내린 감 몇 개
서리서리 서리 내린 땅 위에서
새빨간 얼굴이 흠뻑 젖어 있네요

아청빛 하늘
마냥 드높아
앞산은 또 꽉 찬 가슴을 열어
먼 길을 보여 주고 있네요

하 외로워
더는 못 견디겠네
아슬아슬 매달려 있는
내 옆에 와서
그런 말 자꾸 하지 말아요

머리 위를 날아다니던 까치들 간 곳 없고
달빛 아래 뛰어 내릴

감잎 하나 없는데
황금 종소리를 이끌어 내던
바람만이 훠, 훠, 훠,
지나가고 있네요

—「상강(霜降)」 전문

칼춤을 추는 10월의 바람은 결국 '앙상한 나뭇가지 끝'에 간신히 매달려 있던 감을 기어코 땅바닥으로 떨어뜨리게 될 텐데, 차가운 서리에 '빨간 얼굴이 흠뻑 젖어' 있는 감을 보면서 시적 자아는 생명체로서의 인간 존재도 그런 자연의 이치에서 벗어날 수 없다는 생각을 하면서 위기의식을 갖는다. 땅바닥에 떨어진 붉은 감이 감나무 가지에서 추락한 것이듯이 모든 생명체는 반드시 종말에 이르고야 만다. 존재에 찾아오는 그 순간보다 더 외롭고 슬픈 것은 세상에 없을 것이다. 시적 자아의 위기의식('아슬아슬 매달려 있는')은 바로 거기서 비롯된다. 앞산이 가슴을 열고 먼 길을 보여준다는 대목에서도 그런 의식이 내포되어 있다. 그래서 그는 '그런 말 자꾸 하지 말아요'라고 하면서 누군가(절대자)에게 항변 아닌 항변을 해본다.

그러나 그는 곧 이어 자연의 이치를 거스를 수 없다고 생각을 바꾼다. 즉 '머리 위를 날아다니던 까치들 간 곳 없고', '감잎'도 다 떨어져 사라져 버리고 '황금 종소리를 이끌어내던/ 바람만이 훠, 훠, 훠 지나가고 있네요' 라고 하여 모든 것이 상실되었음을 나타내는 풍경만을 그려놓음으로써 자신의 항변이 무의미한 것임을 스스로 인정한다. 좀 더 구체적으로 말하면 인간의 능력 밖에 있는 자연의 섭리는 어쩔 수 없이 받아들여야 한다는 것을 암시한다. 그리하여 그는 허무한 인식과 위기의식에서 무심으로 태도를 바꿈으로써 다시 평상심으로 돌아가려 한다. 한바탕 흔들렸던 마음이지만 그 과정을 통하여 오히려 존재는 더욱 겸허해지고 삶에 대한 애착을 느낄 수도 있다.

그런데 이 시에서 우리는 '황금 종소리를 이끌어내던 바람'이 이제는 소멸을 재촉하는 바람으로 바뀌었다고 하는 대목에 유의할 필요가 있다. 이 구절에는, 똑같은 바람이지만 그것이 어느 계절에 어떤 형태로 부느냐에 따라 열매를 익게 하고 소멸하게도 한다는 이율배반, 그리고 황금빛의 열매로 성숙되는 것(절정에 이르는 것)이란 곧 존재가 하강국면으로 접어들고 있다는 의미와 상통한다는 아이러니가 깔려 있기 때문이다. 그러니까 인간 존재란 결국 고독하고 무상한 것이라고 할 수 있는데, 이러한 인식이 때때로 존재를 방황하게 만들거나 떠돎의 길로 내몰기도 한다.

3. 그리움, 또는 탐색의지

이렇듯 자연의 섭리를 통해서 존재의 속성을 안다는 것이 어느 때에는 자신을 더욱 외롭게 하고 방황하게도 한다. 그래서 아는 게 병이고 모르는 게 약이라는 말이 있는지도 모르지만, 시인은 비록 스스로 빠져린 고독감에 젖을지언정 상처받을 것이 두려워 세계의 이면에 도사리고 있는 진실에 등한한 채 편안히 잠자리에 들지 못한다. 그래서 그들은 언제나 남달리 예민한 촉각을 세우고 세상의 이모저모, 특히 어둠에 싸인 세계와 존재를 더듬어서 그 아픔을 언어로 바꾸어 놓는다. 그것이 한낱 시인의 직업의식에만 기인하는 것은 아닐 것이다. 어쩌면 그런 치열한 인식은 시인의 숙명인지도 모른다. 그래서 일찍이 시인 괴테는 "다른 인간들은 고뇌 속에서 침묵하지만 신은 내게 얼마나 괴로운지를 말할 힘을 주었거늘"이라고 하여 어둠에 가장 민감한 존재가 바로 시인임을 간파했던 것이다.

그러나 시인이 겪는 고뇌는 단순히 시인 개인의 것만은 아니라는 점을 알아야 한다. 그것은 우리들 삶에 부가된 본질적인 것이요, 피할 수 없는 것이기에 누구나 겪어야 할 것인 동시에 또 인간이기에 항상 어떤 형태로든 그 부피를 줄이고 조금이라도 안락해질 수 있는 길을 찾고 싶은 소망을 갖는다. 여기서 다시 우리가 시를 쓰고 읽는 이유가 스스로 밝혀진다. 시인이 아픔을 자초하면서 예민한 촉각을 세워 세상의 어둠 속을 들여다보고 꼬집어내려 하는 것은 아름다운 세상을 만들 수 있는 길을 찾고자 하는 열정을 이기지 못하기 때문이다. 다시 말하면 세상 이치를 생각하여 지혜를 얻고, 그 지혜를 통하여 자아를 밝히고, 나아가서 세상을 밝히고자 하는 시인으로서의 숙명을 어쩌지 못하기 때문이다.

그렇다면 자아를 밝히고 세상을 아름답게 색칠할 수 있는 지혜를 찾아가는 길은 무엇일까. 우리는 앞에서 이미 그 한 자락을 엿본 바 있는데, 그것은 일차적으로 세상을 통해서 자아를 발견하는 일이다. 즉 어깨를 스치고 지나가는 10월 바람이나 땅바닥에 떨어진 감(자연)을 통해서 존재의 본질을 생각하는 것, 또는 이국의 낯선 땅으로 살길을 찾아온 러시아 여인의 '두려움에 젖어 있는 푸른 눈동자'를 보면서 오히려 '편히 잠들 방 한 칸 없는 내 눈빛에서/ 깊은 연민을 느꼈을까?'(「동래역에서」)라고 반문하며 동류의식을 갖는 것, 그리고 '아래층에 사시던 할머니가 돌아가'시고 곤도라로 관이 내려지는 것을 보면서 '나는 자꾸 침이 마른다'(「곤도라」)고 하면서 할머니의 죽음을 남의 일같이 느끼지 않으며 긴장감을 감추지 못하는 모습 같은 구절들에서 그 점을 엿볼 수 있다.

이런 것들은 조금씩 의미가 다를 수도 있지만, 궁극적으로는 존재의 본질에 대한 인식을 통해서 촉발되는 외로움으로 통합될 수 있다. 그리고 이 외로움으로부터 벗어나는 길을 찾는 것이 바로 자아성찰의 다음 단계로 이어지게 되는데, 그것이 곧 가슴속을 짙게 물들이는 그리움의 정서이다. 그리움이란 결핍된 존재를 충만케 하려는 지향의식이요, 충족의 길을 찾는 탐색의 정신상황을 뜻하기도 한다. 그래서 그리움에는 항상 그 대상과의 만남을 위한 탐색의지, 즉 떠돎의 정서가 내재되어 있다.

마흔을 기다려
맨발로 달려 간 땅끝
몸을 허락한 적도 없는데
내 그림자로 스며든
낙엽 하나
일기장에 꼭 끼워 둔 채
절절 끓는 여름을
몇 번 보내고
어느 가을 날
무심코 펼쳐 든 순간
우수수 쏟아져 내리는
그리움의
피
피
피

—「단풍」 전문

마흔이라는 나이를 두고 불혹이라 하듯이 인생 역정에서 40대는 청춘기의 방황과 시련을 거쳐 성숙기에 도달한 나이로서 이제 유혹에 이끌리지 않을 때쯤 되었음을 뜻한다. 물론 이것은 그렇게 되어야 할 당위성을 말하는 것일 뿐 일상인으로서는 실제로 그 경지에 이르기란 거의 불가능하다. 생의 어느 시기나 그렇듯이 마흔이 되면 또 그 나이에 따른 새로운 열망의 싹이 돋기 때문이다. 따라서 불혹이란 온갖 유혹에 빠져들어 허우적거리기 일쑤인 인간들에게 이제는 좀 흔들리지 말고 고요한 마음으로 돌아가라고 가르치는 일종의 경고의 의미를 띤다고 할 수 있다.

시적 자아가 마흔을 기다렸다고 하는 것을 보면 적어도 그 나이쯤 되어야 바쁘고 번거로운 일상으로부터 이제 좀 여유가 생기고 자유로워질 수 있다는 것 같기도 하고, 또 '맨발로 달려 간 땅끝'이라고 하는 구절에 의하면 그 때가 되기를 무척 갈망하며 기다렸을 뿐만 아니라 그동안 세속적인 것을 훌훌 떨쳐 버리고 싶은 생각이 간절했던 것 같기도 하다. 이러한 정황으로 볼 때 우리는 그가 세속적인 것을 일탈하여 자기 정체성을 찾아 거듭 나고 싶어 하는 열망이 얼마나 컸던가를 알 수 있다.

그런데 시적 자아가 그토록 오랜 기다림 끝에 찾아간 '땅끝'이건만 거기서 만나는 것은 겨우 '내 그림자로 스며드는/ 낙엽 하나'일 뿐이라고 한다. 이를테면 그의 여정을 통해서 경험한 것은 낙엽처럼 퇴색되어 가는 자아를 발견하고 확인하는 일에 지나지 않았던 것이다. 이것은 참으로 서글픈 일이지만, 그러나 그것이 또한 받아들여야 할 현실이기에 그는 그것을 일기장에 꼭 끼워 둔 채(추억 속에 묻어둔 채) 다시 일상으로 돌아간다. 그리고 다시 얼마간의 시간이 흐른 '어느 가을 날/ 무심코 펼쳐 든 순간/ 우수수 쏟아져 내리는/ 그리움의/ 피'를 본다. 그러니까 세월이 더 지나고 보니 이제 그것마저도 부서져서 피같이 절실하고 진한 그리움의 대상이 되었다는 것이다. 불혹을 지나고 나이를 한 살 한 살 더 먹는다는 것은 한 잎 낙엽이 되어 존재의 가지 끝에서 떨어질 순간으로 점점 가까워진다는 것이니 결국 자꾸 그리움의 농도만 짙어지게 할 뿐이라는 것이다. 지금 시적 자아는 바로 이런 것이 인생임을 뼈저리게 느끼고 있다. 그것이 얼마나 아프고 간절한 것인가 하면,

> 정전된 방앗간에서
> 손으로 기계를 돌려보다 말고
> 자꾸만 손바닥을 들여다보는 것은,
> 돌아가지 않는 피댓줄처럼
> 빡빡한 가슴을

무엇으로 달래야 하는지
갑자기 막막해져서가 아니라
실핏줄이 비치는 손바닥이
자꾸만 아려왔기 때문입니다.

고추를 빻다 말고
앞이 자꾸 흐려지는 것은,
괜한 그리움 때문이 아니라
먼지처럼 부서지는 햇고추가
유난히 매웠기 때문입니다.

—「고추를 빻다가」 전문

라고 표현한 시적 아이러니를 통해서 알 수 있다. 이 시에 깔려 있는 아이러니의 의미를 해명하면 이렇다.

시적 자아는 햇고추를 빻기 위해 방앗간에 간다. 마침 정전이 되어 맨손으로 기계를 돌려보려고 피댓줄을 당겨본다. 기계가 잘 돌아갈 리 없으니 손바닥만 아려온다. 그때 문득 '돌아가지 않는 피댓줄처럼/ 빡빡한 가슴'을 느낀다. 그리고 다시 전기가 들어오고 햇고추를 빻으면서 눈물로 앞이 자꾸 흐려진다. 그는 그것을 굳이 고추가 매워서 그럴 뿐이라고 강조한다. 그러나 우리는 그것이 단순히 매운 고추 때문만은 아님을 쉽게 알아차릴 수 있다. '돌아가지 않는 피댓줄처럼/ 빡빡한 가슴'에 대한 인식이 그것을 뒷받침한다. 여기서 빻아져 가루가 되는 고추는 앞서 보았던 부서지는 낙엽과 같은 이미지를 지닌다. 즉 소멸의 순간을 환기한다. 말하자면 부서지는 고추는 존재가 다다를 어느 먼 훗날의 모습이며, 그것이 어떤 그리움을 불러들이고 그 그리움으로 하여 자기도 모르게 그만 눈시울을 적시고 말았던 것이다. 그럼에도 불구하고 그는 눈물로 앞이 흐려지는 것을 '괜한 그리움 때문이 아니라/ 먼지처럼 부서지는 햇고추가 유난히 매웠기 때문'이라고 둘러대면서 굳이 그것을 부정하려 든다. 이렇듯 그가 그리움을 부질없는(괜한) 것이라고 치부해 버리려고 하거나, 아니면 그리움 자체를 인정하지 않으려 하는 것은 사실 그리움에 짓눌려 힘든 자아를 견디기 어렵기 때문일 것이다. 그러므로 애써 매운 고추 때문에 눈물을 흘린다고 강변하는 그 이면에는 도리어 간절한 그리움을 이길 수 없다는 의미로서의 아이러니가 깔려 있다. 이러한 시적 자아의 인식은,

백미러를 들여다보면
언제나 눈물이 나

이제
먼 곳 바라보던 흐린 눈 거두고
잠시 샛길로 빠져 보고 싶다.

산 그림자 슬금슬금 내려와
성근 내 속눈썹을 적시고
길 가 농가의 밥 짓는 연기
아스팔트 도로 위에 길게 누울 때면,
새파랗게 돋아나는 내 그리움의 싹들을
가속기 힘껏 밟아 지우곤 했었는데

오늘은
나를 불안하게 만들던
앞차의 빨간 경고등 불빛을 피해
언젠가 한 번은 다가와 줄
당신을 기다리며

'갓길통행금지'
커다랗게 써 놓은

하얀 글자 위로
가만가만 들어 서 볼래.

—「갓길로 가다」 전문

라는 시에서 잘 드러난다. 이 시는 지나온 길에 대한 성찰과 갈등하는 존재의 모습을 실감나게 보여준다.

시적 자아는 뒤를 돌아보면('백미러를 들여다보면') 언제나 눈물이 난다고 한다. 눈물이 난다는 것은, 세상에 던져진 존재라면 누구나 힘겨운 삶을 영위하듯이 그런 삶의 길을 상찰한 결과일 수 있으며, 또 스스로 힘겨운 삶을 잘 견뎌온 대견함에 대한 감회일 수도 있다.

그러나 인생이란 마냥 뒤만 돌아보며 애상에 잠겨 있을 만큼 한가하지 않은 까닭에 곧 이어 그는 새로운 상념에 젖는다. 즉 2연에서 '먼 곳'을 바라보던 흐린 눈을 거두고 '샛길로 빠져 보고 싶다'고 하는 구절이 바로 그것이다. 고속도로에서 샛길이 일상적인 길이 아니라는 점에서 '샛길로 빠져보고 싶다'는 것은 일상으로부터 일탈하고 싶은 꿈과 관련될 수 있으며, 또한 샛길로 나가 휴식을 취하거나 자동차를 점검할 수도 있다는 점에서는 빠른 속도로 달리던 길에서 잠시 벗어나서 쉬거나 자신을 되돌아보는 시간을 갖고 싶다는 의미로도 해석될 수 있다. 그렇다면 시적 자아가 왜 그런 꿈에 젖을까? 고속도로라는 것이 그저 남들이 가는 대로 따라가야만 하는 길이라는 점에 의하면 단조로운 일상 때문일 수도 있고, 속도를 내며 달려야 하는 고속도로의 속성으로 보면 정신없이 바쁘게 살아가야 하는 일상 때문일 수도 있다. 어떻든 일상에서 잠시 벗어나고 싶은 소망을 갖는다는 점에서는 동일한 의미를 갖는다.

물론 그것이 사실 쉬운 일은 아니다. 현대를 속도의 시대, 또는 무한 경쟁의 시대라고 하듯이 우리네 삶이 그토록 한가하지 않기 때문이다. 그래서 그럴까. 시적 자아는 곧 그 소망을 수정해 버린다. 이것은 3연에서 어두워질 무렵이 되면 '새파랗게 돋아나는 내 그리움의 싹들을/ 가속기 힘껏 밟아 지우곤 했었'다고 하는 구절을 통해서 알 수 있다. 세상에 어둠(부정적인 세계)이 내리는 순간마다 그 어둠으로부터 벗어나고 싶은 소망으로서의 새파란 그리움이 돋아나지만, 언제나 일상으로부터 완전히 벗어날 수 없는 것이 인간이기에 시적 자아는 그리움의 대상을 찾아 떠나는 모험보다는 오히려 용수철처럼 자꾸 튀어 오르는 그리움을 억누르지 않을 수 없다고 한다. 그래서 그는 일종의 이열치열의 방식으로서 그럴수록 더욱 바쁜 일상 속으로 빠져들어 그리움의 싹들을 지우곤 했다고 한다.

그럼에도 불구하고 우리는 그것도 여전히 한계가 있음을 안다. 우리가 사는 세계 어디에도 완전한 낙원은 없고, 그러기에 어둠도 항상 가시지 않을 것이 확실하므로 그리움의 뿌리를 완전히 잘라내는 것은 근본적으로 불가능하다. 그런 까닭에 바쁜 일상 속으로 몰입하는 것은 온전한 처방이 되지 못한다. 마치 고속도로에서 속도를 높일수록 위험 부담률이 높아져서 불안감이 자꾸 커지는 것처럼, 그리움의 싹을 잘라내기 위해 일상 속으로 더욱 깊이 빠져드는 것도 결국엔 마음에 불안감만 키우는 일이 될 뿐이므로 언제 터질지 모를 위험만 키우는 꼴이 된다. 시적 자아가 앞차의 브레이크등의 불빛을 경고등 불빛으로 받아들이는 것은 그러한 불안감에 기인한다. 그리하여 그는 짐짓 일상 속으로 몰입하여 그리움을 잊어버리려고 하기보다는 차라리 '언젠가 한번은 다가와 줄/ 당신을 기다리며 다시 '샛길'로 빠지는 모험을 감행하려는 꿈에 젖는다.

그렇다면 시적 자아가 그리워하는 궁극적 대상으로서의 '당신'은 누구일까? 이 시에서는 그 정체가 구체적으로 명시되지 않았지만, 생각하기에 따라서는 다양하게 짐작할 수 있다. 즉 지금까지의 시적 여정을 근거로 한다면 시적 자아를 외로움에 빠지게 하는 것을 치유해줄 수 있는 어떤 것이 된다. 예컨대, 유한한 존재라는 인식이 그에게 외로움을 부가하였고,

이로부터 그것을 해소할 수 있는 길에 대한 탐색과 지향의지로서 짙은 그리움이 촉발되었다면, '당신'은 그의 외로움을 해소해 줄 수 있는 절대자, 이상향, 영원한 존재, 자기 정체성 등등으로 일단 유추해볼 수 있다. 김영란은 과연 이런 것 중에 무엇이 유한한 존재를 구원해 줄 있다고 믿을까? 즉 떠돎의 존재인 인간이 도달해야 할 궁극적 정착지인 '머묾'의 경지(이상향)는 어떤 것이라고 생각하고 있을까?

4. 완전한 존재에 대한 갈망

앞서 보았듯, 김영란 시에서 시적 자아의 시간에 대한 인식은 유한한 존재로서의 자아에 대한 위기의식을 갖게 하였고, 이것이 그에게 떠돎의 정서를 환기하게 하였다. 슬픔, 외로움, 그리움 등이 바로 그것들이다. 그리고 그리움의 끝에 '당신'이라는 어떤 존재가 떠오름을 보았는데, 시인은 그 '당신'이 불완전한 자아를 구원할 수 있는 능력을 지닌 것으로 믿는다. 다음 시는 그런 판단의 단초를 제공한다.

바람의 허리에 매달려 와서
밤마다 소용돌이치며 나를 깨우는
내 어머니의 어머니 적부터
굽이굽이 흐르는 강이 있다

오늘밤 온몸을 타고 흐르는 냉기가
머리카락 올올이 일으켜 세워
나에게 집을 나서게 한다

푸른 바람 서늘한 저 들판에 이르니

나무들은 나무들끼리 서로 키를 재고
풀들은 풀들끼리 서로 몸을 비비며
어두운 밤하늘을 받들고 있는데

더욱 낮게낮게 흐르는
내 안의 강
물결에 부딪쳐 늑골 마디마디에서
울음소리를 낸다

저 황량한 들판을 지키며 언제나
나무와 풀들에게 젖을 물려
거룩한 하늘 받들게 하고
소리 없이 바다에 이르는
큰 강의 흐름처럼

어느 날에야 내게도
침묵으로 말할 수 있는 날이 올는지
이제는 눈 지그시 감고
저 물줄기를 따라 가 본다

—「내 안의 강」 전문

이 시는 떠돎의 진정한 이유와 더불어 '당신'의 정체가 무엇인지 짐작할 수 있는 내적 의미를 비교적 구체적으로 담고 있다. 즉 밤과 냉기가 자아에게 떠돎의 정서를 유발하여 강처럼 끊임없는 흐름(정진)에 들게 한다면, 나무와 풀은 머묾의 순간에 들게 하는 매개체이며, 하늘과 바다는 자아가 지향하고자 하는 이상향이 된다. 그러니까 밤과 냉기의 반대편에 바다와 하늘이 놓이고, 시적 자아는 그 곳에 다다르기 위한 소망에서 강처럼 끝없는 흐름에 들기를 소망한다. 이 도식을 시의 흐름을 통해서 좀 더 구체화해보면 이렇다.

시적 자아는 존재의 내면에 '굽이굽이 흐르는 강'과 같은 속성이 들어 있음을 느낀다. 특히, 그 속성은 자아가 밤이라는 어두운 상황에 들어 '온몸을 타고 흐르는 냉기'를 인식할 때 더욱 강하게 살아난다. 그리고 그것은 자아로 하여금 '집'이라는 일상적, 세속적 세계로부터 바다(진리)와 하늘(이상향)에 이를 수 있게 하는 원동력으로 작용한다.

물론, 이러한 과정은 결코 단순하지 않다. 시의 전개를 따라가면 그것은 몇 가지 단계로 구분된다. 첫째는 집(일상적 세계)을 나설 수 있는 용기가 필요하며, 둘째는 강이 흐르고 흘러 기어이 바다에 이르듯이 끊임없이 정진할 수 있는 끈기가 있어야 한다. 셋째는 강이 벌판으로 흘러가면서 나무와 풀들에게 생명수(젖)를 제공하여 그것들로 하여금 공동체를 이루며 '어두운 하늘'을 받들게 하는 것처럼 나눔의 정신과 자기희생이 따라야 한다. 그래서 시적 자아는 나무와 풀들의 그런 모습에 자극되어 더욱 강한 의지를 가다듬기도 한다. 넷째는 그것은 마치 '소리 없이 바다에 이르는/ 큰 강의 흐름처럼' 웅변(세속적, 유한한 언어의 세계)으로 이루어지는 것이 아니라 '침묵으로 말할 수 있는' 절대적 경지에 이르러야 한다.

시적 자아는 지금 그런 강과 같은 존재로 거듭나기를 염원하고 있지만, 사실 그게 그리 쉬운 일이 아니라는 것을 인식하기도 한다. '어느 날에야 내게도/ 침묵으로 말할 수 있는 날이 올는지'라고 반문하는 대목에 그런 회의가 깔려 있다. 그렇지만 그렇다고 일상 속에 매몰된 채 외로움과 그리움과 불안감에 젖어 있는 삶을 지속할 수도 없다. 앞에서 보았듯 그것은 참된 삶의 길이 아니기 때문이다. 그래서 그는 숱한 떠돎의 길의 끝자락에서 '이제는 눈 지그시 감고/ 저 물줄기를 따라 가 본다'고 한다. 다시 말해서 강과 같은 삶을 내면화함으로써 새로운 길로 접어들 수 있는 계기를 마련하려고 한다.

어디면 어때
잠시 머물렀다 갈 뿐인데

나는 지금 포근해
물먹은 솜이 되어
바지랑 꼭대기에
달려 있어도

누가 꿈이라도 꾸었겠어?
한랭 적응력이 뛰어난 몽골리안 후손들
체감온도 영하 37.6도
오늘 같은 날 더욱 똘망해지는
내 눈동자에 초점을 맞추려
눈발을 헤치고 밤새워 달려온다는 걸

내가 바다를 주름 잡았다고
큰소리치는 게 아니야
가끔 누군가 날려 버린 문자 때문에
심한 이명에 시달리는
밤이 또 오지만

하늘 한 움큼 입에 물고
내 몸은 지금
한없이 가벼워지고 있어

—「황태」 전문

강과 같은 존재로 거듭나기를 염원한 까닭일까? 이 시에 의하면 무척 달라진 시적 자아의 모습을 볼 수 있다. 여기에는 슬픔도 외로움도 그리움도 거의 다 가시고 없다. 오직 여유 있는 마음과 분명한 목표 지향적 의지만이 또렷하다. 그것은 아무래도 존재를 '잠시 머물렀다 갈 뿐'이라는, 즉 유한성이 존재의 본질이라는 사실을 인정한 결과이다. 어차피 유한한 존재라는 것을 인정하게 되면 '어디면 어때', 또는 '물먹은 솜이 되어/ 바지랑 꺽대기에/ 달려 있어도' '나는 지금 포근해'라고 하는 것과 같은 자족적인 마음의 상태에 이를 수가 있다. 이는 앞에서 본 바 존재의 가지 끝에 아슬아슬 매달려 있다는 위기의식을 갖는 모습과는 사뭇 다르다. 이러한 변화는 사실 현실 자체가 변했다기보다는 인식의 변화에 기인한다. 인식의 변화가 존재인식에 이토록 큰 차이를 가져오게 한다.

이런 인식의 변화에서 시인은 더욱 가볍고 즐거운 마음을 갖는다. 그리하여 이제는 차가운 겨울 눈 속에서 날마다 얼었다 녹았다 하는 것(삶이란 늘 행복과 불행이 교차함을 암시함)을 거듭하며 황태처럼 변하는 것이 두렵지 않을 뿐만 아니라, 오히려 자신을 누군가에게 희생물로 바치는 것을 의외의 행운으로 생각하기까지 한다. 그는 세속적인 것(5연)에도 개의치 않고 오직 하늘에 이르는 길만을 소망하면서('하늘 한 움큼 입에 물고') 그 순간에 도달하기 위해 한없이 가벼워지려고 한다. 즉 무거운 욕망을 버리려고 한다. 여기에 이르면 우리는 그야말로 세상만사 마음먹기에 달려 있다는 말을 참으로 실감한다.

단 한 번도 절정에 이르지 못하면서
폭설 속으로 다시 얼굴을 내미는
저 오기

하늘 길
오르려다 말고
뉘우칠 일
하도 많아

위태로운
가지 끝에 매달려
잉 잉 잉
울어본다

칼바람 불어올 땐
빨간 스카프로 얼굴을 가리고
새벽 종소리에
귀를 기울인다

—「동백」 전문

이 시는 김영란의 세계인식을 가장 선명하게 보여주는 매우 단아한 작품이다. 간결한 4연 속에는 시적 자아가 추구해온 세계가 집약되어 있다. 이를테면 삶이란 목표 지향적이기보다는 과정 지향적이라는 것, 따라서 끝없는 정진만이 가장 중요한 삶의 방식이라는 것(1연), 하늘에 오르기 위해서는 많은 반성이 따라야 한다는 것(2연), 그러므로 인간이란 허물투성이로서 늘 '위태로운 가지 끝에 매달려' 잉잉 울지 않을 수 없는 존재(3연)이며(여기서 울음은 뉘우칠 일이 너무나 많은 유한한 존재이기에 세상에서 추락해 버릴 것 같은 무서움 때문이며, 또한 위태로운 가지 끝에서 내려오는 길로서 자기 정화를 겪는 것이기도 함), 그리고 그러한 끝없는 뉘우침의 길 위에 존재한다면 어떤 시련(칼바람)이 닥쳐오더라도 하늘에 오르는 길을 포기하지 않는 열정 하나로 극복할 수 있으며('빨간 스카프로 얼굴을 가리고'), 오직 '새벽 종소리(새로운 구원의 소리)에 귀를 기울' 일 수 있게 된다. 즉 결코 희망을 포기하지 않는 삶을 살 수 있다는 것(4연) 등등이 바로 그것이다. 이렇듯 이 작품에는 그야말로 인간 존재라는 것이 무엇이며, 어떻게 사는 것이 참된 길인가 하는 것이 절절히 담겨 있다.

인간 존재란 무척이나 복잡하고도 미묘한 것이기에 어떤 관점으로 들여다보느냐에 따라서 얼마든지 달라질 수 있지만, 지금까지 따라오면서 본 김영란의 시적 여정 속에서 드러나는 존재인식은 매우 독특하면서도 실감을 자아낼 만큼 보편적 진리로 다가온다. 즉 유한한 인간이라는 존재인식에서 위기의식을 느끼고, 그로부터 벗어나는 길이 '잠시 머물렀다 가는 존재'라는 점을 인식하는 데 있음을 깨닫게 되면서 욕망과 집착으로부터 어느 정도 벗어나서 마음의 여유와 자유를 찾고 있는 점이 바로 그것이다. 여기서부터 그의 존재인식은 극적으로 반전하여 개인보다는 공동체 의식, 세속적 삶의 추구보다는 진리와 절대의 세계에 이르는 길을 소망하는 것, 그리고 희망을 잃지 않고 그것을 위해 끝없이 반성하면서 정진하는 일이 무엇보다 소중하다는 것을 깊이 인식한다.

대체로 일상적 삶에 연연할 수밖에 없는 것이 인지상정이라는 점을 감안할 때, 김영란의 시세계를 관통하는 존재인식이 실현되기 위해서는 많은 自省과 용기와 노력을 필요로 한다. 그러나 또한 늘 새로운 존재, 더 나은 세계로 나아가는 꿈을 저버릴 수 없는 것이 인간으로서 마땅히 지녀야 할 덕목이라는 점에서 우리는 누구든 그 길을 망각하거나 포기할 수도 없다. 특히, 오늘날과 같이 사람들의 관심이 물질적 가치에만 급급하여 한없이 속되고 혼란한 시대에 먼저 자아의 어둠을 밝히고, 그 빛을 통해서 세계의 어둠을 밝히려 하는 자세는 아무리 강조해도 지나치지 않는다. 사회라는 것도 결국 나로부터 출발한다는 점에서 우리가 희구하는 아름다운 사회 역시 아름다운 개인들의 집합체가 될 때 가장 확실하고도 빠르게 이루어질 수 있기 때문이다. 그의 시가 번거로운 일상사에 매몰되어 짙은 어둠 속에서 방황하는 현대인들에게 한 줄기 희망의 빛을 던져주고 마음을 밝히게 하는 까닭은 바로 이러한 정당한 과정에 대한 깊은 인식을 시로 빚어내고 있기 때문이다.

권경애시론
—아름다운 구속, 또는 역설의 시학

1. 존재론적 갈등

권경애의 시를 읽다가 문득 몇 해 전에 어떤 글을 읽다가 '아, 그렇구나!' 하며 작은 탄식을 내질렀던 기억이 떠올랐다. 그 저자의 말에 따르면, 이 세계는 모두 '감옥'으로 되어 있다. 곰곰이 생각해보면 정말로 세상에 무엇 하나 존재를 구속하지 않는 것이 없다. 크게는 시간과 공간이라는 자연의 이법에서 항상 자유롭지 못하고, 또 국가와 사회의 법률과 윤리와 도덕과 관습이 우리를 구속하며, 작게는 하다못해 자기 습관으로부터도 온전히 벗어나지 못하는 것이 인간의 한계가 아닌가. 그래서 우리는 평생 그때그때마다 늘 창살 없는 감옥에 갇혀서 사는 것이나 다름없다.

어디 일상생활뿐인가. 한 편의 시를 쓰더라도 언어와 시의 樣式이 시인을 가두는 감옥이며, 또 시로 표현해야 할 온갖 기법들과 이미 세상에 유통되는 작품들이 시인을 구속한다. 이 때문에 시인이라면 모름지기 시의 기법에 대한 이해는 물론이고, 바슐라르가 시를 위해 사는 사람은 "大小 시인, 유명한 시인, 잘 알려지지 않은 시인, 사랑받는 시인, 매혹하는 시인" 등등의 모든 시를 읽어야 한다고 겁을 주었듯이 수많은 시인과 작품에 대한 인식과 지적 경험을 쌓는 일에 등한할 수 없다. 말하자면 시에 관련된 각종 관습에 스스로 얽매이려는 노력을 기울여야 한다.

그런데 우리는 또한 그 관습이 얼마나 우리를 고통스럽게 하는가도 익히 알고 있다. 남들과 하나도 다를 바가 없다면 그것은 이미 시로서의 가치를 상실하고 만다. 예술작품의 생명인 새로움(개성)이 없어 감동을 주지 못하는 식상한 것이 되고 말아 곧 독자들의 기억에서 사라져 버리기 때문이다. 그러니 예술가/시인이란 늘 새로운 세계를 향한 모험심과 실험의식을 지녀야 한다는 강박관념에 시달리며 끊임없이 전통적 관습이라는 감옥에서 벗어나 자유로워지려는 의지와 노력을 단념할 수가 없다.

인간이란 근본적으로 모순적인 존재이다. 시인이 시적 관습을 따라야 하면서도 한편으로는 자기 개성을 찾기 위해 애쓰는 이율배반적 입장에 서듯이, 인간은 언제나 크든 작든, 유형적이든 무형적이든 문명과 문화와 관습을 따르는 반면에, 또 본능적으로 항상 그런 것들로부터 자유로워지고 싶은 소망(꿈)을 갖기도 한다. 이러한 모순 속에 사는 것이 존재인 까닭에 누구든 때때로 과연 어떤 모습이 진정한 것인지 짙은 회의와 의문 속에 빠지지 않을 수 없는데, 특히 누구보다도 민감한 감수성을 지닌 시인으로서는 더 말할 나위도 없다.

시집 서문에서 시인은 "무시로 떠나려 하는 마음"과 그 마음을 "붙잡아 놓느라 몸이 고달팠다"고 하면서 "그 마음과 몸을 다독이다가 시와의 연애를 시작하였다"고 한다. 이에 의하면 그의 시의식에는 존재를 구속하는 현실/감옥으로부터 일탈하려는 꿈(마음)과 또 어쩔 수 없이 그 꿈을 억눌러야 하는 현실적 제약(몸) 사이에서 고뇌하는 존재론적 갈등이 핵심인자로 작용하고 있다. 여기서 우리는 권경애가 주로 마음과 몸, 즉 이상과 현실 사이에서 겪는 존재론적 갈등을 시적 주제로 삼는 이유와 함께 그것은 결국 존재의 근원적 물음이요, 누구나 풀고 싶어 하는 숙제라는 사실을 알게 된다.

이런 점이 권경애의 시의식의 지향점이자 시세계의 핵심을 이룬다고 한다면, 그 심연을 들여다보기 위해서 우리는 두 개의 창을 가져야 한다. 즉 내용과 형상화 기법(형식)이 바로 그것이다. 내용이 주로 인간의 보편적 인식과 결부된다면, 형식은 개성과 관련을 맺는다. 일상인들의 어법과 어조도 나름대로 색깔이 있듯이 시인들도 자기의 시적 문법을 갖기 마련인데, 잠시 그 문제부터 짚어보기로 한다.

1
소나기 한 차례 지나간
골목길 군데군데
물웅덩이, 바퀴자국, 발자국들이
어지럽다.

그런데 어떤 곳에는
흔적 하나 남지 않은 곳도 있다.
비를 맞은 듯 맞지 않은 듯
누구에게 밟히지도 않은 듯
말짱하다.

아무 것도 담아두지 않고
모두 떠나보냈는가 보다.

2
너를
온전히 머무르게도
보내지도 못한 채
질척거리는 시간만 간다.

콩나물이
제 욕심껏 물을 가두었다면
벌써 썩고 말았겠지.

소나기처럼 쏟아져 내리는 물
순순히 흘려보낸 콩나물처럼
언젠가 훌쩍 자랄 수 있을까?
네가 내 속에서
영영 살 수 있을까?
지금 모두 놓아 버린다면,

—「소나기 지나간 뒤」 전문

시집의 첫 머리를 장식한 이 작품은 권경애의 시편들이 지닌 특장점을 잘 보여준다. 우선, 시의 구성형식으로서 이른바 '전경후정(前景後情)'이라는 전통적 작시법을 원용한 점을 들 수 있다. 이는 시를 지을 때 먼저 풍경이나 사물의 모습을 표현한 다음에 그에 견줄 수 있는 인정에 대한 문제를 다루는 방법을 뜻한다. 이것은 세계를 통해서 나, 또는 우리[超自我]를 발견하고 인식하는 방법 중의 하나이다. 거꾸로 말하면 시인의 인식을 세계/사물에 투사하여 표현하는 방법일 수도 있다. 즉 시인의 정서를 날것으로 직접 제시하지 않고 그에 상응하는 객관적 세계나 사물에 빗대어 우회적으로 표현하여 주관적 넋두리나 억지를 벗어나서 독자들에게 보편적 정감을 불러일으킴으로써 미적 효과와 정서적 감동/설득력을 극대화하기 위한 한 수단이다.

이런 관점에서 이 시의 구도를 구체적으로 살펴보면 이렇다. 전체가 두 단계로 나뉘어져 있다. 1이 소나기와 골목길에 관련된 자연현상의 한 모습이라면, 2는 시인의 정서와 삶의 인식이 개입된 개인적 내용이다. 그리고 다시 2에서도 물과 콩나물의 관계가 자연현상에 관련된다면, 그것을 통해서 너와 나의 관계를 가늠하는 것은 개인적 인식에 해당한다. 이렇게 보면 이 작품은 중첩구조로 되어 있다. 즉 외부 공간에서 내부 공간으로, 내부 공간에서 다시 심리적 공간으로 점차 시점이 바뀌면서 존재/삶의 어떤 속성이 서서히 부각되도록 하였다. 따라서 이 작품은 원근법을 고려한 치밀한 구도가 돋보이는 작품이라 하겠다.

둘째는 자연의 이치를 통해서 존재/삶의 속내를 유추하려 한다는 점을 들 수 있다. 즉 소나기가 내릴 때 '아무 것도 담아두지 않고/ 모두 떠나보' 낸 골목길은 어지럽지 않고 '말짱하다'는 사실과 '소나기처럼 쏟아져 내리는 물'을 '순순히 흘려보낸 콩나물'이 썩지 않고 제 존재를 완성할 수 있다는 점을 헤아려 보고, 그 연장선상에서 인간관계도 어떤 욕심과 집착에서 벗어날 때 오히려 좋은 결과를 얻을 수 있다는 역설적 관념에 이른다. 다시 말하면 시인은 인간의 욕망이나 집착에 대한 비판적 인식을 그에 대조되는 소나기와 골목길, 물과 콩나물의 관계에서 드러나는 무심의 경지를 통해서 표현하려고 했던 것이다.

셋째는 그럼에도 불구하고 한편으로 시인은 이상과 현실의 차이, 즉 인간의 소망이 현실에서 그대로 실현되기 어렵다는 점을 인식하기도 한다. 특히 인간관계란 상대적인 것으로서 매우 미묘한 속성이 있어 어느 한 사람의 태도에 따라 소기의 목표가 결정되기가 어렵다는 점을 암시한다. 그것은 문장을 '—까?'라고 맺는 의문형 종지법에 잘 드러난다. 이러한 말 맺음 형식에 드러나는 심리적 태도에는 일말의 회의가 내포되어 있음을 고려할 때, 시인은 인간사의 불확실성에 대해 깊은 관심을 갖고 있다. 이와 같은 어조 역시 권경애 시에서 자주 만날 수 있다. 이는 결국 시인이 존재란 복합적이요, 모순적이어서 그 정체를 분명히 알기 어렵다는 인식을 갖고 있음을 암시하는 시적 장치라 할 수 있다.

이 밖에도 전체 작품을 개관하면 권경애가 즐겨 사용하는 시법들이 다양하게 드러난다. 가령, 「대부도 가는 길 · 3」이나 「비둘기」 등에 보이는 시치미 떼기의 형식(우회적 표현)이라든지, 예술적 본질의 두 날개 가운데 무거운 사유(내용)보다는 발랄한 상상력을 통해서 시적 재미를 추구하려는 시의식(형식) 등도 빼놓을 수 없는 특징으로 꼽힌다. 이런 요소들이 대체로 그의 시세계를 떠받치는 가장 중요한 기둥이 되는 것으로 판단된다. 물론, 이러한 그의 시법들이 새로운 것은 아니지만, 그것이 그의 세계인식과 융합되어 작품으로 형상화되는 과정에서 다양하게 변용됨으로써 결국 낯설게 하기를 통해 자기 빛깔을 얻게 된다.

2. 자아성찰과 초월의지

앞서 나는 권경애의 시세계를 관통하는 핵심의미를 존재론적 갈등이라 지적한 바 있는데, 이것은 그의 작품에 자아 성찰에 관한 유형들이 상당히 많다는 점에서도 단적으로 확인된다. 갈등 인식은 예민한 자아의식/감수성을 통한 세계와 자아 성찰이 전제되어야 하기 때문이다. 자아의식이 아주 빈약하거나 감수성이 무딘 사람에게는 갈등도 거의 촉발되지 않는다는 점이 그것을 뒷받침한다. 그러니까 같은 문제를 놓고도 강한 자아의식과 예민한 감수성을 지닌 사람일수록 훨씬 더 심각하게 느끼고 번민하며 갈등을 겪게 마련이다.

펄펄
아침부터 눈발이 흩날린다
갑갑해요, 갑갑해
나는 그에게 편지를 쓴다
내 몸은 좁은 집에 갇혀 있고
내 마음은 더 좁은

내 몸에 갇혀 있다
눈발처럼 흩날리고 싶어요
땅바닥에 떨어져 이내
흔적 없이 사라진다 해도
한 번, 단 한 번만이라도
날아가고 싶어요 펄펄
종일토록 눈발은 흩날리는데
나는 그에게 긴긴 편지를 쓰고
갇힌 마음은 몸을 부수고
뛰쳐나오려는지
내 온 몸이 아프다

—「싹」 전문

이 작품은 존재론적 갈등의 특성을 종합적으로 보여준다. 즉 육체적(일상적) 눈으로는 눈발을 바라보면서 정신적(비일상적) 눈은 자기 내면을 응시(성찰)하는 것, 그 결과로서 집에 갇힌 몸과 또 그 몸에 갇혀서 갑갑한 마음이라는 존재인식, 그 갑갑함을 견딜 수 없어 어디론가 날아가고 싶은 비상의지, 그리하여 새로 돋는 싹처럼 다시 출발하고 싶은 존재론적 재생(전환)에 대한 소망을 갖는 것 등 이른바 자아 성찰의 과정과 그 결과가 적나라하게 드러난다.

이처럼 시인이란 존재는 평범한 일상인과는 다른 점이 많다. 일상인이라면, 낭만적인 경우 눈 오는 상황을 보면서 잠시 즐거웠던 옛 추억에 잠기거나 눈에 관련된 놀이를 하면 좋겠다고 생각할 것이고, 현실적인 경우 먼저 출근 걱정을 하는 것과 같이 대개 생업에 관련된 문제를 생각하기에 바쁠 것이다. 그런데 시인은 펄펄 흩날리는 눈발을 바라보다가 이내 제 속으로 자맥질하여 들어가서 아픈 곳을 찾아내고 부정적 자아로부터 일탈하고 싶은 상념에 잠긴다. 말하자면 눈발이 일상적인 자아로부터 비상하고 싶은 소망의 싹을 틔우게 했던 것이다.

여기서 몇 가지 더 짚어볼 것은, 우선 현실이라는 것이 무한한 자유에 대한 본능을 가진 존재를 구속하는 감옥이라는 점, 그리고 마음(이상향을 지향하는 의지)은 집(세속적, 사회적인 것의 환유)과 몸(시간과 공간으로부터 자유롭지 못한 유형적이고 유한한 존재의 집)이라는 이중의 감옥에 갇혀 있다는 점 등이다. 자아 성찰을 통해 도달한 이러한 자아의식이 곧 존재론적 갈등의 핵심이 된다. 즉 무한한 자유를 누리고 싶은 마음을 실현하기란 거의 불가능하다는 사실을 잘 알고 있음('단 한 번'을 강조하는 이유는 그 때문임)에도 불구하고, 한편으로는 그 마음을 주저앉히기도 어렵다는 인식을 갖고 있기 때문에 결국 존재란 이상과 현실의 양극단 사이에서 방황하지 않을 수가 없다는 것이다. 인간에게 눈발처럼(그에게 긴긴 편지를 쓰는 것은 곧 눈발과 일체화되고 싶은 소망의 표현임) 펄펄 날아가고 싶은 마음(욕망)이 얼마나 위험한 것이면 이중의 감옥 속에 갇혀 있다고 하겠는가. 사회적이든 육체적이든 현실이 그토록 마음을 억압하고 구속한다는 것이요, 거꾸로 말하면 자유의지가 그만큼 강력하고 간절함을 뜻한다.

우리 마음은 언제나 영원히 살고 싶은 욕망에 불타지만, 그 마음을 담고 있는 몸에는 이미 태어날 때부터 죽음이 선고되어 있는, 그 자연의 섭리를 과연 누가 거역할 수 있겠는가. 이러한 아이러니를 존재론적으로 풀이하면 인간은 항상 이상(자유)과 현실(구속)이라는 모순의 고리에서 벗어나지 못하는 존재라는 의미를 갖는다. 이를테면 몸이 마음을 구속하는 감옥이지만, 만약 그 몸이 없다면 마음이 깃들 수 있는 공간도 없기 때문에 어쩔 수 없이 그 몸에 구속되는 것을 감수해야 하는 이율배반의 모순 관계로부터 항상 자유로울 수가 없는 것이다.

또 하나는 시의 결말 부분에 함축된 시인의 인식에 관한 것이다. 이에 따르면 자유에 대한 소망은 주체의 노력 여하에 따라서는 실현될 가능성도 있다. 다만, 갇힌 마음이 몸을 부수고 뛰쳐나와서 자유를 누리기 위해서는 그에 상응하는 '아픔'을 겪어야만 한다. 마치 봄에 새싹이 움트기 위해서는 단단하게 언 땅을 헤집고 나오는 고통을 감내해야 하는 것처럼. 그러니까 시인은 고통이 수반되기는 하지만 자기의 의지와 노력에 따라서는 존재론적 전환이 가능함을 열어 놓음으로써 항상 갑갑한 존재로 하여금 삶의 의욕과 꿈을 저버리지 않도록 한다.

그러나 우리 삶이 한없이 복잡다단하듯이 위와 같이 단순한 논리로 설명될 수는 없다. 순간순간마다 상황이 다르고 인식이 다를 수 있는 것이 인간이란 존재이며, 또 각각 다른 개인이 만나 어떤 관계를 이루고, 나아가서 사회를 이루는 것이기에 누구든 살아 있는 한 시시각각 다양한 유형으로 다가오는 번민과 괴로움으로 인한 갈등에서 온전히 벗어나기란 애초에 불가능하다. 일상인도 그럴진대 거의 운명적으로 세계와 자아 성찰에 골몰하는 자의식 강한 시인이란 존재에게는 더 말할 필요도 없다. 그래서 시 쓰기란 결국 존재와 세계에 대하여 치열하게 인식하는 일이자, 그에 대한 시적 담론에 지나지 않는다.

· 내 꿈이/ 몰라보게 작아진/ 어느 날이었다.

—「어머니의 운동장」

· 아아아 부풀고 부풀어 드디어는 터지고야 말/ 꽃망울처럼

—「입춘」

· 너의 사소한 말 한 마디에도 활활 타고 마는 내 가슴 속을 들여다보았니 검은 뼈들이 흩어져 사막이 된 것을 보았니

—「건조주의보」

· 나는 바랐다/ 아직 내 곁에 떠도는/ 눈물 많고 말수 적었던/ 내 어린 시절도/ 할머니처럼 그렇게/ 멀리 떠나보낼 수는 없을까

—「소다와 활명수」

· 좁고 가는/ 세월의 굽이굽이를/ 터덜터덜 돌아갔다고/ 누군가 기억해 줄 사람 하나/ 있기나 할는지요?

—「세월리」

· 어느 순간 예고도 없이/ 몇 개 층 덜컥 빠져나가/ 아슬아슬한 내 마음

—「누군가 나를」

· 그런데 자세히 보니 혼자가 아니었다 또 다른 비둘기 한 마리가 바로 옆 화분 위에서 열심히 흙을 파내고 부리로 나뭇잎을 툭툭 쪼기도 하며 정신없이 놀고 있었다 저 혼자 놀고 있었다

—「비둘기」

· 썰물 빠져나간/ 이 진창길은 무슨 죄일까요?

—「서해, 썰물」

· 생목 오르는 삶을/ 꺼내 보았다 그러나/ 캄캄하여 궁금증만 더하고

—「자작나무숲길을 걷다」

시집의 앞에서부터 몇몇 구절 옮겨보았는데, 이렇게 권경애의 시에는 일일이 다 지적하기 힘들 정도로 세계/자아 성찰에 관련된 예가 많다. 그 내용으로 보면 상처 받기 쉬운 마음에 관한 것에서부터 세상과 유한한 존재에 대한 두려운 인식까지, 또 과거로부터 미래에 이르기까지 매우 다양하다. 주제는 왜소해지는, 무상한, 상처받기 쉬운, 고통스런, 불안한, 외로운, 유한한, 불완전한 등에 관한 존재인식이 주류를 이룬다. 이렇게 시인이 주로 어두운 측면을 많이 부각한 것은 부정적 세계인식으로부터 출발하는 문학의 본질에 기인한다. 즉 어두운 세계로부터 더 나은 세계로 나아가고자 하는 존재론적 전환을 꾀하고, 궁극적으로는 이상 세계에 도달하려는 인간들의 영원한 꿈에 대한 탐구를 문학/시의 본령으로 삼고 있기 때문에 그 본질에 충실할수록 비극적 세계와 자아에 대한 인식의 강도도 점점 높아질 수밖에 없다.

한편, 존재와 세계에 내리는 어두운 요소들은 인간을 억압하고 구속하

기 때문에 어떻게든 풀어야 하고 풀려고 노력해야 하는 것들이다. 그것을 인식하지 못한다면 몰라도 인식하는 이상 그대로 안고 살 수는 없다. 그렇게 되면 스트레스(억압, 구속)로 인하여 끝내는 병과 죽음으로 내몰리고 말기 때문이다. 인간이 무척 강한 것 같지만 일찍이 파스칼이 갈파한 것처럼 작은 물방울 하나로도 간단히 소멸시킬 수 있을 정도로 허약하다. 그런 인간이거늘 어찌 어둠 속에서 스트레스에 노출될 때 흔들리지 않을 수 있겠는가.[1]

스트레스가 생명체에 미치는 영향에 관한 한 실험보고에 따르면, 심한 스트레스는 면역체계를 파괴하여 생명체가 질병에 걸릴 확률을 매우 높아지게 한다. 이런 까닭에 누구든 삶의 과정에서 부수되는 스트레스에 민감하게 반응하며, 거기서 벗어날 수 있는 길을 다각도로 모색하고 노력하지 않을 수 없다. 권경애 시에 다양하게 드러나는 자아와 세계에 대한 성찰과 그 다음 단계에서 나타나는 초월의지(꿈, 그리움 등)는 대개 그러한 노력, 즉 어둠에 노출되어 스트레스를 받는 존재로서 갈등을 해소하려는 노력의 일환이 됨은 물론이다.

---

[1] 스트레스의 악영향에 관한 좋은 예가 있다. 우리나라에도 많이 알려진 물 연구자 에모토 마사루라의 실험 결과에 따르면, 생명체가 아닌 물도 베토벤의 「전원」 교향곡을 들려주었을 때에는 상쾌한 곡조에 어울리게 아름답고 잘 정돈된 결정으로 나타났으나 분노와 반항의 언어로 가득한 시끄러운 음악을 들려주었을 때에는 결정이 제멋대로 깨어진 형태로 나타났다고 한다. 또 유리병에 물을 넣고, "고맙습니다."와 "망할 놈!"이라는 글을 각각 붙여놓았더니 놀랍게도 앞의 경우엔 깨끗한 육각형 결정이 나타났지만 뒤의 경우엔 제멋대로 흩어져 찌그러진 모습으로 나타났다고 한다. 이처럼 무기물인 물도 외부 자극의 형태에 따라 결정체가 달라지는데 지극히 감성적인 인간에게는 더 말할 나위도 없을 것이다.

3. 모순적 존재에 대한 역설적 인식

세계/자아에 대한 성찰은 삶을 적극적이고도 긍정적으로 인식하는 지점에서 출발한다. 그리고 현재보다는 더 나은 세계로 나아가려는 미래지향적 의지와, 더 나아질 수도 있다는 낙관적 세계관을 가진 자만의 몫이다. 물론, 성찰의 결과로서 나타나는 대응방법은 매우 다양한데, 그것을 크게 둘로 나누면 긍정적 태도와 부정적 태도로 가름할 수 있다. 예컨대, 도저히 미래가 보이지 않는다고 오판하고 자살을 함으로써 동시에 어두운 미래도 없애 버리는 극단적 행위와 같은 것이 가장 부정적인 방법이라면, 어둠을 몰아내기 위해서 불을 밝히는 일(「불을 밝히고 잠을」)과 같이 불완전한 세계/자아를 적극적으로 개선하려는 노력은 가장 긍정적인 방법이라 할 수 있다. 그러므로 우리 삶의 유형은 항상 부정적—긍정적 방법 사이에서 대응방법에 따라 다양한 갈래를 형성한다.

그렇다면 권경애 시에서 세계와 존재에 내리는 무서운 어둠에 대응하는 방법은 어떤 것일까? 첫째는 거의 부정적 방법에 가까운 것으로서 어둠에 대처하는 가장 소극적인 방법으로 도취를 통하여 현실에서 일탈하려는 심리를 들 수 있다. 「참꽃」·「12월」·「레미 마르뎅」 등과 같은 작품에서 그 점을 엿볼 수 있다.

유혹은 언제나
눈부시고 달콤하게 다가오지요.
그러나 언제나
꽃잎처럼 위태로워
잠깐 눈감은 사이에도
발밑을 조심해야 해요.
(중략)
아, 어쩌지요.

새콤한 비밀을
기어이 삼키고 말았으니
그 쌉쌀함까지도 모두
삼키고 말았으니.

—「참꽃」 부분

참꽃을 따먹는 행위는 상징적으로 현실의 대척점에 있는 미적/낭만적 세계로 들어가고 싶은 욕망과 관련이 있다. 유혹이 꽃잎처럼 위태로운 것(아름답지만 비현실적이고 영원할 수 없으므로)인 줄 알면서도 그것을 물리치지 못하고 무작정 빠져드는 것은 그만큼 현실의 고통이 크다는 것을 암시한다. 아침에 커피를 마시면 속이 '쓰릴 줄 알면서도 따뜻한 향에 매양 속는다'(「아침, 식탁에서 · 2」)는 구절에서 보듯이 유혹은 중독성이 있는 커피처럼 우리에게 반성과 몰입을 거듭하게 한다. 그러면서도 시인은 위태로움(속 쓰림)도 함께 제시하여 유혹에 빠져드는 일이란 한 순간의 방편, 즉 현실의 고통을 견디는 미봉책에 불과하다는 비판적 인식을 암시한다. 따라서 이 시는 아이러니의 형식을 취하고 있다.

이러한 유혹에 대한 이끌림은 술을 통한 도취의 순간에 들려고 하는 작품에서도 드러난다. 「참꽃」과는 달리 이들 작품에서는 술을 마시는 이유와 그 결과를 구체적으로 표현하여 결핍된 현실과 그에 대응하는 방법을 잘 보여준다. 이를테면 그것은 「12월」에서 '며칠째 속이 거북해', '활명수 대신 소주 한 잔 털어 넣'고 '화사한 입안,/ 가벼워지는 몸'이라고 표현한 데서 보이는 바와 같은 것이다. 「레미 마르뎅」에서도 비슷한 관념이 드러난다. 다만, 비판적 인식을 보여준다는 점에서 차이가 있다.

오늘 같은 날
하늘이 보이지 않는 날
독주를 마시고 내 몸무게가 십분의 일쯤 되는 날,

주머니 속에서 남몰래 키운
새 한 마리
날려 보낸다.

(중략)

문득
황
홀
해
진
다

—「레미 마르뎅」 부분

이 시에서 계단형식으로 배열한 '황홀해진다'가 눈길을 끈다. 위로 올라가고 아래로 내려갈 수도 있는 것이 계단이듯이, 이것은 도취를 통해서 점점 황홀해져 평소엔 불가능했던 일탈(새; 비상, 상승=현실에서 멀어짐)의 순간에 듦을 의미하는 동시에, 뒤집어 생각하면 도취를 통한 일탈이란 결국 일상적 현실에서 추락한다는 부정적 의미를 나타내기도 한다. 현실을 망각한 삶은 무의미할 뿐만 아니라, 더욱이 도취에서 깨어나면 실제로 변화된 것이 아무 것도 없다는 점에서 그것은 창조적 의미에서 동떨어진 일종의 순간적인 현실 도피에 불과하기 때문이다. 이런 까닭에 도취의 황홀경을 통해서 '하늘이 보이지 않는' 막막한 현실(어둠)을 견디려는 자세는 가장 소극적인 방법일 따름이다. 따라서 이 시도 아이러니의 인식을 보여준다.

다시 여름,
발가락 마디 한가운데
동그랗게 옹이진 얼음 자국

들여다보다
한기가 든
공벌레

한참을 굴러
어머니에게로
가고 있다

—「동상」 부분

그대여
봄, 하고
함부로 말하지 마세요.
그대가 입술을 오므려
봄이라고 말하는 순간
누군가 입 맞추고 가 버리면
어찌 하려고요, 아니
누군가 입맞춤하고 달아난 뒤
아, 하고 놀라는 순간에
입 속으로 씨앗 하나 들어와
싹을 틔우면
어찌 하려고요, 아니
아니에요
꽃 핀 다음에
이내 져 버리면
그 기나긴 정적을
다 어찌 하려고요.

—「어찌 하려고요」 전문

위의 두 편의 시는 또 다른 현실 초월의 성향을 보여준다. 「동상」에서는 일종의 근원으로의 퇴행의식이 드러나며, 「어찌하려고요」에는 삶의 무상성에 대한 인식으로부터 무심(해탈, 무위자연)의 경지를 지향하는 의식이 드러난다. 그러니까 두 편은 의미상 다소 차이가 있지만 넓게 보면 현실 초월이라는 점에서 유사하다.

먼저, 「동상」에서 보면, 화자는 여름인데도 발가락에 '동그랗게 옹이진 얼음 자국'이 남아 있음을 보면서 한기를 느낀다. 한여름에도 그럴 정도라면 겨울은 더 말할 것도 없다. 그래서 그는 부정적 상황을 견디기 위해 공벌레 같은 모습으로 몸을 둥글게 웅크려 추위에 노출되는 면적을 줄인다. 여기서 공벌레 자세는 태아의 모습을 환기한다. 태아기는 삶을 위한 어떠한 수고도 할 필요가 없으므로 존재가 잉태된 후 가장 안락한 기간이다. 여기서 그가 한참을 굴러 어머니에게로 가는 이유가 밝혀진다. 어머니는 세상에서 가장 따뜻한 품을 지닌 분이기에 자아의 구원처인 동시에, 존재의 원점인 모태를 상징하기도 한다. 그러므로 그가 공벌레의 모습을 하고 어머니에게로 가는 것은 존재의 근원인 모태로 되돌아가고 싶거나(부정적 의미로서의 퇴행의식), 처음으로 되돌아가서 다시 출발하고 싶은 마음(긍정적 의미로서의 재생의지)이 간절하다는 의미를 동시에 암시한다.

한편, 「어찌하려고요」는 영원한 것은 없다는 유한하고 무상한 존재인식을 보여준다. 봄에서 겨울까지, 즉 일생을 그리는 이 작품은 부정적 인식의 연쇄 고리(꼬리 물기의 형식으로 계속 앞의 내용을 부정해감)를 통해서 인간 행위의 무상성을 강조한다. 여기에는 불교의 인연설이 깔려 있다. 즉 우리의 행위(존재)는 인연에 의해 業을 짓는 일이요, 만남은 반드시 헤어짐으로 이어진다[會者定離]는 인식이 바로 그것이다. 이러한 인식에 이르면 세상만사는 다 부질없는 것이 되어 버리므로 굳이 인위적인 것에 집착할 필요가 없어진다. 이를 통해서 시인은 이상적 차원에서는 무심과 해탈을, 세속적 차원에서는 신중한 행동의 중요성을 암시한다. 이러한 인식은 다음처럼 변주되기도 한다.

· 뒤돌아서 다짐합니다./ 아름다운 것은/ 그저 멀리서만 바라보아야 한다고,
—「첫눈」

· 그리움도 이제는 착각착각 하는 소리로 들렸으면 좋겠다 종아리가 차가워지고 허벅지가, 허리가, 가슴이, 머리까지, 온통 얼음이 되어 버렸으면 좋겠다 방석에서 플러그를 뽑는다
—「소한 무렵 · 2」

위태로운 줄 알면서도 아름다운 것에 대한 유혹에 무작정 빠져들려고 하던 모습을 상기하면, '아름다운 것은/ 그저 멀리서만 바라보아야 한다고' 다짐하는 것은 엄청난 변화이다. 그렇다면 이토록 큰 변화를 가능하게 한 원인은 무엇일까? 그것은,

① 구별하여 안다는 것이/ 때로는 얼마나 쓸쓸한 일인지/ 아는 것이 왜 힘이 될 수 없는지/ 잘 몰랐다 —「대부도 가는 길 · 1」
② 그러나/ 심연처럼 깊고 깊은/ 슬픔이며 그리움인/ 끝끝내 닿을 수 없는/ 당신의 가슴/ 속이었습니다. —「여름 바다」
③ 꿈일지도 모를, 헛것 같은, 내 앞의 단단한 세상 —「겨울 선운사 · 3」

등의 구절들을 통해서 유추할 수 있다. 즉 그의 태도 변화는 근본적으로 인간의 한계에 대한 깊은 인식에 기인한다. 인용한 구절을 통해 구체적으로 살펴보면 그것은, 첫째(①)로 이상과 현실이 다름을 인식하는 것이다. 멀리서 무심히 바라보다가 가까이 가서 구체적인 실체를 확인했을 때 실망을 느낄 때가 있는 것처럼 '구별하여 안다는 것'이 때로는 쓸쓸한 일이 될 수도 있는데, 현실에서는 이처럼 기대에 어긋나는 아이러니 현상이 항상 있기 마련이라는 것이다.

둘째(②)는 우리가 아무리 갈망해도 진실의 실체에까지 도달하기는 거의 불가능하므로 그리움은 슬픔을 낳는 원인이 될 수도 있다는 것, 즉

세계를 역설적으로 인식하는 것이다. 슬픔을 극복하려는 의지가 그리움으로 나타나지만, 유한한 존재로서 끝끝내 그리운 대상(진실)에는 이르기 어려우므로 다시 슬픔에 빠질 수밖에 없다. 그래서 슬픔과 그리움은 악순환의 고리가 되어 돌고 돈다. 이것을 역설적으로 보면 결국 슬픔이 곧 그리움이라는 등식이 성립된다.

셋째(③)는 눈앞에 드러난 세상이 전부가 아니라고 본다면, 우리 눈에 보이는 세상은 헛것일 수도 있다는 것, 즉 세계를 아이러니로 인식하는 것이다. 육체적인 눈이 유한한 반면에, 그 눈으로는 온전히 다 들여다볼 수 없는 세상은 단단한 실체이다. 그럼에도 불구하고 오만한 인간들은 기껏 아주 조금밖에 모르면서도 마치 세상을 다 아는 듯 자만하기 일쑤이다. 따라서 이러한 인식은 결국 인간이 얼마나 보잘것없고 모순으로 가득한 존재인가를 비판하기 위한 것이다.

이와 같은 깊은 인식에 다다르면 이제 그리움이라는 것도 한갓 부질없는 것이 되어 버린다. 더욱이 그리움이 슬픔의 다른 이름에 불과하다고 생각하는데 그것에 연연할 하등의 이유가 없다. 그래서 「소한 무렵・2」에서 시적 화자는 그리워하는 마음을 착각이었으면 좋겠다고 생각하며, 방석에서 전기 플러그를 뽑아 그리움을 발생시키는 주체로서의 몸을 일부러 얼음으로 동결시키려 한다. 그리움의 싹을 자르는 일이 곧 슬픔을 단절하는 길이기 때문이다.

4. 불이(不二)의 세계인식

그러나 자아동결과 같은 극단적인 초월의지는 존재론적 갈등으로 인한 반발심에 의한 것이지 사실 실현 가능성은 매우 희박하다. 우리의 욕망이 그토록 쉽게 단념하고 포기하거나, 아니면 초월이나 달관할 만큼 가볍지 않기 때문이다. 그만큼 일상인으로서는 욕망을 완전히 떨쳐 버리고 무심의 경지에 들기가 어렵다. "말 타면 종 잡히고 싶다."고 하듯이 대체로 인간이란 제가 절실하게 소망하던 단계임에도 불구하고 막상 거기에 도달하면 곧 새로운 욕망이 발동하여 다시 그것을 실현하기 위해서 자신을 투여하게 마련이다. 이렇게 보면 극단적인 현실 초월의지는 도리어 삶에 대한 욕망이 강렬하거나 이상적 세계/존재에 대한 그리움이 그만큼 절실함을 암시한다.

현실 자체가 아무리 감옥이라고 해도 그 감옥을 완전히 일탈해서는 삶 자체도 불가능하다. 이런 까닭에 우리는 마음으로는 자유에 대한 열망에 젖으면서도 몸은 어떤 형태로든 현실에 발을 붙이며 살아가야 한다. 그래서 존재는 근원적으로 불완전하며, 비록 경중의 차이는 있을지언정 욕망과 그리움도 완전히 단절할 수 없다. 이 때문에 심리적으로 새로운 전환이 필요해지는데, 그것이 곧 꿈의 높이를 조정하여 현실적으로 가능한 범주 안에서 구원방법을 찾는 일이다.

이를테면 그것은, 아주 단순하게는 '백두난발이 두려워' 흰 머리에 물을 들이는 것(「물을 들이다」)처럼 늙음에 대한 두려움을 줄이기 위해서 자기 위안의 방어기제가 발동하는 것과 같은 것이다. 그 반대로 크고 작은 돌에 부딪치면서도 유유히 흐르는 강물(「강물」)을 바라보거나, 비탈진 산 등성이에 비스듬히 서 있는 사과나무가 해에게 마음을 기울여 사과를 붉게 익히는 것을 보면서 시적 자아도 그렇게 될 수 없을까(「사과밭에서」)라고 인식하는 대목에 드러나는 것처럼 자연과의 조응(照應)을 통해서 자연의 섭리에 따르는 삶을 추구하는 것과 같은 이치이다.

또 다른 경우는 현실에서는 실현 불가능한 완전한 자유(해탈)보다는 차선책으로서 이상과 현실의 거리를 좁혀 그 경계점(中庸)에 서려고 하는 심리를 들 수 있다. 가령, '부처님께서 언제/ 남몰래 이쁜 사랑을 하셨나?/

저렇게나 많이도'(「연꽃」)라는 구절에서 보듯이 부처를 세속화함으로써 부처와 인간의 거리를 좁혀 부처가 사람이고 사람이 곧 부처가 될 수 있다는, 불교적 사유의 하나인 이른바 不二의 역설적 존재인식을 갖는 것을 들 수 있다. 위와 같은 인식을 종합적으로 보여주는 것이 바로 「오이도」라는 작품이다.

지하철 4호선을 타고
서쪽 끝으로 가면 이제는
섬 아닌 섬
오이도에 닿는다
내가 길눈 어두워
미산이나 장곡
또는
소래나 월곶
그 어디쯤에서
길 잃고 헤맬 일 없는,
날마다 저녁놀만 곱게 물드는
그 섬에 닿는다

너에게 가는 길도
그랬으면 좋겠다
내가 무척 고단하여
한참 졸다 깨거나
잠깐 바깥 풍경에 한눈팔아도
내릴 곳 놓칠 일 전혀 없고
까마귀 귓바퀴처럼 작은 내 귀로
항상 푸른 파도소리만 들리게 하는
너의 가슴 한가운데
언제든 처—억 닿을 수 있는

그런 지하철은 몇 호선인지?

—「오이도」 전문

지하철 4호선을 타고 서쪽 끝으로 가면 '오이도(烏耳島)'라는 종점에 이른다. 오이도는 현재 매립 되어 육지로 변했지만 원래는 섬이었다. 시인은 지하철을 타고 그 섬에 이르는 과정을 통해서 우리 삶의 어떤 모습을 형상화하고 있다. 즉 그는 우리 삶을 하나의 여행에 비유하여 우회적으로 표현한 셈이다. 그러니까 지하철 여행을 우리 삶으로 대체해서 유추하면 이 시의 궁극적 의미에 도달할 수 있다.

이 시에서 몇몇 중요한 요소들에 내포된 의미를 유추해 보면 이렇다. 서쪽이란 이상향이 있는 곳(불교적 인식)을 가리키며, 섬은 세속적 삶의 중심지인 육지에서 떨어져 있는 순수한/이상적 공간을 암시한다. 그리고 삶이란 어디로 가고 어떻게 살아야 할지 늘 고민해야 하지만, 때로는 졸거나(휴식을 취하는 것, 의식의 등불을 끄고 무의식 상태에 드는 것 등) 한눈 팔 수도 있는 것(치열한 생존경쟁에서 잠시 벗어나는 것)인데, 그런 것들이 우리 삶의 길에 위기를 불러올 수도 있다는 것이다. 삶의 방향을 가늠하는 일이 쉽지 않을 뿐만 아니라, 또 잠시 졸거나 한눈팔다가 보면 어느 틈에 생각지 않은 곳으로 떨어질 수도 있기 때문이다. 그래서 우리는 늘 긴장의 연속에서 벗어날 수가 없다.

그러나 오이도라는 종점으로 가는 지하철 여행은 그런 번민을 하지 않아도 된다. 더욱이 오이도('너의 가슴')가 자아에게 '항상 푸른 파도소리만 들리게 하는', 즉 현실(이상향의 바깥; 주변)에서 서성거리는/방황하는 존재를 푸른 파도처럼 신선하고 역동적인 진리의 세계(중심)로 인도하는 곳이니 그보다 더 행복한 낙원은 없다. 그래서 시적 화자는 우리 삶의 행로에서 지하철 4호선과 같은 '그런 지하철은 몇 호선인지?'라고 반문한다.[2]

---

[2] 반문 형식으로 끝맺은 것은 우리 삶의 세계에 '아마도 그런 지하철은 없을 것'이라

여기서 우리는 시적 자아의 또 다른 인식을 엿볼 수 있다. 즉 자유를 위해 현실 초월을 꿈꾸던 그가 오히려 '너의 가슴 한가운데'로 들어가서 다시 구속되기를 자초한다는 점이다. 시적 자아가 염원하는 그곳은 어두운 현실과는 다른 차원이기는 하지만, 안과 밖이 구분되는 세계라는 점에서는 또 다른 구속에 지나지 않는다. 그래서 이것은 역설과 아이러니가 융합된 이른바 '아름다운 구속'이 된다. 즉 구속으로부터 벗어나려고 하던 자아가 다시 스스로 구속되려 하므로 아이러니이며, 또한 아름다움과 구속은 서로 충돌하는 대립적 관계이므로 역설적 구조가 된다.

이러한 인식에 따르면 두 극단의 거리를 완전히 없애고 하나로 만나는 접점이란 항상 일상적 인식을 초월하는 역설이나 아이러니를 통해서만 가능하다. 그렇다면 시인은 왜 즐겨 이러한 기법의 창을 통해서 세계를 바라보려고 할까? 이는 세계/존재가 복합적 · 모순적이라는 인식을 나타내며, 따라서 그런 진실에 가까이 다가가기 위해서는 일상적인, 즉 유한하고 편협한 눈을 버리고 전체를 통찰할 수 있는 마음의 눈을 떠야 한다는 것을 강조하기 위한 것이다.

사랑(빛)과 미움(그림자)은 한 몸의 두 얼굴이요, 또 만남이 이별의 근원이라면 이별은 만남을 위한 단초가 된다. 만약 우리가 이런 이치를 조금이라도 헤아린다면 애초에 지나친 욕심이나 집착에 사로잡힐 일은 없다. 그럼에도 불구하고 인간들은 대개 사랑할 때는 사랑에 빠져 그 이면에 자라는 미움을 생각지 못하고, 반대로 미워할 때는 미운 것만 생각할 뿐 그 뒤에 사랑이 숨어 있음을 헤아리지 못한다. 이렇듯 항상 전체를 바라보기 어려운 것이 유한한 인간인지라 우리는 한 치 앞을 못 내다보고 일을 그르치는 경우가 많다. 그래서 시인은 열린 마음과 눈을 가지는 일이 얼마

는 회의적 인식을 보여주는 것이기도 하다. 이는 삶이 목표 지향적이기보다는 과정 지향적이라는 것, 따라서 진리의 세계에 이르려는 존재의 꿈과 노력도 영원할 수밖에 없음을 암시하기 위한 것이다.

나 중요한지 누누이 역설하였던 것이다.

지금까지 살펴보았듯이 권경애의 시적 여정은 대체로 이상과 현실 사이에서 갈등하는 존재에 관한 다양한 탐색이 주류를 이룬다. 더러는 갑갑하고 우울하고 무상한 삶에 대한 성찰로 인하여 회색빛깔을 보여주기도 하지만, 섬세한 구성력과 발랄한 상상력이 돋보이는 작품도 적지 않다. 이러한 작품에서 우리는 시적 아름다움과 읽는 재미를 느낄 수 있다. 이는 예술작품이 사상의 전달도 중요하지만 어떻게 형상화하고 표현할 것인가가 더 중요함을 확인시켜 주는 것이기도 하다. 이런 시편들은 이념 과잉의 시대에 짓눌려 답답한 우리들에게 즐거움을 맛보게 한다.

또한 그의 시에서 많은 비중을 차지하는 자아를 타자(객체; 비판적 자아)화하여 자아의 바깥에 서서 스스로(일상적 자아)를 성찰・비판하면서 존재의 상승 가능성을 가늠하는 시편들도 주목할 만하다. 이런 시들은 '오래 묵은 슬픔 조각들을 꺼내 입에 넣'고 '꼭꼭 씹어본다'(「아침, 식탁에서・1」)는 구절에 암시된 것처럼, 슬픔을 회피하지 않고 오히려 정면으로 돌파하여 결국 기쁨('단맛')으로 바꾸어내는 적극적 자세를 보여주기 때문이다. 점점 작아지고 약해져 사소한 시련에도 곧잘 좌절하고 마는 현대인들에게 이런 인식과 태도는 시사점이 많다. 즉 그의 시편 곳곳에서 만나는 역설과 아이러니는 바로 자유와 구속(이상과 현실)이 둘이 아니고 하나일 수도 있다는 통찰력을 갖게 하여 우리로 하여금 편협한 사고로부터 벗어날 수 있는 계기를 제공한다.

이런 점에서 오늘날 시에 대한 독자들의 관심이 줄어들고 있음에도 불구하고 그 가치는 여전하다고 하겠다. 아니, 물신주의가 팽창할수록 정신적 가치를 고양해야 할 사회적 이상과 책무를 고려하면, 오히려 시의 가치를 더 강조해야 마땅하다. 권경애의 시는 이런 당위성을 일깨워준다.

손옥자시론
—생명에 대한 긍정과 낙관의 힘

1. 시에 대한 회의(懷疑)와 믿음

모든 게 산업이나 재화를 구하는 것으로 통해야 사람들이 매력을 느끼는 이 시대에 그 방향으로 가려면 한참 멀리 돌아야 하는 시라는 양식이 과연 무슨 쓸모가 있을까? 그런 생각이 자꾸 머릿속을 어지럽혀서 요즘 시에 대한 회의에 빠지기 일쑤인 것이 숨길 수 없는 현실이다. 그런가 하면 여전히 이런저런 매체들을 통해서 세상을 향하여 시가 쏟아져 나오는 것을 보면 아직도 누군가는 시를 좋아하고 시에 매달리는 사람들도 적지 않은 것으로 보인다. 또 다른 측면에서 보자면, 참으로 긴 세월 동안 도저히 상상할 수 없을 만큼 세상이 엄청난 변화를 거듭해왔음에도 불구하고 여전히 시가 인류와 동행하는 것을 감안하면 시라는 것이 인간들에게 무엇인가 절실한 양식으로 인식되고 있음을 증명하는 것이라는 생각이 들기도 한다.

그런데 최근 어떤 신문을 읽다가 교도소 재소자 대상의 한 인문강좌에서 철학이나 문학 강의를 들은 재소자들이 의식과 삶에 상당한 변화를 가져왔다고 토로하더라는 기사를 접하였다. 이것이 하나의 작은 예에 불과할지 모르나 시를 쓰고 가르치는 것을 업으로 삼고 있는 한 사람으로서 용기와 희망을 가질 수 있는 사례라 하지 않을 수 없다. 예나 오늘날이나 역시 세계를 통찰하고 제 존재와 삶을 성찰할 수 있는 계기를 마련해주는 시의 기능은 별반 차이가 없는 듯하다. 시라는 양식이 어차피 재화를 구하는 일과는 다소 거리가 먼 것이라면, 인간들에게 돈으로 해결할 수 없는 어떤 것을 줄 수 있는 고유한 가치라도 있어야 할 텐데, 위의 실례는 나에게 그런 시의 쓸모를 새삼스레 되새기게 하여 흐뭇한 마음을 갖게 하였다.

이런 엇갈리는 생각을 하고 있을 즈음에 마침 손옥자의 시를 읽을 기회가 생겼는데, 그의 작품들은 나에게 그 믿음을 다시 확인하게 해주어 반갑기도 하였다. 왜일까? 손옥자의 시들을 읽고 난 나의 느낌은 시인으로서 세상을 바라보는 그의 눈과 마음이 매우 따뜻하고 긍정적이라는 점—특히 약하고 헐벗은 존재들에 대한 관심과 연민의 정이 지극하다는 점이었으며, 그리고 무엇보다도 자아성찰로부터 순정한 자기로 거듭나기 위한 의지로서 욕망덩어리인 인간으로부터 일탈하여 자연에 동화되고 싶은 간절한 염원을 간직하고 있다는 점도 크게 부각되어왔다. 한 문장으로 풀어내기에는 좀 벅찬 감이 있는 이 느낌은 그의 시를 읽는 동안 줄곧 내 마음속을 떠나지 않았다.

물론, 우리가 살아가는 세계가 이루 다 헤아릴 수 없는 형형색색과 무궁무진한 물색으로 이루어져 있듯이 그 세계를 바라보는 시인의 눈이나 의식도 끝없이 열려 있기 때문에 그의 시를 결코 한 문장으로 가름할 수만은 없을 것이다. 그럼에도 불구하고 그의 시를 이렇게 읽어낼 수 있는 것은 그 나름의 독특한 경험과 가치관이 작용하여 반복되는 이미지들을 형성하고 있기 때문이다. 그것들을 나름대로 정리하면 그의 시적 관심사가 주로 어떤 방향으로 열려 있는지를 가늠해볼 수 있는 것이다. 어떤 시인이든 자기 빛깔을 갖게 마련이라면 나는 위와 같은 느낌을 손옥자 시의 큰 특색으로 내세우고 싶다. 그래서 나는 주로 이런 줄기를 염두에 두고 그의 시세계를 들여다보려고 한다.

2. 존재의 역전(逆轉)에 대한 확신

앞서 언급했듯이, 손옥자 시의 가장 두르러진 특색은 작고 여린 것에 대한 관심과 연민, 그리고 긍정과 낙관적 인식이라 할 수 있는데 그것은 가령,

구로동 돌아가는 왼쪽 모퉁이
우산 쓰고 앉아있는 우산꽃
통, 통, 통통통
탄력 있는 몸짓으로 빗물을 받아낸다

시멘트 도심, 그 틈새를 비집고
아파트 담벼락에 바짝 붙어
흙먼지 쌓인 곳에 뿌리 내리고
진녹색 우산을 펴 들었다

아무리 세찬 물줄기라도
아주 가볍게 드리볼하듯
통통 토도도
땅바닥 치면서 리듬을 탄다

땅에 붙어산다고 얕보지 마라
수상쩍고 미심쩍은 세상일수록
낮을수록 편안한 걸 모른다더냐

통, 통, 통통통
모퉁이 돌아가는 난장이 우산꽃

—「난장이 우산꽃」 전문

이라는 시에서 잘 드러난다. 시인은 골목길 모퉁이 '시멘트 도심'의 틈새를 비집고 피어나는 '난장이 우산꽃'을 통해서 생명체의 신비로움과 그 존엄성을 읽어낸다.

이 시는 몇 가지 대조되는 요소를 통해서 시인의 존재인식을 표현한 점이 돋보인다. 첫째는 '시멘트 도심'이라고 제시한 크고 무겁고 어두운 죽음의 이미지와 '우산꽃'이라는 작고 가볍고 밝은 생명의 이미지가 대립되어 있고, 둘째는 억압적 이미지인 세찬 물줄기의 비와 그 비를 피하는 우산의 이미지가 대립되며, 셋째는 높은 곳에서 퍼붓는 물줄기와 땅에 붙어사는 난장이 우산꽃의 대립 등이 바로 그것이다. 이를테면 죽음/삶, 억압/방어, 높음/낮음이 선명하게 대립된다. 이를 통해서 시인은, 전언이 다소 직접적으로 표현된 4연에서 보듯, 비록 작고 보잘것없는 생명체일지라도 거대한 폭압을 견뎌내고 제 삶을 구가할 수 있는 신비스러운 힘을 간직한다는 것과 더불어 궁극적으로는 생명체의 존엄성을 강조한다.

좀 더 부언하자면, 이 시는 "부드러운 것이 거친 것을 이기고 약한 것이 강한 것을 이길 수 있다."[柔弱强剛](『노자』 36장)는 존재의 섭리를 느끼게 한다. '수상쩍고 미심쩍은 세상일수록' '땅에 붙어' 사는 것, 그리하여 '낮을수록 편안한 걸' 알아야 한다는 역설적 표현을 통하여 시인은 겸허한 자세의 미덕을 칭송한다. '수상쩍고 미심쩍은 세상'이 인위적이고 허위적인 힘이 작용하는 부정적 세계를 나타낸다면, 땅에 붙어 자신을 낮추는 것은 자연에 귀의하여 허위로부터 일탈하는 긍정적 자세를 뜻한다. 버드나무 가지가 굳게 뻗대지 않고[虛勢] 약한 듯 부드럽게 흔들림으로써('탄력 있는 몸짓') 강한 바람에도 꺾이지 않고 제 모습을 그대로 간직할 수 있는 것처럼 자신을 최대한 낮추는 자세[謙虛]야말로 온갖 허위로 가득한 번거로운 세상을 온전히 살아낼 수 있는 최상의 길이 되는 것이다. 그러니까 자신을 낮추는 것이 곧 일어서는 길이니, 삶과 죽음도 둘이 아니라 하나로 통하는 것이다. 이것을 노자는 '허정(虛靜)'이라 하였는데, 시인은 진정한 삶(목숨; 생명)의 길이란 바로 그런 허정의 세계에 드는 것이라 믿는다.

> 바위가 갈라졌어
> 한 달 전까지만 해도 멀쩡하던 바위가
> 쩍—
> 둘로 갈라졌어
>
> 비바람이 휘몰아치고 우박이 내리쳐도
> 끄떡 않던 바위가
> 쬐끄만 복수초에 폭— 빠져
> 마음을 내어주고 말았어
> 거대한 몸을 열고
> 가슴 한복판에
> 그 예쁜 것을 들여앉힌 거야
>
> 복수초는 든든한 울안에서
> 네 활개를 펴고 도도하게 자랐어
> 복수초가 자라는 만큼 바위는
> 점차 자리를 내어 주었지
> 10cm, 20cm, 30cm……
>
> 4월이 되면
> 조각난 내 가슴 속에서
> 뿌리를 트는 소리가 들려

—「4월이 되면」 전문

이 시는 긍정의 힘을 바탕으로 하면서도, 한편으로는 배려의 미덕을 표현하기도 한다. 바위 위에 떨어진 '복수초'가 싹을 틔우고 자라는 모습을 보면서 시인은 '비바람이 휘몰아치고 우박이 내리쳐도 끄떡 않던 바위가 쬐끄만 복수초에 폭— 빠져' 드디어 '거대한 몸을 열고 가슴 한복판에 그 예쁜 것을 들여앉힌' 것으로 읽어낸다. 여기서도 역시 '거대한 몸(바위)'과 '쬐끄만 복수초'를 대비하여 강인한 생명력을 강조하는 동시에 그것이 바로 거대한 바위의 배려를 이끌어낼 수 있는 긍정의 힘으로 작용했음을 암시한다.

그런데 이 시는 4연에 이르러 자연의 상황을 다시 자아로 끌어들여 자아성찰의 과정으로 마무리한 점에서 앞의 시와는 구별된다. 즉 시인은 복수초가 봄이라는 계절과 제 가슴을 열어준 바위의 도움으로 싹을 틔우고 뿌리를 내려 생명의 꽃을 피워냈음을 전제로 하여, '4월이 되면 조각난 내 가슴에서 뿌리를 트는 소리'를 듣는다고 한다. 이 연에서는 '뿌리를 트는' 주체가 생략되어 있는데, 그것은 복수초와 같은 것은 것으로서 새로운 생명의 회생 가능성을 믿는 존재로 볼 수 있다.

여기서 우리가 주목할 것은 둘로 갈라진 '바위'와 '조각난 내 가슴'을 교묘하게 연결한 점이다. 시인은 바위가 갈라져서 생명체의 착상을 가능하게 하였음을 연상하여 '조각난 내 가슴'을 새로운 생명의 뿌리가 틀 수 있는 계기로 받아들인다. 다시 말하면 '조각난 내 가슴'을 성찰한 결과를 좌절이나 절망으로 귀결시키지 않고, 오히려 새롭게 거듭날 수 있는 좋은 기회라고 생각한다. 이러한 긍정적 시각이 봄을 맞이함으로써 상처의 치유 가능성에 대한 믿음이 실현되고 희망의 싹을 트게 하는 것이다. 요컨대, 본능으로서의 강인한 생명력과 현실 대응 자세로서의 삶에 대한 강렬한 애착심 앞에서는 거대한 바위도 끝내 제 몸을 열어주듯이, 생명체란 근원적으로 강인한 힘을 내재하고 있기 때문에 대처하기에 따라서는 아무리 큰 상처도 치유되어 재생 가능성을 갖고 있다는 것이다. 그것이 바로 긍정의 힘이요, 순환하는 자연의 섭리에 대한 확신이 주는 선물이다.

이렇듯 손옥자의 존재인식에는 긍정, 또는 낙관적 세계관이 깊이 자리를 잡고 있는데, 그것은 자연의 섭리를 통해서 터득한 것으로 보인다. 예컨대, 자아에 대한 긍정적 시각을 타자에게로 옮겨서 표현한 다음 시에서 그 점을 엿볼 수 있다.

유난히 재능이 많던 내 친구가
파산 신청을 하고 어디론가 사라졌다

서울역 1번 출구 혹은 3번 출구 지하도를 간다
바짝 웅크린, 동그랗게 몸을 만 늙고 어린 생들이
저마다 몸에 봉오리 하나씩 달고 누워 있다
작년 봄이 흘리고 간 물오른 가지처럼
볼록볼록 봄을 품었다

(중략)

저들은 낮게 더 낮게 최대한 몸을 낮추고
땅과 호흡을 맞추면서
땅 속 깊은 곳에 뿌리를 내려
땅이 가진 무궁한 정기를
몸 안 가득 채워 넣고 있다
혼신을 다해 온몸으로
봉우리를 만드는 것이다
지나가다 스치기만 해도
그 자리서 확, 터져버릴 것 같은 봄, 아니 가공할 무언가를
저들은 품고 있는 것이다
무언가無言歌를

—「1번 출구 혹은 3번 출구」 전문

이 시는 '파산 신청을 하고 어디론가 사라진 친구'를 모티프로 하여 이른바 '노숙자'에 대한 연민의 정, 또는 그들에게서 희망의 미래를 읽어 내려는 낙관적 시각을 표현한 작품이다. 노숙자라면 흔히 더 이상 출구가 없는 절망적인 존재로 바라보기 십상인데 손옥자는 '바짝 웅크린, 동그랗게 몸을 만 늙고 어린 생들'에서 '작년 봄이 흘리고 간 물오른 가지처럼 볼록볼록 봄을 품었다'는 희망을 엿본다.

이 시에서도 순환하는 계절처럼 존재에게도 영원한 절망은 없다는 역전현상에 대한 믿음이 토대를 이룬다. 그것은 웅크리고 있는 노숙자들을 '최대한 몸을 낮추고 땅과 호흡을 맞추면서 땅 속 깊은 곳에 뿌리를 내려 땅이 가진 무궁한 정기를 몸 안 가득 채워 넣고 있다'거나 '혼신을 다해 온몸으로 봉우리를 만드는 것'이라고 표현한 대목에서 잘 드러난다. 말하자면 그들이 위기의 순간에 몸을 낮추고 자연에 최대한 가까이 다가가 동화됨으로써 재생의 길을 찾을 수 있다는 것이다. 땅을 향하여 몸을 낮추는 자세를 겸허하게 대지의 母神에 포섭되려는 노력이라 한다면, 봉우리처럼 웅크리는 자세는 태아로 회귀한 이미지로서 원점에서 다시 출발하려는 몸짓을 형상화한다. 그리하여 시인은 그들이 어느 순간에 봄처럼 확 터져 버릴 무언가를 품고 있다고 생각한다.

한편, 우리말 '무언가'를 한자 조어 '無言歌'로 병기한 표현법이 흥미롭다. 이는 일견 '무언가'의 의미를 분명히 하기 위한 것처럼 보이지만, 사실 한글의 의미와 한자의 의미가 중첩되어 모호성이 발생한다. 이를테면 그것은 '무엇인가', 즉 '알 수 없는 어떤 것'과 '침묵의 노래'라는 의미를 동시에 함유도록 하기 위한 의도에 따른 시적 장치라 할 수 있다. 물론, '무언가'는 일차적으로 시의 문맥을 따라가면 '땅이 가진 무궁한 정기를 몸 안 가득 채워 넣'는 행위—자연의 섭리를 받아들여 내적 힘을 충전하는 것, 또는 어떤 출구를 궁구하는 것을 내포하며, 다른 측면에서는 현실[有言, 雄辯]

로 다시 유입되기 이전의 세계[無言, 沈默]에서 미래를 꿈꾸는 노래라는 의미를 담고 있기도 하다. 더 구체적으로 말하면 최대한 몸을 낮추어 웅크린 노숙자들의 자세에서 시인은 꽃봉오리(인내하고 궁구하는 현실)를 연상하고, 나아가서 어느 날 마침내 꽃봉오리가 터져 활짝 피어나듯이(환희의 미래) 그들에게도 언젠가는 그런 날이 올 것이라고 상상한다.

이렇게 본다면 시인의 눈에 비친 노숙자들의 모습은 시멘트 도심의 골목길에 피어나는 한 떨기 우산꽃일 수도 있고, 절망적인 듯한 거대한 바위 위에 떨어져 싹을 틔우는 복수초 같은 존재일 수도 있다. 그렇다면 그들은 존재의 본성(끈질긴 생명력)과 자신의 노력(생명에 대한 애착심), 그리고 외부의 배려(환경)가 어우러질 때 언젠가는 절망적 현실을 꿋꿋이 딛고 일어나서 온전한 생명을 누릴 수 있는 기회를 맞이하게 될 것이다. 이것이 바로 시인이 인식하는 고귀한 생명의 존엄성이요, 자연의 섭리인 것이다.

위에서 보면, 손옥자의 존재인식에는 궁극적으로 자연의 섭리를 통해서 존재란 결코 절망으로만 치닫는 법은 없다는 것, 그리고 그것은 자신의 의지와 타인의 배려가 합쳐져서 실현될 수 있다는 사유가 밑바탕에 깔려 있다. 여기에 하나 더 덧붙인다면 자신을 낮추어 겸허한 자세로 돌아가는 것도 매우 중요한데 이는 결국 자연의 이치를 받아들여 희망의 끈을 놓지 않는 긍정적 사고와 통한다. 그러기 위해서는 필연적으로 자신을 제대로 읽고 아는 일이 필요한데, 그의 시에서 자주 목격되는 자아성찰의 이미지들은 바로 존재의 거듭남을 갈구하는 자의식의 산물이라 할 수 있다.

3. 자연에 동화되기

인간이란 욕망의 동물이고, 욕망은 끝이 없다. 인간에게 비극은 바로 여기서부터 비롯된다고 해도 과언이 아닐 것이다. 다시 말하면 무거운 몸뚱이는 가볍게 '날고 싶'(「치미의 그림자」)은 욕망으로 끝없이 부풀어 오르지만 현실에서는 욕망이 부추기는 대로 살 수 없도록 온갖 굴레가 작용하기 때문에 인간은 욕망의 팽창과 억압이라는 괴리 속에서 언제나 결핍된 존재인식에 사로잡힐 수밖에 없다. 그리고 결핍된 현실은 다시 욕망을 부추기고, 부풀어 오른 욕망은 또다시 결핍과 좌절의 쓴맛을 느끼도록 만든다. 어쩌면 인간은 결코 끊을 수 없는 이 악순환의 고리에서 벗어나지 못한 채 영영 헤매고 있는지도 모른다. 그런 고통과 헤맴 속에서 인간은 인간다운 미덕에서 점점 거리가 멀어지게 마련인데, 자아에 대한 회의나 성찰은 바로 그 인간다움으로부터 멀어져가는 거리를 좁히기 위한 노력의 한 과정이라 할 수 있다. 즉 인간다운 삶의 실현은 자아에 대한 끊임없는 회의와 성찰을 통해서 가능하다. 철학자들이 철학적 사유를 통해서, 또는 시인들이 시적 사유를 통해서 가장 빈번하고도 절실하게 토로하고 표현하는 주제가 그 범주라는 것은 바로 그런 인간의 숙명 때문일 것이다.

손옥자 역시 자아성찰에 관련된 주제를 가장 즐겨, 아니 고통스럽게 다루는 것도 결국 그가 한 사람의 시인으로의 숙명과 자기 속박을 벗을 길이 없는 까닭이라 생각된다. 그렇다면 그는 사람다운 사람으로 거듭나는 길의 탐색, 다시 말하면 진정한 자아를 찾기 위한 노력의 일환으로서 자아성찰을 어떻게 표현하고 있을까? 이번 작품들을 토대로 하자면, 그는 무엇보다도 죄의식/속죄의식을 강하게 갖고 있다. 그것은,

나는 목욕탕 구석구석을 살핀다 아니
내 몸 어딘가에 또아리를 틀고 있을지도 모를
뱀의 흔적을 지우기 위해 나는
살이 벌게지도록 온몸을 닦아낸다

—「13월의 집요한 뱀」 부분

와 같은 구절에서 강렬하게 드러난다. 이 시는 목욕탕에서 오른쪽 어깨 위로 뱀 문신을 한 '까무잡잡한 인도 여인'을 목격한 경험을 포티프로 한 것인데, 시인은 샤워 물줄기에 노출되는 뱀의 형상을 통해서 관능미를 엿보면서 한편으로는 욕정에 대한 죄의식을 갖기도 한다. 이 점에서, 시적 형상화 과정은 전혀 다르지만, 미당의 「花蛇」를 연상케도 한다. 즉 관능미에 대한 탐닉과 죄의식이라는 양가치의 복합심리가 작용한다는 점, 그리고 결국에는 죄의식이 더 강하게 노출된다는 점 등에서 그렇다.

위에 인용한 대목은 마지막 연에 해당하는데, 여기서 시인은 '인도 여인'에게서 시선을 거둔 뒤에 자아성찰로 이끌어가서 혹시 '내 몸 어딘가에 또아리를 틀고 있을지도 모를 뱀의 흔적을 지우기 위해' '살이 벌개지도록 온몸을 닦아낸다'고 한다. 그는 왜 이런 죄의식에 사로잡히는 것일까? 그것은 아마 욕정에 잠재한 위험성을 인식한 결과라 생각된다. 주지하듯이 순수한 본능의 차원에서 관능미는 욕정을 불러일으켜 생식을 유도하지만, 동물의 세계에서와는 달리 모든 것을 인위적으로 문화화하려는 습성이 있는 인간의 세계에서는 그것이 부정적으로 작용할 때 유희로 발산되며, 또 유희는 자칫하면 타락으로 이어질 가능성이 높아 위험성을 내포한다. 그래서 시인은 타락의 위험성, 즉 불순해질 수 있는 가능성을 애써 닦아내려 하는데, 이러한 그의 의식은

> 성령 체험의 날, 죄가 씌어진 분홍, 주황, 빨강의 한지를 소나무 십자가에 못 박는다 내 과오가 낱낱이 들어있는 주황색 한지가 찢어질 듯 얇다 종이를 찢고 죄가 다시 돌아올 것 같은 불안감에 얼른 못질을 한다 망치로 때려 박는다 못은 죄의 가운데를 뚫고 탄력 있게 들어간다
>
> 각양각색의 죄를 짊어진 소나무가 울긋불긋 화려하다 소나무 십자가를 불더미 위에 올려놓는다 한지 속의 죄들이 바짝 오그라든다 불가마에 둘러싸인 죄들은 불의 혀가 낼름거릴 때마다 펄럭거리며 일어나려고 한다

불이 죄를, 죄가 불을 부채질 한다 불은 하나씩 종이를 열면서 연한 속살에 이글거리는 눈길을 보내고 죄는 불길을 누르고 부풀어 오른다 불의 혀가 죄의 혀 속에 감겨들어간다

새카맣게 탄 못들이 소나무 위를 걷는다 그을음 같은 그림자를 끌고 비척거리며 십자가를 내려온다

가볍다

—「소나무 십자가」 전문

고 하는 시에서는 속죄의식, 또는 정화의식으로 변주된다. 이 시는 모티프는 전혀 다르지만 앞의 시의 뼈대와 유사하다. 그것은 죄의 종류를 적은 여러 가지 색(색채・욕망・욕정・물욕 등)의 한지, '연한 속살에 이글거리는 눈길', '불의 혀가 죄의 혀 속에 감겨들어간다' 등을 통해서 드러난다. 그는 이 세속적인 것들로 인해 죄가 잉태된다고 믿기에 온갖 죄의 유형들을 다양한 색깔로 된 한지에 적어서 '소나무 십자가'에 못으로 박아 놓고 불태우는 의식을 감행한다.

그러나 속죄의 과정은 쉽지가 않다. '불가마에 둘러싸인 죄들은 불의 혀가 낼름거릴 때마다 펄럭거리며 일어나려고 한다 불이 죄를, 죄가 불을 부채질 한다 불은 하나씩 종이를 열면서 연한 속살에 이글거리는 눈길을 보내고 죄는 불길을 누르고 부풀어 오른다 불의 혀가 죄의 혀 속에 감겨들어간다'는 표현에 의하면 불과 죄가 서로 부풀어 오르도록 부채질을 하는가 하면, 불의 혀가 오히려 죄의 혀에 감겨들어가기도 한다. 그토록 죄의 유혹이 달콤하고 강렬하며, 또 그런 만큼 죄를 깨끗이 씻어내고 정화된 순간에 이르기도 어렵다는 것이다.

그러나 순정한 존재로 거듭나는 일은 결코 포기할 수 없는 존재의 열망이기에 시인은 결국 각양각색의 온갖 죄목을 적은 한지를 모두 태워버린

뒤 '가볍다'라는 표현으로 속죄의식을 종결한다. '가볍다'는 무게감은 물론 죄업을 쌓는 근원인 욕망이라는 허물을 모두 태워버린 無나 空의 상태를 뜻한다. 또한 그것은 완전히 정화된 상태, 그러니까 절대 순수의 경지를 나타내기도 한다.

이러한 존재의 순간에 들기 위해서 시인은 빨랫줄에 걸려 있는 '남편의 잠바'에 '내 스타킹'이 감겨 시비를 거는 것(「그림자」)을 보면서 혹시 자신이 남편을 힘들게 하지 않았는지 반성하는가 하면, 여행 중에 기차 안에서 잠시 잃어버린 휴대전화를 찾다가 '내 어디에도 당신을 넣어오지 못했으면서/ 나는 주머니가 너무 많다'고 반성하기도 하며, 또 어느 때는 '그저 마셔버리면 그만일 인생 몇 모금 앞에서 우린/ 꾸역꾸역 제 몸 안으로/ 자꾸 무언가 밀어 넣고/ 밀어 넣고'(「그저 마셔버리면 그만일 인생 몇 모금 앞에서」) 있는, 끝없는 욕망에 시달리는 자아를 성찰하기도 한다. 또한

차를 타고 산 중앙을 가로질러 가는데
우리 어머니 수의 한 벌이
산 중턱에 걸려 있구나
평생에 낮잠 한번 편히 못 주무시더니
짙은 녹음을 베고
예서 곤히 잠들어 계시는구나
딸이 사주면 장수한다는 수의가
올 윤달에도 못 사고 그냥 넘겨버린 수의가
이제는 내 손이 닿지 않는 먼 곳에
축 처진 채 걸려 있구나

—「천지연 폭포」 전문

라는 시에서는 천지연 폭포를 바라보면서 '우리 어머니의 수의 한 벌'도 해드리지 못한 불효한 딸이라는 자의식에 시달리며, 「데코라」에서는 화

분에 기르던 고무나무의 가지를 자른 뒤에 흘러내리는 진액을 보면서 식물의 고통을 감각적으로 인식하기도 한다. 이러한 그의 도저한 성찰과 반성은 인간으로서 인간답지 못한 자신의 허물을 벗어버리려는 과정이라고 하겠는데, 이는 자연에 동화되려 하는 강렬한 의지로 귀결되면서 그 정점을 이룬다. 가령, 그것은

홍천 강물지기 아저씨가
강변에 앉아 술을 마신다
—너 만나고 30년이여
후박나무 그림자 강가로 내려서고
팔봉산에 걸린 해가 아직 눈부신데
강씨 아저씨 술 한 잔 마시고
또 한 잔 거나하게 부어 강물에 붓는다
—너도 나 없으면 못 살지야

강씨 아저씨 목울대에 서서히 단풍 들어가고
—나도 너 하나여 너밖에 읍써
강씨 아저씨 비틀비틀 일어선다
팔봉산에 있는 나무들 새카맣게 달려 내려와
물 속에 거꾸로 쳐 박힌다
—저게 뭐하는 짓여? 똑바로 못 서
후박나무 층층나무 물푸레 단풍나무
일제히 물 속에 거꾸로 서서 몸을 흔들어댄다
—알았으니께 얼른 나와

안심하고 팔봉산 뒤로 넘어가는 해
다시 산 위로 올라서는 나무들

강씨 아저씨, 아들네로 전화한다

—야, 나 안 갈란다

—「낮 술」 전문

라는 시에서 확인할 수 있다. 이 시에서 시인은 '홍천 강물지기 아저씨'가 '낮 술'(고된 삶을 잠시 잊으려는 행위를 암시함)을 마시면서 차츰 술에 도취되고 드디어는 자연에 심취하여 아들네로 '—야, 나 안 갈란다'라고 전화하는 행동으로 시를 마무리함으로써 자연에 동화되고자 하는 간절한 인식을 표현하려 한다. 구구한 설명이 더 필요하지 않듯, 자연이란 세속의 반대편에 놓인 순수하고 온화한 낙원인 동시에 하늘로 통하는 신의 경지이기도 하다. 그러니까 '강씨 아저씨'가 '아들네'로 안 들어간다고 일갈한 것은 세속으로 다시 편입되는 것을 거부하고 일탈하는 행위이자, 자연의 일부로 거듭나려 하는 의미를 함축한다. 그리하여 이제 그는 한없이 번거로운 세상에서 어쩔 수 없이 겪어야 하는 삶의 고뇌나 고통으로부터 해방되어 무한한 자유를 누릴 수 있을 것이다.

여기서 시적 화자인 '강씨 아저씨'(강씨는 姓氏와 江의 이미지를 공유함)의 일탈의지는 물론 손옥자의 존재인식을 표출하는 것으로 보아도 무방하다. 이렇게 보면 그의 시적 여정은 결국 자아가 자연에 포함되어 그 일부로서 거듭나는—더 구체적으로 말하면 세속적인 욕망의 굴레를 훌훌 벗어던지고 순정한 자기 정체성을 만나는 순간에 드는 것을 종착점으로 한다. 그 종착점에 도달하기 위해서는 앞서 보았듯 환경의 도움도 필요하지만 그보다 더 중요한 것은 자기 의지와 노력이다. 그것이 바로 자신의 노력 여하에 따라서는 자아든 세계든 좋은 방향으로 개선될 수 있다는 시인의 긍정과 낙관적 사유라고 할 수 있다. 미래에 대한 개선의 가능성을 확신하지 못할 때에는 어떤 의지와 노력도 분출되기 어렵다는 점을 상기하면, 생명에 대한 긍정과 낙관적 사유가 어째서 삶에 강력한 힘이 될 수 있는지 저절로 밝혀진다.

그러나 시인이 갖는 이러한 가치관은 의식의 한 부분이며, 지향적 관념이기도 하다. 그리고 그것은 먼저 자신의 내면으로 향하지만, 이차적으로는 그 작품을 읽는 독자들에게 감동을 통하여 자아성찰의 계기를 마련해주고, 나아가서 그들이 사람다운 사람으로 거듭나서 시인과 함께 '수상쩍고 미심쩍은 세상'을 아름다운 낙원으로 되돌리는 일에 동참하기를 바라는 방향으로 열려 있기도 하다. 그것이 바로 오늘날의 시가 담당해야 할 중요한 몫의 하나라는 점에서 우리는 손옥자의 시를 읽는 노고가 가치있는 보람으로 바뀔 수 있으리라 믿는다.

제2부

영원한 세계에 대한 탐색 도정
—김경자의 시세계

1

롤랑 바르트는 작가를 '단순한 지식서사(知識書司)가 아니라 자기 형성적인 일을 하는 사람'이라고 했다. 작가(시인)가 창작하는 작품이란 궁극적으로 자기 정체성을 획득하려는 꿈과 의지에서 창출된 결과물이자 자아실현의 한 과정이라는 것이 그의 관점이다. 그러니까 문학작품은 무엇보다도 작가가 먼저 자기 자신을 완성하려 하는 노력의 산물이므로 독자를 고려하는 것은 이차적 조건이 되는 셈이다. 이런 까닭에서 문학작품은 개인적 산물이자 주관적 의미를 띨 수밖에 없다. 그럼에도 불구하고 좋은 작품들의 경우에는 누구에게나 감동을 주기 마련인데, 그것은 작가가 인간 존재나 삶에 내재된 보편성이나 진실을 통찰하고 형상화했기 때문이다.

이처럼 문학작품은 근본적으로 작가 개인으로부터 출발하여 독자에게로 확장되어 가는 성격을 지니고 있는데, 특히 시라는 양식은 그 맨 앞자리에 선다. 그것은 구구하게 설명할 필요도 없이 시 몇 편만 읽어보면 금방 알아차릴 수 있는, 시의 특성 중의 특성이다. 대부분의 시가 내성적 독백의 성격을 띠는 것은 시가 갖는 그러한 특성에 기인한다. 시인들은 일단 자아 완성에 시적 인식의 초점을 맞추고 있기 때문에 근본적으로 자기 성찰에 몰두할 수밖에 없다.

저 거대한 우주도 따지고 보면 한 알의 모래알로부터 출발하듯이 세계 역시 자기가 서 있는 중심으로부터 출발하여 형성되고 인식된다. 내가 없으면 내가 인식하는 세계도 없는 것이나 마찬가지이니까 우리는 그런 생각을 해 볼 수 있다. '자기 형성적 일'의 가치와 중요성은 바로 여기서 비롯된다. 이를테면 중심축이 바로 서고 그것이 원심력적인 원리에 의해 파급 확장될 때 그 축을 둘러싸고 있는 세계도 바로 설 수 있는 것과 같은 이치이다. 이를 통해서 우리는 대부분의 시에 자기 성찰의 이미지나 의미가 강하게 분출되는 동시에 그것이 독자에게로 가서 시인의 경우와 같은 기능을 하게 되는 이유를 이해할 수 있다. 이런 점에서 김경자가 첫 시집 『꽃으로 올 때는』 후기에서 "아름답고 좋은 삶을 살고 싶어 나도 모르게 시심 속에 빠졌고 그 안에서 건져 올린 시의 조각들, 그것이 오늘의 이 시집을 이룬 것인지도 모른다."고 고백한 것은 매우 솔직하고도 절실한 심정에서 우러나온 것이다.

그런데 '아름답고 좋은 삶'이란 구체적으로 어떤 것일까? 그것은 한 마디로 말하거나 정의하기는 무척 어렵다. 이는 매우 관념적인 것인 데다가 고정된 틀이나 해답을 가질 수 없기 때문이다. 공자의 말을 빌면 시란 곧 '사무사(思無邪)'라고 하여 순수성과 밀접한 관련이 있는 것으로 생각해 볼 수 있지만, 그것도 역시 후련한 대답이 되기는 어렵다. 시대와 사회와 사람에 따라 순수성의 개념과 가치마저도 조금씩 다른 빛깔을 지닐 수 있다고 보기 때문이다. 그래서 시인들은 저마다 자기(확장하면 우리들) 존재와 삶에 대하여 숱한 의문과 성실성을 가지고 그 해명을 위해 끊임없이 시심에 젖는다.

김경자 역시 '아름답고 좋은 삶'에 이르는 길을 찾기 위해 젊은 시절부터 시심에 빠져 치열하게 시의 조각들을 건져 올려 왔는데, 그 조각들은 그의 연륜(자연인+시인)만큼이나 지속적으로 변화하는 모습을 보여 준다. 즉 '아름답고 좋은 삶'이라는 광맥을 찾아 다양한 방향에서 시적으로 접근하고 탐구해왔던 것이다. 그것은 우리가 추구해야 할 대상이 무엇이 진정한 것이고 또 어떤 길로 가야 그 진정한 광맥에 이르는 것인가 하는 회의와 자기 의문에서 비롯된 것이다. 그래서 그의 시세계는 지금까지 계속 조금씩 다른 모습과 향기를 보여준다.

그의 시적 편력을 좀 거칠게 개관하자면, 첫 시집에서 주로 '자연'을 탐구하였다면, 둘째 시집에서는 시집 전체가 「집」 연작으로 이루어져 있듯 자연세계에 대한 인식으로부터 출발하여 인간 세계(주거 공간, 존재의 집)로 가까이 다가왔으며, 다시 이번 시집에서는 삶의 본질이나 방식을 탐구하는 데 주력한 것으로 집약된다. 이에 의하면 그의 시적 관심사와 그 역정은 원근법적 차원으로 이루어져 있음을 알 수 있다. 즉 자연 공간 → 삶의 공간(또는 존재의 집) → 삶의 본질이나 방식 등에 대한 관심으로 거듭 변모해 온 셈이다. 그러면서도 이번 시집에서 주된 빛깔로 드러나는 '삶의 본질이나 방식'에 관한 탐구는 앞의 시집에서와는 달리 좀 더 다양한 모습을 보여준다. 이는 주제의 성격과 밀접한 관련이 있는 것이기도 하지만, 시인의 연륜이 그만큼 깊어진 결과이기도 하다.

이번 시집을 주제별로 나눈 각 부(1—8부)의 중간제목들을 살펴보면 그의 시적 관심사가 어떻게 확장되고 있는지 감지할 수 있다. 즉 '바람과 눈물', '너와 나', '사랑할 때와 미워할 때', '사랑은', '너는 나의 처음 꽃송이', '이 지상에서 너 있어', '오, 어머니', '저 달빛 같은 시 한 줄' 등이 바로 그것이다. 이들을 좀 더 큰 범주로 계열화하면 자연을 통한 자기 인식을 갖는 것으로부터 출발하여 사랑의 속성과 본질에 대한 탐색, 혈육(어린 아이. 군대 간 자식, 돌아가신 오빠와 어머니)의 끈끈한 정에 대한 생각, 그리고 시에 대한 인식 등으로 대별된다. 이를 다시 하나의 맥락으로 재구성하면, 그는 자연을 통해서 유한한 인간을 인식하고, 다시 그것을 뛰어넘는 세계로서 영원한 시(예술, 아름다움, 영원함)의 가치를 깊이 깨닫는 것으로 집약할 수 있다. 말하자면 그의 시적 탐색의 길은 자연물에서 세속으로, 세속에서 다시 영원한 예술의 세계로 이행한다. 따라서 그가 추구하는 시적 도정의 최종 목적지는 아름답고도 영원한 세계라고 잠정적인 결론을 내릴 수 있는데, 이제 그 길을 좀 더 구체적으로 따라가 보기로 한다.

2

김경자는 시집의 첫 머리를 '바람'과 '눈물'에 대한 이미지를 보여주는 시편들로 장식하고 있다. 외형적으로 보면 바람은 자연이고 눈물은 인간 감정에 관련되지만 이미지로 보면 둘 다 정화를 통해 자기 정체성을 찾아가도록 어떤 계기를 마련해 주는 것으로 풀이된다. 바람과 눈물 연작을 시집 첫 머리에 연속으로 배치한 것은 그만큼 지금 시인에게 정체성을 확인하고 싶은 마음이 절실하게 열리고 있음을 암시한다. 바꾸어 말하면 그는 지금 정체성 혼란에 직면하여 자아와 세계의 진정한 모습을 찾으려 한다. 다음 시에서 그 한 측면을 엿볼 수 있다.

좇아가면 멀리 가고

돌아서면 가까이 오는

이상한 물결 소리

꽃바람

마음 하나.

—「바람 · 1—마음 하나」 전문

인용한 시는 마음의 어떤 상태를 바람에 빗대어 노래한 작품이다. 이 시의 중심 이미지인 '마음 하나'는 꽃바람과 이상한 물결 소리와 등식을 이룬다. 즉 시인은 사랑이 담긴 마음(꽃바람)의 본질을 알기 어려운 이상한 물결 소리와 같은 것으로 생각한다. 왜냐하면 그것은 '좇아가면 멀리 가고 돌아서면 가까이 오는' 모순을 지니기 때문이다. 그래서 사랑하는 마음의 실체는 도무지 이해할 수가 없다.

어찌 사랑하는 마음만 그러할까? 우주만상이 다 그렇고 그런 것이라고 해야 할 것이다. 겸허한 마음으로 생각하면 사실 나를 포함한 모든 것이 알 수 없는 의문투성이로 둘러싸여 있을 뿐이다. 바람처럼 없다가도 있고 있다가도 없어지는가 하면, 또 존재하는 것도 늘 시간의 물살에 부대껴 하염없이 변화되어 가는 것이 세상만사에 깃들어 있는 정한 이치이다. 그러니 인간이라고 예외일 수 없다. 참으로 알 듯 하면서도 모를 것이 인간이고 그 마음이며 인간사라는 것을 누가 부정할 수 있으랴? 김경자의 시적 인식의 큰 물줄기를 이루는 모순적 세계에 대한 통찰 노력은 바로 이러한 우주만상, 특히 인간의 참 존재에 대해 분명히 알고 싶은 욕구와 관련이 있다. 가령, 그것은

시끄러운 파도소리 등져
시냇물 잔잔한, 작은 산 숲길
외진 골짝 홀로 들어
미풍으로 살아볼까 하였더니
새 노래, 꽃 향으로 살아볼까 하였더니

다정한 뱃사람들
귀 닳도록 내게 이르는 말
사람은
그렇게, 그렇게만 사는 게
아니니라
아니니라 하기에
골짝 떠나와
다시 바다 들었더니
먹구름, 폭풍으로
요란한 파도소리 속
내 안에 치솟는 돌개바람
사람은
이렇게, 이렇게만 사는 게
아니니라
아니니라 하는
부르짖음 또 어쩔거나
흔들리는
이 바다 삶 또 어쩔거나.

—「바람 · 9—다시 바다에 들었더니」 전문

라고 난감한 심정에 빠지는 대목에 적나라하게 드러난다. 산골짝에 가면 '사람은 그렇게, 그렇게만 사는 게 아니니라' 하여 다시 바다로 가면 '사람은 이렇게, 이렇게만 사는 게 아니니라'고 하니 과연 어디에 가서 어떤 모습으로 사는 것이 진정한 삶인지 도무지 알 수 없어 결국 시인은 혼돈과 절망에 빠지고 만다.

그런데 시인에게 더욱 깊은 절망감을 안겨주는 것은 자기 나름대로 끊임없이 노력하고 있음에도 불구하고 모두가 부질없는 것으로 귀결된다는 점이다. 어떤 노력도 결과적으로 무의미한 일이 되고 말 때 허탈해지는 것은 당연한 이치일 것이다. 그래서 '이 바다 삶 또 어쩔거나'라고 하는 탄식이 큰 메아리가 되어 우리의 가슴으로 울려온다.

이와 같은 참 존재와 삶에 대한 탐색은 마음의 한 요체인 사랑의 감정을 제재로 한 작품들에서 더욱 구체적으로 노래된다. 이번 시집에서 상당한 분량을 차지하고 있듯 특히 사랑의 정체에 대한 시인의 탐색의지가 매우 강하게 드러난다. 물론 사랑에 대하여 표현하고 있지만 궁극적으로는 사랑의 감정이 솟게 하는 바탕으로서의 마음에 관한 사유이자 인간 존재에 대한 탐구이다. 그래서 그의 시적 인식의 촉수에 포착된 마음의 한 형태로서 사랑의 감정은 모순성을 지니는 동시에 변화하는 속성을 지닌다.

사랑할 때는
그대 눈에 보이는
장미의 가시는
꽃과의 거리를 좁히는
신의 점이요

미워할 때는
그대 눈에 보이는
장미의 가시는
꽃과의 거리를 멀게 하는
인간의 점이라오.

—「사랑할 때와 미워할 때 · 3」 전문

한 사람의 마음속에 자리하고 있는 것이지만 '사랑할 때와 미워할 때'의 두 감정은 아주 딴판임을 시인은 위와 같이 표현한다. 똑같은 장미의 가시가 사랑할 때에는 '꽃과의 거리를 좁히는 신의 점'이었다가 미워할 때에는 돌연 '꽃과의 거리를 멀게 하는 인간의 점'으로 격하되고 만다.

사랑하는 순간의 마음과 미워하는 순간의 마음을 신과 인간의 경지로 대비한 대목에서 알 수 있듯이 두 감정은 엄청난 거리를 지닌다. 이러한 대비는 계속해서

사랑할 때는, 너
자갈밭도 좋아, 모랫길도 좋아
비바람 불거나, 진눈깨비 오거나
괜찮다, 괜찮다
오두막집 꽁보리밥도
한 밥상 웃음이지
휘영청 끌어안는 보름달로
밤은
열 길 더 하는
기쁨이지

미워할 때는, 너
꽃피어나도 싫어, 새들 노래해도 싫어
햇살 금빛이거나, 하늘 쪽빛이거나
아니다, 아니다
백 평 집의 구석은
깊은 샘 눈물이지
비수로 품어두는 그믐달로
아침도
한 길 더하는
슬픔이지.

—「사랑할 때와 미워할 때 · 4」 전문

와 같이 드러나기도 한다. 즉 사랑하는 감정으로 바라보면 아무리 나쁜 상황도 기쁨으로 받아들이는 데 반해, 미워하는 감정으로 바라보면 아무

리 좋은 상황이라 해도 슬픔으로 받아들이게 된다. 여기서 보면 우리는 마음이 얼마나 중요한가 알 수 있다. 자기 앞에 펼쳐진 대상이나 상황 자체에 어떤 의미가 있는 것이 아니라 그것을 바라보는 사람의 마음이 어떤 상태인가에 따라 그 의미가 결정되니까, 결국 이 세계에 드리워진 의미는 나, 또는 나의 마음에 달려 있는 것이다. 그러므로 사랑하는 마음을 간직하는 일은 참으로 소중한 것인데, 문제는

오, 흐르며 뒤바뀌는
대조의 소리
백과 흑의 빛이여.

—「사랑할 때와 미워할 때 · 5」 부분

에서처럼 그것이 고정되지 않고 항상 변화될 수 있다는 점이다.

흔히 애증은 동전의 양면처럼 인간 마음속에 같은 크기로 등을 기대고 있다고 한다. 이를테면 그것은 마음이라는 한 통 속에 들어 있는 두 개의 다른 성질의 감정이다. 이것이 외부로 표출될 때 사랑의 감정이 흘러나오면 미움의 감정이 그림자가 되어 뒤로 숨고 반대로 미움의 감정이 흘러나오면 사랑의 감정이 그 뒤에 숨는다고 한다. 그래서 C. G. 융의 분석심리학에 의하면 사랑하는 감정과 미워하는 감정은 같은 크기로 항상 짝을 이루고 있다는 것이다. 뜨거운 사랑이 깨어지는 순간에 갑자기 무서운 증오심으로 돌변하는 경우는 바로 그러한 인간 심리에 연유한다. 그러니 우리는 미워하는 마음도 무섭지만 뜨겁게 사랑할 때 더욱 경계하지 않을 수 없다. 사랑의 뜨거움만큼 그것이 언제 어떻게 표변하여 차가운 얼음덩이 같은 미움으로 뒤바뀔지 알 수 없는 일이기 때문이다. 이와 같은 우리 마음의 속성을 안다면 왜 시인이 '오, 흐르며 뒤바뀌는/ 대조의 소리/ 흑과 백이여'라고 탄식하는지 그 까닭을 십분 이해할 수 있다.

3

그러나 김경자도 인식하고 있듯이 존재하는 모든 것은 어쩔 수 없이 시간의 조화에 의해 변화하게 되어 있는 것을 어찌 하겠는가? 사랑이든 무엇이든 시간이 흐르거나 마음이 변하면 흑과 백으로 명백하게 대조되는 사태를 받아들이기 힘든 것이기는 하지만, 그것은 피할 수 없는 세상 이치이자 자연의 섭리이기도 하기에 연약하고 유한한 인간으로서는 받아들일 수밖에 다른 도리가 없다. 아니, 어차피 피할 수 없는 일을 가지고 거부하며 갈등하고 아파하는 것보다는 스스로 이해하고 받아들이는 편이 순리일지도 모른다. 시인이 세상에 드리워진 모순된 것을 그대로 받아들이는 길을 찾는 것은 바로 그 때문일 것이다.

꽃 피어도 눈물
꽃 시들어도 눈물
이라면

피고 시드는 일 없으면
눈물도 없어

눈물 없으면
웃음도 몰라

빈 뜨락
바람 소리만
들었을 테지.

—「눈물 · 2—웃음도 몰라」 전문

일상적 의미로 볼 때 눈물과 웃음은 대조적이다. 울음이 비극성을 반영한다면 웃음은 희극성을 반영한다. 그렇다면 일상적인 차원에서 보면 꽃이 필 때는 희극적 상황으로서 웃음이 나오고, 그 반대로 꽃이 질 때에는 비극적 상황으로서 눈물이 나온다고 해야 하는데 시인은 두 상황에서 모두 눈물이 나는 것으로 표현하여 우리의 상식을 뒤엎는다. 물론, 이 시에서도 꽃이 필 때의 눈물은 꽃이 질 때의 눈물과 성격적으로 다른 것으로 볼 수 있다. 가령, 기쁨의 극치에서 흘리는 눈물과 슬픔의 극치에서 웃는 웃음이 일상적 의미가 아닌 다른 울음과 웃음이듯이 상황에 따라서는 그 의미와 가치가 달라질 수가 있는데, 여기서는 셋째 연에서 눈물과 웃음을 대비시키는 것을 보면 분명 일상적 울음의 의미가 강한 것으로 보인다. 그러므로 눈물을 웃음과 대조적인 의미로 생각하면서도 한편으로는 긍정적인 의미로 받아들이려 하는 시인의 인식 변화가 은밀하게 드러난다는 점에서 우리의 주의를 요한다.

그렇다면 시인은 왜 눈물을 긍정적인 의미로 받아들이려 할까? 그것은 아마도 눈물도 삶을 증명하는 한 요소라고 생각하기 때문인 듯하다. 꽃이 피고 시드는 일이 모두 눈물 나게 하는 일이지만, 눈물의 의미를 알지 못하면 웃음의 의미도 알 수 없기 때문에 아니, 마지막 연에서 보듯이 그 자체도 곧 삶의 일부라고 생각하여 스스로 그 모든 것을 받아들이려 한다. 인간의 삶이 배제된 빈 뜰의 바람 소리만 듣는 것이 무의미하다는 생각은 세상사의 희비에 따라 울고 웃을지라도 그 속에 존재하는 것 자체가 의미 있는 일이라는 인식에 근거한다. 개똥밭에 굴러도 이승이 낫다는 속담의 의미를 상기하면 시인이 왜 울음마저도 긍정하는 관점을 갖는지 이해할 수 있을 것이다.

그러나 그럼에도 불구하고 관념과 현실이 다르듯이 흐르고 변화하는 것은 항상 우리 마음에 그리움과 갈등을 낳는 것이 인지상정이다. 아주 높은 경지에 들기 어려운 범속한 인간으로서 매사에 초연하며 오는 것은 오는 대로 가는 것은 가는 대로 마음에 한 점 흔들림 없이 받아들이기란 지극히 어려운 노릇이다. 그래서 때때로 영원한 세계에 대한 그리움이 항상 우리 마음 깊은 곳에 은밀히 자리를 잡곤 한다.

여름날의 폭포수 소리로 내게
'사랑한다, 사랑한다'고
너는 말했지
그 소리 삭이며, 삭이며
'사랑인가, 사랑인가' 하고
나는 생각 풀었지

'사랑한다' 소리 풀던 네 마음은
이제는 흘러간 강 물결 반짝임이고
'사랑인가' 소리 삭이던 내 마음은
막무가내로 치솟는 파도 속인데

있느뇨, 너와 나의
말의 사랑이나, 생각의 사랑이나
기다리고 있느뇨, 그 어디쯤서
잎으로든, 꽃으로든 오늘 길 위에

사랑이여
향기 없어도
늘 푸른 잎으로 마음 붙드는
내 고향
한 그루 느티나무 밑 사랑이여
그 그늘 어디쯤서
만날 수 있느뇨.

—「너와 나 · 4—사랑이여」 전문

이 시에 따르면 진정하고 영원한 사랑이란 것이 과연 있기나 한 것인가라고 시인은 그 근본에서부터 의문을 갖는다. 여름날의 폭포수처럼 시원하게 쏟아 붓는 '사랑한다'는 말을 듣고도 '사랑인가. 사랑인가' 자꾸 의심하고 싶어지는 것이 사랑의 속성이고 사람의 마음이다. 아니나 다를까, 곧이어 시인은 흐르는 강물처럼 '네 마음'도 흘러 '사랑인가' 의심하던 '내 마음'만 '막무가내로 치솟는 파도'가 되어 현실로 뚜렷이 다가온다고 하여 그것을 증명한다. 그처럼 사랑이란 것은 쉽게 변하는 속성을 지니고 있기에 항상 믿음의 농도가 엷을 수밖에 없다. 그리하여 '말의 사랑이나 생각의 사랑이나 기다리고 있느뇨'라고 하면서 결국 시인은 한낱 사랑이라는 말이나 관념이라도 기다릴 만한 것이 있느냐고 반문한다.

그러나 그렇듯 영원한 사랑에 대한 회의와 부정적 인식을 갖고 있으면서도 시인은 비록 향기는 없을지라도 '늘 푸른 잎'으로 버티고 서 있는 '내 고향 한 그루 느티나무' 같은 영원한 사랑에 대해 더욱 간절한 그리움에 젖는 아이러니에 빠지고 만다. 이는 결국 그만큼 영원한 사랑이란 결코 포기할 수 없는 우리 존재나 삶의 최대의 꿈이라는 점을 뼈저리게 느끼고 있음을 암시한다. 그래서 영원한 사랑에 대한 그리운 감정이 시인으로 하여금,

너 그리고 나
'와'로 만나는
수심 깊은 바다의 삶

'와'의 참 조건은
돈? 섹스? 사랑?
그 황홀한 美?
지위, 명예?

정답은 알아도 답 못해
아니, 너무 잘 알아
답 못하는

'너'
'나'
'너', '나'
'너', '나', '너', '나'로
폭풍의 겨울 바다
홀로 가는 뱃길이여

너, 그리고 나
'와'로 만나는 봄날의
저 맑은 물결, 바다 풍경은
오, 어디쯤……

—「너와 나 · 2—'와'의 참 조건은」 전문

에서 보듯이 '너, 그리고 나'를 '너와나' 하나로 합일하게 하는 진정한 조건이 무엇일까 곰곰 탐색하게 만들기도 한다.

그런데 시인은 두 사람이 합일할 수 있는 진정한 조건에 대한 '정답은 알아도 답 못해/ 아니, 너무 잘 알아/ 답 못하는' 너이고 나라고 하여, 그것을 너무나 잘 알기 때문에 오히려 정답을 말할 수 없다고 한다. 이것이 곧 사랑의 속성이자 인간의 한계인 것이다. 관념과 현실의 차이라 할까, 아니면 이상과 실제의 괴리라 할까, 이성적으로는 잘 알고 있으면서도 실제 행동으로 옮기기에는 어려운 것이 사랑이라고 그는 인식한다.

나는 문득
둥근 결혼 하나를

상상해 본다
칼자국 없는, 한 덩어리 美感의
잘 익은 사과 같은
싱그러운 결혼생활은
이 지상 얼마나 될까를
생각해 본다
상상과 생각 사이의, 휑한 공간
각진 테이블 위에서
사과 반 개는 시나브로, 시나브로
시들어 가고 있는데……

—「사과를 보며」 부분

'잘 익은 사과 같은/ 싱그러운 결혼생활은/ 이 지상 얼마나 될까를/ 생각해 본다'고 하는 표현 속에는 이미 그런 결혼생활은 이 지상에 그리 흔치 않다는 부정적 인식이 깔려 있다. 그것은 '상상과 생각 사이의, 휑한 공간/ 각진 테이블 위에서/ 사과 반 개는 시나브로, 시나브로/ 시들어 가고 있는데……'라고 하는 결구에서 여실히 드러난다. 완전한 사랑이란 관념적으로는 그토록 쉽게 알고 있는 일이면서도 현실에서는 실제로 이룩하기 어려운 참으로 묘한 것이다. 그래서 마음에 이는 갈등과 그리움의 물결은 쉽사리 가라앉지 못한다.

이렇듯 김경자의 인식 속에 자리한 '너, 그리고 나' 사이의 사랑은 항상 바람직하지 않은 방향으로 흐르거나 변화하는 것으로 규정된다. 어쩌면 그것이 진실일지 모른다. 왜냐하면 완전한 사랑이란 무엇보다도 두 사람이 완벽하게 합일하고 조화할 수 있어야 하는데, 서로 다른 두 사람이 그러한 경지에 도달하기도 어렵거니와 더욱이 어떤 완벽한 사랑도 종국에는 시간이라는 괴물이 서로를 갈라놓듯이 어떤 경우에도 영원할 수가 없기 때문이다.

4

그래서 그럴까. 시인은 이제 사랑의 대상을 다른 데서 찾으려 한다. 즉 어떤 완벽한 조건에 의해서 주고받아야 이루어질 수 있는, 근본적으로 한계가 있을 수밖에 없는 사랑으로부터 절대적이고도 영원한 사랑을 줄 수 있는 대상에 관심을 갖는다. 그것이 이른바 새삼 혈육의 소중함을 깨닫고 그에 대한 정과 사랑을 쏟는 일이다. 이번 시집에서 어린아이나 군대 간 아들 및 돌아가신 어머니 등의 혈육을 제재로 한 작품들이 상당한 분량을 차지하고 있는 것은 바로 그런 맥락에서 이해할 수 있다.

① 오늘 내 앞
한 그루 자란 나무되어
우뚝 서 있는 너

(중략)

우리 바라봄 낯설어도
소리 없이 솟구치는
뜨거운 가슴 물결
한 줄 흐름
오, 신비한 관계여.

—「혈육」 부분

② 이 나라 아들, 꿋꿋한 파수병
자랑스런 너를 만나러
나는 달리고 달린다

(중략)

오,
긴 강물 길, 산길 모두 지나
한달음에 소리쳐, 안겨드는 기쁨의
너를 만나러
나는 달리고 달린다.

—「너 만나러 가는 길」 부분

③ 오, 어머니!
언제면 저도
이런 속, 살게 될까요
마음 한 송이 들꽃이면
이리 살아 쉴까요
낙화의 안녕이면
영 쉬어 흐를까요.

—「어머니 · 1—무덤 앞에서」 부분

①은 잘 성장한 혈육을 오랜만에 만나서 서로 낯설게 바라보면서도 흔히 핏줄이 당긴다고 하듯이 '소리 없이 솟구치는/ 뜨거운 가슴 물결/ 한 줄 흐름'을 감지함으로써 혈육의 '신비한 관계'를 감탄하는 것을 표현한 작품이다. ②는 군대에 가서 이 나라의 꿋꿋한 파수병이 되어 있을 자랑스러운 아들을 만나러 가는 기쁨을 표현한 작품이며, 그리고 ③은 돌아가신 어머니의 무덤 앞에서 그리움을 표현한 작품이다. 한결같이 긍정적이고 평온하면서도 감정이 복받치는 어머니, 또는 자식으로서의 마음이 잘 드러난다. 그리고 각 편마다 '오'라는 감탄사를 쓰고 있듯이 모두 감격에 겨운 마음을 보여주기도 한다. 이렇듯 혈육의 정은 한 순간에는 낯설어도 곧 가슴 깊은 곳으로 통하고 심지어는 무덤 속까지라도 따라가서 함께 살고 싶을 정도로 끈끈하고도 질기며 절대적인 것이라고 시인은 인식한다.

그러나 또 한편으로 생각하면 그것 역시 유기체적 생명성과 관련이 있으므로 일면 유한성을 지닌다. 혈육에 대한 사랑은 서로 주고받는 과정에서 잘 조화가 되어야 이루어질 수 있는 세속적인 사랑과는 달리 절대적인 차원을 지니기는 하지만, 그럼에도 불구하고 삶의 과정이나 죽음에 의해서 운명적으로 헤어져야만 하는 순간이 오는 것을 피할 수 없다. 그런 유한성이 또한 인간의 마음에 뜻하지 않는 아픔과 슬픔과 그리움을 안겨준다. 이 때문에 시인은 다시 그야말로 절대적이고도 영원할 수 있는 대상에 관심을 갖기 시작하는데, 그것이 다름 아닌 시(예술)임을 다음 작품에서 알 수 있다.

밤바다 파도 보듬는
훤하고 둥근
저 달빛 같은 시 한 줄
눈에 넣어도 아프지 않을
자식 같은 시 한 줄
그 생명 하나
낳고 간다면
빨리 죽어 더 좋으리
꽃, 비석은 없어도.

—「저 달빛 같은 詩 한 줄」 전문

자식처럼 '눈에 넣어도 아프지 않을' '생명' 같은 것이라고 여기기에 시인에게 있어서 시란 혈육에 대한 사랑의 연장선상에 놓이는 것이면서도, 그것은 유기체적 생명력을 지닌 것이 아니라는 점에서 근본적으로 혈육과는 다른 영원한 세계가 될 수가 있다. 그러기에 그는 그런 시 한 편 '낳고 간다면/ 빨리 죽어도 좋으리'라는 간절한 소망을 갖는다. '밤바다 파도 보듬는/ 훤하고 둥근/ 저 달빛 같은 시 한 줄' 낳는 것을 죽음과 바꾸고 싶을 정도로 시에 대한 시인의 인식은 절대적이면서도 치열하다.

시란 무엇인가? 그것은 인간의 가장 순수한 마음에서 우러나오는 노래(예술)이다. 훤하고 둥근 달빛이 밤바다의 파도를 보듬는다는 구절에 암시되듯이 시에는 그런 자연의 위력처럼 사람들의 가슴을 울리고 감싸주고 정화함으로써 어둡고 험한 世波를 잔잔하게 잠재울 수 있는 잠재력이 있다. 이것은 다음 시에서 보는 바, 사랑이 되었다 미움으로 변하고 그마저 어느 날 홀연 사라져 버리는 한 잎 낙엽에 지나지 않는 세속적인 것과는 근본적으로 차원이 다르다.

곱게 펼쳐
마음 갈피에 넣으면
꽃 모양
사랑 되고

구겨진 모습
손바닥 위에 놓으면
잎 그대로
미움 되고

바람에 실려
무심으로 보내면
자연으로
사라지는

가을 벤치 위
낙엽 한 장 같은

앉았다
떠나는 이야기.

—「슬픔도 기쁨도」 전문

슬픔과 기쁨을 비롯해서 인간사에 부과되는 모든 것은 가을 벤치 위에 잠시 앉았다 홀연 떠나가는 낙엽 같은 것이다. 그러니까 단지 한 순간의 거품과 같은 감정에 지나지 않는 희비 때문에 울고 웃는 일이란 얼마나 부질없는 일인가. 여기서 우리는 시인이 아름답고도 영원한 시 한 편 낳는 것을 죽음과 맞바꿀 수 있다고 호기를 부리는 이유를 알 수 있다.

명색이 시인이라면 누구나 이러한 꿈을 자신의 마지막 목표로 삼을 터인데, 김경자도 그가 시인인 이상 예외일 수 없다. 이에 한 사람의 시인으로서, 또한 오랜 세월 시에 헌신해 온 사람으로서 영원하고도 아름다운 시 한 편 지상에 남기는 것을 최대의 기쁨과 보람으로 삼으려 하는 것은 무엇보다 절실한 꿈이자 시인된 도리로서의 업보이기도 하다. 물론, 그 꿈이 소원대로 편안하게 이루어지기란 부질없는 세속 잡사를 떨쳐 버리는 일만큼이나 어렵다는 것을 우리는 잘 안다. 세상에 숱한 시인이 명멸하고 있지만, 우리들 가슴에 오래도록 남는 것은 그리 많지 않다는 예술의 역사가 그것을 웅변으로 증명하고 있기 때문이다.

그러나 간절히 원하면 굳게 닫힌 문도 열린다고 하듯이 자신이 얼마나 치열하게 예술혼을 불태우는가에 따라서는 그 꿈이 현실로 다가올 수도 있다. 바라건대, 김경자도 늘 마음 속 깊이 새기고 있는 것을 알고 있지만, 앞으로도 변함없이 시에 기울이는 그 열정과 소망의 불꽃을 영원히 활활 불태워서 어두운 세상을 밝히고 험한 세파를 잔잔하게 잠재울 수 있는, '눈에 넣어도 아프지 않을 자식 같은 시'를 더 많이 보여주었으면 한다.

새에 대한 상상력, 또는 비상의 꿈
—이옥진의 시세계

1

시는 꿈을 펴 올리는 두레박이다. 꿈이란 무엇인가. 그것은 현실에 안주하지 못하는 마음의 지향점이다. 인간에게 현실이란 늘 만족스럽지 못한 것으로 인식되게 마련이다. 설령 만족할 만한 순간이 온다고 하더라도 거기에 도달하면 인간은 또 다른 희망과 꿈에 젖게 되기 때문에 결국 현실은 다시 뛰어넘어야 할 것으로 인식될 수밖에 없다. 그만큼 인간의 욕심은 끝이 없는 셈이다. 물론 욕심은 오로지 부정적인 의미만을 지니지는 않는다. 그것이 지나치지 않고 적당할 수만 있다면 그것은 세계를 발전시키는 원천이 될 수 있다. 역사가 어제보다는 오늘이, 그리고 오늘보다는 내일이 더 나아질 수 있다는 것도 결국은 인간에게 내재한 욕심과 그로부터 촉발된 꿈이 있기 때문이라는 것은 아무도 부인하지 못할 것이다. 시인은 바로 이런 인간이 갖는 꿈을 언어로 형상화하는 사람이라 할 수 있다.

시인은 누구보다 그윽한 안목으로 현실을 성찰하는 사람이다. 그는 항상 세계의 본질에 도달하려 하고 삶의 진정성을 탐색하려는 의지를 갖고 있기 때문에 일반인들에게는 아무 것도 아닌 것 같은 대상을 통해서도 문제의식을 발동하여 그 내밀한 의미를 읽어내려고 한다. 시인이 긷는 꿈은 이런 현실 읽기에서 비롯되는 것이다. 그래서 시인에게 현실이 마음에 들지 않을수록 꿈의 부피는 자꾸만 커지게 된다.

이옥진의 시는 시가 꿈의 드러냄이라는 것을 새삼 환기해준다. 특히 이번 시집에서 주류를 이루는 「새」 연작을 비롯한 새와 관련된 작품을 통해서 우리는 이 시인의 의식 속에 깊이 잠재하고 있는 비상에 대한 꿈과 염원을 확연히 들여다볼 수 있다. 이옥진의 시에 드러나는 새 이미지는 어두운 현실을 박차고 날아오르고 싶은 지향의식과 밀접한 관련이 있는 것으로 보이는데, 가령 다음과 같은 시에서 우리는 이 시인의 인식을 엿볼 수 있다.

> 누가 태양의 입을 열게 할 것인가. 삶이 시작된 후 태양은 굳게 입 다물고, 내 쉼 없는 날개는 태양과 절벽에만 절대적으로 마주 서있다. 넋 나간 파도의 울부짖음처럼 흔들면서 어둠의 핏줄을 버리고 싶다. 수직으로 내려앉는다. 하늘을 바라본다. 결코 물러 설 수 없는 쉼터, 오늘도 꼭 죄는 신발을 신고 절벽 위의 쉼터로 간다.
>
> —「새 · 6–절벽 위의 칼새」 전문

이 시에서 보면 이옥진의 현실인식이 매우 비극적이라는 점을 알 수 있다. '삶이 시작된 후 태양은 굳게 입 다물고, 내 쉼 없는 날개는 태양과 절벽에만 절대적으로 마주 서있다'는 구절에서 확연히 드러나고 있듯이, 시인은 삶이 시작된 이후 태양은 굳게 입을 다물고 있는 것으로 인식한다. 우리 삶이 시작된 후 줄곧 태양이 굳게 입을 다물고 있다는 것은 곧 우리 삶에는 항상 어둠이 드리워지고 있다는 것을 나타낸다. 이처럼 시인은 우리 삶이란 근본적으로 밝지 못하다고 생각하기에 비극적인 것으로 인식하게 된다. 이러한 인식에서 그의 마음에는 비상에 대한 꿈이 항상 도사리고 있다. '내 쉼없는 날개'는 바로 그러한 비상의지이자, 절벽으로 표현되는 현실의 어둠을 초월하여 태양에 이르려 하는 지향의식을 나타낸다.

그러나 이런 그의 비상의지는 현실적으로 쉽게 실현될 수 있는 것은 아니다. 왜냐하면 이 시인도 분명히 파악하고 있는 것처럼 삶이 시작된 이후 줄곧 태양은 굳게 입을 다물고 있기 때문이다. 그만큼 삶에 드리워진 어둠이 막강하기에 과연 '누가 태양의 입을 열게 할 것인가'라는 회의를 갖게 된다. 이런 회의가 결국 '어둠의 핏줄을 버리고 싶다'는 염원을 가지면서도 '다시 수직으로 내려앉는다'는 좌절감에 젖게 하는 것이다. 그러면서도 또 한편으로는 '하늘을 바라본다'는 구절이 암시하듯 끝내 하늘로의 비상에 대한 꿈을 접을 수는 없다고 한다. 여기서 우리는 시인의 내면에 자리한 갈등국면을 이해할 수 있다. 말하자면 그는 좌절감과 비상에 대한 염원 사이에서 방황하고 있음을 알 수 있다.

그렇다면 시인을 방황케 하는 현실의 어둠이란 구체적으로 무엇일까. 그것은 온갖 속박으로부터 자유로울 수 없는 우리의 삶에 연관되어 있다. 인간이란 살아 있는 동안에는 숙명적으로 현실의 구속으로부터 일탈할 수 없는 것이듯 언제나 이런 저런 일로 하여 자유의지대로 삶을 영위할 수는 없다. 이것이 분명한 사실이기는 하지만 현실에 만족하며 살 수 없는 것이 또한 인간의 속성이기도 하다. 특히 '강 건너 초록의 땅에도 수심은 가득하고/ 여름 푸른 바다에도 유토피아는 없다'(「푸른 숲의 새들은 서서 잠들어도 목청껏 노래부른다」)는 현실인식에 처해 있는 시인에게서는 더 말할 것도 없을 것이다.

> 사람들은 때로는 자유롭게 떠돌고 싶어했습니다. 수평으로 부는 바람과 평화를 꿈꾸며, 단 한번의 날개짓으로 몇날 며칠 푸른 상공을 날 수 있는 떠돌이 알바트로스의 긴 날개를 부러워했습니다. 간혹, 바람과 바람 사이 균형이 깨지고. 날개 길이 삼 미터 오십 센티의 뼈마디들에 부는 냉혹한 바람.
>
> —「새 · 5-떠돌이 알바트로스와 여인」 부분

이 시에 의하면 시인이 '알바트로스의 긴 날개를 부러워'하고 자유롭게 떠돌기를 원하는 이유가 잘 드러난다. 그의 마음에 날개를 달게 만드는 것은 현실의 '냉혹한 바람' 때문이며, 그리고 날개를 달고 자유롭게 떠돌고 싶은 것은 '수평으로 부는 바람과 평화를 꿈'꾸기 때문이다. 이에 의하면 그에게 냉혹한 바람이란 곧 평등(수평으로 부는 바람)과 평화가 깨어진 것이라는 점을 알 수 있다. 즉 그가 꿈꾸는 자유란 평등과 평화가 가득한 세계가 되는 것이다.

이 시가 보여주듯 오늘날 인간들이 겪고 있는 많은 절망과 비극은 어쩌면 현실의 불평등으로부터, 그리고 그에 의해 깨어진 평화에 의해서 비롯된 것인지도 모른다. 이점은 특히 산업화와 도시화가 급속도로 이루어지고 자본주의 사회가 발달하면서 더욱 심화되었다고 할 수 있을 것이다. 이를테면 지독한 개인주의와 끝없는 경쟁사회 속에서 부수되는 여러 가지 모순들이 결국에는 많은 불평등과 불화를 낳게 했던 것이다. 이런 현실이 인간에게 비극적인 삶을 안겨주게 되고 그것은 또한 그것으로부터 일탈하여 자유로운 입장에 서고 싶은 소망을 간직하게 한다.

그런데 우리는 여기서 시인이 가지고 있는 비극적 현실인식이 결코 구원할 수 없는 절망감으로만 치닫고 있지는 않다는 점을 분명히 알 필요가 있다. 그가 좌절감 속에서도 꿈과 희망을 포기하지 않고 있다는 점이 시사하고 있는 바, 그는 비극적 인식의 한쪽 모서리에 항상 그것을 딛고 일어서려는 의지를 마련하고 있기 때문이다. 이 의지가 곧 그의 시에 중심 이미저리로 자리잡고 있는 비상에 대한 꿈이자, 화해의 세계로 나아가고자 하는 소망이 된다. 이와 같은 그의 자세와 인식을 통해서 보면 그는 매우 따뜻한 마음을 지닌 휴머니스트임을 알 수 있는데, 이 점은 다음 시에서도 잘 드러난다.

날마다 사랑은 야위어 가고, 아침마다 새들은 동터오는 새벽을 노래했다. 온몸으로 안개에 젖으며 새처럼 지상을 날아오르면 손가락 사이로 천사가 보이는가 언젠 세수한 맑은 얼굴로 노래할 수 있는가 날아오르자. 날아오르면 세상의 안개를 뚫고 방향을 찾지 못하던 천사가 손바닥 위에 내려앉으리라는 새벽의 예감.

—「평화를 위한 기도 · 4」 부분

이 시에서 보는 것처럼 현실은 '날마다 사랑은 야위어' 가는 형국이지만, 그 속에서도 시인은 결코 한 가닥 희망의 등불을 끄지 않는다. 마치 새들이 어둠 속에서도 아침마다 동터오는 새벽을 노래하듯이 그는 비록 세상은 날마다 사랑이 야위어 가는 삭막한 것이라 할지라도 날아오르기를 포기하지 않으려 한다. 그가 이러한 자세를 견지하려는 것은 근본적으로 그에게 '세상의 안개를 뚫고 방향을 찾지 못하던 천사가 손바닥 위에 내려앉으리라는 새벽의 예감'이 있기 때문이기도 하지만, 궁극적으로는 그것이 진정 우리가 가져야 할 참된 삶의 자세라고 생각하기 때문이기도 하다. 시인도 이미 눈치채고 있듯이 인간의 삶이란 유사 이래로 한번도 태양처럼 밝은 빛을 지닌 적이 없지만, 그럼에도 불구하고 역사는 지속되고 더욱이 발전되고 있다는 것이 웅변으로 말해주는 바 좌절감을 딛고 일어서려는 불굴의 의지와 성실성에 인간 삶의 근본 의미가 있는 것이다. 어쩌면 인간 삶의 아름다움이란 성실성에서 더욱 빛을 발하는지도 모른다.

2

흔히 말하듯 인간의 삶은 어떤 결과를 바라는 것보다는 그 결과를 추구하기 위해서 그 과정을 성실하게 꾸려 가는 데서 참된 보람을 찾을 수 있다고 한다. 이 말은 어떤 결과를 얻었느냐는 것보다는 어떤 과정을 통해서 거기에 도달했는가 하는 점이 더욱 중요하다는 것을 의미한다. 오늘날 우리 사회에 만연하는 한탕주의도 결국은 과정을 무시하고 결과만을 바라는 조급한 심성에서 연유하는 것임은 물론이거니와 점점 사랑이 고갈되고 사회 구성원들 사이의 갈등이 심화되어 가는 것도 결국은 여기서 비롯된다고 할 수 있다. 따라서 사랑이 메말라가는 사회를 치유할 수 있는 지름길이란 곧 우리가 얼마나 성실한 마음과 자세로 돌아오는가 하는 점에 달려 있는 것이다. 즉 어두움 속에서도 새벽을 예감하며 그 새벽을 맞이하기 위해서 성실하게 최선을 다 하는 것이 무엇보다 절실하게 요청되는데, 이런 성실한 삶의 자세를 다음과 같은 시에서 엿볼 수 있다.

> 때로, 사랑한다는 것은 거꾸로 매달려 마지막 한 방울의 물기까지 내뱉은 드라이플라워의 메마른 얼굴인지 모른다. 이별이 다가온 오늘에사 벗겨도 보이지 않던 양파 속 같은 세상의 속살이 보인다.
>
> —「새 · 10—휘파람새」 부분

위에 인용한 시를 통해서 우리는 삶의 진정성을 탐구하는 시인의 성실한 자세를 분명히 살펴 볼 수 있다. 여기서 그 성실성은 역설적인 의미로 삶을 바라보려는 인식과 깊이 연관되어 있다. 즉 시인은 어떤 현상이나 사물의 본질이란 오히려 그 반대상황에 처해 볼 때 더욱 분명하게 인식할 수 있다는 것이다. 그는 '사랑한다는 것은 거꾸로 매달려 마지막 한 방울의 물기까지 내뱉은 드라이플라워의 메마른 얼굴인지 모른다'는 의미를 이별이 다가온 뒤에야 비로소 알 수 있었다고 한다. 이것은 무엇을 나타내는가. 바로 사랑에 빠져 있을 때는 그것을 객관적으로 생각해 볼 겨를 없기 때문에 맹목적으로 되기가 쉬워 그 진정한 의미가 무엇인지 하는 것에 대한 성찰도 쉽지 않다는 것을 말한다. 그러나 이별이 다가오면 좀 더 냉정해 질 수가 있기에 인간들은 새삼 사랑이란 과연 무엇인가 하는 점을 숙고해 볼 수 있는 기회를 가질 수가 있는 것이다.

이와 같은 과정을 통해서 되새겨 본 사랑의 본질(속살)에 대하여 시인은 그것을 마치 '거꾸로 매달려 마지막 한 방울의 물기까지 내뱉은 드라이플라워의 메마른 얼굴인지 모른다'는 생각에 이르게 되었던 것이다. 다시 말해서 사랑이란 드라이플라워처럼 피를 말리는 고통을 감내할 때 비로소 변치 않는 모습에 도달할 수 있다는 것을 그는 깨닫게 된 것이다. 이런 깨달음을 그는 곧 이별을 경험함으로써 얻게 되었다고 한다. 여기서 이별이란 새로운 깨달음을 가능하게 한 시련을 뜻하며, 따라서 인간이란 결국 어떤 시련을 동반하지 않고는 새로운 세계에 이르지 못한다는 것을 시인은 간파하고 있음을 알 수 있다.

흔히 인간은 행복할 때보다는 불행할 때 더욱 자신을 분명히 인식할 수 있다고 한다. 뿐만 아니라 좌절감 속에서 더욱 큰 희망을 엿볼 수 있다고 한다. 이런 삶의 역설적 의미를 우리는 위의 시를 통해서도 다시 확인할 수 있다. 이를 통해서 우리는 시인의 인식의 깊이와 함께 삶에 대한 성실한 자세를 엿볼 수 있다. 다음의 시 역시 이와 같은 시인의 자세가 바탕을 이룬다.

> 빛 속에서도 바람에 흔들리는 꽃잎을 못 보는 자가
> 나만이 아니었다
>
> 어둠 속에 앉아 어둠을 밝히고서야
> 대낮의 노란 꽃들이 보이기 시작했다
>
> 나를 버리고서야
> 어우러져 피어있는 꽃들의 아름다움이 보였다

작은 들꽃들이
눈물겹도록 아름다운 이유를 알았다

노오란 유채꽃의 들판에서

—「새 · 16-부엉이」 전문

위의 시에서 시인은 집착과 초연함을 분명히 대비하고 있다. 그리고 진실로 보는 것이란 어떤 것인지를 잘 형상화해내고 있다. 먼저 1, 2연에서는 정작 밝은 빛 속에서는 꽃의 실체를 제대로 보지 못하다가 어둠 속에서 비로소 '대낮의 노란 꽃들'을 볼 수 있었다고 한다. 그리고 3연에 가서 그 이유를 제시한다. 즉 '나를 버리고서야'라는 구절에서 암시되는 바, 그것은 我執으로부터 초탈함으로써 가능하게 되었음을 뜻한다. 여기서 우리는 아집이 사물의 실체에 도달하는 데 얼마나 큰 장애가 되는 것인가 하는 점을 알 수 있다. 아집은 인간에게 스스로를 구속하고 편견에 사로잡히게 하는 검은 장막과 같은 것이기에 세계를 있는 그대로 파악할 수 없게 만든다. 그러나 그 아집을 버리고 무한히 자유로운 눈으로 세계를 들여다보면 세계는 감추었던 비밀을 숨김없이 열어 보여준다. 그래서 시인은 아집을 버리고 아주 자유로운 마음과 눈으로 돌아옴으로써 정작 빛 속에서는 보지 못하던 아름다운 꽃들을 볼 수 있게 되었던 것이다.

그리고 여기서 우리가 또 하나 눈여겨보아야 할 것은 '어우러져 피어있는' '작은 들꽃들이/ 눈물겹도록 아름다운 이유를 알았다'고 하는 구절이다. 낱낱이 뜯어보면 비록 보잘것없는 작은 꽃들일지 모르지만 그것들이 서로 어우러져 피어있을 때는 큰 아름다움으로 변할 수가 있음을 보았고, 이를 통해서 그는 '어우러짐'의 진정한 의미를 새삼스럽게 깨닫게 되었던 것이다. '눈물겹도록 아름다운 이유'는 바로 여기에 있다. 이것은 공동체에 대한 의미와 가치를 강조하는 것이요, 아집에 사로잡혀서는 안 된다는 것을 나타내는 것이기도 하다. 그리하여 허심탄회한 마음을 가질 때 세상은 한껏 다르게 느껴질 수밖에 없는데, 다음 시는 그런 시인의 인식을 잘 보여준다.

> 세상은 가시나무 숲이라 해도
> 흙먼지 나는 빈 들녘이라 해도
> 살아 볼만한 내일이 있다
>
> —「새 · 31-가시나무새」 부분

이 구절에 의하면, 시인의 인식은 상당히 변해 있다. 즉 비극적 인식보다는 가능성을 믿는 쪽으로 더 많이 기울어져 있다. 세상이 아무리 가시나무숲이고 흙먼지 나는 빈 들녘이라 해도 '살아 볼 만한 내일이 있다'고 믿는 마음에서 우리는 무엇보다 세상을 긍정적으로 읽으려고 하는 시인의 마음을 엿볼 수 있다. 물론 이것은 부정적인 세상과 타협하거나 안주하려는 것을 의미하지는 않는다. 그보다는 지금까지 보아온 바대로 희망적인 '내일'에 대한 믿음을 갖고 그 믿음을 실현하기 위해 성실한 삶을 살아야 한다는 의미로 읽어야 할 것이다. 그러니까 그의 마음에 끝없이 일어나는 비상의 의지를 끄지 않음으로써 결국 내일은 '살아 볼 만한' 날이 도래하리라는 확신이 이런 인식으로 나아가게 했다고 하겠다.

이상에서 간략히 살펴보았듯이 이옥진의 시는 어두운 현실 속에서 삶을 살아가는 우리들에게 진정한 삶이란 어떤 것인가 하는 점을 여실히 보여주고 있다. 즉 비록 현실이 어려울지라도 내일에 대한 희망을 저버리지 않을 때 삶에 대한 성실성도 부가될 수 있으며, 또한 성실한 삶이란 곧 아집을 버리고 공동체 의식을 가지는 것이라는 점을 그는 역설하고 있다. 이렇게 볼 때 이옥진의 시는 우리에게 현실과 자아에 대해서는 치열하게 성찰하되, 삶에 대해서는 따뜻한 눈길을 가져야 함을 일깨운다. 이것이 그의 시에 투영된 바탕색이며, 동시대를 살아가는 우리 모두에게 좀 더 성실하고 참된 삶을 살도록 일깨우고자 하는 요체가 된다고 생각된다.

원만한 세계에 대한 갈망
—고옥주의 시세계

시인의 특성은 무엇보다도 남다른 눈을 가졌다는 점일 것이다. 물론 그들도 일반인들과 다를 바 없는 일상생활을 영위하고 그 속에서 경험을 쌓아 가는 것은 틀림없는 사실이지만, 그러나 그들에게는 삶의 이모저모에서 만나는 일과 대상들을 예사롭게 보아 넘기지 않는 예민한 감수성이 있음은 물론이거니와 그에 대한 예리한 비판의식을 발동한다는 점에서 일반인들과 구분되는 점이 있다. 어떤 글쓰기이든 결국 비평행위와 밀접한 관련을 맺는다고 어느 시인이 말한 바 있지만 특히 시인들은 자신들이 일구어 가는 삶에 대해 늘 성찰하고 그것을 시적으로 드러내는 데 게을리하지 않는다.

이런 점에서 고옥주의 시 역시 그런 범주에서 예외가 될 수 없다. 그의 시에는 특히 자연에 대해 세심하게 관찰하고 상상력을 투여하려는 의식이 매우 돋보이는데 이것이 고옥주의 시에 드러나는 중요한 특징이 아닐까 한다. 그는 섬세한 눈과 감수성을 가지고 있고, 그 섬세한 눈으로 일별해 내는 시적 대상은 우리에게 새로운 경험을 하게 한다. 그래서 그의 시를 읽으면 무엇보다 신선한 기분이 드는데 이점 그의 시가 갖고 있는 장점이자 그의 시를 읽는 우리에게 보람을 안겨주는 요소라 하겠다. 예컨대 다음과 같은 시에서 우리는 고옥주의 섬세한 눈을 엿볼 수 있다.

흐르는 물은
어떤 비명으로 어는 것일까
살을 저리게 하던 노여움과
잦은 물결도 차 렷!
커다란 입을 다물었다

잠실대교 발목을 죄며
퍼렇게 얼어붙은 살결 밑으로
실핏줄 드러난다
끊지 못한 사랑과 기다림처럼.

—「결빙(結氷)」 전문

위의 시에서 우리는 시인이 가진 두 개의 시선을 확인하게 된다. 하나는 결빙된 강물에 가 닿아 있는, 즉 현상 그 자체를 살피고 있는 육체적인 눈이고 다른 하나는 현상의 이면으로 파고 들어가서 그 속에 감추어져 있는 내밀한 의미를 읽어내려는 마음의 눈이다. 이러한 두 개의 눈은 결국 판이한 두 개의 인식을 드러내고 있는데 전자는 흐름이 멈추고 침묵하는 현상을 들여다보고 있는 반면에 후자는 그 결빙된 외적 현상 속으로 사랑과 기다림 같은 그 무엇이 실핏줄을 타고 흐르고 있음을 발견하고 있다.

결국 시인은 이 시에서 비록 겉으로 침묵하는 것처럼 보이지만 그것은 표면적인 것일 뿐 실상 그 속으로는 '사랑과 기다림'이 끊임없이 흐르고 있음을 말하고자 한다. 이를테면 겉으로 고통스런 상황이 도래하면 할수록 그 내면으로는 그것을 이겨내려는 뜨거운 핏줄과도 같이 진한 사랑의 열정이 흐르고 있다는 것이다. 따라서 '퍼렇게 얼어붙은 살결 밑으로', '끊지 못한 사랑과 기다림처럼' 흐르는 실핏줄을 들여다보는 시인의 내면의 눈은 지난한 우리 삶에 희망을 불어넣는 것에 다름이 아니다.

이 시에 드러나는 이러한 시인의 깊은 눈과 그에 의한 사물 읽기는 그의 시 도처에서 만날 수 있는데 그것은 결과적으로 고옥주의 시가 역설적인 구조를 띄게 하는 근본 요인이 된다. 이것은 삶의 진실에 도달하려는 시인의 성실한 자세에서 연유하는 것인 동시에 간난을 극복해내는 힘이 내재해 있다는 인간 존재의 한 속성을 성찰하는 것이기도 하다. 「잔디」라는 시에서 우리는 그것을 분명히 확인할 수 있다.

> 밟히기도 이골이 나면 더러는 편안하다
> 밟히면서 숨쉬고 꽃 피우는 법
> 눌린 것들과의 소근거림
> 뿌리까지 받아들였다 놓아보내고 다시 서는 법
> 누워도 잠들지 않고
> 밟혀도 소리지르지 않는
> 다만 기울어도 똑바로 기우는
>
> 누우면
> 구름도 별도 발바닥처럼 보인다.
>
> —「잔디」 전문

김수영의 「풀」을 연상케 하는 이 시에서 시인은 생명체의 강인한 삶의 속성을 노래하고 있다. '잔디'가 밟힘을 당하지만 결코 절망하지 않고 그 나름대로 살아가는 방법을 찾아 질긴 삶을 이어가듯, 우리의 삶도 그런 끈질긴 일면이 있기에 그 모진 풍파를 견디며 하루하루를 살아 긴 역정을 만들어가고 있는 것이다. 일견 이 시에서는 체념적인 삶의 자세가 얼비치기도 하지만, 그러나 그것은 '누워도 잠들지 않고', '다만 기울어도 똑바로 기우는' 자세를 지킨다는 구절을 통해서 볼 때 결코 체념적인 삶의 자세를 드러내는 것이 아니다. 오히려 어쩔 수 없이 밟히기는 하지만 그럴수록 똑바로 서서 깨어 있어야 한다는 불굴의 의지를 더 짙게 나타내고 있는 것이다.

그런데 이 시에서 역설의 묘미를 한껏 살린 것은 그 다음 연이다. '누우면/ 구름도 별도 발바닥처럼 보인다.'는 구절이 그것으로, 이에 의하면 눕는 것이 결코 패퇴함을 의미하는 것이 아니라 오히려 '구름'과 '별'을 발바닥처럼 볼 수 있는 순간이 된다는 것이다. 다시 말해서 눕는 것이 순간적으로 절망적인 자세가 될지는 모르지만 역설적으로 그런 절망을 경험함으로써 구름처럼 자유로움도 별과 같은 희망도 좀 더 분명히 알게 된다는 것이다.

바로 여기에 고옥주의 시가 드러내는 역설적 구조의 진정한 의미가 놓인다. 이를테면 삶이나 사물의 본질이란 하나의 의미로 닫혀 있는 것이 아니라 근본적으로 열려 있는 것이기에 다층적인 의미를 지니고 있다는 것이다. 즉 어떤 절망도, 어떤 희열도 그 자체로 완결되거나 영원한 것이 될 수 없다. 절망 속에는 희망이라는 싹이 배태되어 있으며, 반대로 희열 속에는 좌절의 싹이 돋을 가능성이 그 무엇보다 짙은 것이 아니겠는가. 시인은 곧 그러한 우리네 삶의 진실을 역설한다.

이러한 인식에 이를 때 우리는 결코 행복에 젖어 오만하거나 절망으로 비탄에 빠질 필요가 없다. 왜냐하면 고옥주의 시가 웅변하듯 영원한 행복도, 또 영원한 절망도 없는 것이 삶의 속성이기 때문이다. 그래서 그는 편협과 단절이 아닌 화해의 길로 나아가야 한다는 것을 절실히 깨닫고 다음과 같이 읊는다.

> 내 마음 강물이 먼지 하나
> 풀씨 하나라도 적시면
> 끊어진 가슴들

강줄기 하나 속에 이어지면
우리가 바다이든 한웅큼 소금이든 빗물이든
갈라진 돌틈 모래틈에도
어루만지며 둥글리며
늘 젊은 속살 돋고 있겠다
죽어서도 흐르고 있겠다.

—「江」 부분

고옥주의 시에서는 물과 강의 이미저리가 빈번하게 보이는데 그것은 결코 우연한 것이 아니다. 그것은 곧 단절보다는 지속성(시간/역사)을, 편협함이 아닌 화해를 표상하는 것으로서 의식적이든 무의식적이든 시인이 추구하는 세계와 깊은 연관을 맺고 있는 것이기에 그의 시의 중심 이미저리가 되고 있는 것은 어쩌면 지극히 당연하다고 할 것이다.

위의 시에서 그러한 시인의 의식이 선명히 드러나고 있듯 그의 마음은 '강물'처럼 모든 것을 감싸고 어루만지고 둥글리며 '끊어진 가슴들'을 이어주고 싶어한다. 그러한 마음은 모든 것이 '늘 젊은 속살'을 돋게 하고 나아가 '죽어서도 흐르'게 하는 원천이 되는 것이다. 이에 의하면 고옥주의 의식 속에는 인간들의 화합만이 우리를 영원에 이르게 한다는 인식이 내재해 있음을 알 수 있다. 그래서 그는 결코 들뜨거나 오만하지 않으려고 한다.

여기서 우리는 늘 그가 원만한 자세를 취하려고 노력하는 이유를 알 수 있는 것이다. '물에 거슬리는 모서리마다/ 모질게 끊어내고/ 수만 개의 눈빛을 안으로 다져 넣은/ 물일 수 없는 마지막 자갈로/ 지금 입을 다문다'(「자갈」)고 하는 표현에 확연히 드러나듯 그는 원만한 자아를 이룩하기 위해 '물에 거슬리는 모서리'를 '모질게 끊어내'는 자기 존재의 시련을 감수하고자 하고 있는 것이다. 이러한 시련이 그를 결국 단단하면서도 원만한 물 속의 '자갈'과 같은 존재로 승화시킬 것을 생각할 때 고옥주의 영원의 세계에 도달하고자 하는 의지가 얼마나 절실하고도 진실한 것인지 이해하게 된다. 그 같은 시인의 따뜻한 마음은 매우 잔잔한 감동을 불러일으키는 다음 시에서 그 절정을 이룬다.

> 그대에게 녹차 한잔 따를 때 내 마음이 어떻게 그대 잔으로 기울어 갔는지 모르리. 맑은 마음 솟구쳐 끓어오를 때 오히려 물러나 그대 잔을 덥히듯 더운 가슴 식히리. 들끓지 않는 뜨거움으로 그리움 같은 마른 풀잎 가라앉혀 그 가슴의 향내를 남김없이 우려내야 하리. 그대와 나 사이 언덕에 달이 뜨고 풀빛 어둠 촘촘해 오니 그대여, 녹차 한잔 속에 잠든 바다의 출렁임과 잔잔한 온기를 빈 마음으로 받아 드시게.
>
> —「녹차 한 잔」 전문

설명이 오히려 거추장스러울 정도로 그냥 가슴으로 읽히는 시이다. '맑은 마음 솟구쳐 끓어오를 때 오히려 물러나 그대 잔을 덥히듯 더운 가슴 식히'며 '들끓지 않는 뜨거움으로 그리움 같은 마른 풀잎 가라앉혀 그 가슴의 향내를 남김없이 우려내야' 한다는 시인의 정서가 번거롭고 들뜬 오늘을 사는 우리들의 가슴을 마냥 흔들어놓는다. 여기에 더 무슨 말이 필요하겠는가.

고옥주의 시는 일부 젊은 시인들처럼 어설프게 남을 흉내나 내려고 하지 않는다. 다만 그는 섬세한 눈과 감성을 가지고 삶을 성찰하고 우주를 읽어 그 본질에 가까이 가려고 할 뿐이다. 그러한 그의 자세는 그 자신을 가장 시인답게 해주고 있으며 그의 시를 읽는 이에게도 마음 편하게 해주고 있다. 그의 시를 읽으면서 줄곧 느끼게 되는 잔잔한 감동도 바로 그러한 그의 차분한 자세에서 오는 것이라 생각된다. 이런 점에서 그는 많은 가능성을 지닌 시인으로 우리의 관심 안에서 떠나지 않을 것이다.

공기 같은 존재를 갈망하는 노래
—김안려의 시세계

1

요즘 미술 치료, 음악 치료, 문학 치료 등 각 장르마다 의학 용어인 '치료'라는 말을 직접 쓰다시피 예술의 실용 가능성을 극대화하려는 인식이 전에 없이 팽창한다. 예술 분야에서 유달리 이런 인식이 높아지는 것은 아마도 속물주의의 세태에 기인한 예술 분야의 위기의식과 밀접한 관련이 있는 것으로 보인다. 이는 어떻게 보면 상대적으로 재물과의 교환가치가 적기 때문에 대중들에게 점점 소외되는 예술의 위기를 구원하기 위한 수단으로서 실용적 가치를 드높이려는 자구책의 일환일 수도 있다. 즉 예술의 사회적 쓰임새를 더욱 가시화하여 대중들의 관심을 다시 불러일으키려는 의도가 그 이면에 깔려 있다고 해도 과언이 아니다.

예술의 효용성 문제는 사실 그리 새삼스러운 것이 아니다. 일찍이 아리스토텔레스가 비극의 중요한 기능으로서 '카타르시스'라는 용어를 거론하였듯이, 이것은 이미 그리스 시대에 이론적으로 정립되어 예술의 효용성과 관련하여 지속적으로 논의되어왔다. 널리 알려져 있듯이 '카타르시스'란 원래 의학 용어로서 변비를 치료하는 설사약을 가리키는데, 이것이 예술에 원용되어 심리적인 차원에서 이른바 감정의 '배설(排泄)'과 '정화(淨化)'의 의미로 사용되고 있다. 즉 이는 심리적으로 온갖 억압과 갈등 국면에 처한 사람이 예술을 통하여 그 감정이 해소되거나 깨끗해져서 안정되고 자유로운 존재로 나아가는 상태를 뜻한다.

그렇다면 모든 예술 작품이 이런 기능을 수행할 수 있을까? 이 물음에 대해서 우리는 고개를 갸우뚱거릴 수밖에 없다. 독자의 수준에 따라서는 사정이 좀 달라질 수 있겠지만,[1] 좋은 작품일수록 그 효용성이 높아져 독자의 마음을 평온한 상태로 인도한다. 반면에 나쁜 작품은 작가나 독자에게 순정한 카타르시스를 제공하기보다는 일시적인 쾌락에 빠지게 하여 오히려 삶에 대한 성찰을 가로막고 주체를 방기하여 비판정신을 잃어버리도록 부추길 따름이다. 예컨대, 주로 재화 획득의 수단인 교환가치에만 눈이 어두워 말초적 자극과 흥미에 집착하는 싸구려 대중소설과 감정을 제어하기보다는 무분별하게 방출하는 감상성(感傷性)이 과잉된 사이비 서정시들이 바로 그런 부류에 들 것이다. 이런 것들은 자극적으로 읽히는 만큼 단순히 시간만 소비하고 죽이는 방향으로 작용할 뿐, 독자에게 그 이상의 어떤 창조적 가치를 창출하는 효과를 갖기는 어렵다.

그러나 좋은 작품은 비록 독자들에게 불편하게 읽히고 많은 시간을 할애하게 하며 또 고통스럽게 고민하도록 만들지만, 그것은 결과적으로 보람과 후련함을 극대화하기 위한 예술적 한 과정이므로 필요불가결한 것이다. 그것이 결국 자아와 세계를 되돌아보고 비판적 인식을 갖게 하며, 나아가서 나로부터 세계로 나아가는 통로를 모색하게 하고 어떤 형태로든 다른 사람과 관련을 맺게 만든다. 그러니까 좋은 작품일수록 독자에게서 얄팍한 쾌락을 뺏어가는 대신에 뼈아픈 성찰을 통해 사회적 자아로

[1] 만약 그가 의식 수준이 높은 이상적인 독자라면 나쁜 작품은 타산지석으로 삼고 좋은 작품은 모범으로 받아들일 수 있는 능력이 있으므로 어떻게 하든 유용한 독서가 될 수 있다.

거듭나게 할 뿐만 아니라 편협하고 고립된 자기 세계에서 해방되어 삶의 여유와 진정한 자유를 누리게 한다.

사실, 이 문제는 관념적으로 접근하면 이렇듯 쉽게 대별할 수 있지만, 실제 현실로 돌아가면 그리 만만한 사안이 아니다. 예술가라면 누구나 좋은 작품을 쓰고 싶고 많은 독자들에게 관심을 받고 싶으며 또 시공을 초월하여 영원한 사랑을 받고 싶겠지만, 예술사적으로 오랜 세월 동안 시련과 검증을 거쳐 살아남는 작품이 그리 많지 않듯이 언제나 이상과 현실은 따로 놀기 마련이다. 그럼에도 불구하고 진정한 예술가라면 최선을 다해서 일생일대의 명작을 남기려는 치열한 예술가 정신을 견지하려고 노력할 것이라는 사실만은 부인할 수 없다. 특히 그가 외부의 자극에 의한 것이 아니라 자기 내면에서 끓어오르는 열정과 번민을 이기지 못하여 예술의 길로 들어선 경우에는 더욱 그렇다. 자기 내면에서 촉발되는 예술적 명령을 거부할 수 없는 사람이라면 무엇보다도 먼저 자기 작품의 완성도를 높이기 위해 예술혼을 불태우고 승화하는 데 혼신의 힘을 다하기 마련이다. 그런 열정에서 결실된 작품은 설령 걸작에 못 미친다고 하더라도 예술가에게든 독자에게든 최소한 수고로움에 값하는 어떤 의의를 가질 것임은 두 말할 나위가 없다. 이런 작품은 물신주의가 만연하고 얄팍한 기회주의에 사로잡힌 예술가들이 적지 않은 현실에서 진정한 작품을 그리워하는 독자들에게 다소라도 목마름을 가시게 하는 한 모금의 청량제가 될 수 있다.

김안려의 시를 논의하는 자리에서 서두가 좀 길어졌지만, 그녀의 시를 개관하는 과정에서 먼저 나에게 자극을 준 가장 두드러진 빛깔이 위와 같은 문제들이라고 생각했기 때문에 짐짓 장황한 논의를 펼쳐 보았다. 특히 내 눈길과 마음을 오래 잡아두는 작품들의 경우, 오늘날에도 여전히 예술/시가 사회적인 효용성이 있다면 그것이 무엇이냐고 반문하는 사람들에게 당당히 대답할 수 있는 미덕을 간직하고 있다. 그녀의 시심의 태반에는 예술의 사회적 가치에 대한 믿음으로부터 자아와 세계를 총체적으로 바라보려는 열린 세계인식까지 다양한 시의 씨앗들이 잉태되고, 시인은 그것들 가운데 일부를 작품으로 빚어냈기 때문이다. 따라서 김안려 시의 스펙트럼은 상당히 넓게 세상을 조명해낸 셈인데, 나는 그 가운데 헝클어지고 꼬인 실타래처럼 어수선한 요즘 세상을 풀어낼 만한 실마리로 작용할 수 있는 작품들을 중심으로 그 특성을 밝혀보려고 한다.

2

앞서 예술의 사회적 가치인 이른바 치료적 기능에 대하여 논의한 바 있는데, 과연 예술이 의료 기술이나 물리적 약효처럼 실체적 효용성을 가질 수 있을까? 현재 세계적으로 관련 학회가 만들어져 일부 학자들이 그것을 증명하기 위해 이론적으로 접근하는 중으로 알고 있지만, 내 좁은 견문으로는 사실 임상 연구를 통해서 구체적이고도 확실한 자료를 내놓은 것은 별로 보지 못했다. 다만, 전통적으로 볼 때 각종 예술 감상을 통해 보상심리가 작용하여 들뜬 마음을 안정케 하고 평상심으로 돌아가게 하는 경우는 많은 것으로 알고 있는데, 이 문제를 김안려는 다음처럼 실증적 제재를 통해서 풀어내고 있다.

거칠게 날뛰며, 젖을 빨려 하는
어린 새끼를 걷어차고 만다

비칠비칠 일어나 다시 어미 곁으로
가는 어린 새끼, 이젠 제대로
일어서지도 못한다

젖을 먹지 못해 안타깝게 사그라드는
한 생명을 구하기 위해
마두금 연주가 시작된다

끊어질 듯, 이어질 듯 애잔하게 흐르는 음악
어미가 차츰 조용해지며 두 눈이
잔잔해지더니 큰 눈망울 가득 눈물이 고인다

가만히 젖을 내어주는 어미
실컷 젖 먹고 난 새끼
서로의 눈빛이 따뜻하다

—「마두금 연주에 눈물 흘리는 어미소」 전문

이 시는 실제 몽고 지방에서 행하는 전통 음악을 제제로 한 것이라고 한다. 어미소와 송아지가 '마두금(몽고의 전통 악기의 하나) 연주'로 인하여 적대적인 관계에서 온화하게 바뀌는 과정을 거의 사실적으로 묘사하였기 때문에 더 자세한 설명이 필요하지 않을 만큼 쉽게 이해되는 작품이다. 그리고 이를 통하여 예술로서의 음악이 지닌 힘—효용성을 구체적으로 확인할 수 있다.

위의 사례는 몽고 지방의 전통이지만 실제 우리 주변에서도 얼마든지 찾을 수 있다. 가령, 양계장에서 잔잔한 선율의 음악을 계속 틀어주면 달걀 생산량이 늘어난다는 사례는 이미 널리 알려진 사실이다. 비단 동물 세계뿐만 아니다. 갈등이 심한 사람들을 서로 역할을 바꾸어 연극을 하게 함으로써 상대방의 마음을 이해할 수 있는 계기를 마련해주는 역할극 같은 경우도 심리 치료로서 상당히 효과가 높다는 것도 잘 알려져 있다. 또한 신문에 보도된 바에 따르면 노숙자들에게 시를 읽혔더니 다음 날 공짜로 밥을 타먹으러 오는 사람이 현저하게 줄더라는 현장 실험 결과도 있다고 한다.

이런 점을 상기하면 위의 시에서 다룬 제재가 그리 낯설지만은 않다. 아마 이 어미소는 출산 과정에서 받은 어떤 스트레스 때문에 제 새끼를 도외시하다가 마두금 선율을 통하여 심리적 안정과 함께 모성을 되찾아 새끼에게 젖을 내어주게 되었다는 것인데, 기실 시인의 표현 의도는 그 소의 감동적인 행태가 아니라 짐승도 움직일 수 있는 음악/예술의 은밀하면서도 역동적인 힘에 대한 경이로움일 것이다. 이런 점에서 이 시는 일종의 우유(寓喩)에 기댄 것으로 이해된다. 즉 짐승도 움직이는 힘을 가진 것이 음악이라면 만물의 영장으로서 예술을 알고 정서적으로 반응할 수 있는 인간에게는 더 말할 필요가 없음을 시인은 표현하려고 했을 것이다. 더 직접적으로 말하면 시의 기능도 바로 그 연장선상에 있다는 것이다. 이를테면 그 본유의 통찰력과 성찰 기능을 통해 편협한 인간을 각성케 하고 인간다움을 되찾는 계기를 마련해주는 것이 시적 효용성의 하나라고 할 수 있는데, 다음 시는 그런 성찰 과정을 보여준다.

여름밤,
더위가 점점 그 도수를 높여갈 때
자동차를 몰고 길 위로 나서보라
전조등 환한 불빛 아래
길가로 난 수북한 풀들이
새파랗게 눈 뜨고 저들끼리
뭐라뭐라 수군대며 회의 중이다

이 여름 깊은 밤은 온통 저들 세상이다
우리들을 괴롭히며 못살게 구는
인간들을 모두 없애버리자
음모라도 꾸미는 것일까?

저들의 파랗게 뜬 눈이 무섭다
왈칵, 밀려드는 무섬증
온 몸에 오싹 소름이 돋는다

—「풀들의 반란」 전문

이 작품은 풀로 대유(代喩)된 자연과 인간의 관계를 노래한다. 물론 그 관계는 상생도 상보적인 것도 아닌 대립적인 것이다. 즉 인간의 폭력성을 다룬다. 자동차를 운전해본 사람은 경험해보았을 텐데 특히 시골길을 가다 보면 자동차가 지나가면서 일으키는 바람에 풀들이 심하게 요동치는 것을 목격할 수 있다. 인간의 입장에서 보면 씽씽 달리는 것이 기분 좋은 일일 뿐이지만, 아마도 풀들은 갑자기 지진이나 난 듯 온몸을 가누기 힘들 정도로 흔들리는 것이 그리 달갑지만은 않을 것이다. 그러니 만약 풀들에게도 어떤 감정이 있다면 당연히 인간을 향해 분노할 것이라고 시인은 상상한다. 이것이 바로 이 시의 모티프이다.

시인은 자동차가 지나가는 바람에 심하게 흔들리는 풀들을 보면서 생각한다. '우리들을 괴롭히며 못살게 구는/ 인간들을 모두 없애버리자'며 '무슨 음모라도 꾸미는 것'은 아닐까라고. 시인의 생각이 여기에 미치자 그녀는 갑자기 '온몸에 오싹 소름이 돋는' 무서움에 직면한다. 말하자면 인간의 폭력성[2]이 어떤 대가를 치러야 할지도 모른다는 두려움과 위기의식에 젖는다.

이렇게 보면 이 시에는 시인의 범우주론적 생명관이 그 바탕에 깔려 있다. 인간의 관점에서는 아주 사소할지 모르지만, 풀 한 포기의 생명도 분명 생명이요 우주의 한 구성체임에 틀림없다. 그런 까닭에 그들의 생명을 위협하는 인간의 행위는 어떤 형식으로든 대가를 치를 수도 있다[3]는

[2] 인간의 폭력성을 인식하는 것은 「복숭아에 난 벌레의 길」에서 '벌린 사람의 입으로 언제 들어갈지 알 수 없는/ 잦은 바람에 흔들리는 나무 잎사귀같이'라는 구절에서도 드러난다.

생각에 이르면 모든 생명체의 존엄성을 생각하고 매사에 조심할 수밖에 없다. 시인이 세상사에 민감하게 반응하며 무엇보다도 자기 성찰의 빈도가 높은 것은 바로 그 때문일 것이다. 그녀는 세상의 많은 문제들이 자아의 외부에서 비롯되는 것이 아니라 자기로부터 촉발되는 것이라고 생각하기 때문에, 다음 시에서처럼 세차를 제재로 표현하면서도 결국엔 자아 성찰로 귀결시킨다.

벗은 몸 부끄러워
화끈 달아오른 얼굴 감출 곳 없나
두리번거리다 두 눈 감아보지만
벗은 마음까지 어찌할 수 없어
때 묻어 냄새나는 속 보일까 겁이 나

몸은 좀 더러워도 괜찮다
마음을 씻어내자 깨끗이 닦은 거울처럼
마음을 씻어내자
수없이 되뇌며
오늘도 나는 세차장에 간다

—「세차장에서」 부분

이 시는 겉만 화려하게 치장하려는 요즘 세태를 의식하여 지은 것으로 보인다. 제 속을 먼저 알차게 채우려 하기보다는 남의 시선을 끌기 위해 겉치레에 더 많은 신경을 쓰는 것이 현대인들의 한 특징이라면, 시인은 그 반대로 가는 길에 인간 삶의 진정성이 있음을 인식한다. 즉 '몸은 좀 더러워도 괜찮다'고 하며 '마음을 씻어내'는 일이 먼저라고 강조하는 것이 바로 그것이다. '깨끗이 닦은 거울처럼' '마음을 씻어내'야 제 본모습

---

[3] 이것은 '자업자득(自業自得)' 즉, 연기(緣起)적 세계관과 관련이 있다.

을 발견할 수 있다고 그녀는 믿기 때문이다.

그런데 시인은 그게 그리 쉬운 일이 아니라는 것도 잘 알고 있다. 그것은 '마음을 씻어내자'고 '수없이 되뇌며' 거듭 다짐하면서도 '오늘도 나는 세차장에 간다'는 행위로 시를 마무리하는 대목에서 확인할 수 있다. 즉 몸(행위)과 마음(진심)의 괴리를 어찌할 수 없는 것이 인간의 한계임을 그녀는 의식한다. 이렇듯 온전한 인간으로 나아가기 무척 어렵다는 사실을 시인은,

이제, 다시 붉은 피 돌아
따뜻해진다
전원이 켜진 밥솥은
보이지 않는 생명의 힘으로
차고 단단해진 제 몸
곧게 일으켜 세운다
굳어버렸던 밥알들도
윤기를 내며 반지르르하다

우리도 저와 같았으면……
싸늘하게 식어버린 몸에 플러그를 꽂고
환히 눈 밝혀
그 몸을 일으켜 세우면
안타까이 흘린 많은 눈물들이
제 자리 찾아갈 수 있을까

—「플러그를 꽂으며 – 일어서는 몸들」 부분

라고 표현한다. 플러그를 뽑아놓아서 식은 밥솥에 전기를 넣으면 다시 밥이 따뜻해지고 '윤기를 내며 반지르르'해지는 것처럼 '우리도 저와 같았으면' 하고 소망을 가져 보면서도 결국엔 '제 자리 찾아갈 수 있을까'라

고 일말의 회의를 떨쳐 버리지 못하는 것은 바로 '싸늘하게 식어 버린 몸'을 '환히 눈 밝혀/ 그 몸을 일으켜 세우'기가 그만큼 어렵다는 것을 알기 때문이다.

사람들이 하기 좋은 말로 "세상만사 마음먹기 달려 있다."고 떠들지만, 사실 세상에 가치 있는 것치고 말처럼 쉽게 이루어지는 것은 하나도 없다. 만약 제 뜻대로 세상만사가 돌아간다면 인간은 아파하고 슬퍼할 하등의 이유가 없으며, 심지어 아까운 생명까지 포기할 까닭은 더욱 없을 것이다. 이러한 의문과 갈등이 시인을 고통과 번민의 벼랑으로 내몬다면, 또한 그래서 더욱 시인으로 하여금 위기에 처한 존재의 안위를 탐색하는 방향으로 나아가게도 한다.

> 밀리고, 쫓겨서 여기까지 온
> 먼 시간들
> 아득하다
> 그저 한 순간
> 눈 감으면 그만이다
>
> 아슬한 벼랑 끝
>
> 여기까지 나를 내 몬 건
> 무엇이었을까
>
> 쏟아지는 비, 풀 한 포기
> 흙 한 줌
>
> 그런 것이었을까 그런 것?
>
> 벼랑 끝에 서서

둥글게 웅크리고 잠자던
태아 적 나를 본다

그건 참 편안한 잠이었지

다시, 깊고 아늑했던
그곳으로 들어가는 것이다

환하다 이곳, 벼랑 끝

—「벼랑 끝에 서다」 전문

시인은 무슨 이유인지도 자세히 모른 채 자꾸 '아슬한 벼랑 끝'으로 '밀리고 쫓겨' 간다. 자아를 벼랑으로 내모는 강력한 힘이 '쏟아지는 비, 풀 한 포기/ 흙 한 줌' '그런 것이었을까'라고 생각해 보지만, 여전히 의문으로 남을 뿐 답답한 것은 마찬가지이다. 다만, 그것이 비와 풀과 흙에 관련된 것이 아닐까 추측하는 것으로 보면 벼랑으로 내몰리는 이유가 자연에 관련된 것임을 암시하려 한 것으로 보인다. 그렇다면 짐작되는 바가 있다. 즉 자연의 길에 대척되는 문명(도시)적 삶이 인간을 자꾸만 벼랑으로 내몬다고 생각하는 것으로 보인다.

시인은 이제 더 이상 앞으로는 갈 곳이 없다. 그렇다면 어떻게 절체절명의 순간에서 벗어나 삶을 도모할 수 있을까? 시인은 앞이 차단된 길 끝에서 정신적인 길을 상상함으로써 어떤 돌파구를 마련한다. 즉 '둥글게 웅크리고 잠자던/ 태아 적 나'의 모습을 상기하는, 이른바 퇴행의식을 통해서 위기에서 벗어나는 길을 찾는다. 마치 이육사가 「절정」에서 무릎을 꿇을 곳조차 없는 위기의 절정 상황에서 눈을 감고 내면으로 잠행하여 '겨울'을 '무지개'로 대체하는 새로운 길을 찾아냈던 것처럼, 시인은 상상을 통해 잉태 이후 가장 안락했던 순간인 '태아 적 나'—존재의 원점으로 회귀하여 현실적 고통과 위기의식에서 벗어난다. '깊고 아늑했던/ 그곳으로 들어가'서 '환하다'는 느낌을 갖는 대목에서 그 점이 확인된다. 물론 자궁으로의 회귀는 일면 현실도피로서의 부정적 의미를 띠기도 하지만, 앞길이 차단된 현실로부터 원점으로 되돌아가서 새로운 출발을 도모하는 긍정적 의미를 갖기도 한다. 김안려 시의 전체 맥락을 살피면 후자의 성격이 매우 강한 것으로 파악된다. 결과적으로 최악의 상황인 벼랑으로 내몰린 것이 도리어 '환하다'는 느낌을 갖게 한 이 아이러니가 시인에게 좌절감을 극복하고 새로운 삶에 대한 의욕을 불태우게 하는데, 그것은 무엇보다도 존재의 이면에 내재한 강인한 생명력을 인식한 결과일 것이다.

작고 연약한 것이거나
크고 힘이 센, 그 어떤 것이라도
제 안에 숨어 있는 알지 못할 힘 있어
몸 버팅기며 살아 갈 수 있는 것인가 보다

—「박하 잎사귀, 귀 세우다」 부분

이 시는 '아는 이의 집'에 가서 '박하 잎사귀 한 줄'을 얻어온 것이 시들시들해진 것을 보고 버리려다가 '먼 길 함께 온 게 아쉬워' '작은 물그릇에 놓아두고 잊어버렸는데' 밤새 '새파랗게 귀 세우고' 있는 모습을 발견하고 그 생명력에 대한 놀라움을 표현한 작품이다. 그 마지막 연인 인용 부분에서 보듯이 시인은 모든 생명체란 '제 안에 숨어 있는 알지 못할 힘 있어/ 몸 버팅기며 살아 갈 수 있는 것'임을 깨닫는다. 이 '생명의 힘'을 새삼 인식함으로써 벼랑에 내몰린 최악의 순간에서도 살아남을 통로를 발견하게 되는 것이다. 말하자면 "하늘이 무너져도 솟아날 구멍이 있다."는 존재의 끈질긴 생명력이 시인을 위기의식에서 구원해준 셈이다.

그런데 자연의 이치를 통해서 자아를 성찰하여 삶의 방향을 개선하고 가늠하는 시 쓰기의 방법은 예로부터 내려오는 보편적인 것이다. 이 경우 세상은 자신을 바라보는 거울이 되는데, 김안려 역시 자신을 비추어보는 거울로서 세상을 인식하는 구성 방법을 즐겨 쓴다. 가령,

① 얼마나 지독했으면
그렇게 오랜 시간 흘렀는데도
변하지 않은 채
저리 꼿꼿이 버틸 수 있을까
시퍼런 오기 안으로 거두고
냉랭한 얼굴 보여줄 수 있을까

나도 저런 지독한
독 하나
내 몸에 심었으면 좋겠다
그래서 오랜 세월 흐른 후에도
썩지 않는
오롯한 정신을
수습했으면 참 좋겠다

―「방부제」 전문

라는 시를 비롯하여,

② 나는 맛없는 마른 빵만 씹으며
다가오는 시간 마주보려 하는가
버터와 잼 끼워 넣은 부드럽고 말랑말랑한
빵으로 다시 태어날 때까지
손 내밀어 흔들 줄 아는 나뭇가지처럼
휘어졌다 다시 일어서는
무게 위에 앉아 있고 싶다

—「마른 빵의 노래」 부분

③ 내 안에 고여 썩는
쓸데없는 허접 쓰레기들
조금만이라도 덜어 낼 수 있다면
모난 돌멩이조차 둥글게 다듬어내려
바닥까지 훤히 들여다보이는
흐르는 물, 닮고 싶다

—「물의 길」 부분

④ 아무 양분 없는 물만 먹고 자랐어도
푸른 잎 틔우고 잘 자라더니
정말 황송하게도 꽃까지 피울 줄 알아

고마워라 고마워라
있어야 할 자리에 있지 않아도
스스로 제 할 일 알아서 하는 너를
닮고 싶다

—「감자꽃 피더니」 부분

등등에서 빈번하게 드러난다. 제재는 각각 다르지만 모두 자연의 섭리를 생각하고 그것처럼 되고 싶은 소망을 모티프로 한다. 그리고 이들 네 편을 자아인식에 따라 다시 계열화하면 ①과 ②는 영원성에 대한 인식을, ③과 ④는 이상적 삶의 모습을 지향하려는 인식으로 나눌 수 있다.

이것을 좀 더 구체적으로 살펴보면, 먼저 ①에서는 사물을 오래도록 썩지 않게 하는 방부제의 속성을 통하여 자신의 몸속에도 그런 '지독한 독 하나' 심어서 영원히 썩지 않는 '오롯한 정신을/ 수습했으면 참 좋겠다'는 즉, 끝끝내 타락하지 않고 순정한 정신으로만 살고 싶은 소망을 표현한다. ②에서는 그 연장선상에서 '휘어졌다 다시 일어서는', 이른바 재생의지를 노래한다. 생략한 앞부분은 '모차르트의 바이올린 협주곡 3번 2악장'의 선율에 관한 것인데, 시인은 그 아름다운 예술과 메마른 물질적 욕망에 사로잡힌 자아('맛없는 마른 빵만 씹으며')를 대비하여 유연한(아름다운) 존재가 되고 싶다는 것을 표현한다. 그리고 ③은 쓰레기들을 쓸어내고 '모난 돌멩이조차 둥글게 다듬어내'는 물처럼 깨끗하고 원만한 존재가 되고 싶은 소망을, ④는 '내버린 빈 플라스틱 병'을 잘라서 물을 넣고 감자를 심어 놓았는데 그 열악한 환경에서도 감자꽃이 피는 것을 보고 놀라면서 어디에서나 제 할 일을 알아서 하는 능동적인 존재로 거듭나고 싶은 소망을 노래한다.

이렇듯 네 작품은 각각 다른 제재임에도 모두 '수습했으면 참 좋겠다', '무게 위에 앉아 있고 싶다', '닮고 싶다', '닮고 싶다'라고 시상이 마무되어 있는데, 이것은 온전하고 영원한 자연에 비해 자아는 그에 미치지 못하는 유한한 존재라고 인식한 결과이다. 그래서 시인은 불완전하고 유한한 존재로부터 아름답고 영원한 존재로 나아가고 싶어 한다.

3

지금까지 김안려의 시편들을 통해서 그녀의 시 쓰기가 갖는 궁극적 의미가 무엇인지 살펴보았다. 그녀에게 시 쓰기는 궁극적으로 유한하고 결핍된 존재를 각성케 하는 계기이자 바람직한 존재로 거듭나는 통로를 탐색하고 발견하여 그 길로 나아가려는 의지를 확인하는 작업임에 다름 아님을 알 수 있다. 물론 그녀의 자아와 세계인식은 독자에게도 자신을 되돌아보게 하고 아름다운 존재로 나아가게 하는 자극제로서의 구실을 하게 될 것이다.

좀 냉정하게 판단하면 사실 그녀의 시가 유별나게 새로운 점은 없다. 그 대신에 과연 무엇이 참살이인가 하는 점에 대한 나름대로의 궁리와 참다운 자아로 이행하려는 간절한 소망을 시적으로 표현한 시인으로서의 치열한 자세는 곳곳에서 엿볼 수 있다. 오늘날 위기가 아닌 것이 없다는 목소리가 높은데, 그 위기의 한복판에는 대개 인간의 검은 과욕이 태풍의 눈처럼 자리 잡고 있음을 생각하면 그녀의 시에는 엉킨 세상의 실타래를 풀어낼 수 있는 한 방법이 들어 있다는 점에서 우리들에게 읽는 노고를 보상할 것이다. 특히 다음 시에 보이는 그녀의 예술정신은 물신주의에 빠진 현대인들에게 어떤 암시를 던져준다.

그녀는 무게가 없다

그녀의 발이 공중으로 뛰어오른 순간

그녀의 몸은 사라지고 만다

날아다니는 가벼운

공기가 된 그녀

받쳐 줄 두 손도

소용없게 된 그녀의 몸

이제, 무대는 한 우주가 되고

시공을 가르는 매의 푸르름 속

그 안으로 그녀가 들어간다

—「공기처럼 가벼운 발레리나」 전문

오직 예술혼 하나로 무장한 '발레리나'이지만, 그녀는 '시공을 가르는 매의 푸르름 속'에 들어 그녀가 우주이고 우주가 곧 그녀의 품 안에 들어가는 최상의 경지에 이르고 있다. 발레리나가 어떤 보상을 의식하기 이전에 먼저 오로지 최상의 아름다움만을 꿈꾸며 예술혼을 불태우듯이 현대인들도 어느 측면에서는 순수한 예술가 정신을 조금이라도 가진다면, 그토록 시끄럽고 어두운 길에서 방황하지는 않을 것이다. 제 새끼도 몰라보던 어미 소에게 모성을 회복토록 해준 '마두금 연주' 같은 예술적 가능성을 믿는 입장에서, 김안려의 시도 사람들에게 아름다운 선율로 다가갔으면 참 좋겠다는 생각을 해본다. 그리하여 저마다 아집과 편견과 과욕을 조금이라도 줄이고 모든 생명을 고귀하게 존중할 줄 아는 사람들이 늘어난다면, 우리는 모두 '공기' 같은—한없이 가볍고 자유로우면서도 모든 생명체에게 삶의 근원이 되어주는 소중한 존재로 나아갈 수 있기 때문이다.

올해로 벌써 등단 10년이 넘었는데 이제야 첫 시집을 내는 김안려 시인, 그녀의 느린 행보는 속도전에 떠밀려 정신없이 달려가는 현대인들의 눈에는 어쩌면 외계인처럼 느껴질지도 모른다. 그렇지만 그녀의 시는 부질없는 물질의 위력에 현혹되어 진정으로 추구해야 할 것이 무엇인지도 가늠하지 못한 채 이리저리 휩쓸려 다니기 십상인 사람들에게 잠시 제 자신을 돌아보게 하는 쉼표의 역할을 할 수 있을 것이다. 서로 조금씩만 여유를 가지고 나와 남을 되돌아볼 수만 있다면 세상은 한결 밝고 정겨워질 것이 아니겠는가. 김안려의 시가 그 촉매제의 기능을 다하기를 기대해본다.

온고지신(溫故知新)의 시학
—김만수의 시세계

1

우리는 지금 너무나 급변하는 세계 속에서 삶을 영위한다. 하룻밤 자고 나면 몰라본다고 할 만큼 빠른 속도로 세상이 변한다. 물론 그러한 변화를 주도하는 주된 인자는 과학문명이다. 인류가 산업화의 길을 개척하기 시작한 이후 오늘날까지 축적된 과학기술은 이제 엄청난 가속도가 붙어 누구도 멈추지 못할 정도로 힘차게 앞으로 나아가고 있다. 그리고 그 누구도 거기에 편승하지 않고는 살 수가 없을 정도로 그것은 무서운 친화력을 지니고 현대인들의 삶 속으로 깊이 파고든다.

그런데 우리는 지금 일말의 회의를 지울 수가 없다. 과연 과학문명의 발달이 인간에게 오로지 이상적이기만 한 것인지. 특히 인문주의적인 관점으로 바라볼 때 과연 과학문명이라는 것이 인류를 낙원의 동산으로만 인도하고 있는지 다시 생각해 보지 않을 수 없다. 이에 대하여 아마도 많은 사람들은 부정적인 시각을 갖고 있을 것이다. 어쩌면 문명의 혜택을 입는 이상으로 우리는 대가를 치르고 있는지도 모른다. 왜냐하면 문명의 발달이 우리의 육신을 전에 없이 편안하게는 하고 있지만, 그것이 반드시 우리를 정신적으로도 편안하게 해주지는 못하고 있음을 너무도 뼈저리게 생각하지 않을 수가 없기 때문이다. 그래서 현대사회에서 산업화, 도시화의 길을 피하기 어려워 어쩔 수 없이 그 길에 편승은 하고 있지만, 그 길을 걸어가고 있는 현대인들의 가슴 속에는 한없는 고통과 비애가 자리를 잡고 있는 것이다. 그것은 마치 자동차의 빠른 속도만큼 사고에 대한 근심이 자라고 있는 것과 같은 이치라고 할 수 있다.

현대인들이, 특히 많은 시인들이 앞으로 흐르는 시간에 가역반응을 일으키는 이유가 바로 여기에 있다. 말하자면 문명의 발달은 결코 물질적 차원을 뛰어넘을 수 없기 때문에 아무리 문명이 발달해도 인간을 완벽하게 안락한 세계로 인도할 수는 없다. 아니 단순하게 말해서 문명의 발달은 흐르는 시간에 비례하지만, 인간의 젊음이라는 것은 거기에 반비례하지 않는가. 결국 인간의 삶이란 시간이 흐를수록 시들어갈 뿐이기에 언제나 흐르는 시간은 안타깝기만 하다. 그러니 인문주의적 입장으로 돌아오면 흐르는 시간에 편안하게 편승하고 있을 수만 없게 된다. 동서고금을 막론하고 많은 시인들이 자연 친화나 과거회귀 의지를 시로 형상화하고 있는 것은 궁극적으로 이와 같은 인간의 고뇌를 깊이 성찰한 결과라 할 수 있다.

나는 김만수의 시를 읽으면서 그러한 사실을 다시 한 번 확인할 수 있었다. 그의 시에 의하면 그는 시골에서 성장한 듯하다. 그리고 지금은 지방의 한 도시에서 교편을 잡고 있으며, 인간애가 깊을 뿐만 아니라 그에 못지 않게 비판적 인식도 다분한 것으로 보인다. 그의 시의 근간에는 이와 같은 그의 출신 배경과 경험들이 완강하게 자리 잡고 있다. 다시 말해서 그는 산업화로 인한 농촌의 피폐 현상과 도시의 환경파괴를 적나라하게 들여다보고 있으며, 또한 그 여파로 인한 따뜻한 인간애의 상실을 절실하게 경험하고 있는데, 그 경험들이 바로 그의 시심의 중심을 장식하고 있다. 그리고 그 중에도 자연 친화적 인식이나 따뜻한 인간성에 대한 지향의식이 짙은 여울을 형성하면서 그의 시세계의 중심을 흐르고 있음을 볼 수 있다. 물론 이러한 그의 시의 원형질은 작품 속에서 다양한 지류를 형성하고 있는데, 이제 그 지류들을 따라가면서 김만수 시의 특질을 일별해 보기로 한다.

2

김만수의 시를 읽으면 우선 상당히 단아한 모습을 띠고 있다는 점을 특징으로 꼽을 수 있다. 그의 시는 대부분이 지면의 한 쪽을 넘어가지 않는다는 점이 그것을 단적으로 증명하고 있다. 이에 대해 말하기 좋아하는 사람들은 호흡이 짧은 만큼 정서의 깊이도 얕다고 할지는 모르나 내가 보기에 그렇게만 생각해서는 안 될 듯하다. 즉 그것은 그의 시관과 밀접한 관련이 있고, 따라서 다분히 의도적인 시 쓰기의 결과라 보는 것이 좀 더 온당한 판단이라 할 수 있다. 그렇다면 짧고 단아한 그의 시 형식에는 어떤 의도가 깔려 있을까?

일단 나는 그것을 근래 우리 시에서 흔히 볼 수 있는 한 특징인 지루할 정도로 길고, 또 시인지 산문인지 모를 정도로 파탄에 이르는 시(이를 두고 혹자는 탈장르니 장르 파괴니 하면서 새로운 사조로 명명하기도 하는 모양이다) 등 무잡하기 이를 데 없는 것들을 깊이 의식한 결과라 보고 싶다. 그러니까 그의 시에 드러나는 일관된 시 형식, 즉 단아함은 시답지 않은 시들에 대한 비판적 인식에 기인하는 것이고 그 비판적 인식이 스스로 그것들과는 변별되는 형식에 집착하도록 작용한 것임에 분명하다. 그렇지 않고서야 어떻게 그런 일관성이 나올 수 있겠는가. 그러므로 그의 시에 드러나는 형식적 특성은 의도된 결과로서 일정한 의미를 띠고 있는 것이다.

또한 우리는 김만수 시의 형식적 특성의 중요성은 위와 같은 차원에만 머무는 것이 아니라는 점에 주의해야 한다. 그보다 더 중요한 것은 형식과 내용의 일치를 기하려는 시의식에서 비롯되었다는 점이다. 굳이 말하자면 복고풍의 의미를 띠고 있는 단아한 시적 형식은 단절과 방탕과 무질서로 대변되는 현실 사회(내용)에 대한 비판적 인식인 동시에 그로부터 일탈하여 그가 지향하고자 하는 참된 가치관, 즉 절제와 조화와 화해의 정신을 형식화한 것이라 할 수 있다. 이런 점에서 그것은 그의 내면에 깊이 자리 잡고 있는 시간에 대한 가역반응과 같은 맥락에 놓인다. 가령, 다음 시에서 그 점을 분명히 확인할 수 있다.

유월 보름이면
할머니는 풋감 삭히시던 단지에
돌 눌러 콩잎을 담그셨다
징용 간 아들 기다리며
침 발라 올콩잎 따시던 당신도
저기 콩밭머리에 누우시고
해 거르지 않고 콩잎 삭혀
종가의 내림맛을 이어시는 어머니 어머니

오늘 햇살 비낀 마루에 앉아
먼 산과 푸른 물길
그 오랜 물안개를 콩잎에 싸시던
상머리에 앉아 나도
시퍼런 콩잎을 쌉니다
더럽게 창자나 늘려온 날들
그 붉은 분지의 바람
충혈된 눈빛으로
시퍼런 콩잎을 쌉니다.

—「콩잎을 싸며」 전문

이 시에서 우리는 김만수 시의 뼈대를 이루는 한 특징을 만날 수 있다. 우선 단아한 형식적 특징이 그렇고 단절된 인식이 아니라 '종가의 내림맛'을 저버리지 않으려 하는 전통계승과 화해의 정신을 갖고 있음이 그렇다. 이는 또한 '더럽게 창자나 늘려온 날들'이라는 구절에 드러나듯 물질적 욕망에 사로잡히는 자아를 성찰하고 있는 모습과 깊은 연관을 맺고 있는데, 여기서 우리는 그가 지향하는 진정한 세계가 무엇인지 그 일단을 가늠할 수 있다. 좀 더 구체적으로 말해서 시간에 대한 가역반응적인 인식이 이 시의 바탕에 깔려 있는 것이다.

세월이 흐르고, 또 시 형식에 아무리 큰 변화가 오더라도 어디까지나 시는 시이어야 한다. 오늘날 탈장르 운운하지만 그렇다고 소설을 시라 할 수 없고 수필을 시라고 할 수 없듯이 분명 시와 소설, 시와 수필의 경계가 있을 수밖에 없기 때문에 항상 시는 시다울 때 가장 안정된 모습을 띨 수 있다. 이런 점에서 근래에 이상한 시류에 편승하여 시 형식을 아슬아슬한 경계까지 극단적으로 밀고 나가고 있는 부류들과는 스스로 구분을 지으려 하는 김만수의 시관은 지극히 온당하다. 그의 시에는 궁극적으로 시간에 대한 가역반응적 인식이 기본 토대를 이루고 있는데, 이제 이와 같은 원형질이 어떻게 시의 내용으로 변주되어 드러나는지 좀 더 구체적으로 살펴보기로 한다.

우선 김만수 시에는 자연이나 농촌과 관련된 제재들이 주류를 이루고 있다는 점을 지적하지 않을 수 없다. 이는 그의 의식 밑바닥에 깔려 있는 전통지향의식의 소산이라 할 수 있다. 그의 전통지향의식은 일차적으로 「심원마을」·「인동댁」 등에 보이는 것처럼 그의 시에 잔잔한 서정성을 견지하도록 만드는 동시에 문명 비판적인 시각을 갖게도 한다. 가령, 다음 시에 보이는 풍자적 정조에 그 점이 잘 나타난다.

똥개내 자락논
못줄 대던 윗뜸 아제들
컵라면 먹습니다
오포 불기 전 새참 먹던
새총나무 물덤벙 가에서
편하제
편하제
컵라면 먹습니다
불탄 산 밟고 가는 달전아제들
라면 봉지만한
유월의 다랑논 다 기어 가
희안하제
희안하제
컵라면 먹습니다
뻐꾸기 소리만 몇 껍질
사과밭 쪽으로 떨어져 갑니다

—「컵라면」 전문

이 시에 드러나는 '편하제'와 '희안하제'라는 구절에는 풍자와 아이러니가 깔려 있다. 다시 말해서 편하고 희한한 것만 좇는 현대인들의 한없이 가볍고 괴팍한 태도에 대한 비판적 인식을 드러낸다. 또한 지극히 전통적인 모심기와 현대인들이 추구하는 편의성과 즉시성의 산물인 컵라면의 대비 자체도 아이러니를 형성한다. 물론 표면적인 의미로는 변모한 농촌의 현실을 표현하고 있는 것처럼 보이지만, 기실 시인의 시각은 부조화에 대한 비판에 닿아 있다. 그것은 마지막 두 구절 '뻐꾸기 소리만 몇 껍질/사과밭 쪽으로 떨어져 갑니다'라는 표현에서 드러나는 추락의 이미지에서 알 수 있다.

이러한 인식은 「필복이」라는 작품에서 더 구체적으로 드러난다. 시인은 삼십 년만에 만난 어릴 때의 친구 '필복이'를 통하여 '멈춰 버린 시간 속으로/ 검정고무신을 접어 끌던/ 감나무집 침흘리개'를 안으며 잃어버린 향수를 맛보면서도, 한편으로는 '쓸쓸한 말총매미 같은 울음으로 스며드는/ 침 흐른 마흔'을 의식해야 하는 서글픔에 젖기도 한다. 말하자면 변하지 않기를 바라는 마음과 변해 있는 현실 사이에서 그는 쓸쓸함을 느끼고 있는 것이다. 그러면서도 그는 따뜻한 인간애만은 잃지 않기를 기대하는 마음을 다음처럼 표현한다.

> 부추와 시금치로 부농이 되었다는
> 그의 눈 속에는 아득히
> 출렁이는 그리움이
> 사람을 깔보지 못하는 흐린 눈빛이
> 감나무집
> 그 깊은 그늘로 되살아나
> 흔들리고 있었다
>
> —「필복이」 부분

여기서 보듯 시인의 마음에는 富(부농)와 오만(사람을 깔보는 것)이 비례한다는 인식이 자리 잡고 있다. 부유함이 산업화의 과정에서 생기는 것이라면 그것은 인간들의 마음을 오만하게 만드는 한 원인이 됨을 알고 있는 시인은 필복이만은 그렇지 않기를 바라고 있다. 그런 마음이 '필복이'의 눈에서 '아득히/ 출렁이는 그리움이/ 사람을 깔보지 못하는 흐린 눈빛이' 되살아나 흔들리고 있는 것으로 읽게 한다. 여기서 '흐린 눈빛'이란 밝음, 즉 문명이나 이해타산에 철저한 비인간적인 것에 대비되는 것으로 '감나무집 그 깊은 그늘'과 같이 소박하고 순수한 것을 나타낸다. 그가 어린 시절에 대하여 진한 향수를 느끼는 이유가 바로 여기에 있다.

그러나 시인의 마음속에 피어오르는 향수는 어디까지나 향수이고 현실은 그의 의지와는 상관없이 엄청나게 변해가고 있다. 그리고 변해 가는 모습은 그에게 부정적인 것으로 비칠 뿐이기에 언제나 비극적인 것으로 떠오른다. 그리하여 비극적인 현실인식과 짙은 향수, 이 두 개의 항목이 악순환의 고리를 이루면서 그의 마음을 어지럽힌다. 그것은 '더 떠날 사람도 없는 골짝/ 몇 사람이 남아/ 날 받아 이발하는/ 햇살 소복한 보현리 지나며/ 샴푸로 키운 더러운 머리털/ 자르고 싶다'(「산행」)라거나, '곡강 국민학교 운동회 확성기소리/ 가득가득 고이던 물꼬도/ 용전아이들/ 곤봉 돌리기 바빴던 싸전마당도/ 짐승처럼 엎드려 말이 없습니다'(「저문 들길에 서서」)라는 구절, 그리고 이에 대비되는 '그리운 마을로 뚫린 길들은/ 등고선을 물고 이어나가/ 바다와 사내들/ 그 푸른 충동들과 만나고/ 푸르게 호명해 가야 할 것들과/ 함께 돌아와야 할/ 벌레들 소리 가깝습니다'(「이사」)라는 구절에서 잘 대비되고 있다. '샴푸로 키운 더러운 머리털' 자르고 싶은 심정 속에 문명에 의해 타락해 가는 인간들에 대한 성찰과 조소(嘲笑)가 깔려 있다면 '저문 들길에 서서' 피폐해진 농촌 현실을 바라보는 그의 마음속에는 한없는 안타까움과 비애감이 자리 잡고 있으며, 그리고 그 대척점에 '그리운 마을'이 놓인다.

이러한 그의 문명 비판적 인식은 '런던식 안개는/ 며칠간 걷히지 않았다/ 도시는 매캐한 냄새 속에서 침묵했고/ 별 없는 밤이 이어지는'(「포항·1」) 포항, 또는 '파랑주의보 내리고/ 앰뷸런스 질주하는 하오/ 도시는 알 수 없는 두려움에 쌓이고/ 사람들은 떨쳐 버릴 수 없는/ 한 움큼씩의 절망을 나눠 가지며/ 도시 아래로 침전되어 갔다'(「안개꽃」)는 구절에서 보이듯이 도시를 공해와 불안감과 절망의 도가니로 규정하는 데서 더욱 극명하게 드러난다. 이렇듯 현대문명이란 필연적으로 많은 부정적인 요소를 거느리고 있음을 간파한 시인은 드디어 문명의 원산지와 그 수용에까지 눈을 돌리기에 이른다.

할머니 가시고 30년 지난 오늘
강철보다 단단한 오랜지는
이 땅으로 계속 굴러 옵니다
드럼통 구르듯 마구 뭉게며
탱자나무 울타리
조선 밀감 위로
강도같이 와서 델몬트 됩니다
따봉 됩니다.

—「미깜」 부분

캘리포니아 산 오렌지가 강도같이 들어와서 조선 밀감을 밀어내고 있는 형국, 시인은 지금 우리의 현실을 그렇게 바라보고 있다. 이른바 서구의 문물이 물밀 듯이 밀려들어와서 우리의 전통을 마구 파괴하고 있는 것이다. 물론 이러한 현실은 어제오늘의 일이 아니다. 우리의 근대화가 서구의 문물에 의해 이루어진 것으로 파악하고 있다시피 그것이 우리나라를 근대화하고 물질적으로 풍요롭게 해주는 데 많은 영향을 끼쳤음은 부인할 수 없는 사실이다.

그러나 그럼에도 불구하고 거기에는 많은 문제점이 도사리고 있음도 간과할 수 없는 사실이다. 그 문제점의 많은 부분을 우리 자신에게 돌려야 하겠지만, 어쨌든 우리는 자존심도 없이 너무나 쉽게 서구의 문물에 함락되고 말았다. 그렇다. 함락이라는 말이 적절할 정도로 우리는 우리의 정체성을 송두리째 잊어버리고 스스로 서구 지향적인 인식에 젖어 버렸던 것이다. 그리하여 거의 한 세기가 다 된 지금 우리는 우리 몸에 맞지 않는 옷을 걸치고 우리 체질에 맞지 않는 음식을 먹는 것처럼 자꾸 기형적인 모습이 되어 가고 있다. 우리가 지금 많은 혼란에 직면하여 비틀거리고 있는 모습은 어쩌면 마구잡이로 받아들여 먹은 서구 문물로 인하여 정신적인 설사를 하고 있는 것인지도 모른다. 그래서 시인은 잘못되어 있는 우리들의 모습을 다음처럼 극단적으로 희화화하기도 한다.

> 절도 있게 뒤로 돌아서지 못하는
> 너의 뒤로는
> 니놈 행진해 가야 할 나라가 어둡다
> (중략)
>
> 팀스피리트 무장 헬기 한 무리
> 일렬 횡대로 간다
> 식민의 하늘 복판으로
> 원주민들의 무질서 위로
> 하하하 웃으며 간다

—「포항 · 2」 부분

'절도 있게 뒤로 돌아서지 못하는 너'를 통하여 나라의 암담한 미래를 내다보고 있는 시인은 이제 더욱 스스로를 비하하기에 이른다. 그것은 '식민의 하늘'과 '원주민'이라는 표현에서 여실히 드러나고 있다. 말하자면 서구 문물에 함락 당한 우리 민족이란 따지고 보면 새로운 식민에 다름 아니라는 인식을 낳게 한 것이다. 또한 일렬횡대로 가는 '팀스피리트 무장 헬기 한 무리'와 '원주민들의 무질서'를 대비한 대목에서 보듯이 시인은 우리가 식민이 될 수밖에 없는 이유를 무질서에서 찾고 있다. 그래서 그에 대한 비판적 인식에서 헬기 소리가 마치 우리의 무질서를 조소하는 소리처럼 듣고 있는 것이다.

이렇듯 시인은 우리가 끝없는 혼란에 직면한 것을 자업자득이라 생각한다. 이를테면 절도 있는 행동을 하지 못하는 '원주민의 무질서'가 스스로 '식민의 하늘'을 만드는 꼴이 되고 말았다는 것이다. 시인이 한없는 자조(自嘲)와 비애감에 사로잡히는 이유는 바로 여기에 있다. 시인은 그런 어두운 현실을 바라보면서 미래에 대한 한 가닥 희망마저 가질 수 없어 안타까워하는 마음을 다음처럼 토로한다.

학교 뒤 억새비탈엔 젖은 연기가 피어오르곤 했다
우기가 이어지는 동안
아이들의 흡연과 수음은 늘었다
며칠째 별이 오질 않는 빈 들판 구석부터
는개가 불어나기 시작했다
놈들은 거위 같은 소리를 내기도 하고
산을 내려가 연기처럼 지워지는 놈도 있었다
후학기 들면서
숲을 떠나는 연습들이 힘겨웠지만
허리를 적시며 하나 둘 떠났다
먼 강이 더 멀리 지워지고 있음을 알았지만
그래도 아이들이 갔다
산그늘 속으로 자꾸 처박히는 바람
아무것도 걷어가지 못하는
우리들 작은 숲에서
아이들은 막막한 창을 다시 닫고
죽은 붕어를 그리며 비에 젖고 있었다
우기가 제법 길게 이어지는 동안
뿌옇게 물안개가 번져 아무것도
분명히 보이는 게 없었다.

—「우리들의 숲에도 우기가 이어졌다」 전문

이 시에 드러나는 축축하고 어두운 분위기처럼 시인의 마음속에는 미래에 대한 희망이 보이지 않는다. '작은 숲'으로 표현된 학교와 '빈 들판'으로 표현된 사회현실이 일견 대비되는 것처럼 보이지만 기실은 동일한 상황에 놓여 있다. 사회현실이 어둡기만 하니 그 어둠은 결국 학교에까지 스며들기 마련이다. '우기가 이어지는 동안/ 아이들의 흡연과 수음은 늘었다'고 하듯 희망(별)이 보이지 않는 현실 앞에서 아이들도 덩달아 불순해지고 있는 것이다. 그러한 어두운 현실을 바라보면서 사회로 나가는 아이들을 생각하는 선생의 마음은 그저 안타까울 뿐이다. '산을 내려가 지워지는 놈'이나 '먼 강이 더 멀리 지워지고 있음', 즉 희망이 보이지 않음을 알면서도 떠나가야 하는 아이들, 그리고 '막막한 창을 다시 닫고 죽은 붕어를 그리며 비에 젖고' 있는 아이들을 생각하는 선생의 마음속에 어찌 비가 내리지 않을 수 있겠는가.

그러나 '뿌옇게 물안개가 번져 아무것도/ 분명히 보이는 게 없었다'는 현실인식은 그에게 다만 주저앉아 비탄에 빠지게 하는 것만은 아니라는 점도 간과해서는 안 된다. 대안 없는 현실 파악이란 언제나 무의미하듯이 현실이 어렵고 수용할 수 없는 것이라고 생각할수록 그것을 딛고 일어설 수 있는 의지와 노력이 필요하다. 그것이 인간됨의 도리라면, 가장 날카로운 눈과 깨어있는 의식을 가진 시인 또한 그것을 놓칠 리가 없다. 그렇다면 어두운 현실을 목격한 시인의 마음속에서는 어떤 감정이 자리 잡고 있을까? 이제 우리는 그 점을 살펴 볼 차례가 되었다. 이 점에 대해서는 이미 앞에서 군데군데 내비치기는 했지만, 좀 더 구체적으로 살펴보기로 한다.

3

어두운 현실을 극복할 수 있는 근원적 힘은 무엇보다도 자기 자신을 반성할 줄 아는 겸허한 자세로부터 나온다고 할 수 있다. '햇살 소복한 보현리'를 지나면서 '샴푸로 키운 더러운 머리털/ 자르고 싶'은 심정에 젖었음을 토로한 「산행」이라는 시에서도 잠시 거론한 것처럼, 그에게 반성을 촉발하는 것은 어두운 현실의 맞은편에 있는 밝고 조화로운 자연이다. 어두운 현실을 만든 많은 요인이 문명에 있다면 결국 어둠의 밖으로 나아갈 수 있는 길은 자연으로 회귀하는 것으로 뚫려 있다. 시인이 '더럽게 살아온 날들의 덜미를 잡는/ 겨울산'(「비늘눈 · 2」)을 인식하는 것이나 '해 있는 날 동안 내내/ 갈참나무 한 그루로도 서지 못하고/ 우리는 또 무엇으로 흔들리며 흘러와/ 되돌아 갈 수 없는/ 저문 강물로 가 버리는 건지'(「가을산」)라고 자괴감에 빠지는 것은 바로 그와 같은 맥락에 놓여 있는 것이다. 「가을산」의 앞부분에서 '사는 일과 사랑하는 일이 다 가을산'이라 하였는데, 이 구절에서 보듯 그는 산이야말로 우리네 삶의 참된 모습을 발견할 수 있는 대상이라 인식하고 있다. 여기서 우리는, 그가

걸어 한나절쯤 걸리는
골 깊은 가을산에 가보자
투명한 잎새 잎새들
흔들림 없는 눈빛으로
시퍼렇게 일어서는 강물
가을산에 가보자.

—「가을산」 부분

고 하는 이유를 알아차릴 수 있다. 잘못 살아온 자기 삶에 대한 비판으로부터 그가 떠올리고 있는 제대로 된 삶이란 '투명한 잎새'나 '흔들림 없는 눈빛'으로 '시퍼렇게 일어서는 강물' 같은 것임을 위의 시 구절에서 분명히 확인할 수 있다. 이러한 그의 태도는 「형산강」에서도 엿볼 수 있다. '갈꽃 분분한/ 네 곁에 가 쭈그리고 앉으면/ 조금씩 낮아져/ 단단해지는 빛나는 가슴 본다'거나 '이념 없이도 푸르게 깨어있어/ 우리를 흔들어 놓는 너'를 발견하는 시인의 가슴과 눈으로 들어오는 '형산강'은 이미 단순한 강이 아니다. 그것은 시인에게 삶의 예지를 가르치고 늘 푸르게 깨어있으라고 채찍질하는 지엄한 스승이나 다름없다. 그러니까 그는 산이나

강을 통해서 자연을 닮고 자연처럼 살아가는 삶이 지고한 가치를 지니고 있음을 깨우치고 있는 것이다. 자연의 의미가 이와 같은 의미로 다가오기에 그는,

쓸쓸하고 아픈 밤
사람의 일들로 뒤척이는 너에게
조용한 함성으로
눈부시게 일어서는 너에게
엎드려 절하고 싶다
엎드려 절하고 싶다

—「형산강」 부분

고 간절히 되뇌고 있는 것이다. 여기서 '쓸쓸하고 아픈 밤/ 사람의 일들로 뒤척이는 너'인 동시에 '조용한 함성으로/ 눈부시게 일어서는 너'로서의 강의 두 가지 모습은 곧 시인의 마음에 자리 잡은 두 개의 자아이기도 하다. 다시 말해서 쓸쓸하고 아픈 밤이기에 그것을 극복하기 위해 조용한 함성으로 눈부시게 일어나야 함을 스스로 일깨우고 있는 것이다. 너(강)에게 '엎드려 절하고 싶다'고 반복한 구절에서 강에 동화하고 싶은 심정이 강조되고 있음을 알 수 있다.

한편, 자연이 문명에 물들지 않은 현실 저편에 존재하는 세계라고 한다면 '과거' 역시 문명의 반대편에 자리한 타락하지 않은 모습이 된다. 그가 시간에 대한 가역반응적 인식을 짙게 갖는 이유는 그 때문이다. 이 점은 이미 앞에서 거론된 부분이기도 하지만, 인문주의적 관점으로 볼 때 시간의 흐름에 의한 문명의 발달이 타락으로 가는 길임을 간파하고 있는 시인으로서 미래에 대한 기대감을 갖기는 어렵기 때문에 과거회귀 의지는 어쩌면 당연한 소이라 할 수 있다. 결국 자연이 공간적으로 移行하고 싶은 현실 저편의 세계[彼岸]라 한다면, 시간적으로 이행하고 싶은 세계가 바로

과거이다. 구체적으로 말해서 타락하지 않은 과거의 공간이 되는 것이다. 그리고 여기에 역사의식이 부가될 때 다음과 같은 시가 탄생되는 것이다.

> 격포는 좌회전으로 열려 있었습니다
> 포항에서 먼 길
> 참으로 오랜 날 건너오고 싶었습니다
> 썰물 가득 비워 놓은 뻘밭 속
> 깨어나는 반도의 저녁
> 보고 싶었기 때문입니다
> 검푸른 곰솔
> 자욱한 동백 후박나무숲들 일어나
> 쪽비녀 지르고 꼿꼿이
> 눈물 삼키는지 보고 싶었습니다
> 고부에서 줄포까지 무엇이 살아 남아
> 무명천 이마에 두르고
> 그리운 이름들 호명하며
> 만경들판 되돌아 오는지
> 지켜보고 싶었습니다.
>
> —「격포 기행」 부분

이 시는 현실적 인식과 과거의 상상력이 교직되어 있다. 좀 비약적으로 접근하자면, 오늘날 우리가 미몽으로부터 '깨어나는 반도의 저녁'을 맞이하기 위해서는 진정한 우리의 정체성을 가진 민중들의 힘이 필요하다는 것이다. 그것은 '검푸른 곰솔', '쪽비녀', '무명천' 등의 시어에 내포된 우리의 정신이라든지, '격포'·'고부'·'줄포'·'만경들판'이라는 지명에 내포된 동학민중 봉기 사건이 발발한 장소라는 역사적 상상력 등을 통해서 알 수 있다. 그가 격포를 기행하면서 지난날의 민중들의 함성을 새삼 떠올리는 이유가 바로 여기에 있다.

그러나 '고부에서 줄포까지 무엇이 살아남아/ 무명천 이마에 두르고/ 그리운 이름들 호명하며/ 만경들판 되돌아오는지/ 지켜보고 싶었습니다' 라고 하는 구절에 드러나고 있듯이 시인의 기대가 쉽게 이루어질 것 같지는 않다. 그것은 불러보고 싶은 '그리운 이름'이라는 구절에 내포되어 있다. 그만큼 우리는 쉽사리 치유되기 어려운 곳까지 멀리 와 있는지도 모른다. 그렇지만 그러기에 우리는 또한 잊지 않아야 할 것을 잊어버린 것에 대한 강렬한 그리움을 갖지 않을 수 없다. 그러한 그리움만이 그나마 우리가 더욱 돌아오지 못할 것으로 멀리 가지 않을 수 있는 한 가지 위안이 될 수 있기 때문이다.

과거로의 회귀의식이 단순히 현실 도피적인 모습을 띨 때 부정적으로 읽히는 반면, 위와 같이 현실을 개선하기 위한 하나의 수단으로서 잠정적인 퇴행이라는 의미를 가질 때에는 일정한 의의를 지니게 된다. 가령, 현대인들이 때때로 도시(현실)를 벗어나 자연을 찾음으로써 휴식을 취하고 다음 날 새로운 마음으로 일할 수 있는 힘을 재충전하는 일은 얼마든지 가치 있는 일이기도 하다. 김만수 시에 드러나는 자연에 귀의하려는 의지나 따뜻한 과거에 대한 짙은 그리움은 이런 점에서 다분히 긍정적인 의미를 지니고 있다.

김만수 시는 전체적으로 볼 때 분위기가 상당히 어둡다. 그런 분위기가 짧은 시 형식에 의해 다소 상쇄되기는 하지만, 때로는 너무 가라앉아 시적 긴장감을 이완시키고 있는 것도 사실이다. 이 점 그가 앞으로 해결해야 될 문제라 생각된다. 끝으로, 이 시집을 계기로 하여 앞으로 더 많은 고민과 치열한 시정신을 갖고 그의 시세계를 더욱 심화시켜 갈 것을 기대해 본다.

강 같은 모성성에 대한 시적 탐구
—김용전의 시세계

1

김용전의 작품은 편하게 다가온다. 사실 이 점은 시를 전문적으로 접근하는 사람들에게는 다소 불만스럽게 생각될 부분이기도 하지만, 지나친 작위성에 혐오감을 느끼는 사람들에게는 오히려 즐겁게 다가올 수도 있다. 김용전 시의 미덕은 바로 여기에 있다고 생각된다. 시를 가지고 무엇을 하겠다는 욕심을 버리면 한결 마음이 편해질 수 있고 그럴 때 의외로 시가 우리 삶에 가까이 다가올 수도 있는데, 그의 시가 바로 그런 경우가 아닐까 생각된다. 구구한 설명보다는 한 편의 작품이 훨씬 진실하게 말해주고 따끔하게 가르칠 수가 있는 법이니 우선 작품 한 편을 보기로 한다.

> 당신 앞에서는
> 바보가 되고 싶습니다
>
> 생각해 보면 짧지 않은 세월
> 바보가 아니기 위해
> 한 치라도 똑똑해져 온 나날이지만

언제 어디에서고
강으로 바다로 비구름으로
모든 생명 젖 주어 온 당신 앞에서는

당신의 포근한 모성
덮어야만 잠이 드는
흐린 눈 멍청한 바보가 되고 싶습니다

—「남한강 · 3」 전문

이 시대에 우리가 가장 그리워하는 것이 사람냄새라고 한다면 지나친 억지일까? 인터넷이 보편화되고 그야말로 시시각각으로 혁명처럼 세상이 변화하고 있는 오늘날, 세상은 자꾸만 사람들로부터 사람냄새를 탈취해 가는 듯하다. 이제는 한 치의 오차가 아니라 수백만 분의 일의 오차마저 용납할 수 없는 우주항공 기술을 비롯한 정밀 기계라든지, 무한 속도전쟁의 급류에 든 컴퓨터 관련 전자문명, 골방에서 다만 컴퓨터와 마주하고 앉아 세계를 유영하는 사람들이 기하급수적으로 늘어나는 인터넷 세상 등등은 자꾸만 인간들로부터 따뜻한 인간성을 뽑아내어 내동댕이치고 있는 것 같기에 그렇다. 정말 너무나 현기증이 나서 어떤 때는 인간들이 궁극적으로 도달해야 할 곳이 어디인지, 꼭 그렇게 달려가는 일만이 능사이고 참된 가치를 지닌 것이기나 한지 반문하고 싶은 욕구가 부글부글 끓어오르기도 한다. 그래서 날이 갈수록 진정 사람냄새를 풍기는 것들이 한없이 그리워지기만 한다.

지금 우리는 그 어느 때보다도 비정하고 메마른 현대문명의 꼭대기에서 무한히 방황하고 있는 중이다. 너나없이 다 죽을 수도 있다는 사실을 까맣게 잊어버리고 쌩쌩 질주의 본능만을 싣고 달리는 성능 좋은 차량들과 성미 급한 사람들이 홍수를 이루고, 남이야 살든 말든 제몫 챙기기에만 바쁜 얼굴 두꺼운 이기주의자들이 판을 치고, 무질서와 타락이 하늘을 찌르는 것 등등 정녕 지금 우리 사회가 돌아가고 있는 꼴을 보면 도무지 살맛이 나지 않는다. 그래서 지금 많은 사람들이 비록 소박할지라도 사람냄새가 진하게 풍기는 것들을 절실하게 그리워하고 있는 것이다.

그렇다면 과연 사람냄새란 무엇을 뜻하는가. 그것은 어쩌면 바보와 같은 존재로부터 나오는 것인지도 모른다. '흐린 눈 멍청한 바보', 약삭빠른 사람들이 판을 치는 현란한 세상에서 이런 모습으로 살아간다는 것이 쉽지는 않겠지만, 오히려 그러기에 우리는 차라리 '흐린 눈 멍청한 바보'와 같은 모습으로 살아가는 것이 나을지도 모른다. 말하자면 너무도 숨 막히는 세상이기에 역설적으로 차라리 바보가 되고 싶은 허황한 꿈을 꾸기도 하는 것이다.

그러나 우리는 잘 알고 있다. '흐린 눈 멍청한 바보'와 같이 강에 기울어지는 삶이 진짜 바보가 아니라 진짜 바보는 한치 앞도 내다보지 못하고 이기심에 불타서 무한질주에만 열을 올리는, 저 길거리를 메운 현대인들이라는 것을. '남한강'은 우리에게 바로 그런 진짜 바보로부터 사람냄새를 풍기는 바보 아닌 바보로 돌아오기를 한사코 가르치고 있는 것이다. 즉 '남한강'이라는 '당신'은 시인에게 '생각해 보면 짧지 않은 세월/ 바보가 아니기 위해/ 한 치라도 똑똑해져 온 나날'을 되돌아보게 하고, '언제 어디에서고/ 강으로 바다로 비구름으로/ 모든 생명 젖 주어 온 당신'을 새삼 깊이 생각하게 한다. 이 때문에 그는 강을 통하여 항상 모든 것을 주기만 하는 모성의 참된 의미를 생각하면서 그 강과 같은 존재가 되고 싶어 한다.

이러한 그의 염원은 결국 '한 치라도 똑똑해'지지 않으면 견디기 어려운 너무도 빡빡한 세상에 대한 혐오감에 기인하는 것이요, 이 시대에 '포근한 모성'으로 자기희생을 마다 않는 것이란 바보일 수밖에 없을 정도로 무한 이기주의에 빠진 세상에 대한 비판적 인식에 연유하는 것이기도 하다. 그래서 짐짓 그는 비뚤어진 세상에 대한 비판적 인식에서 비록 세속적 존재의미로 보면 바보가 되는 일일지라도 '당신 앞에서는' '흐린 눈 멍청한 바보'가 되고 싶다고 한다. 달리 말하자면 지금 이 시대에 우리에게 가장 절실히 요청되는 것은 그저 유유히 흘러가는 강처럼 아무런 대가없이 모든 것을 주기만 하는 '포근한 모성', 확대하자면 사람냄새가 나는 존재로 거듭 태어나는 것임을 그는 깊이 사색하고 있는 것이다.

「남한강·3」에서 보았듯 김용전의 시는 결코 번쩍거리지는 않는다. 세간의 주목을 받는 시들처럼 세련된 감각이나 화려한 기교도 별로 없어 보인다. 그저 수수한 들꽃처럼 별다른 장식을 의식하지 않고 억지로 자신을 내세우려고도 하지 않으니 지극히 평범하다고 보아도 됨직하다. 그러기에 보기에 따라서는 지극히 평범한 시로 쉽게 치부해 버릴 수도 있는 작품이다. 게다가 이 작품이 특별히 잘된 것이라거나 그 반대로 형상화가 부족하지도 않은 대략 김용전 시의 평균적 작품에 해당하는 것임을 생각한다면 그의 작품들을 그저 그런 것 정도로 무심히 넘겨 버릴 수도 있다.

그러나 사실 김용전 시의 미덕은 바로 여기에 있음을 간과해서는 안 된다. 비록 화려하지는 않지만 진정 이 시대에 우리가 추구해야 할 것이 무엇인지, 그 물음에 대한 대답의 핵심을 노래하고 있기 때문이다. 오늘날 너무도 번쩍거리는 물질문명에 치여 한없이 추락하고 있는 정신세계를 생각하면 정말 우리가 추구해야 할 것은 이제 화려하고 현란하고 비정한 물질의 외적 세계가 아니라 가식과 왜곡과 비정함이 없는 진정한 정신의 내적 세계에 있다는 것은 더 말할 필요도 없다. 이른바 사람냄새가 진하게 풍기는, 따뜻하고 부드러운 이타의 마음이 앞서는 사람들의 숫자가 늘어나는 것만이 비정상으로 치닫는 이 시대를 조금이나마 구원할 수가 있다. 김용전 시의 특징은 바로 이런 의미를 되짚어보게 한다는 점에서 우리의 관심을 끌고 있는 것이다. 특히 이번 시집의 중심이 되는 것으로 보이는

「남한강」과 「어머니」 연작에 있어서는 그렇다.

2

강은 어머니와 같은 여성성의 이미지를 띤다. 강물은 높은 곳에서 발원함에도 끝끝내 낮은 곳으로만 지향하며, 모든 것을 포용하면서 목마른 것들에게 아무런 조건 없이 생명수를 공급한다. 또한 물이 가진 그 특유의 부드러움은 아주 미세한 틈새까지 여지없이 스며드는 섬세함이 있는가 하면, 그 떨어지는 힘으로 발전기를 돌리는 것을 통해서는 낮은 곳을 지향하는 겸손함의 위력을 느끼게도 한다. 이 밖에도 강은 시간과 시간의 확장 형태인 역사의 이미지를 띠듯 사람살이의 중요한 것들을 껴안는 의미가 다분하다. 김용전의 「남한강」 연작은 이러한 강이 지닌 원형적 이미지를 아우르면서 매우 유장하게 우리의 가슴으로 흘러든다.

비다에 가면 강은 죽는데
그래도 강은 바다로 흐른다

강은 바다에서 죽어 그리던
바다로 다시 태어나기 때문에

바다에 가면 강은 죽는데도
강은 끝없이 바다로 흐른다

—「남한강 · 14」 전문

「남한강 · 14」에는 물이 지닌 순환성, 또는 재생성에 기대어 강을 바라보는 시인의 인식이 투영되어 있다. 끊임없이 아래로 내려가도록 운명

지어져 있는 모든 물의 종착점은 바다라고 할 수 있는데, 그 대표적인 것이 곧 강물이다. 그런데 역설적이게도 강물은 바다에 이르게 됨으로써 강물로서의 의미를 상실하고 거대한 바다에 흡수되어 버리고 만다. 그래서 피상적으로 보자면 끊임없이 달려가는 강물의 노고는 결국 자신의 의미를 상실하기 위한 것이라는 비극성을 띠게 된다.

그러나 강물이 제 이름을 버리지 않고 끝까지 고집한다면 어떻게 더 크고 무한한 바다에 이를 수 있으며, 또한 증발하여 하늘에 이르고 다시 빗물이 되어 강물로 돌아올 수 있단 말인가. 여기서 우리는 바다에 이르러 자기 의미를 상실하는 강의 비극성은 순간적인 것일 뿐 더 큰 의미로 상승하기 위한, 희망을 잉태하기 위한 진통이 되는 것임을 알 수 있다. 시인은 '남한강'의 물이 흘러가 당도할 그 미래를 이렇게 내다보고 있는 것이다. 이처럼 낙관적인 미래를 내다볼 때 이제 흐름의 의미는 물론이고 이별도 결코 슬픈 것만은 아니다. 아니, 그것은 운명이기에 기꺼이 받아들여야 하는 것이다.

물길이 갈라진다면
깨끗한 안녕
강답게 헤어집시다

바람불고 물결치고 갈대가 운다고
갈라지는 강물 멈출 수 있습니까

(중략)

헤어져도 결국 저 바다에서
푸르디 푸르게 한 몸으로 파도칠 것을
알기에 강답게 흐를 뿐입니다

―「남한강 · 16」 부분

이 시에 드러나는 강의 의미에 의하면, 김용전의 세계관이 더욱 확연해진다. 강물의 깊이를 관조하고 있는 그의 마음이 이렇게 세계를 깊고 넓게, 그리고 멀리 바라보게 한다. 이런 마음에는 거리낄 것이 하나도 없다. 슬픈 이별 앞에서도 '깨끗한 안녕'을 고할 수가 있다. 왜냐하면 '헤어져도 결국 저 바다에서/ 푸르디 푸르게 한 몸으로 파도칠 것을/ 알기에 강담게' 헤어질 수가 있기 때문이다. 그러니까 눈앞의 현상만을 바라보면 헤어지는 것이지만 전체로서의 그 내면을 마음의 눈으로 들여다보면 더 '푸르디 푸르게 한 몸'이 되기 위한 일시적인 이별일 따름인 것이다.

이와 같이 큰 눈으로 세계를 바라보고 읽을 때에는 순리라는 것, 또는 운명이라는 것을 쉽게 생각해낼 수가 있다. 이를테면 '바람불고 물결치고 갈대가 운다고/ 갈라지는 강물 멈출 수 있습니까'라고 반문하는 대목에 잘 드러나고 있는 것처럼 이 세계를 감싸고 있는 순리와 우리 존재에 드리운 운명이란 그 누구도 거역할 수 없는 것이다. 그러기에 강물이 끊임없이 흘러가고 흘러가다가 어느 때에는 갈라져 이별을 하고 그러다가 또 결국에는 모두 바다에 이르러 서로 몸을 섞는 만남이 이루어지는 것을 멈추게 하거나 막을 수가 없다. 현상에 사로잡혀 순간에 살지 않고 멀리 내다보면서 제게 주어진 운명을 받아들이며 순리대로 살아가는 것이 지혜로운 이유는 바로 그 때문이다.

그러나 그럼에도 불구하고 우리는 너무나 작고 유한한 인간이기에 머리와 관념으로는 알고 있으면서도 실제 행동에서는 항상 그에 이르지 못하는 안타까움에 직면한다. 이상과 현실의 괴리라고 할까, 몸과 마음의 부조화라고 할까. 그런 갈등에서 쉽사리 벗어나기 어려운 것이 또한 인간의 숙명이요 굴레이다. 김용전 역시 그런 인간의 유한성과 안타까움을 깊이 생각한다.

사람들은 저만 보면
누구누구 할 것 없이 모두
아 저 강처럼
살고 싶어라 하는 눈치입니다
그런데 여태
그 많은 세월 흘렀어도
아직 제게로 와서 진짜
강이 된 사람은 없었습니다

—「남한강 · 17」 부분

위에 인용한 것은 「남한강」 연작의 마지막 작품인데, 끝을 이렇게 맺고 있는 것도 매우 시사적이다. 말하자면 이는 남한강을 바라보면서, 또는 생각하면서 우리 삶에 드리워진 여러 가지 내밀한 의미들을 헤아려 보면서도 결론적으로는 제 뜻이나 의지대로 살기 어려운 것이 인간 존재라는 것을 새삼 깨닫고 있음을 나타낸다. '누구 할 것 없이 모두/ 아 저 강처럼/ 살고 싶어라 하는 눈치'를 보이면서도 '여태/ 그 많은 세월 흘렀어도/ 아직 제게로 와서 진짜/ 강이 된 사람은 없었습니다'라고 하는 구절에 그 점이 잘 드러난다.

그런데 여기서 우리는 또 한 가지 생각해 볼 것이 있다. 즉 시인이 마지막 작품에 이르러 강의 입장이 되어서 인간을 평가하는 점이 바로 그것이다. 여기에는 상당히 깊은 의미가 내포되어 있는 것으로 보인다. 일차적으로는 인간과 자연을 대조하면서 인간의 유한성을 강조하기 위한 시적 장치로 보인다. 말하자면 인간의 입장으로 인간을 비판하는 것보다 강(자연)의 입장에서 인간을 비판함으로써 자연과 인간을 대비함과 아울러 인간과는 대조적인 자연의 위대함을 강조하여 결과적으로는 인간의 유한성과 왜소함을 짙게 노출한다. 그리고 이차적으로는 인간으로서의 자아에 대한 부담을 다소나마 줄이려는 의도가 깔려 있는 것으로 보이기도 한다.

다시 말해서 어차피 너나없이 모두 유한한 인간이기에 인간의 입장에서 인간의 허물을 꼬집는다는 것은 이를테면 똥 묻은 개가 겨 묻은 개 꾸짖는 식의 어리석음을 범하는 것이 되기 때문에 그런 오류를 범하지 않으려는 세심한 배려이기도 하다. 그런 점에서 여기에도 결국 인간에 대한 비판의식이 내재되어 있는 동시에 인간의 유한성을 꼬집어 강조하고자 하는 의미가 내포되어 있다.

어쨌든 「남한강」 연작은 우리에게 김용전의 세계인식의 깊이를 알게 하는 동시에 인간의 존재란 어떤 것인지 깊은 사색에 들게 하는 요소를 담고 유유히 흘러들고 있음을 알 수 있다. 이 시대에 가장 절실하게 필요한 것이 무엇인지, 어떻게 사는 것이 참다운 삶인지 그런 거창한 문제로부터 결국에는 참으로 왜소하고, 그러면서도 아집을 버리기 어려운 것이 인간이라는 사실을 새삼 깨닫게도 한다. '저 강처럼 살고 싶어라' 하면서 모두가 꿈을 꾸면서도 아직 한 사람도 그 꿈을 실현한 것을 보지 못했다는 강의 말에 의하면, 적어도 강이 되는 일이란 것이 너무나 큰 일이기 때문에 인간으로서는 결코 도달할 수 없는 자연의 영원성을 다시 생각하게 한다. 그리고 이를 통해 유한한 인간으로서 영원한 자연과 같은 존재에 이르는 길이란 멀고도 험하지만, 그러기에 또한 끝없는 강의 흐름처럼 성실한 인간으로 거듭나는 일을 게을리 해서는 안 된다는 점을 넌지시 일러주기도 한다.

인간 존재에 드리워진 굴레를 깨우치게 하는 것도 결국엔 아이를 낳고 기르는 모성의 한 속성임을 생각하면 시인의 마음에 자리한 어머니에 대한 그리움의 뿌리가 얼마나 거대하고 완강한지 짐작할 수 있는데, 그는 그것을 「어머니」 연작을 통해서 직접 풀어놓기도 한다. 「어머니」 연작엔 말 그대로 어머니에 대한 애틋한 그리움이 절절이 번지는데, 그것이 얼마나 짙은지는 그의 눈에 비치는 사물들이 모두 어머니의 모습으로 겹쳐지고 있는 대목에서도 잘 드러난다. 가령, 동백을 보면서 '눈보라 모진 겨울을 이기고/ 굳세게 핀 그 의지는// 가슴 속 젊은 꿈을/ 일곱 아이의 세월로 승화시키고/ 이제야 붉은 넋으로 곱게 핀/ 그리운 내 어머니'(「어머니 · 2—동백을 보며」)라고 하는 작품이라든가,

설악산
비룡폭포로 가는 계곡
깎아지른 절벽 봐
까마득히 솟는 시선
하늘에 닿을 듯
수직으로 타고 오른다
천 길 낭떠러지 중간에
분홍꽃 몇 송이 등에 업고
힘줄 솟은 두 다리로
버티고 선 철쭉을 보다
칠 남매의 목숨이던
저 먼 유년 시절의 텃밭
땀 밴 이마의 머리 쓸어 올리다
흙 묻힌 볼로 수줍게 웃음짓던
어머니

—「어머니 · 3」 부분

라고 하는 작품에서 확연히 드러난다. 그의 눈에는 동백이나 철쭉이 단순한 자연으로서의 꽃으로 보이지 않는다. 동백꽃에서 '눈보라 모진 겨울을 이기고 굳세게 핀 그 의지'를 읽듯이 그에게 동백꽃은 모진 세월을 견디며 '일곱 아이'를 길러낸 어머니의 모습을 떠올리게 하는, 어머니의 넋 그 자체로 다가온다. 그러니까 동백꽃에 어머니의 얼굴이 겹쳐지고 있는 것이다. 철쭉꽃 또한 같은 구조를 지닌다. 설악산의 '천 길 낭떠러지 중간

에/ 분홍꽃 몇 송이 등에 업고/ 힘줄 솟은 두 다리로/ 버티고 선 철쭉을 보다'가 시인은 문득 '칠 남매의 목숨이던/ … /어머니'의 모습을 떠올리고 있다.

조금만 시계를 뒤로 돌리면, 지난 시절 우리네 어머니들이 다 그랬듯이 없는 살림에 가정을 꾸리느라 말로 형언하기 어려운 고생을 겪었는데, 시인의 어머니 역시 칠 남매를 기르느라 무진 고생을 하시다가 돌아가신 것으로 보인다. 그런 어머니에 대한 애틋한 정이 이 땅의 자식들이라면 누구에겐들 없을까마는 이 시인에겐 유난히 짙은 그리움으로 피어난다. 그래서 어려운 환경을 견디고 피어난 꽃을 보면 여지없이 어머니의 얼굴이 겹쳐져 떠오르곤 하는 것이다. 시인의 마음이 온통 어머니에게로만 열려 있는 것처럼 어머니에 대한 그의 그리움은 가히 절대적인 것임을 「어머니」 연작을 통해서 엿볼 수 있다.

3

한 시도 쉬지 않고 끝없이 흘러가는 강물이 제 오지랖에 매달리는 것들을 가리지 않고 껴안으며, 또 그 강의 방향으로 뿌리를 내리는 어떤 것이든 젖을 물려 생명을 이어가게 하듯이, 아마 이 땅의 어머니들도 그 강처럼 유난히 정과 사랑이 많고 책임감이 강하다는 것을 부인할 사람은 없을 것이다. 이 땅에 그런 어머니들이 존재해 왔기 때문에 그토록 어려운 시절에도 가정과 자식들을 버리지 않고 알뜰히 보듬어 길러주었고 또한 그 결과로서 지금 우리가 이만큼이라도 살만한 시절을 맞이하고 있다는 사실도 부정할 사람은 없을 것이다. 그래서 그 어려운 시절을 견디어낸 장한 우리 어머니에 대하여 고마운 마음을 가져야 한다는 것은 아무리 강조해도 지나치지 않다.

그런데 지금 그 어머니는 돌아가시고 시인의 곁에 계시지 않는다. 물론 이는 실제 상황이다. 그의 시에 의하면 그의 어머니는 고희가 되기도 전에 돌아가신 것으로 되어 있다. 많은 고생을 하셨으면 만년에라도 좀 편히 사셨으면 좋았을 터인데, 자식의 기대도 무색하게 천명마저 짧아 일흔도 다 못 채우고 일찍 세상을 버렸으니 아쉬움이 더욱 크리라는 것은 직접 듣지 않아도 알 듯하다. 이에 어머니에 대한 진한 그리움이 시시각각 그의 마음속을 차지하는 것을 우리는 이해하고도 남음이 있다.

그러나 우리는 여기서 또한 실제 사실을 넘어서서 시적 이미지의 바다로 한 단계 올라서야 한다는 것을 잊어서는 안 된다. 즉 사실 여부를 떠나서 어머니에 대한 그의 그리움은 날로 모성성이 희박해져 가는 이 시대의 한 정황에 대한 비판적 인식을 내포하고 있는 것으로 볼 수 있다. 첨단 문명의 발전과 그에 의한 인간성의 상실, 그리고 끝을 모르고 치닫는 개인주의 · 타락 · 무질서 · 소외 · 고독 등등 생각하기도 싫은 이 시대의 문제점들은 하나같이 모성성에서 멀어져 가는 인간들의 잘못된 생각과 행위에서 비롯되었다고 해도 과언이 아니다. 특히 날이 갈수록 공동체 의식이 줄어들고 있는 것이 우리가 지금 극복해야 할 가장 중요한 문제라고 한다면 모성성이 지닌 희생정신이야말로 파편화로 달려가는 이 사회를 구원할 수 있는 가장 확실한 대안이라 할 수 있다. 따라서 어머니에 대한 그의 짙은 그리움은 비정한 세계로부터 온정이 넘치는 세계로 거듭나야 한다는 우리 시대의 절실한 요구를 반영한 것이라 하겠다.

뿐만 아니라 그가 희구하는 모성성은 흔히 말하듯 이른바 디지털과 전자문명의 시대로 규정되는 현대의 핵심어인 여성성 · 부드러움 · 감각적인 것 등과도 밀접한 관련이 있기에 되새겨볼 가치가 있다. 그러니까 폭력성 · 경직성 · 고정관념 · 편견 · 칙칙한 것 등과 같은 것으로부터 멀어질 때 새로운 시대에 적응할 수 있다고 본다면 여성성이 지닌 부드러움이야말로 무한 변화의 물결에 휩싸여 있는 우리들을 살려낼 수 있는 중요한 요소라고 생각된다. 그런 점에서 또한 김용전 시의 핵심을 이루는 끝없는 흐름과 모성성에 대한 그리움은 현실적 의미로도 다가온다.

이와 같은 긍정적 의미를 지니고 있음에도 불구하고 그의 시에도 역시 부분적으로 극복되었으면 하는 요소들이 더러 있다. 즉 사람냄새와 모성성에 대한 짙은 그리움을 갖고 현란한 현대문명에 대치되는 소박미를 추구하는 것도 좋지만, 문제는 그것이 조금 더 함축적이고 긴장된 언어 구사로 이루어졌으면 더 좋지 않을까 하는 점이다. 누구나 쉽게 접근할 수 있는 쉬운 시도 분명 장점이 있지만, 전문가적인 세련된 솜씨 또한 우리 마음을 끌어당기는 힘이 있다는 것을 생각해주었으면 한다.

이런 점에서 비록 소품이기는 하지만 「단풍」이 산뜻하게 우리 가슴으로 찡하게 밀려들어오는 까닭을 음미해볼 필요가 있음을 지적해두고 싶다. 다시 말해서 비록 이 작품에 구사된 언어는 몇 마디 되지 않지만 선명한 이미지로 말하고자 하는 의미를 잘 함축해서 형상화함으로써 시적 경지가 한층 높아지고 그에 의해 독자와 작품과의 거리도 한결 좁혀지게 되는, 이른바 미적 거리에 대하여 좀 더 깊이 고려했으면 좋겠다는 뜻이다. 끝으로, 비교적 수작으로 꼽히는 그 「단풍」의 전문을 인용하면서 이 글을 맺는다.

다시 오마
맹세로
여름이 긋고 간
칼끝에서
뚝뚝 떨어져
발갛게 번지는
眞紅의 선혈

아침의 도래를 꿈꾸는 노래
—민성훈의 시세계

1

20세기 말을 거쳐 21세기의 초입에 들어 서 있는 우리는 서로 다른 관점 두 가지 목소리를 들은 기억이 있다. 이른바 지난 세기말에 들은 인문학의 위기니 문학의 죽음이라는 우울한 목소리가 그 하나이고, 오늘날엔 무엇보다도 상상력과 창의력이 절대로 필요한 시대라는 지적이 그 다른 하나이다. 물론 전자는 첨단 문명의 발달과 자본주의 및 실용성의 가치를 신봉하는 관점에서 나온 것이고, 후자는 정보화와 문화 산업의 발달을 염두에 둔 관점에서 나온 것이다.

그런데 불과 몇 년 사이에 들은 이 두 가지 목소리는 매우 다른 관점을 보여주고 있지만, 사실 전자의 관점은 한 치 앞을 내다보지 못한 인간들의 근시안에서 나온 것으로서 마땅히 수정되어야 한다는 것을 최근의 사회 분위기에서 역력히 느낄 수 있다. 특히 21세기에 들어 인터넷과 영상문화의 급격한 발달과 파급에 따른 콘텐츠 개발의 필요성이 크게 대두됨으로써 인문학이나 문학의 가치 내지는 창의력의 원천인 상상력의 가치를 새삼 깊이 인식하기에 이르렀다. 다시 말해서 창의력의 근원으로서의 상상력을 계발하고 확장할 수 있는 가장 믿음직한 대상이 바로 문학이요, 문학 가운데도 시문학이 가장 유용한 장르가 될 수 있다는 점을 깨닫고 있는 셈이다.

이러한 사실에 입각할 때 21세기라는 새로운 시대는 문학의 위상에도 변화가 올 수 있음을 예고한다. 이를테면 정보화와 문화 산업의 발달이 20세기 후반기에 불어 닥친 문학의 위기를 하루아침에 호기로 바꾸어놓을 수 있는 환경을 만들어주고 있는 것이다. 아무리 문학에 대한 부정적 인식을 갖고 있는 사람도 아마 이 점에 대해서는 부정하지 못할 것이다.

민성훈의 시를 읽으면서 내가 내내 머릿속에서 지워 버릴 수 없었던 것은, 새로이 열리는 21세기의 입구가 바로 운문의 시대요, 서정시의 가치가 극대화될 수 있는 시대라는 인식이었다. 즉 그의 시에서 번져 나오는 우리의 영혼을 일깨우는 가락과 상상력을 자극하는 원천들로 하여 한때 물질적 가치에 짓눌려 사그라지는 듯 보였던 서정시의 명맥이 다시 푸르게 되살아날 수 있을 것이라는 믿음을 가지게 되었던 것이다. 직접 작품을 읽으면 경험할 수 있는 일일 터이지만, 성급하게 앞당겨 그 속을 조금 내비치자면 그의 시의식에 충만한 리듬에 대한 분명한 인식이라든가 순수와 자연 세계에 대한 열망 같은 것들이 번잡한 현대를 살아가는 우리들에게 무엇인가 생각하고 느낄 수 있는 실마리를 제공하고 자극하기 때문이다. 말하자면 그의 시에는 시적 상상력과 사회적 상상력이 짝을 이루어 잘 교직되어 있는데 그 점이 우리를 그의 시로 끌어들이는 중요한 요소가 되고 있다.

2

민성훈의 시를 읽으면 우선 뻐꾹새 울음으로부터 그의 시적 세계가 열리고 있음을 감지할 수 있다. 얼른 눈에 띄는 몇몇 작품에 의하면 그는 뻐꾹새 울음에 대한 강렬한 기억을 갖고 있다. 내가 보기에 이 뻐꾹새 울음에서 다가오는 어떤 강렬한 기억이나 인상이 그의 마음에 절실하게 자리를 잡고 있으며, 그리하여 그것이 그의 시의식의 중요한 원천이 되고 있는 것으로 보인다. 따라서 나는 먼저 뻐꾹새 울음에 대한 그의 인식을 해명하는 것으로서 그의 시세계에 들어가는 출발점을 삼고자 한다.

산그늘 돌아드는
오월도 늦은 한 나절 끝
뻐국새 울어
앞산 뒷산
치자꽃잎으로 울어
낮은 골짜기
가는 물살 가득
뻐꾹새는 울어
내 무딘 영혼 건너질 못하고
헤살짓는 여울
맑은 물에
천 년 만 년 씻기우는
이내 가슴
돌이 되어
사랑이 되어

—「뻐꾹새 울면」 전문

어디로 갔을까
서운산 자락을 곱게 씻어 내리던 뻐꾹새
푸른 물줄기로 굽이치던 마음 한 자락
어디로 갔을까
봄볕 콩닥콩닥 놀고 간 자리
앞산 뒷산 머루 다래 꽃 피고

산딸기 붉게 물들어 가는데
이 산 저 산 소쩍새는 울어쌓는데
어디로 갔을까
마음밭엔 그리움만 질펀한데
이 산 저 산
불쑥불쑥 머리를 쳐드는데

—「어디로」 전문

앞산에
햇살이 익어 가는 아침나절
뻐국새 들면
실팍한 바람이었다가
철쭉꽃 위에 목을 놓았으면
닳고 단 삽날
논바닥에 꽂아두고
잠시라도 논두렁 민들레꽃으로 앉아보았으면
마늘쫑 뽑아 들듯
시렁시렁 발등 뽑아 들고
이 산 저 산
아린 가슴
꽃망울로 돋아
끓는 속 토해봤으면
이쪽에 사는 일도
때론 살맛 나는 일일 게다.

—「석남사 길」 전문

우리나라에서 소쩍새와 더불어 뻐꾹새 울음은 시골에서 가장 흔히 들을 수 있는 소리이다. 조류 중에서 이 새들은 민가 가까이 날아와서 밤이 새도록 마치 피를 토하듯 너무도 애절하게 울기 때문에 우리 민족에게는 많은 관심과 상상력을 자극하도록 만들어준 것들이다. 이 새들에 얽힌 민담이 많다는 것이 그것을 증명한다. 널리 알려진 김소월의 「접동새」는 그 민담을 소재로 빚어낸 대표적인 작품이다. 이 작품에서 소쩍새 울음은 한을 바탕으로 하여 피붙이에 대한 근심과 그리움을 떠올리게 하는 의미를 담고 있다. 대체로 울음은 결핍과 열망을 표시하는 한 형태로서 한과 밀접한 관련이 있는데, 새의 울음 중에도 특히 소쩍새나 뻐꾹새의 울음이 그런 의미를 강하게 띄고 있다(그것은 어쩌면 고요한 밤에 울어서 잠을 이루지 못하는 한 많은 여인들의 심정에 더욱 가깝고도 크게 들려오기 때문인지도 모른다).

뻐꾹새 울음에 유난히 관심을 두는 민성훈의 인식을 통해서 우리는 이 시인의 의식에 깔려 있는 핵심을 발견할 수 있는데, 내용적으로는 한과 열망이요 형식적으로는 리듬 의식이 바로 그것이다. 그의 한과 열망은, '뻐꾹새는 울어/ 내 무딘 영혼 건너질 못하고'에서 보이는 바와 같이 뻐꾹새 울음을 통하여 불완전한 자아를 성찰함으로써 '헤살짓는 여울/ 맑은 물에/ 천 년 만 년 씻기우는/ 이내 가슴/ 돌이 되어/ 사랑이 되어'라는 인식을 갖게 하는가 하면, '어디로 갔을까/ 서운산 자락을 곱게 씻어 내리던 뻐꾹새'라는 대목에서는 사라진 뻐꾹새에 대한 그리움이 '푸른 물줄기로 굽이치던 마음 한 자락'을 그리워하는 자아; 즉 세속에 젖어 푸름을 상실한 자아를 발견하는 모습으로 드러내기도 한다.

또한 그것은 '앞산에/ 햇살이 익어가는 아침나절/ 뻐국새 들면' '실팍한 바람이었다가/ 철쭉꽃 위에 목을 놓'거나 '닳고 단 삽날/ 논바닥에 꽂아두고/ 잠시라도 논두렁 민들레꽃으로 앉아보'기도 싶고, '마늘쫑 뽑아 들듯/ 시렁시렁 발등 뽑아 들고/ 이 산 저 산/ 아린 가슴/ 꽃망울로 돋아/ 곪는 속 토해' 보기도 싶다는 것으로 드러나기도 한다. 그러니까 뻐꾹새나 뻐꾹새 울음은 그에게 자아 성찰—불완전하고 결핍된 자아인식을 통해 순수한 마음으로 돌아가서 자유롭고(실팍한 바람) 아름다운 존재(철쭉꽃, 민들레꽃, 꽃망울)로 거듭나고 싶은 열망을 자아내게 한다. 그리고 울음은 반복과 지속성에 의해 그 자체로 리듬을 형성하면서 열망의 의미를 품기도 한다. 이렇듯 뻐꾹새를 주요 제재로 다룬 몇몇 작품에는 민성훈이 추구하는 세계의 원형질 같은 것이 투영되어 있는데, 결국 이러한 원형질이 그의 시세계의 핵심에 자리 잡고 있으면서 다양하게 변주되는 것으로 파악된다.

3

앞에서 전제한 대로 민성훈의 시에는 한을 맺히게 하는 현재 여기로부터 어떤 이상향으로 초월하고 싶은 강한 열망이 원형질로서 그 바탕에 깔려 있다. 그렇다면 '현재 여기'와 초월적 세계로서의 이상향이란 어떤 세계일까? 아니, 현실이 어떤 모습으로 다가오기에 그가 초월적 자세를 취하면서 이상향에 대한 열망에 젖는 것일까? 그것은 「석남사 길」의 '닳고 단 삽날/ 논바닥에 꽂아두고/ 잠시라도 논두렁 민들레꽃으로 앉아보았으면'이라 한 구절, 또는

이러구러 우리네 인생살이
탈도 많다 탈도 많어
이내 한 몸 목구멍에 거미줄 칠까마는
딸린 자석 입막기에 등판은 공사판이요
포장마차 쐬주 한 잔 생판으로 공치는 날
살판났네 외상살이 거덜났네 신명놀음
쎄빠져라 푼돈이요 그도저도 날품인데
도산 파산 휘청이는 빈털털이 중년 인생

터럭마저 가물어가는 어허 중생 탈이로구나

—「탈」 부분

라고 하는 대목 등에서 드러나듯 생활을 꾸려나가기 위해 겪어야 하는 온갖 힘든 일 때문일 수도 있고, 존재에 부가되는 근원적 고뇌나 외로움, 또는 결핍에 대한 인식 때문이다. 이와 같은 존재인식을 파고드는 짙은 어둠 같은 것을 느끼면서 그것을 극복하여 이상적 존재로 나아가려 하는 그의 열망을 그는 다음처럼 노래한다.

이 가을 저물녘
단풍잎에 물들어
나지막히
산에 내려앉고 싶다.
가을빛에 까무러치는
산짐승이고 싶다.
이 가을
숨을 헐떡이는 산길 위
아린 보행,
들국 하얀 꽃잎에
엎푸러지는 노란
낟알이고 싶다.

—「가을 산행」 전문

가을 산을 오르면서 그는 문득 존재의 끝을 생각한다. 곱게 물든 '단풍잎'과 '들국 하얀 꽃잎'이 그에게 존재의 끝을 생각하게 하고 그 끝을 의미 있게 장식해야 한다는 결실에 대한 의미를 곱씹게 한다. 이때 그에게 다가온 것이 바로 곱게 단풍으로 물든 아름다운 산의 모습이요, '가을빛에 까무러치는/ 산짐승' 같은 존재였던 것이다. 말하자면 세속적 존재로부터 일탈하여 순수한 자연적 존재로 거듭나고 싶은 것이다. 그리고 '들국 하얀 꽃잎에/ 엎푸러지는 노란/ 날알이고 싶다'는 소망은 그러한 인식을 더욱 적극적으로 끌어올린 결과이다. 왜냐하면 '들국 하얀 꽃잎'이 단순한 자연으로서의 순수하고 아름다운 존재의 모습이라면 '노란 낟알'은 성실성이 내포된 결실의 의미를 담고 있기 때문이다. 그러니까 그는 가을 산행에서 보고 느낀 풍경들을 통하여 적극적으로 존재의미를 성찰하고 자기 정체성의 모습이 무엇인가를 떠올린다. 그리고 이러한 자기완성의 길에 대한 예감은 공동체 의식으로 확장됨으로써 사회적 의미를 더욱 강하게 띄게 된다.

> 녹슨 숨통을 열어
> 저무는 일상의 변두리에서
> 연을 날린다.
> 북풍이 몰아치는
> 그대 싸늘한 이마 위로
> 연을 날린다.
> 짙은 어둠이 혼을 사뤄
> 질곡의 타래를 푼다.
> 허망한 내 이력의
> 샘물을 긷듯
> 가느다란 모과향의 얼레를 푼다.
> 흔들리는 긴 그림자의
> 비인 가슴을 쪼는
> 차라리 탄식하지 않는 절망은 아름답다.

—「연 날리기」 전문

이 시에서 우리는 존재에 대한 그의 복합적인 인식을 들여다볼 수 있다. 첫째는 '저무는 일상의 변두리에서' '녹슨 숨통'으로 살아가는 나에 대한 인식이고, 둘째는 '북풍이 몰아치는 그대 싸늘한 이마'에 대한 인식이며, 셋째는 그것을 극복하려는 적극적 의지를 갖는 것이 바로 그것이다. 다시 말하자면 나와 너는 다같이 짙은 어둠에 둘러싸여 있다는 비극성이 그의 존재인식의 바탕을 이루며, 그러기에 인간으로서 마땅히 그것을 극복해야 할 의지를 가져야 한다고 그는 깊이 생각한다. 그것은 '짙은 어둠이 혼을 사뤄/ 질곡의 타래를 푼다'거나 '허망한 내 이력의/ 샘물을 긷듯/ 가느다란 모과향의 얼레를 푼다'는 구절에서 잘 드러난다.

이와 같이 인간 존재에 내리는 비극성을 풀지 못할 운명으로 받아들이는 것이 아니라 그것은 다만 극복의 대상일 뿐이라는 인식에 철저할 때 어떤 절망도 탄식의 대상일 수만은 없다. 즉 '차라리 탄식하지 않는 절망은 아름답다'고 하는 것처럼 절망 앞에서 좌절하고 탄식하는 소극적 자세로부터 그것을 극복할 수 있는 적극적인 행동으로 나아갈 수가 있는 것이다. '저무는 일상의 변두리에' 서 있는 존재로서 '녹슨 숨통'을 지닌 자아라는 인식을 갖고 있으면서도 그가 절망에 빠지지 않고 오히려 그 '녹슨 숨통'을 열고 '북풍이 몰아치는/ 그대 싸늘한 이마'를 생각하면서 그에게 꿈의 날개를 펴게 할 수 있는 것은 바로 그러한 적극적 인식 때문이다. 여기서 우리는 나에 대한 인식으로부터 우리(공동체)에 대한 인식으로 확장하는 따뜻한 인간애를 엿볼 수 있다.

교실 밖에서는
햇살이 종알종알
잔솔 가지에서 놀고
졸음을 털어 내는 아이들
머리칼에서는 실바람이
찰랑찰랑,
의자에 걸터앉은
새까만 눈망울들은

톡톡 산수유꽃
노란 꿈을 깨뜨립니다.

—「봄이라고 부르고 싶은 아이」 전문

이 시에는 민성훈의 해맑은 존재인식과 상상력이 매우 잘 드러난다. 아마도 앞서 보았던 어둔 세계인식과 비극적 존재인식으로부터 일탈하여 순수한 존재로 거듭날 때 우리의 눈앞에 펼쳐질 수 있는 세계의 한 모습이 이런 것이 아닐까 생각된다. 이를테면 그가 꿈꾸는 이상향이 바로 이런 세계라 할 수 있다.

여기서 주목되는 것은 시인의 눈길이 닿고 있는 세계가 '교실 밖'의 '아이들'이고 그들이 자연과 일체가 되어 '노란 꿈'을 깨뜨리고 있다는 점이다. 즉 교실의 안의 세계가 자연으로부터 멀어져 인공적 세계를 통해서 더 높은 이상향에 도달하려는 목적에 의해 만들어졌다면, 교실 밖의 세계는 그런 것과는 아무런 상관도 없는 그야말로 그저 순수한 자연의 세계일 따름이다. 이러한 내적 연관성에서 이 시에 깔려 있는 궁극적 의미가 떠오를 수 있는데, 그것은 교실을 통하여 도달한 숱한 지성인과 지식인들이 만들어 가는 사회가 어둠으로 만연해 있다는 점을 상기한다면 쉽게 이해될 수 있는 대목이다. 교실을 통하여 얻은 어른들의 지성이나 지식이 공동체보다는 사리사욕을 좇는 방향으로 작용할 때에는 악과 무질서를 낳는 씨앗이 될 따름인 것이다. 따라서 지성이나 지식과는 관계가 없는 교실 밖의 자연과 혼연일체가 되어 있는 어린이들 같은 순수 동심의 세계가 꿈이 피어나는 이상향을 만드는 핵심이 될 수 있는 것이다. 이 시에 드러나는 시인의 눈길은 그런 먼 이상의 세계를 더듬고 있다.

4

지금까지 살펴본 결과, 민성훈의 시세계는 어두운 현실인식으로부터 잃어버린 낙원을 회복하는 길에 대한 탐색이라 할 수가 있다. 그것이 곧 인공적 세계인 사회에서는 공동체 의식이라 한다면, 자연의 세계에서는 순수성이라 할 수 있다. 시인은 이제 그 두 세계를 아우르는 것으로서 리듬을 인식함으로써 거기에 더욱 강력한 생명력을 불어넣으려 하고 있는 것으로 보인다. 그러니까 그가 인식하는 리듬감은 잃어버린 이상향을 회복할 수 있는 마지막 요소인 셈이다. 주지하듯이 공동체 의식이 질서를 낳고 질서가 아름다운 세계를 낳는다면 리듬 역시 그런 의미를 많이 거느리고 있다. 그리고 우주나 생명체의 존속이 순행하는 리듬과 밀접한 관련이 있다는 점도 빼놓을 수 없는 요소이다. 이러한 관점에서 볼 때 민성훈의 시에 강조되는 리듬의식은 매우 의미심장한 의미를 띤다.

시에 있어서 리듬이 갖는 의미는 더 강조할 필요도 없이 중요하다. 요즘 일부 시인들이 리듬에 대한 배려를 망각하여 마치 어둠과 무질서에 휩싸여 있는 현실을 방불케 하는 혼잡한 작품을 보여주기도 하지만, 그것은 어디까지나 시의 본령은 아니다. 이렇게 볼 때 시 같지 않은 시의 형태를 극복하고 시다운 시로 회귀하는 것으로서 시에서 리듬을 되찾는 일도 한 방법이 될 수 있는데, 민성훈 시에 부각되는 리듬감은 이러한 측면에서도 관심의 대상이 된다.

어쨌든 그의 작품에는 리듬을 의식한 흔적이 곳곳에서 드러난다. 앞서 전혀 리듬을 의식하지 않고 인용한 작품을 다시 한 번 관심을 갖고 읽어보면 그의 작품에 리듬을 형성하는 요소들이 얼마나 많이 드러나고 있는지 짐작이 갈 것이다. 물론 여기서 말하는 그의 리듬 감각은 포괄적인 차원에서 지적한 것일 뿐 일정한 패턴을 보인다거나 어떤 특징을 보인다는 것은 아니다(그것은 더 자세한 분석이 필요한 데 여기서는 그것이 목적이 아니므로 구체적인 논의를 피한다). 그런 가운데 한 가지 분명한 사실이 있다면, 그것이 어떤 의도나 의미를 띠고 있는지는 모르나, 리듬을 의식한 흔적이나 그 농도가 시집의 뒤로 갈수록 짙어진다는 점이다. 예를 들어, 비교적 시집의 앞부분에 배치되어 있는 앞에서 인용한 작품들에 드러나는 리듬과 다음에 인용한 시들을 비교해 보면 그 차이를 분명하게 알 수 있을 것이다.

정한 목숨 하나
살고지고

실한 속사랑
피고지고

헐한 살림살이
따신 봄을

어디로 가는 봄이더냐
길을 일러라.

—「봄바람」 부분

그는 「봄바람」을 거쳐 '굿판이야 굿판이야 살판으로 넘어보세/ 얼씨구 떵더쿵 절씨구 떵더쿵/ 깽맥이 소리로 질러가보세/ 얼씨구 절씨구 탈탈거리며/ 막뱅이고개를 넘어간다/ 어허야디야 너 살고 나 살고/ 삐까번쩍 살아보자고 탈탈거리고 넘어간다.'로 끝나는 「탈」, '굴러라 굴러라/ 어허 달궁 굴러라/ 설워라커니/ 설워라커니/ 모두 일어나/ 이 언 땅을 굴러라'로 시작하는 「터다지는 노래」, '이틀에 닷새 걸려 이렛날은/ 설궂은 날도 벌

겋게 달아올라/ 홍청거리는 장판/ 거친 입담도 술국에/ 혀끝이 달착지근한 / 쇠전거리 국밥집도/ 뚝배기보다야 장맛이라대'로 흥을 돋구어가는 「안성 장날 · 4—장타령조」에 이르면, 시인은 전통의식=우리 가락(리듬)이라는 등식을 염두에 둔 것으로 보인다. 결국 이것은 잃어버린 낙원을 회복하는 것이 근원으로 돌아가는 일임을 나타내는 동시에 현실의 어둠으로 인하여 맺힌 한을 삭이고 푸는 일이 리듬을 통해서도 가능함을 보여주는 것이기도 하다. 이처럼 민성훈의 시에서 리듬의식은 시다운 시의 길, 또는 무질서와 어둠과 죽음의 세계로부터 질서와 화해와 삶의 세계로 나아갈 수 있는 길로 들어서는 요소가 되는 것이다.

5

이제 시대가 바뀌었고 바뀐 시대만큼이나 문학의 위상도 변화할 수밖에 없는 시점에 우리는 서 있다. 그러니까 문학작품 읽기라는 간접 경험을 통해 인격을 도야하고 교양인으로 성장할 수 있다는 문학의 의미만이 문학의 전부가 아니라는 점을 드디어 분명히 인식할 시점에 와 있는 것이다. 문학이 내용만을 담는 容器가 아니라는 점은 익히 아는 바이지만 가르치고 읽는 현장에서는 그런 점에 국한하는 어리석음을 범하기 일쑤였는데 이제는 우리의 사고의 폭을 넓히고 상상력을 자극하여 창의력의 씨앗을 심고 키우는 방향의, 문학의 또 다른 기능(그동안 관심을 덜 가졌던 측면)에 더욱 깊은 관심을 가져야 한다.

지금까지 읽어온 바에 의하면 민성훈의 작품들은 이러한 우리의 관심에 답할 수 있는 장점들을 많이 가지고 있는 것으로 생각된다. 치열한 현실인식으로부터 잃어버린 전통의식에 이르기까지, 그리고 고독한 존재인식으로부터 따뜻한 공동체 의식에 이르기까지 우리 존재와 삶에 대하여 다양한 관점으로 들여다보려고 노력한 그의 노래들은 우리들에게 존재와 삶을 재인식하게 하고 참된 삶과 높은 세계로서의 아침을 향하여 깊은 눈을 뜨게 할 수 있기 때문이다. 그것은 그 자신이 「물푸레나뭇가지에서 내려오는 아침」 2절에서

생수를 마셔야겠다.
눅눅한 어둠이 등줄기를 주르르 타고 내린다.
천둥은 구름에 얹어두고
마른 장마 끝 물푸레나무로 서서
낮은 데에 뿌리를 두고
불끈 치솟아 하늘에 머리를 적시는
물푸레나무, 그 한 줌의 바다 위로
말끔히 닦여진 길 위를
아침이 달리고
생의 바퀴도 씽씽 잘 굴러간다.

고 읊고 있는 것처럼 우리로 하여금 '낮은 데에 뿌리를 두고 불끈 치솟아 하늘에 머리를 적시는 물푸레나무'와 같은 존재로 설 수 있도록 넌지시 부추기는 것과 같다고 할 수 있다. 이 땅과 현실에 발을 붙이고 살면서 저 하늘과 낙원을 꿈꾸고 상상력의 날개를 펼치게 할 수 있는 것이 바로 시라고 한다면, 민성훈의 작품들은 그러한 시의 본령에 매우 충실하고 있기 때문이다.

마음속 동자상(童子像) 찾기
—하시현의 시세계

1

점점 어린 아이가 되어 가는 엄마의 눈 속에서
유독 빈자리 구석진 자리를 저는 보았습니다.
하지만 엄마는 시라는 것으로 그 빈자리에 화초를 기르고
구석진 자리에는 새장을 매달으셨습니다.
이제 엄마의 마을엔 생명이 있습니다.

위에 인용한 내용은 하시현의 따님인 상미가 시인으로서의 엄마의 모습을 보고 느낀 점을 적은 것 가운데 첫머리 부분이다. 둘째 시집을 내는 엄마를 축하하기 위해 '엄마께'라는 제목으로 시집의 첫머리에 실어 놓았다. 나는 이 글을 읽으면서 그 누구보다도 하 시인을 잘 알고 있는 한 사람의 평론가를 만나고 있다는 느낌을 지울 수가 없었다. 그녀는 시인이란 존재가 어떤 사람인지 참으로 간명하게도 잘 읽어내고 있다. 순수한 눈을 가진 사람, 가슴 한 구석을 허허로이 비워 두고 그 자리에 비상의 꿈을, 또는 새로운 생명력을 불어넣으려고 하는 사람이 곧 시인이라는 그녀의 어머니 읽기, 아니 시인 읽기는 참으로 큰 울림으로 나에게 다가왔다.

시인이란 누구인가. 어떤 이는 천형(天刑)을 받은 사람이라 표현하여 시인이란 근원적으로 고통스러운 존재임을 강조하기도 하고, 또 어떤 이는 가장 치열하게 무사무욕의 상태를 지향하는 사람이라고 하여 순수한 마음을 지닌 사람이 곧 시인임을 말하기도 한다. 그렇다. 삶의 진실을 들여다보고 세계의 본질을 찾아 헤매는 이가 바로 시인이라고 한다면, 그는 먼저 순수한 마음과 눈을 가진 어린아이와 같은 존재가 되지 않으면 안 된다. 그래서 시인들은 저마다 가슴 속에 동자 하나씩을 품고 있다고 하지 않는가.

하시현의 작품을 읽는 동안 나는 줄곧 상미의 말과 동행을 하였다. 나는 문득문득 그녀의 말을 상기하면서 흐려지려는 내 눈과 가슴을 닦아내곤 하였다. 저무는 여름이 아쉬운 듯 늦더위가 기승을 부리는 초가을의 며칠간을 나는 하 시인의 작품을 탐독하면서 잠시 시인됨의 의미를, 이 시대에 시인이란 과연 어떤 존재여야 하는가를 곰곰이 되새겨 보았다.

2

하시현의 작품을 읽으면서 나는 이 시인의 고집 같은 것이 작품 곳곳에 푸른 힘줄을 세우고 있는 것을 보았다. 하 시인은 '시는 모름지기 이런 것'이라는 어떤 신념을 갖고 있음을 분명히 알 수 있었다. 이를테면 시는 가장 정제된 언어로 이루어지는 것이 아니냐는 항변 같은 것을 듣는 듯하였다.

언제부턴가 우리나라의 시들은 한없이 수다스러워지기 시작하였다. 물론 일부이기는 하지만, 결코 만만히 볼 수 없을 정도로 그 물줄기가 자꾸 거세어지고 있는 것이 사실이다. 도무지 시 같지 않은 시들이 도도한 물결을 이루며 문학지를 적시고 있다. 그래서 일부에서는 장르의 경계가 무너져 간다는 말도 나오는 모양이지만, 그런 시를 대하는 나의 마음은 어쩐지 개운하지만은 않다. 내가 너무 고지식한 탓일까?

그런데 하시현의 작품들은 개운치 않은 나의 마음에 한 줄기 위안을 주었다. 혼란스런 시판에 식상한 나의 구미를 당기게 했기 때문이다. 나의 짐작으로 그는 아마도 대책 없이 늘어지고 쓸데없이 수다스러워지는 시들을 염두에 두고 있는 듯하였다. 그러니까 시인은 그런 시들과 차별성을 갖기 위해 일부러 극도로 언어를 절제하고 있다는 생각을 할 정도로 남다르게 언어를 아끼고 있는 것이다. 가령 다음과 같은 시에서 그 한 전형적인 모습을 볼 수 있다.

물방울을 비틀어본다
허리가 잘룩해진다
양쪽으로 길게 당겨본다
가는 대롱이 된다
탁 놓는다
티우웅
다시 물방울
빨래를 하듯 두들긴다
국물이 없다
건데기도 없다
접시 위에 올려놓는다
그냥 수정체다
접시를 기웃
똑 떨어지지 않고 쭈우욱 늘어진다
털어 버린다
쪽 올라붙는다
접시채 엎는다
속에서 통통 튄다

앗 짜증나
접시를 던진다
쨍그랑 산산조각이 난다
물방울이 또르르 구른다
톡 튀어 오른다

—「우리 사이」 전문

매우 절제된 언어 구사가 돋보이는 이 작품에서 우리는 하시현의 시 조형의식을 여실히 살펴볼 수 있다. 즉 가능한 한 수식어를 배제하고 핵심 성분만으로 시상을 전개하고 있다. 그런 만큼 메마를 정도로 감정을 억제하고 '우리 사이', 즉 인간관계의 다양한 의미를 물방울에 비유하여 분석적으로 들여다보고 있다. 그 결과 시상이 휘몰아치듯이 무척 빠르게 전개되고 있다.

이런 시를 읽는 독자는 어떤 상태에 들 수 있을까? 읽는 이에 따라 다르게 느껴질 수 있겠지만, 나는 이 시를 한 숨에 읽으면서 많은 것을 생각하였다. 우선 다른 것을 생각할 겨를도 없이 빨려 들어갔다는 점이며, 다음으로는 우리의 인간관계라는 것이 얼마나 변화무쌍한 것인가, 따라서 경박하게 행동할 수 없는 것이 곧 인간 존재라는 것을 생각하였다. 이 시가 독자에게 깊은 감동으로 와 닿는 이유는 바로 여기에 있다.

좀 더 부언하면, 이 시는 현대인들의 존재의 한 단면을 형식 자체로 드러내고 있다는 데 그 묘미가 있다. 가령, 시대와 사회가 더없이 산문적이라고 한다면, 이 시에 드러나는 절제된 언어 부림[措辭]은 그런 시대에 대한 혐오감의 표현이라 할 수 있다. 또한 마치 스케치를 하듯이 빠른 속도로 인간관계를 그려나간 기법 역시 그 이면에는 순수함과 진실성보다는 순간마다 마음과 얼굴을 바꾸는, 정체성을 상실한 현대인들에 대한 성찰이 깔려 있다. 그러니 그런 인간들을 대하는 주체 역시 때로는 호기심으로, 어느 때는 짜증으로, 또 어느 때는 모든 것 던져 버리고 싶은 심정으로 순간마다 변하지 않을 수 없는 것이다. 이런 점에서 이 시는 끊임없이 마음을 바꾸고 끊임없이 얼굴(가면)을 바꾸어야 하는 것이 곧 현대인들의 존재의 한 실상임을 형식과 내용으로 동시에 그려내고 있다고 할 수 있다. 이른바 내용과 형식이 유기적으로 통일되어 있음으로써 울림의 폭이 그만큼 커지게 되는 것이다.

경중은 다소 다르지만, 하시현의 작품을 통독한 나의 느낌은 무엇보다 절제의 미학에 지대한 관심을 기울이고 있다는 점이었다. 이는 시에 관한한 가장 원론적인 것이면서도 또 많은 시인들이 간과하고 있는 부분이다. 물론 그 역도 현대시의 한 특징으로 일정한 가치 매김을 할 수 있는 것이기는 하지만, 그럼에도 불구하고 뚜렷한 목적의식이나 내적 필연성도 없이—그런 점에서 그런 시들은 시의식의 미숙성을 노출하는 것이라 생각할 수 있다—있는 감정 없는 감정을 엉킨 실타래 던져 놓듯 한 작품들이 쏟아져 나오는 시단의 현실을 고려할 때 하시현의 작품은 과소평가해서는 안 될 장점을 지니고 있다.

3

하시현 시의 형식적인 특징의 하나로 꼽을 수 있는 빠른 호흡과 건조한 문체가 감정의 절제에 기인하는 것이라면, 그의 지향적 세계로 집약될 수 있는 '童子意識(또는 동자에 대한 그리움)'은 피폐하고 타락한 현실세계에 대한 회의와 비판의식에 기인하는 것으로 보인다. 그러니까 종말에 가까워진 세계, 그리하여 더 이상 생성이 불가능하다고 판단되는 세계를 지워 버리고 새로운 출발점으로 돌아가야 한다는 내면의식이 동자에 대한 그리움과 새로운 가능성에 대한 탐색의지를 낳게 했던 것이다. 하시현의 시에 종종 머리를 드러내는 회의・반문・냉소적 어조 등, 예컨대 '이 나이에 수두라니'・'빌어먹을 생각들이'(「메밀」), '정말 애기를 나을 수 있을까'(「놈은 임신을 원한다」), '빈 화분에 소식은 필까'・'정말 보이기는 할까'(「빈 화분에 물주기」), '아니 또 누구일까'(「나무」), '내 몽유병 탓일까'(「백남준의 비너스」) 등은 궁극적으로 그와 같은 세상 읽기와 지향의식에서 발원하고 있는 것이다. 이 구절들은 I부에서만 가려 뽑은 것들인데, 여기서 보듯 그의 의식 속에는 생성에 대한 기대와 또 그에 대한 일말의 의문이 뒤섞여 있다. 이를테면 현실인식이 강화될 때는 부정과 회의가 짙어지는 반면에 미래지향 의식이 강화될 때는 생성에 대한 기대감이 강하게 표출된다고 할 수 있다.

가차없이 아픔
한
면
잘라내고
여지없이
한
면
슬픔 자르고
그리움도 덩달아
떨어져 나가고

뾰죽 뾰죽
대책 없이 솟구치는
열병의 꼭지점들
이리뒹굴 저리뒹굴
온몸에 퍼뜨려 수두반점
참하게 잘 익은 무료

(이 나이에 수두라니)

기인 밤 눈바람에
문풍지가 떨어도
그것 참
빌어먹을 생각들이
가려워 가려워
여기긁적 저기긁적
짓무르는 겨울

—「메밀」 전문

이 시는 하시현 특유의 시적 특징이 잘 드러나는 작품이다. '짓무르는 겨울' 인식으로부터 촉발된 시상이 메밀을 그 대상물로 선택을 하였다. 이 시에서 까맣고 多角으로 이루어진 메밀은 어둡고 거친 겨울에 대한 인식을 표상하는 것인 동시에 그 겨울을 배경으로 살아가는 존재의 온갖 감정들이 투사된 것이기도 하다. 따라서 메밀에는 겨울에 대한 비판 정신과 그것으로부터 일탈하고자 하는 지향의식이 함께 내포되어 있다. 시인의 사색의 깊이와 그것을 시로 빚어내는 솜씨, 그리고 그것을 통하여 드러나는 시적 묘미는 바로 여기에 있다.

이 시를 좀 더 구체적으로 이해하기 위해서는 어쩌면 뒤에서부터 읽는 것이 더 나을지도 모른다. 즉 현실인식으로부터 돋아나는 온갖 상념들을 떨쳐 버리고 그런 현실을 극복하려고 하는 의지가 이 시의 주제를 이루고 있다면, 거기에 접근하는 빠른 길은 곧 뒤로부터 거꾸로 읽는 것이 좀 더 효과적일 것이라 판단된다. 우리는 여기서 결코 정상적이지 않은 세계, 전도된 세상을 시적 형식으로 드러내려 한 시인의 섬세한 성형의식을 엿볼 수 있다.

이 시에 의하면 겨울은 인간에게 치유하기 어려운 상처를 주고 있다.

'참하게 잘 익은 무료'한 시간이 그 상처를 발견하게 하고 있다. '참하게 잘 익은 무료'란 무엇인가. 그것은 아픔과 슬픔과 그리움까지도 가차없이 잘라내는 결단 뒤에 오는 가장 순수한 순간을 의미하는 것이다. 이는 모가 난 자아를 다스려 원만한 존재로 재생할 수가 있게 되었음을 뜻한다. 인간들이 이와 같은 존재로 거듭날 때 겨울로 상정된 부정적인 세계가 사라질 수 있는 것이라면, 그 경지에 이르기란 결코 쉽지가 않은 것이 또한 현실이다. 여기에 시인의 꿈과 절망이 자리 잡고 있다. '기인 밤 눈바람에/ 문풍지가 떨어도' '빌어먹을 생각들이' 가려움증처럼 마음에 돋아난다는 표현에서 그것을 알 수 있다. 다시 말해서 겨울에 대한 민감한 반응과 그 반응에 대한 자조감(自嘲感; '빌어먹을 생각')의 엇갈린 감정은 곧 현실과 이상의 괴리를 나타내는 것이다. 그러므로 시인에게는 불임의 계절인 겨울에 대한 치열한 인식과 새로운 세계에 대한 열망이 끝없이 이어지지 않을 수가 없게 된다.

> 사람에게 붙어 기생하는
> 포유동물, 시간이
> 새벽부터 발가락 사이를 기어다닌다
> 옳지 요렇게
> 꼬집어도 잡히지 않는다
> 스물스물 다리 위로 기어오른다
> 도대체 어떻게 생긴 놈이야
> 손바닥으로 딱 때린다
> 흔적이 없다
>
> 언제부터인가
> 내게 붙어 산다고 느낀 놈
> 요즘

놈이 버젓이(내 이름 옆구리에)
의료 보험 카드 속에 들어앉더니
산부인과를 들락거린다
상상임신이라나
꼴같잖게 임신을

밤마다 내 곁을 파고들더니
드디어 일났군
정말 애기를 낳을 수 있을까
놈과 나를 닮은 애기
또 다른 기형의 시간

—「놈은 임신을 원한다」 전문

시간은 언제나 인간들의 의지와 상관없이 흘러간다. 그런 점에서 세상의 어떤 존재에게도 그것은 가장 공평무사하게 다가간다. 잘난 사람이나 못난 사람이나 있는 사람이나 없는 사람이나 어린 사람이나 늙은 사람이나 구별 없이 똑같은 크기와 길이로 부여된다. 따지고 보면 이보다 더 공평한 것이 있을 수 있는가.

그러나 시간의 관점이 아닌 인간의 관점으로, 특히 개개인의 입장이나 관점으로 돌아오면 그것을 인식하고 느끼는 가치 개념은 사뭇 달라진다. 처지에 따라서는 일각이 3년도 되고 한 평생이 일장춘몽도 되는 것이 우리네 시간관이다. 이처럼 인간에게 인식되는 시간은 언제나 주관적인 형태를 띠게 되는데, 그 중에도 부정적인 세계인식에 들 때 인간들의 시간에 대한 관념은 더욱 적극적으로 확장된다. 시간을 두고 창조적인 시간관과 비극적인 시간관으로 대별하는 것도 그 때문이다. 가령, 내일에 대한 희망이 다분한 사람에게는 시간의 흐름은 곧 행복으로 이르는 길이 되겠지만, 미래가 절망적인 사람에게는 그것은 곧 죽음이라는 종착역으로 향하는 길이 될 뿐이다.

위의 시를 읽으면서 나는 그런 시간의 의미와 가치를 새삼 되새기게 된다. 시간에 대한 시인의 인식이 확장되고 있다는 것은 세계와 존재에 대한 깊은 성찰이 이루어지고 있음을 뜻하는데, 특히 시간에 대한 부정적인 인식이 짙다는 사실을 상기하면 그것은 존재를 소멸의 길로 이끌고 가는 것으로 보고 있음이 분명하다. '손바닥으로 딱 때린다'는 표현에서 우리는 시간으로부터 일탈하고 싶은 시인의 의지를 읽을 수 있다. 시간이 자신을 창조적인 세계로 인도하지 못한다고 생각할 때 그것은 단순히 자신을 잡아먹기 위해 달려오는 기관차에 지나지 않는다. 따라서 그런 시간을 부정하고 싶은 인간의 욕구는 너무나 절실하고도 당연한 것이다.

그러나 인간들은 그 어떤 힘으로도 자신에게 다가오는 빈틈없는 시간을 물리치거나 죽일 수는 없다. 그것이 존재의 한계라면 그 한계에 대한 치열한 인식만큼 또 인간은 그것을 극복하고 싶은 욕구에 불타게 된다. 그것이 인지상정이다. 이런 점을 시인은 '상상임신'이라는 구절로 표현하고 있다. 창조적인 시간에 들어 새로운 세계를 잉태하고 싶은 집요한 인식이 상상임신을 하도록 만들었던 것이다.

그럼에도 불구하고 그것은 어디까지나 상상임신일 뿐 현실적으로는 불가능하다. 이 점을 다시 자각할 때, 다시 말해서 현실인식이 강화될 때 시인에게는 '꼴같잖게 임신을'이라고 하는 자기 부정과 스스로를 비웃는 감정이 솟구치게 된다. 그러면서도 또 시인은 '정말 애기를 낳을 수 있을까'라고 하여 반신반의하며 일말의 희망을 버리지 않으려 하기도 한다. 그리고 결국에는 설령 애기를 낳는다고 해도 그것은 '또 다른 기형의 시간'에 불과하다고 결론지음으로써 스스로 가치를 박탈해 버리고 만다. 여기서 우리는 현실과 이상의 괴리를 확인하고 있는 시인의 눈과 그로부터 갈등을 겪고 있는 마음을 확연히 들여다볼 수 있다. 그만큼 시인의 세계인식 속에는 현실에 대한 부정과 새로운 세계에 대한 지향의식이 강렬하게 자리 잡고 있음을 뜻하는데, 그의 시 도처에 드러나는 회의는 바로 이 두 개의 항목이 부침을 거듭하고 있음을 드러내는 것이자 절망적 세계를 바꾸고 싶은 소망을 실현하기 위해 끝없이 시련에 들기를 외면하지 않는 시인의 성실성을 일깨우는 것이기도 하다.

시험 중 시험 중
입동에서 입춘까지
습도조절 햇볕조절
뒤로 쑥 꽁지 빼고 있는
흙들의 이마 짚고 기분 확인
이러다 이러다
정말 오관을 틀까

햇살 끝으로
찢길 듯 오는 서러움이
한 줌 흙을 움켜쥐고
한 입 울음 베어물고
빈 화분에 소식은 필까

보인다 보인다
몸이 달아 꿈을 들락거리는
파 아 란 피
피 같은 흔적
정말 보이기는 할까

—「빈 화분에 물 주기」 부분

하시현이 읽고 있는 세계는 '입동에서 입춘까지'의 '빈 화분' 같은 것에 지나지 않는다. 이처럼 생성할 수 있는 씨앗 자체가 소멸해 버린 세계를 바라보면서 그는 '시험중 시험중'을 연발하면서 빈 화분에 어떤 '소식', 즉 '파 아 란 피/ 피 같은 흔적'이 돋아나게 하는 노력을 멈추지 않는다. 그는 불가능에 대한 예감을 지울 수 없어 끝없이 회의하면서도 또 한편으로는 그 가능성에 대한 믿음도 저버리지 않는다. 하시현의 시를 따라가면 궁극적으로 후자에 대한 인식이 더 강하다는 것을 알 수 있는데, 그 믿음이 바로 그에게 성실성의 샘을 마르지 않게 하는 것임은 두 말할 나위가 없다.

그렇다. 하 시인에게는 그가 힘주어 강조하고 있듯이 '빈 화분' 같은 세계에 '파 아 란 피', 즉 맑고 순수한 생명력이 소생되어야 한다는 염원이 충만해 있다. 이 염원이 어두운 시대에도 그를 견디게 하는 원동력으로 작용하고 있으며, 시인으로서의 그를 지탱하게 하는 중추적인 힘이 되고 있다. 그는 세계가 새롭게 시작되기를 은밀히 꿈꾸고 있으며, 그 꿈이 곧 마음속의 '동자(童子)'를 만나는 일이다. 아니, 하시현의 작품 속에는 이미 앳되고 희망적이고 아름다운 동자가 잉태되어 있다. 그는 그 동자를 겨울 같은 세상으로 보내고 싶어 안달을 부리고 있다. 부디 그 동자가 모진 겨울에도 얼어 죽지 않기를, 그리하여 구원의 전령인 그가 온 세상 사람들의 마음속에 자리하여 무럭무럭 자라기를 바란다.

깊은 강처럼 시퍼런 그리움
—이숙진의 시세계

1

이숙진의 작품을 읽으면 무엇보다도 '그리움'이라는 시어가 유난히 눈길을 끈다. 말 그대로 시집 곳곳에 그리움이 깊은 강처럼 시퍼런 물결로 넘실댄다. 시인의 가슴 깊은 곳에 그리움의 물결이 얼마나 크게 출렁거리는가 하면, 강을 보아도 그리움이 떠오르고 꽃을 보아도 그리움이 떠오르며, 낙엽이 지면 낙엽이 지는 대로 눈이 내리면 눈이 내리는 대로, 이를테면 삼라만상이 모두 유정하고 애틋하여 그에게 끝없는 그리움을 자아내게 한다는 것이다.

그렇다면 그러한 그리움의 뿌리는 어디에 닿아 있는 것일까? 물론, 기본적으로는 여러 가지 빛깔과 형태를 지니고 있지만, 논의의 편의상 다소 단순화하자면 그것은 대략 두 가지 정도로 압축될 듯하다. 하나는 삶 자체에 내재한 근원적인 요소로서 삶의 의욕을 갖고 자기 존재를 구현해가게 하는 것, 즉 존재론적으로 말하자면 일종의 자연적 존재 의미를 띠는 것이라면, 다른 하나는 삶에 대한 치열한 인식과 깊은 관계가 있는 것으로서 세계와 자아를 깊이 성찰하고 개혁하고자 하는 의지, 즉 당위적 존재 의미를 띠는 것이라 할 수 있다. 굳이 따지자면 시인의 경우, 대체로 후자의 존재방식에 가깝다고 할 수 있다. 그러니까 시인이란 인간과 세계에 대한 관심과 호기심이 많고, 또 그 전망에 대하여 깊이 사색하고 고뇌하는 매우 유별난 존재인 셈이다.

흔히 시란 결핍의 표현이라고 말하기도 하듯이 시인의 감수성은 세계와 자아를 치열하게 성찰하게 하고 비판적으로 바라보게 한다. 그러니까 시인은 늘 꿈에 젖고 그리움에 몸살을 앓을 수밖에 없다. 물론, 인간이 바보가 아닌 이상 모든 것이 만족스러워 더 바랄 것도 없고 아플 것도 없는 상태가 되기는 어려우므로 살아 있는 존재라면 누구나 적든 많든 그리움을 가슴에 지니고 살 수밖에 없지만, 시인의 경우에는 그 부피가 훨씬 크고 농도도 짙다는 점에서 차원을 달리 한다. 말하자면 시인의 경우, 그것은 낮고 어두운 현실에 대한 깊은 성찰과 비판에서 출발하여 보다 높고 아름다운 세계에 도달하려는, 즉 이상향에 대한 간절한 소망이라는 형이상학적 속성을 지니고 있기 때문에 다른 관점으로 보아야 한다. 그러므로 이숙진 시의 도처에 그리움의 실체들이 뚜렷이 고개를 내밀거나 잠복되어 있는 것은 그만큼 그의 정신이 건강하고 성실하며, 특히 시인으로서의 그의 감수성이 풍부하게 작동하고 있다는 증거이기도 하다.

2

시인으로서의 이숙진의 가슴 깊은 곳에 솟아오르는 그리움의 부피가 얇지 않듯 그 내용들 또한 단순하지 않다. 그가 그리움의 대상에 대하여 표현상으로는 주로 '그대', '당신', '너' 등 2인칭 대명사를 사용하여 나타내고 있어 일상적 의미로 본다면 어떤 특정한 사람에 대한 그리움을 나타내는 것 같지만, 그것을 시적 문맥이나 함축성에 기대어 이해할 때에는 보다 다양하고 풍부한 의미로 변주된다. 가령, 그 대상은 아주 단순하게는 '세속적 임'이 될 수 있는가 하면, '혈육'과 '친구'와 '이웃'이 될 수도 있고, 또 어떤 때에는 '이상향'이나 '절대자'가 될 수도 있다. 뿐만 아니라 사람이 아닌 어떤 관념, 예컨대 情 · 사랑 · 희생 · 순수 등등과 같은 것으로 이해할 수도 있다. 그러니까 지극히 개인적인 것으로부터 사회적 이상이나 절대자인 신에 이르기까지 그의 관심의 폭이 매우 넓어 해석에 따라서는 여러 가지로 읽어낼 수 있다.

이렇듯 다양하고 짙은 그리움을 시로 풀어낸 이숙진의 시를 읽노라면 과연 이 시대가 상실의 시대요, 단절의 시대라는 것을 실감하게 된다. 정말 요즘 우리 사회를 돌아보면 '군중 속의 고독'이라는 말이 그 어느 때보다도 절실하게 다가온다. 개인은 개인대로 끝없이 파편화되고 사회는 사회대로 분열되어 갈등과 혼란이 극에 달해 있으니 어디 한 곳 편히 마음 붙일 데를 찾아내기가 어렵다. 그러니 어찌 우리가 시에 이끌리지 않을 수가 있겠는가. "절대적으로 고독한 사람의 언어는 서정적이고 독백적"(루카치)이라 하듯 결국 혼자 앓고 혼자 삭이며 고달픈 길을 걸어가야 하는 고독한 존재로서의 현대인에게 시보다 더 좋은 벗은 없을 듯하다. 그래서 이숙진의 시편들에 녹아 흐르는 깊은 강처럼 시퍼런 그리움이 어느새 우리 가슴 깊은 곳까지 스며들어와 외로움을 적셔준다.

그렇다면 이숙진 시에 드러나는 그리움의 실체는 무엇일까? 앞서 나는 그것을 크게 존재론적 차원과 당위론적 차원으로 갈라볼 수 있다고 전제한 바 있는데, 그런 관점에서 살펴보면 이숙진 시의 특성이 좀 더 선명하게 드러날 것으로 생각되기에 주로 이 두 계열의 이미지에 초점을 맞추어 보고자 한다.

우선, 이숙진 시에 가장 두드러지게 드러나는 이미지는 그리움의 대상을 '그대(당신)나 '너' 등으로 지칭하는 경우이다. 이 경우 일상적 의미로서 아주 단순하게 생각하면 이른바 '세속적 임'을 떠올리기 쉽지만, 사실 시의 속성이 그렇듯 그 의미가 매우 포괄적이고 함축적이기 때문에 그것이 구체적으로 무엇을 의미하는지 분명하게 구분하기는 쉽지 않다. 가령, 다음 시편들을 읽어보면 어느 정도 이해가 갈 것이다.

저 푸른 강물처럼
처억, 내 마음에 들어오지 않는 그대
앞에다 세워 볼까
뒤에다 숨겨 볼까
몇 날 며칠
낮과 밤을
혼자서 궁리만 하다가
아니,
아니,
자꾸 도리질을 하는 사이
하냥 지는 봄,
꽃처럼
사위지 않는 머언 그리움
몸 속 깊은 물살을 이루고 있는데
그대, 어디쯤 오고 계신가요?

—「양수리에서」 전문

아무 생각도 없이 퍼 넣은 커피의
혀끝에 매달리는 떨떠름함같이
막무가내로 치달리는
그리움

스스로 제 살 녹여

커피가 되는 크림처럼
흔적없이 너에게 녹아들고 싶지만 오늘도
내 안의 시퍼런 늪에 갇혀
한 치도 빠져나오지 못하네.

—「커피를 마시며」 전문

편의상 시집의 앞부분에 있는 두 편을 인용했다. 이 두 편의 제재와 내용은 다르지만 다같이 '그대'나 '너'에 대한 그리움을 중심으로 시상이 전개되어 있다는 점에서 공통점을 지닌다. 또한 표면적으로 보면 그 대상이 사랑하는 사람 같기는 하지만 정말 떠나가서 옆에 없는 사람인가, 아니면 가까운 곳에 있음에도 불구하고 마음이 통하지 않아서 그런지 분명하지 않다는 점에서 유사점을 지니기도 한다. (상당한 작품들이 이런 유형으로 이루어져 있다.) 이들 시를 더 구체적으로 살펴보자면 이렇다.

앞의 시 「양수리에서」를 보면 시인의 마음에 그리움을 촉발시키는 것은 양수리의 강물이다. 양수리를 우리말로 '두물머리'라 하듯 이 곳은 남한강과 북한강의 두 물줄기가 하나로 합류하는 곳이다. 두 물줄기가 합류하여 자연스럽게 섞이는 것을 보면서 시인은 그와는 달리 '내 마음'에 '처억, 들어오지 않는 그대'를 떠올리고 그 이유가 무엇일까 이리저리 궁리해본다. 더욱이 봄이 저물고 꽃도 지는, 즉 청춘이 다 지나가는 시절이기에 마음 속 깊은 곳으로 들어오지 않는 그대에 대한 안타까운 마음과 그리움은 농도를 더 한다. 그리고 그 그리움이 '그대, 어디쯤 오고 계신가요?'라고 하며 그대의 위치를 간절히 확인해 보고 싶게 한다.

그런데 여기서 '처억, 내 마음에 들어오지 않는 그대'라는 구절이 우리를 고민에 빠지게 하다. 마지막 구절 '그대, 어디쯤 오고 계신가요?'라는 표현에 의하면 표면적으로는 그대라는 사람이 멀리 있는 것처럼 보이지만, '마음'이라는 시어에 의하면 그것이 물리적인 거리이기보다는 오히려 정신적 거리일 가능성이 더 많은 것으로 이해된다. 그래서 '그대'가 먼 거리에 떨어져 있다고 볼 수 있는가 하면, 아주 가까운 거리에 있으면서도 마음이 잘 통하지 않고 합일되지 않는 상태를 의미하는 것으로 볼 수도 있다. 지척이 천리라는 말이 있듯이 사람들 마음이 진정한 의미에서 하나로 합일되기란 그리 쉬운 일이 아니다. 특히 오늘날과 같이 이기주의가 만연하는 사회에서 속마음까지 일체감을 갖기란 여간 어렵지가 않은데, 이런 점을 생각하면 어쩌면 후자 쪽에 의거한 해석도 얼마든지 개연성을 지닌다.

뒤의 시 「커피를 마시며」는 나와 너의 관계가 '커피'와 '크림'으로 대조된다. 그리고 이 시에서는 쉽게 합일되지 않는 원인까지 성찰하고 있어 더 구체성을 띤다. 그러니까 '너에 대한 그리움'이 '막무가내로 치달리는' 즉, 계산하기 어려울 만큼 본능적이요 절대적인 것임에도 불구하고 그 그리움이 쉽게 해소되지 않는 것은 자신이 '아집'에 갇혀 빠져나오지 못하기 때문이라는 것이다. 그러므로 두 작품을 동일성 차원에서 상호관계로 따진다면 「커피를 마시며」는 「양수리에서」와 같은 맥락을 지니면서도 한 걸음 앞으로 나아간 의미를 보여준다. 말하자면 「양수리에서」 촉발된 그리움을 자기 성찰로 연결하여 그 원인이 결국 자신에게 있다는 것, 그래서 아집에서 벗어나는 일이 매우 필요함을 인식하는 것으로 귀결된 것이다.

이렇게 본다면 그리움의 대상인 '그대(너)'는 어떤 사람으로 볼 수도 있고, 이상세계일 수도 있는가 하면 진정한 자아로 볼 수도 있다. 특히 심리학적 관점으로 보자면 이상적 자아와 현실적 자아의 괴리로 인한 내적 갈등을 표현한 것으로 보아도 큰 무리가 없다. 이를테면 내가 소망하는 자기와 현실적, 일상적 자아가 서로 일치하지 않아서 마음에 고뇌와 갈등이 생기고 그것을 줄일 수 있는 길로서 이상적 자아에 대한 그리움에 젖는

다고 할 수 있다. 뿐만 아니라,

봄비가 온다.
까칠한 대지의 살갗을 어루만지며
불 지피는 소리 들린다.

메마른 땅 위로
초록빛 씨앗을 방사하는
저, 저, 저 몸짓

하루가 천년이고
천년이 하루이듯

자근자근
나의 온 몸을 밟고 일어서는 그리움
오, 살아 있음이여
살아 있음이여!

—「봄비 단상」 전문

와 같은 작품에 의하면 그리움이 자아에게 '살아 있음'을 확인하게 하고 삶의 의욕을 북돋우게 하는 것으로 인식되기도 한다. 봄비가 마른 땅을 적시고 자연에 생명을 불어넣어 초록빛으로 물들게 하는 것을 보면서 시인은 자연의 영원성을 생각하고 그 끝에 '자근자근/ 나의 온 몸을 밟고 일어서는 그리움'을 느낀다. 여기서도 역시 그리움의 실체가 무엇인지 구체적으로 표현되어 있지는 않지만, 앞뒤 문맥으로 보아 그것은 '삶의 의지'와 연관되어 있는 것으로 파악된다. 즉 메마른 땅에 생명수처럼 비가 내림으로써 다시 초록이 번지는 것을 보면서 자연의 재생과 영원성을 인식한다. 그리고 그것을 통해서 항상 자신의 마음에 피어나는 그리움의 의미를 되새겨 본다. 이를테면 그것은 삶에 대한 의욕과 같은 것이라 할 수 있는데, 그것이 곧 그에게 새삼스레 '살아 있음'을 확인하게 하고 환희에 젖게 한다. 다시 말하면 봄비를 통해 만물이 다시 소생하고 세상이 초록빛으로 물드는 것을 목격하면서 시적 자아도 무엇인가 새로운 희망과 의욕을 갖게 되어 살아 있음을 깨닫게 된 것이다.

그러나 사실 이들 작품에서 그리움의 대상이 무엇이냐 하는 것은 크게 중요하지 않다. 그것이 사람이든 이상 세계든, 아니면 이상적 자아이든 모두 우리 존재나 사회가 아름다운 세계에 도달하기 위해서는 반드시 충족되어야 할 요소들이기 때문이다. 그만큼 우리 존재나 삶은 복합적인 속성을 지니고 있음을 이들 시가 일깨워주고 있는 셈이다.

다음으로, 혈육이나 친구를 그리움의 대상으로 삼거나 이웃에 대한 따뜻한 정을 보여주는 경우이다. 혈육에 대한 정은 누구에게나 절실한 것이면서도 쉽게 시로 빚어내기 어려운 것이기도 한데, 이숙진은 어머니를 비롯한 혈육에 대한 간절한 그리움이나 정을 표현한 작품을 상당히 많이 쓰고 있으며, 그 연장선상에서 친구에 대한 그리움과 이웃에 대한 따뜻한 애정과 관심을 나타내는 작품들을 보여주고 있다. 그 중에도 특히 육친으로서의 어머니에 대한 그리움과 사회적 상상력을 보여주는 작품들이 우리의 관심을 끌어당긴다.

먼저, 어머니에 대한 그리움을 표현한 작품들을 살펴보면 「남한강에서」를 비롯하여 「사모곡」·「빈 들」·「파도」·「이사하던 날」·「어머니」 등이 직접 또는 간접으로 어머니를 제재로 하고 있다. 이처럼 많은 작품을 보여주고 있다는 것은 그만큼 어머니에 대한 그리움이 절절하다는 것인데, 그 절절함을 시인은 「사모곡」에서 이렇게 표현하고 있다.

시도 때도 없이 찾아와
청동갑옷을 입은 내 심장을

덜컹덜컹 흔들고 가는
어머니

손가락 사이로 빠져나가는
숱한 낮과 밤들 속에서
어머니는 스무 해를 넘게
선홍색 맨드라미로 피어 있다.

노곤한 일상의 내 어깨 위에
연보랏빛 웃음, 가녀린 얼굴로
멈추어 서 있는 어머니

묵정밭 내 가슴이
발아 열로 뜨겁다.

—「사모곡」 전문

이 작품은 어머니에 대한 그리움을 제재로 한 여러 시편들 가운데 가장 뚜렷한 의미를 보여준다. 어머니에 대한 그리움은 시도 때도 없이 '청동 갑옷을 입은 내 심장을' 덜컹덜컹 흔들어 울렁거리게 하는가 하면, (돌아가신 지) 스무 해가 넘도록 '선홍색 맨드라미'로 피어 있거나 '연보랏빛 웃음, 가녀린 얼굴로/ 멈추어 서 있는 어머니'라고 하듯이 그렇게 많은 세월이 흘러도 어머니는 여전히 선명한 모습으로 남아 있기에 '묵정밭 내 가슴'이 '발아 열로 뜨겁'게 달아오르고 있는 것이다. 여기서 '청동갑옷을 입은 내 심장'이라는 표현에 주목하면 어머니에 대해서는 아무리 냉정하고 무심해지려 해도 소용이 없음을 알게 된다. 즉 살아 계실 때는 말할 것도 없거니와 돌아가시고 오랜 세월이 흘러도 어머니란 존재는 자식에게 영원히 지워 버릴 수 없는 절대적이라는 것이다. 이러한 어머니에 대한 애틋한 정과 간절한 그리움은 「빈 들」에서 절정을 이룬다.

영원으로 치닫는 시간들이
햇살처럼 반짝이는 들판에
내 젊은 날의 비릿한 기억들은
몇 그루의 나무가 되어 일어선다.

세월의 긴 꼬리를 자르며
가벼이 내려앉는 갈잎을 타고
팔딱팔딱 살아나는 그리움

밤마다 꿈길에서 달려가는
어머니 계신 그 벌판으로
어느 날에나 저 낙엽들처럼
내 몸도 가볍게 떨어질 수 있을까?

—「빈 들」 전문

이 시에서 시인은 어머니에 대한 간절한 그리움을 어쩌지 못해 타임머신을 타고 과거로의 잠행을 결행한다. 다시 말해서 환상 속으로 스며들어 젊은 시절로 되돌아감으로써 생전의 어머니를 마음 속에 뚜렷이 떠올려본다. '내 젊은 날의 비릿한 기억들'이 '몇 그루의 나무가 되어 일어선다'고 하는 것은 곧 젊은 날의 어머니에 대한 기억이 생생하게 떠오르는 것을 의미한다.

그러나 '젊은 날의 비릿한 기억'이 아무리 생생하게 재생된다고 해도 그것은 어디까지나 기억이요 환상이지 결코 현실로 실현될 수 있는 것은 아니다. 이러한 한계에 대한 자각이 다시 그로 하여금 인식의 전환을 꾀하게 한다. 그리고 인식의 전환점에서 '세월의 긴 꼬리를 자르며/ 가벼이 내려앉는 갈잎'이 더욱 결정적인 계기를 마련해 준다. '가벼이 내려앉는 갈잎'이란 무엇인가?' 갈잎이 흙(대지의 여신)에서 태어난 생명체의 일부라면 그것이 다시 흙으로 돌아가는 것은 곧 모성과의 합일을 의미한다.

이것이 자연의 섭리이듯 자연의 일부인 인간도 그러한 생명 순환으로부터 자유로울 수 없다. 그래서 시인은 땅으로 떨어지는 갈잎을 통해 어머니에 대한 그리움이 '팔딱팔딱 살아나는' 것을 더욱 강하게 인식한다.

이렇게 '팔딱팔딱 살아나는 그리움'은 어머니를 더욱 생생한 모습으로 자아에게 가까이 다가오도록 만들고, 그 실감은 다시 더욱 짙은 그리움을 자아내게 하여 두 현상은 서로 맞물려 순환하면서 상승작용을 일으킨다. 그리하여 극도로 고조된 감정은 결국 현실적 자아에 대한 존재인식마저 점점 약화시키는 결과를 낳게 한다. 그리고 종국에는 어머니에 대한 간절한 그리움이 그의 모든 인식을 지배해버림으로써 이제 그에게는 어머니와의 합일만이 절대적인 과업인 것처럼 생각된다. 여기서 우리는 시인이 '어느 날에나 저 낙엽들처럼/ 내 몸도 가볍게 떨어질 수 있을까?'라고 반문하는 이유를 이해하게 된다. 어머니와의 합일이 이승에서 꿈과 그리움만으로는 도저히 충족될 수 없다고 생각하기에 그는 '낙엽들'이 이승에서 '세월의 긴 꼬리'를 자르고 땅으로 떨어져 모성으로서의 땅에 회귀하는 것처럼 자신도 그 길을 밟는 순간을 고대한다. '밤마다 꿈길에서 달려가는/ 어머니 계신 그 벌판'에 진정으로 이를 수 있는 길은 이승에서의 삶이 마감되는 순간에 열릴 수 있다는 것을 생각할 때, 그런 '어느 날'을 인식하는 시인의 마음이야말로 그 어떤 절절한 표현보다 진하고 강력하게 어머니에 대한 그리움을 나타내는 것이라 할 수 있다.

한편, 이러한 어머니에 대한 간절한 그리움이 현실적 인간관계 속에서 드러날 때에는 조카와 친구 등에게 보내는 정으로 나타나기도 하고, 또 그것이 사회적으로 확장되면 불우한 이웃에 대한 따뜻한 정과 그에 대하여 무관심한 사람들에 대한 비판적 인식으로 피어나기도 한다. 가령,

> 입대하는 조카가 작별 인사를 하려고
> 이모! 하고 부르는 소리에

꼭꼭 동여맨 허리의 통증이
새삼스레 아려왔다.

—「왕십리역에서」 부분

눈부신 봄 햇살에 떠밀려
어딘가에 까무러치게 피어 있다는
개나리꽃을 보러 지하철을 탔습니다.

무슨 꿈을 꾸는지
저마다 몽롱한 표정들로 가득 찬
어두침침한 객실 속

한 소년이
습관처럼 손을 내밀며
무심히 지나갑니다.

그의 눅눅한 삶도
어둡고 긴 터널 속을 동행하고 있지만
덜컹거리는 전동차 소리에 묻히고 맙니다.

저만큼 소년이 사라질 때쯤
잠시 놓아 버렸던
개나리꽃 생각이 되살아났습니다.

그 곳에 가면 정말
개나리꽃이 피어 있기나 할지
내 마음 속 봄은 벌써 하염없이 지고 있는데…

—「개나리꽃」 전문

등에서 보는 바와 같다. 「왕십리역에서」는 입대하는 조카를 마중하면서 느낀 안쓰러움을 분단조국의 고통으로 연결시켜 혈육애와 조국애가 겹쳐지도록 하는 이중효과를 노리고 있다면, 「개나리꽃」은 불우한 소년과 무심한 시민을 대조하여 인정이 메마른 현대사회의 한 단면을 형상화하여 비판한다. 여기서 혈육애를 주제로 한 작품들이 천륜에 대한 성찰을 근본으로 삼는다면, 사회적 상상력에 기대고 있는 작품들은 윤리적, 당위적 존재인식을 바탕으로 한다.

이렇게 이숙진의 작품세계는 천륜과 인륜을 중심으로 한 작품들이 상당수를 차지하는데, 그 중에도 특히 후자에 속하는 작품들이 상당량을 차지하는 것으로 보아 아무래도 그는 공동체의 일원으로서 지녀야 할 덕목 같은 것에 대한 관심이 무척 많다는 것을 알 수 있다. 가령, 제3부의 「빙어축제」·「풍경」·「기상특보」·「풍경소리 같은」·「팽나무와 능소화」 등의 작품에서 보이는 자연 파괴에 대한 비판적 인식이나 「황금연휴」·「장마」·「죽살이」 등에 보이는 세태 비판 등을 통해서 그 점이 잘 드러난다. 다음 시는 그 중의 한 편으로서 이 시인의 세계관과 그 인식의 빛깔이 무엇인가 분명히 짐작하게 한다.

천둥 벼락을
온 몸으로 막아내던
아름다운 사람들
이제는 동작동 현충원에
이름 없는 묘비로 남았는데

하늘이여
하늘이여
땅 위로 임하시는
찬란한 어둠이시여!

기도소리 간절한
현충일
이른 아침

황금연휴를 즐기려는
자동차 물결로
넘실대는 길

아름다운 사람들이 걸어간
그 길이
뿌옇게 흐려지고 있네.

—「황금연휴—어느 현충일에」 전문

이 작품은 오늘날 점점 개인주의와 향락풍조가 만연되는 사회현상에 대한 시인의 비판적 인식이 핵심을 이루고 있다. 이제는 적지 않은 사람들이 명절에마저도 고향을 찾기보다는 국내외로 여행이나 하면서 즐거운 한 때를 보내고 있듯이 오늘날 모든 면에서 전통적 의미가 자꾸 퇴색되어 가고 있다. 그러니 현충일이라고 특별할 리가 없다. 나라에 가족을 바친 사람이 아닌 일반인들에게는 이 날도 그저 여느 공휴일이나 다름이 없다. 그리하여 대부분의 사람들에게는 이 날 하루를 경건하게 보낸다는 것은 옛 이야기가 되어 버렸다. 게다가 때마침 연휴가 겹쳐 이른바 황금연휴까지 되고 보니 얼마나 기쁘겠는가. 이렇게 변한 세태이니 자동차 행렬이 도로를 가득 메우는 일은 사실 그리 놀랄 일이 못된다고 할 수 있지만, 그러나 시인의 마음은 어쩐지 편치가 않다. 아무리 세태가 변한다고 해도 변하지 않아야 할 것들은 있다고 믿기 때문이다.

현충일이 어떤 날인가? 이 날은 자기 영달을 마다하고 기꺼이 조국을 위해 몸을 바친 호국영령들을 추모하기 위해 만든 국경일이다. 그래서 우리는 이 날에 집집마다 조기를 달고 오전 10시가 되면 일제히 사이렌 소리에 맞춰 묵념을 올리는 의식과 함께 하루를 경건하게 보냈던 것이다. 그런 국경일이 이제는 황금연휴로 둔갑하고 도로 위에는 연휴를 즐기려는 향락행렬이 거센 물결을 이루는 것이 본래의 의미가 훼손되어 버렸다. 시인은 이러한 잘못된 풍조에 대하여 비판을 가함으로써 인간이 걸어가야 할 참된 도리가 무엇인지 되돌아보게 한다.

이숙진 시에는 이와 같이 참된 인간의 도리에 대한 인식을 보여주는 작품이 적지 않다. 더 예를 들면, '얼음꽃을 배경으로/ 빙어축제는 더욱 무르익는데/ 갑자기 수천 근 어둠이/ 내 명치끝에 매달립니다.'(「빙어축제」), 그리고 '강제로 머리 깎이고/ 수천만 년 함묵하던/ 가슴까지 열린 채/ 뭉텅뭉텅 정적이 잘려 나가는/ 산'(「풍경—고속도로 공사장」) 등에서 보는 바 인간의 욕망에 의해 자연이 파괴되는 것에 대해 비판하는 것, 또는

> 눈물샘 박박 긁어
> '락스'의 원액 다 쏟아 부어도
> 좀처럼 지워지지 않을
> 가파른 일상
> 제 살붙이 몰아 안고 투신한
> 어느 어미의 속수무책,
> 그래도 말이 없는 강물
> 무한으로 흐른 낮과 밤을 건너
> 내 어머니 오고 계시네.
>
> —「죽살이–어느 주검을 보고」 전문

에 드러나는 바, 불행한 이웃에 대한 안타까움을 표현한 것(이 시의 제재는 요즘 자주 뉴스거리가 되고 있는 생활고를 비관하여 가족이 동반 자살

하는 사건과 관련이 있는데, 그런 뉴스에 접하면서 시인은 지난날 온갖 어려움 속에서도 용기를 잃지 않던 강한 어머니의 모습을 떠올리고 안타까운 마음을 갖는 동시에 쉽게 삶을 포기하는 요즘 사람들의 안일하고 여린 심성을 꼬집기도 한다) 등에서 그러한 시인의 사람 사는 도리에 대한 인식을 엿볼 수 있다.

한편, 이숙진의 작품에는 신앙심과 결부된 것으로 보이는 작품도 더러 있는데, 이것 역시 근본적으로는 인간의 참된 삶의 길(당위적 존재관)에 대한 그리움과 연결되어 있다. 신앙심이 밑바탕에 깔려 있는 작품으로는 「바위꽃」·「날마다 찾아오시는」·「하염없이」·「십자나무」 등을 꼽을 수 있는데 이들 작품에서 참된 삶이나 절대자에 기울이는 시인의 마음이 잘 드러난다.

> 훌훌
> 명줄 내 던지고
> 가시덤불 헤치며
> 꽃길로
> 꽃길로
> 사다리를 놓듯이
> 조금 더
> 조금 더
> 사랑할 뿐이라며
> 어두운 길을 따라
> 아주 작은
> 등불 하나
> 켜들고 섰네.
>
> —「바위꽃—어느 순교성지에서」 전문

이 작품은 신앙심의 근본이 무엇인가 하는 것을 생각하게 하고, 나아가서 순수하고 고운 시인의 마음도 엿볼 수 있게 하는 매우 깨끗하고 아름다운 시다. 어느 순교성지에서 발견한 바위꽃을 어두운 길을 밝히는 작은 등불로 연상하며 쓴 이 작품을 통해서 우리는 어둡고 험한 세상을 구원하기 위해 자기희생을 마다하지 않은 순교자들의 마음과 그 행동, 그리고 그 의미를 새삼 생각하게 된다. 특히 '훌훌/ 명줄 내 던지고/ 가시덤불 헤치며' 자기를 희생하면서도 그것을 '조금 더/ 조금 더/ 사랑할 뿐이라며' 자기를 낮추는 자세야말로 가식과 오만과 반목과 갈등으로 점철된 현대사회를 구원할 수 있는 지름길이 아닌가 생각되어 무척 뜨거운 말씀으로 우리 가슴을 파고든다.

이 밖에도 앞서 작품 이름을 거론했듯이 신앙심이 바탕에 깔려 있는 것으로 보이는 작품들이 몇 편 더 있는데, 이숙진 시에서는 일부 신앙시편에서 노출되는 것처럼 신앙심과 관련된 내용들이 불거지는 것과는 달리 함축되고 순화되어 있다. 이런 시인의 시작 태도는 매우 바람직하다. 사상이나 관념은 그 자체가 곧바로 시가 되는 것이 아니라 그것이 어떻게 형상화되었느냐 하는 것이 중요한 관건이라고 본다면 신앙심을 직접 드러내지 않고 내면화하고 이미지에 녹여서 은근하게 표현하려고 노력한 이숙진의 시의식은 매우 건강하고 온당하다고 하겠다.

3

흔히 말하듯 청소년기에는 누구나 시인의 감수성을 갖고 있고 또 한 번쯤 시인이 되고 싶은 꿈을 꾸는 사람도 많을 만큼 시적인 것과 밀착되어 있다. 그러나 학창시절이 지나고 사회인으로 바쁜 일상에 허덕이다 보면 어느새 시적 감수성이나 낭만적 사유는 잠재되고 현실에 얽매인 생활인이 되기 마련이다. 그리하여 청소년기의 반짝거리던 감수성은 점점 무디어지고 매사가 신기하게 보이던 호기심도 바닥이 나서 그저 타성에 젖어 날짜만 바꾸어 가는 평범한 일상인이 되어 버리기 십상이다. 이렇게 타성에 젖어 있다 보면 자연 마음에 그리움이 싹틀 여지도 줄어들고 만다. 그리고 더 시간이 흐르면 꿈도 그리움도 없이 한 잎 낙엽처럼 허무하게 떨어져 어디론가 사라져 버리고 마는 것이 인생인 것이다.

우리 인생사에서 이러한 삶의 그림이 가장 흔히 볼 수 있는 것이라면 마음속에 잉태된 시의 씨앗을 항상 간직하고 사는 사람의 생은 다르다. 비록 청소년기에 배태된 싹이 어떤 환경의 변화로 인하여 빨리 자라고 더디 자라는 차이는 있을지 몰라도 언젠가는 성장하고 성숙되어 시인이라는 또 하나의 삶을 살면서 늘 남다른 생애를 보낼 수 있다. 그만큼 그 싹은 우리네 삶과 밀접한 관계가 있거나, 아니면 강한 생명력을 지닌 것이라 할 수 있다. 이숙진의 작품을 읽으면서 나는 그런 생각을 많이 하였다. 나이 듦이란 단순히 숫자에 불과한 것일 뿐 그 마음이 어떠한가가 중요하다는 말을 거듭 실감하였다.

이 나이에도
졸아드는 심장 한 귀퉁이에
촛불 환히 밝혀줄 임, 몰래 품었는가.

갑자기 찌르르
가슴을 타고 치올라 오는
뜨거움 한 줄기

—「장마」 부분

라고 그 스스로 시로 쓰고 있듯이, 시인의 가슴은 항상 따뜻하게 달아오르고 그 눈은 차갑게 열려 있다. 그리하여 아픈 것들이 유난히 가슴속으로 파고들어 쓰지 않고는 견딜 수 없게 만든다. 이숙진 시에 때로는 뜨겁게,

때로는 차갑게 피어오르는 시퍼런 그리움들은 바로 그런 무디어지지 않은 시적 감수성에서 발아된 것이요, 치열한 삶의 과정에서 싹튼 것이다. 그래서 그 모습을 바라보는 우리의 마음도 시인 자신에 못지않게 즐겁고 보람되다.

이제 시적 경륜에 따라 그 싹들은 더욱 크게 성장하게 될 것이다. 그리고 점점 성숙하면서 더 다양하고 화려한 빛깔을 지니게 될 것이다. 물론, 그것은 시인 자신의 열정과 노력에 따라 무한히 달라질 수 있다. 그러니 이제 하나의 매듭을 지었으므로 또 다른 세계를 향한 새로운 출발이 있기를 기대한다.

검은 욕망으로부터의 도피
—조여분의 시세계

1

현대사회가 다원화되고 첨단 문명이 눈부시게 발달하면서 문학의 전통적 의미도 많이 흔들리고 있다. 굳이 '문학의 위기'나 '문학의 죽음'을 선고한 학자들의 우울한 진단서를 들여다보지 않더라도 텔레비전을 비롯한 영상문화와 인터넷 등으로 관심이 집중되는 반면, 딱딱한 문자 텍스트를 즐기려는 젊은이들이 급격히 줄어드는 현실을 통해서 우리는 전에 경험하지 못한 전혀 다른 시대에 살고 있음을 피부로 느낄 수 있다.

이러한 문학사회의 변화에 대하여 미국의 앨빈 커넌은 "문자가 아닌 시각적인 이미지, 숨겨진 복잡한 의미가 아닌 단순하고 드러난 의미, 영원한 것이 아닌 순간적인 것, 구조가 아닌 에피소드, 진실이 아닌 연기, 독자가 시청자로 변하고 읽기 기술이 사라져가고 텔레비전 화면을 통해 보이는 세상이 훨씬 더 구체적이고 직접적으로 느껴진다는 점을 고려해보았을 때, 텔레비전과 공존할 수 있는 문학의 능력은 많은 사람들이 당연하게 여겨왔기는 하지만, 점차 줄어들고 있는 것처럼 보인다. 문학에 기반한 언어에 대한 믿음은 필연적으로 사라지게 될 것이다."라는 진단과 예언을 한 바 있다. 그는 20세기에 문학이 적어도 심각한 위기에 처했다고 진단하여 문학인들에게 일종의 경종을 울렸다.

그러나 비록 지난 시대의 사람들이 가졌던 문학에 대한 믿음이 깨어지고 있는 것은 명백한 사회적 현상이기는 하지만, 그의 진단처럼 결코 문학이 무기력하게 죽음으로만 내몰리지 않을 것임을 우리는 믿고 있다. 왜냐하면 그 동안 문학이 담당해온 사회적 기능들, 이를테면 성장기의 젊은이들이 경험과 상상력을 확장하고 문화 교양인, 또는 건전한 시민으로서의 자아를 확립해 가는 과정을 도와주는 역할 같은 것은 문학보다 더 좋은 매체가 없다고 보기 때문이다. 따라서 아무리 세상이 변하더라도 문학(또는 문학적 유형들)은 지금까지 그리해왔듯 앞으로도 여전히 인간들과 동행하리라는 믿음을 저버릴 수 없다.

이러한 믿음은 오늘날 사회적으로 높은 관심사로 떠오르는 따뜻하고 순수한 인간성을 회복하는 문제라든지 재화의 가치로서의 창의력을 강조하는 일 같은 것들을 통해서 더욱 확고해지고 있다. 앞의 것이 시의 전통적 의미를 재인식하는 것이라면, 뒤의 것은 이른바 문화와 정보화의 시대, 또는 디지털 문화 시대에도 시가 기여할 몫이 적지 않음을 재확인할 수 있는 요소가 된다. 시를 읽으면 우선 나와 남을 되돌아보게 하고, 세계에 대한 깊은 인식과 더불어 끝없는 상상력을 자극한다는 점에서 우리는 그러한 믿음을 강력하게 주장할 수 있다. 시가 갖는 여러 가지 현대적 의미 가운데 특히 위의 두 가지를 가장 핵심적인 것으로 들 수 있다면, 조여분 시는 그러한 시의 현대적 기능을 충실히 구현하고 있는 것으로 파악된다.

크레파스를 집어든
조가비 손에서
빨간 산이 태어난다.
주홍빛 내가 기어가고

자줏빛 들이 생겨난다.
온통 화폭은 붉은 광장
초록빛이 누렇게 떠서
공기를 태우고
붉음으로 채워진
도화지가 달려든다.

산이 타고
물이 탄다.
지열이 뿜어대는 먼지가 말한다.
"당신들
머릿속
가슴속이
예 있소."

—「대란(大亂)」 전문

'크레파스를 집어든 조가비 손'이라는 표현을 통해서 보면 이 시는 어린이가 그림을 그리는 모습과 그 그림을 제재로 하고 있다. 시인은 그 이미지를 형태상 두 연으로 나누어 1연에서는 어린아이의 그림이 완성되어 가는 과정을, 2연에서는 그림에 대한 자기 인식을 담아냈다. 즉 어린아이가 크레파스로 산천을 그리는데 빨간색과 주홍색을 주로 사용하는 것을 바라본 시인은 그것이 우연한 것이 아니라는 인식에 이른다. 다시 말해서 시인의 상상력은 어린아이가 그려내는 '빨간 산'과 '주홍빛 내'와 '자줏빛 들'—산이 타고 물이 오염되고 지열이 뿜어대는 먼지로 뒤덮인 대지, 즉 아이의 눈에 비친 세계가 온통 붉은 색 계통 일색으로 드러나는 것은 결국 지구가 인간들로 인해 공해로 오염된 탓이라는 점으로 발동한다. 그리하여 그는 그림을 통하여 황폐화되어 가는 지열에서 뿜어내는 먼지가 인간들에게 마치 저주하듯이 '당신들 머릿속 가슴속이 예 있소'라고 말하는 소리가 들리는 것처럼 전율을 느낀다.

이것을 다시 이 시의 제목에 연관하여 생각을 해본다면, 세상이 인간들의 끝없는 욕망에 의해 극도로 오염되어 가는 것을 '대란'이라고 한다면, 어린아이의 그림이 특정 색깔 일색으로 그려질 정도로 세상이 변한 것도 '대란'이며, 또한 순수한 어린아이의 그림을 오염된 세상을 표현한 것으로 읽어내는 어른의 눈과 상상력도 '대란'이 아닐 수 없다. 여기서 우리는 모든 것이 뒤틀려지고 있는 현대라는 크나큰 모순덩어리를 인식하게 되고, 그 결과 불안감과 두려움에서 재앙의 원인 제공자로서의 인간의 욕망에 대한 문제와 더불어 그 인간 무리의 일원으로서의 자아에 대하여 성찰하고 반성하는 계기를 갖게 된다.

이렇듯 어쩌면 어린아이의 보잘것없는 그림 한 장이 시인에게 무한한 상상력과 성찰을 일구어내도록 한다면, 이런 시를 읽는 독자 또한 시가 거느리고 있는 진정한 의미에 도달하기 위해 많은 고민과 상상력을 발동하고 마지막 단계에서는 세계와 자아를 되돌아보게 되는 계기를 갖게 된다. 시의 구실은 대부분 이러한 일련의 소중한 과정들을 독자에게 경험토록 하는 데 있기 때문에 지금도 여전히 인간들과 가까운 거리에서 동행할 수 있는 가치를 지니고 있다.

시의 현대적 의미와 가치가 무엇인가를 되새겨보기 위해 조여분의 작품 한 편을 예로 들어 포괄적으로 살펴보았는데, 사실 이 작품은 시인 조여분의 현실관과 시의식의 깊은 곳을 들여다볼 수 있다는 점에서도 좋은 본보기가 될 만하다. 예컨대, 부조리한 현실에 대한 비판적 인식, 인간 존재와 자아에 대한 성찰, 그리고 기교보다는 구체적이고 진솔한 표현, 빈번한 색채 언어 사용 등이 바로 그것이다. 조여분의 시를 개관하자면 위와 같은 요소들이 가장 두드러지게 드러나는 바, 그의 시적 상상력의 뿌리[原型]도 대체로 이 범주에 들어 있다고 할 수 있다. 그러니까 시인

조여분의 내면에는 위와 같은 것들이 절실한 문제로 자리를 잡고 있으며, 그것이 때로는 의식적으로, 또 어느 때는 무의식적으로 시적 이미지로 솟구쳐 나오는 것으로 파악된다.

2

조여분 시의 가장 큰 미덕은 뭐니 뭐니 해도 삶에 대한 깊은 성찰을 매우 진솔하면서도 구체적 이미지로 형상화해낸다는 점에 있다. 이 때문에 그의 시는 별다른 수사를 사용하지 않았음에도 삶의 속내를 훤히 드러내면서 읽는 이의 마음을 움직이게 한다. 이는 요즘 발표되는 많은 시들이 산문화되어 난잡하며, 또 과장된 수사로 멋 부리기에 급급한 나머지 공허한 느낌을 주는 것과는 사뭇 대조적이다.

떡살을 빚습니다.

알알들 끌어 모아
기피 속을 채웁니다.
살며시 여며지는 속들 사이로
비뚤어진 마음 하나
곁눈질을 하였는지
삐죽이 머리를 내밉니다.
꼭꼭 주무르고
둥글둥글 굴리며
어루만져 주어도
한사코 삐져 나옵니다.

콧잔등 스치는 싸한 가을햇빛에

삶의 속이 훤히 들여다보입니다.

—「송편」 전문

송편 빚기를 통해서 삶의 한 속성을 들여다보는 이 시를 보라. 별다른 수식이 없을 뿐만 아니라 그 흔한 한자어도 하나 사용하지 않고 아주 진솔하게 송편 빚기의 과정을 따라가면서 우리 삶의 일면을 마치 기피 속처럼 집어넣었을 따름이다. 그런데도 우리는 고개를 끄덕거리며 마음이 환해지는 순간에 이를 수 있다. 송편 하나도 무심코 보아 넘기지 않고 그것을 통해서 우리 삶의 한 단면을 비추어낼 수 있는 깊은 사유의 능력, 이것이 바로 시인의 남다른 상상력이라 할 수 있는데 이 시에서 조여분은 그러한 능력을 잘 발휘하고 있다. 그리하여 우리도 송편에 중첩되어 얼비치는 삶의 속내를 되짚어 보면서 공감하게 되는 것이다.

아무리 정성껏 송편을 만들어도 때때로 속이 삐죽이 머리를 내밀어 겉으로 비치는 경우가 있는 것처럼 인간의 마음에도 누구든 그런 부분이 있게 마련이다. 어릴 때나 젊은 시절이나, 또 어른이 되어서도 마찬가지로 몰라서 그렇게 하든 아니면 알면서 일부러 고집을 부리든 어쨌든 늘 마음 한 쪽에는 반항심이나 저항심 같은 것이 도사리고 있기 때문에 문득문득 그것이 삐어져 나오게 된다. 그것은 어쩌면 한없이 자유로워지고 싶은 인간의 본능과 관련이 있거나, 금기를 깨뜨리고 싶은 모험심의 발동이거나, '위반에 대한 쾌감'을 맛보고 싶어 하는 인간 심리에 기인하는 것인지도 모른다. 본능적으로 어떤 '억압'이나 '길들여짐'에 대해 반발하고 싶은 욕구를 갖고 있는 것이 인간이기 때문이다.

물론, 이러한 인간의 속성에 대한 깊은 이해가 젊은 시절에 이루어지기는 어렵다. 어느 정도 삶을 살아내고 여러 가지 경험이 쌓이는 지긋한 나이가 되어야 한다. 그런데 그런 중년의 나이란 또 한편 생각하면 이미 삶에서 하강기로 접어들기 시작한 만큼 마음 한 쪽이 자꾸 허전해지는 느낌을 갖는 시기이기도 하다. 그래서 시인은 '콧잔등 스치는 싸한 가을 햇빛에/ 삶의 속이 훤히 들여다보입니다.'라고 표현한다. 삶이 어떤 것인가 어렴풋이 알게 되자 어느새 벌써 짧은 '가을햇빛'을 인식해야 하는, 인생의 쓸쓸한 황혼녘에 다다르고 만 것이다. 그러니 어찌 가을햇빛에 '콧잔등'이 싸하지 않겠는가.

이 시에서 보여주듯 조여분 시에 드러나는 삶에 대한 성찰은 대체로 생활 주변에서 경험한 것들을 제재로 하여 진술하면서도 구체적인 이미지를 통해서 표현된다. 또한 위의 시에서 시인이 존재의 본성을 깨닫는 순간 무상감에 젖는 것처럼 그는 주로 존재나 삶의 본질이란 근본적으로 이중성이나 복합성, 또는 모순성을 지니고 있는 것으로 보고 그 은밀하고도 궁극적 의미에 도달하고자 시적 상상력을 발동한다. 그것은

보드라운 모래 움켜잡아
살가운 바람에게 건네주려는데
손안엔 남아 있는 게 하나도 없다

사랑한 것도
그리운 것도
이렇게 홀로일 뿐이다

—「흔적」 부분

라고 하여 인간 삶에서 제 뜻대로 되는 것이란 없다는 세상 이치를 깨닫는 순간 결국 삶의 결말은 고독한 존재로 남는 것이라는 비극적 인식에 이르는 것이라든가,

샘물로만 살을 올리고
어둠으로 모양낸 황금머리

겸손한 체 내숭떤다.

살구빛 햇살 맛에
노오란 머리채
파랗게 물드는 것은 순식간
초침의 숨소리
이 싱그러운 단맛

어머니의 어머니로부터 나는 들어왔지.
"우리들은 햇볕을 보면 6계명 간음이니라."
녹아 내리는 세상을 꿈꾸진 않았는데

너무 큰 그리움 때문일까
기어드는 안타까움으로
새파랗게 질려만 가는 것은,

—「콩나물」 전문

라고 표현하는 대목에서 보듯이 금기의 엄격성/위반에 대한 유혹, 전통·신성·계율/개인·세속·욕망, 또는 이상/현실 사이에서 갈등할 수밖에 없다는 존재 인식에서 잘 드러난다. 콩나물에게 햇빛은 제 존재 가치를 몰락시키는 것이기 때문에 가장 금기시해야 할 것임에도 불구하고 때때로 햇빛에 노출되어 새파란 머리채가 되는 것처럼, 인간 존재에게도 그런 경우가 얼마든지 있을 수 있다. 아무리 '어머니의 어머니로부터' 내려오는, 역사적으로 오랜 전통을 지닌 지엄한 계율이기에 반드시 지키지 않을 수 없다는 압박감이 엄습해 온다고 해도, 그럴수록 마음 한편에서 일어나는 세속적으로 일탈하고 싶은 욕망을 온전히 다스리기 어려운 것이 인간이다. "우선 먹기 곶감이 달다."고 하는 속담처럼 '살구빛 햇살' 그 '싱그러운 맛'을 보고 싶은 욕망이 현실적으로 지엄한 계율에 앞 설 수도 있는 것이다. '겸손한 체 내숭떤다'는 표현 속에 그 점이 함축되어 있는데 여기서 인간의 이중성이 적나라하게 드러난다. 시인은 콩나물을 통해서 그런 인간의 한 단면을 읽어내고 있는 것이다.

한편, 이러한 존재 내면의 이중성, 또는 복합성에 대한 성찰은 존재 밖의 문제로 확대되기도 한다. 가령,

설날 아침
텔레비전에서
희귀한 길조라며
흰 까치 한 마리를
한참 동안 비추고 있는데.

정작 저희들 나라에서는
따돌림을 당하는 이방인
동무가 없어서
이 나무 저 나무로
옮겨다녀야 한다네.

—「흰 까치」 전문

라고 하는 대목에서 보듯, 어떤 존재의 의미는 자신의 본질과는 상관없이 그것이 놓여 있는 상황이나 그것을 인식하는 다른 사람의 관점에 따라서 얼마든지 달라질 수 있다는 것이다. 말하자면 시인은 이 작품을 통해서 어떤 것이든 절대적이거나 일방적인 의미를 가질 수 없다는 것을 일깨우고 있는 셈이다.

그런가 하면, 어미거미가 제 살을 새끼에게 내주고 새끼는 그 어미를 먹어치운다는 거미의 역리적(逆理的) 생리를 생각하면서 '세상은 먹는 것일까?/ 먹히는 것일까?' 쉽게 판단하기 어려워 '하느님 가슴 손은/ 어느

쪽 팔을 들어줄까?'(「저울추」)라고 물음을 제기하는 대목에서는 그것이 존재의 본질에 대한 근본적 의문과 신(하느님)의 판단에 대해 궁금증을 갖는 것으로까지 확대되기도 한다. 새끼거미가 제 어미의 희생을 통하여 생존하고 성장해 가는 것을 인간 심리의 원형에 대입해 본다면, 오이디푸스 콤플렉스(또는 마더 콤플렉스)와 같은 의미로 풀어볼 수 있을 것이다. 즉 그것은 아들과 딸이 아버지와 어머니(부모, 조상, 선배, 전통)를 뛰어넘어 더 나은 역사를 만들어 가려고 하는 본능에 관련되어 있으므로 그 본능(욕망)은 결국 인류의 성장과 발전을 가능하게 하는 원동력이 되기도 한다. 여기서 우리는 깊은 회의와 갈등에 처하게 된다. 즉 부모(전통)를 부정하려는 의식이나 행위는 세속적으로는 패륜이나 반역의 의미를 갖지만, 심리적 관념적 차원으로 보면 역사 발전을 위한 진통이 되기도 하기 때문이다.

그렇다면 존재의 근원에 대한 시인의 회의와 갈등은 궁극적으로 어떤 의미를 지닐까? 그것은 판단의 잣대가 무엇이냐에 따라서는 판이한 결과를 가져 올 수도 있는 것이 인간사이기 때문에 쉽게 판단하고 결정할 수 있는 일이란 아무 것도 없다는 것을 강조하는 것이다. 즉 존재나 삶에 대한 그의 짙은 회의와 갈등은 결국 그 의미가 매우 복합적인 것이므로 경직되고 폐쇄적인 사고로 경솔하고 성급한 판단을 내려서는 안 된다는 것, 따라서 유연하고 개방적이며 깊은 사유를 통해서 신중하게 판단하려는 자세가 매우 필요하다는 인식을 드러내는 것이라 할 수 있다. 특히 오늘날과 같이 속도와 조급증에 시달리는 사람들로 인하여 혼란이 극에 달한 시대일수록 그런 지혜는 더없이 높은 가치를 발휘할 수 있다.

3

존재나 삶에 대한 조여분의 깊은 회의와 갈등 인식이 그 내밀한 궁극적 의미에 도달하려는 노력의 일환이라고 한다면, 그 연장선상에 현실에 대한 비판적 인식이 자리를 잡고 있다. 현실에 대한 그의 비판적 인식은 인간으로서 참된 삶을 지향하고 그 실현을 위해 성실한 자세를 가져야 한다는 점을 강조하는 의미를 갖는다. 이를테면 그것은 '하늘 높은 줄만 아는 모양'으로 웃자란 옥수수가 결국 '젓니 같은 열매를 달고' 있는 것을 보면서 '웃자란 옥수수잎 끝에 묻어나는 아픔'(「옥수수」)을 생각한다고 하는 구절, 즉 과잉보호로 인하여 온실 속의 식물처럼 연약하기 짝이 없는 요즘의 많은 어린이들의 미래를 걱정하는 대목이라든지,

상큼한 풀 내음 싫어하고
반들거리는 길만 좋아하는 나는
신세대 반딧불이

기막히게 현란한 차량행렬에 끼여
밀려가는 것인지
쫓겨가는 것인지
알 수 없는데

꼼지락 꼼지락
수십만 세포들이 앞다투어
엉덩이에 빨간 불을 켠다.

그때,
투명해지는 어둠 속으로
한 줄기 솔바람이 불어오고

문득 코끝을 스치는 흙 내음
오, 너였구나!

못내 그리웠노라
고백을 하며
나는 안겨든다
편안히 편안히.

—「반딧불이」 전문

라고 한 표현, 즉 도시문명에 대한 혐오와 비판적 인식으로부터 자연의 품으로 안겨드는 자세에 함축된 의미와 같은 것이다. '반들거리는' 도시가 우리를 '기막히게 현란한 차량행렬에 끼여/ 밀려가는 것인지/ 쫓겨가는 것인지/ 알 수 없는', 그래서 삶의 진정성을 박탈하는 인위적이고 허위적인 공간으로서 일탈하고 싶은 현실이라면, '상큼한 풀 내음'을 맡을 수 있는 공간은 현실적 고통과 갈등으로부터 해방되어 진정한 삶을 누릴 수 있는 순수한 세계(자연)가 되므로 시인에게 지향점으로 인식된다. 그래서 그는 '상큼한 풀 내음 싫어하고/ 반들거리는 길만 좋아하는 나는/ 신세대 반딧불이', 즉 도시문명에 대해 호감을 갖던 자세를 수정하고, 마음속에서 오래 그리워하던 '한 줄기 솔바람'과 '문득 코끝을 스치는 흙 내음'에 편안히 안겨들어 행복한 순간을 맞는다. 다시 말해서 겉과 속이 다른 괴리된 삶으로부터 자기 정체성에 이르게 된다.

위에 보이는 도시와 자연 공간에 대한 시인의 대비적 인식은 현실에 대한 부조리나 모순성에 대한 성찰과 깊은 관련을 맺는다. 즉 인간이 좀 더 행복한 삶을 누리기 위해 문명을 발전시키고 도시를 만들고 있지만, 기실 그 도시문명 속에 살기 시작하면서 그들은 도리어 온갖 병폐와 고통과 갈등에 직면함으로써 그들이 누리는 물질적 풍요 이상의 대가를 치르고 있는 것에 대한 회의와 비판적 인식이, 마음 따로 몸 따로 사느니 차라리 거칠지언정 질박한 자연공간에서 정체성을 회복한 모습으로 사는 것이 낫다는 판단을 불러들이게 되는 것이다.

주지하듯이 도시(문명) 공간이 편히 살고 싶은 인간 욕망이 가장 적나라하게 현실화된 결과라면, 자연(순수) 공간은 인간의 욕망이 일절 배제된 있는 그대로의 상태가 된다. 그렇다면 잃어버린 자기 정체성을 회복하고 참된 삶을 누리기 위해서는 가능하면 욕망의 구현으로부터 멀어지는 것이 하나의 방편이 될 수도 있다는 등식이 성립되는데, 여기서 바로 인간의 욕망에 대한 부정적 인식이 싹튼다. 본래의 의도는 그런 것이 아니었겠지만 결과적으로는 숱한 모순과 문제점으로 점철된 문명사회가 결국 인간의 욕망에 의해 이룩된 것이라고 본다면 그 욕망에 대해 성찰하는 일, 또는 궁극적으로 욕심을 줄이거나 버리는 일이 얼마나 중요한 것인가 하는 것을 깨닫지 않을 수 없다.

되는 대로 울퉁불퉁 굴려
눈살로 빚어낸
사랑

내 것이다
심호흡하며
꼬오옥 안는다.

가슴속으로
눈물겹다며 사랑이
주루룩 파고든다.

늪지대에 발을 들여놓은 듯
허공에 메아리 울려 퍼지듯

목마름을 헤집으며
녹아 내린다.

이내
너를 잃는다.

—「눈사람」 전문

인간의 행위를 곰곰이 뜯어보면 어떤 것 하나 욕망과 관련이 없는 것이 없다. 앞서도 잠시 지적했듯이 인간에게 있어서 욕망은 그 주체를 살리기도 하고 죽이기도 하는 이중성을 갖고 있다. 제 분수에 맞는 범위에서 분출되는 욕망은 성장 발전의 원동력이 되지만, 과욕이나 허욕은 도리어 자신을 나락으로 전락시키는 매우 위험한 독으로 작용하기도 한다. 이는 동서고금 남녀노소를 막론하고 항상 진실일 수 있기에 누구나 잘 알면서도 또한 늘 잘 실천하지 못하는 것이기도 하다. 그만큼 인간에게 욕망은 중요한 것이자 쉽게 다스리거나 절제하기 어려운 위험한 것이며, 또 끝내는 아무 것도 남지 않는 허망한 것으로 귀결되는 것이기도 하다. 위의 시는 바로 이런 욕망에 대한 성찰을 토대로 한다.

시인은 사랑을 대상으로 하여 욕망의 문제를 성찰하면서 욕망이란 눈사람을 만들어 '꼬옥 안는' 것과 같은 것이라고 생각한다. 그리고 '되는 대로 울퉁불퉁 굴려/ 눈살로 빚어낸/ 사랑'→'이내/ 너를 잃는다.'라고 하는 인과관계에서 드러나듯이 사랑에는 책임감과 성실성이 동반되어야 한다는 것을 암시한다. 그런데 눈사람이 결코 영원히 존재할 수 없는 것처럼 그런 사랑(욕망)마저도 근본적으로는 영원할 수 없다는 점에서 그가 인식하는 사랑은 본질적으로 유한하고 무상하며 비극적인 것이다.

이러한 욕망의 근본적 속성에 대한 성찰은 시인으로 하여금 이제 그것을 재인식하도록 만든다. 말하자면 아무리 집착해봐야 결국엔 아무 것도 갖지 못하는 허무한 결과로 돌아올 것이라면 차라리 애초에 집착을 버리는 것이 나을 수도 있음을 깨닫게 된다. 그리고 여기서 한 걸음 더 나아가서 그는 욕망을 버릴수록 도리어 영원에 이를 수 있다는 역설적 의미를 인식하기에 이른다.

참 숯불 위에서는
상처 자국도 아름답게 타오르는데
이제야 저는
당신의 뜨거운 하늘 속으로
녹아들어 갑니다.

언제나 아름다움을 믿는
당신의 부드러운 손길
온몸으로 느낄 때
허공을 떠돌던 당신의 먼 음성
제 마음으로 들어와
투명한 침묵이 됩니다.

전신을 휘감던 저의
검은 욕망 활활 불사르고
세상의 모든 길이
해 저무는 방향으로 걸어가고 있을 때
저의 오랜 기다림은 드디어
눈이 맑은 별 한 점으로 피어납니다.

—「토기」 전문

이 작품에서 '당신'의 실체는 바라보는 관점에 따라 종교적인 냄새가 풍기는 것으로 볼 수도 있지만, 그것은 그리 중요한 문제가 아니다. 중요한 것은 존재의 심연을 성찰해온 시인이 도달한 궁극적 목적지가 어디인가 하는 점, 또는 욕망에 대한 시인의 인식을 이 작품을 통해서 여실히 들여다볼 수 있다는 점이다. 여기서 '눈이 맑은 별 한 점'을 영원의 세계라 한다면 거기에 이르기 위해서는 시련과 인내, 아름다움에 대한 믿음과 절대자에게 귀의, 그리고 '전신을 휘감던' '검은 욕망 활활 불사르'는 결단과 고행이 전제되어야 한다. 압축하면 '검은 욕망'으로부터 벗어나는 것과 영원의 세계에 이르는 순간이 서로 맞물려 있다는 것이다.

그러나 이러한 꿈의 실현은 현실적으로 거의 불가능할지도 모른다. 왜냐하면 그의 꿈이 실현되기 위해서는 시에 암시되어 있듯이 세속적인 모든 것으로부터 초월할 수 있어야 하기 때문이다. 그러나 세속에 발을 딛고 살아야 하는 평범한 일상인으로서는 현실적으로 그것이 불가능하므로 그 세계는 사실 고도의 종교적 차원에서나 가능할 수 있다. 그러므로 이 시의 시적 자아가 경험하는 세계는 매우 관념적이고 이상적 차원일 수도 있지만, 그럼에도 불구하고 우리에게 공허감을 주기보다는 절실한 노래로 들려오는 것은 지금 우리 시대가 그런 청교도적 삶을 강력하게 요구할 만큼 지독하게 어둡고 스산하기 때문이다.

요컨대, 조여분 시의 특징은 한 마디로 '검은 욕망으로부터 도피하기'라는 명제에 대한 다양한 탐색에 있다고 할 수 있다. 물론, 그의 시적 상상력은 복잡한 우리 삶만큼이나 다양한 스펙트럼을 보여주지만 전체 작품을 관통하는 하나의 끈을 찾으라고 한다면 나는 검은 욕망으로부터 벗어나기, 즉 참된 존재에 이르는 길에 대한 시적 탐구라는 점을 들고 싶다. 이것은 사실 시의 본령이기도 하지만, 특히 오늘날에 와서 이런 문제가 새삼 우리의 관심을 끄는 것은 무엇보다도 개개인마다 자기 성찰이 절실한 시대라고 보기 때문이다. 자기 반영성을 핵심으로 하는 조여분의 시는 바로 이러한 현대사회가 요구하는 절실한 문제에 깊은 관심을 기울이고 있는 점에서 우리의 주목에 값한다.

겨울궁전에 희망의 꽃 피우기
—신경희의 시세계

1

오규원 시인은 20세기말 물신주의가 세상을 점령한 현대사회에서 도대체 시란 무엇인가라는 물음을 「프란츠 카프카」라는 작품을 통해서 표현한 바 있다. 이른바 메타시의 형태를 띤 그 작품을 잠시 이끌어와 보이면 이렇다.

- MENU -
사를르 보오들레르 800
칼 샌드버그 800
프란츠 카프카 800
이분 본느프와 1000
에리카 종 1000

가스통 바슐라르 1200
이하브 핫산 1200
제레미 리프킨 1200
위르갠 하버마스 1200

시를 공부하겠다는
미친 제자와 앉아
커피를 마신다
제일 값싼
프란츠 카프카

—오규원, 「프란츠 카프카」 전문

예술가, 또는 그들의 이름이 한낱 커피라는 상품 이름으로 전락하고, 또 오래 되었거나 예술성이 강할수록 값이 싼 커피의 이름으로 사용되는 현실이 시인으로서는 참으로 견디기 힘든 것이었는지도 모른다. 특히 '사를르 보오들레르'라는 프랑스의 상징주의 시인을 값싼 상품의 가장 앞머리에 배치하고, 마지막 연에 이르러 '시를 공부하겠다는/ 미친 제자와 앉아/ 커피를 마신다'는 자조적(自嘲的)인 인식을 직접 나타낸 것으로 보면, 이 시는 물질만능주의의 팽창에 반비례하여 시의 가치가 점점 하락하는 사회 풍조에 대한 깊은 성찰과 번민을 표현한 것으로 읽힌다.

거칠기 짝이 없는 시, 즉 키치(kitch)류에 해당될 이 시에서 우리는 많은 것을 느낄 수 있다. 시인은 전통 미학의 관점으로 보면 결코 시 같지 않은 형태를 취하여 이른바 해체와 파괴의 시대의 도래와 함께 고품격의 미의식이 소외당하는 현실에서부터 전자문명의 발달로 인하여 무한 복제가 가능함으로써 예술도 하나의 값싼 상품으로 전락해 버리는 자본주의 사회의 역기능적 현상에 이르기까지, 현대사회에서의 시(예술)에 대한 전통적 가치나 인식이 필요 이상으로 하락하는 것에 대한 많은 성찰과 비판적 인식을 담아내고 있다. 물론 그중에도 마지막 연에 깔려 있는 시인의 인식, 즉 그런 잘못되고 비극적인 방향으로 흘러가는 세태에도 불구하고 여전히 시를 배우고자 하는 '미친 제자'가 있어 행복한 시학 선생이 될 수 있다는 아이러니에 이 작품의 진정한 의미가 함축되어 있다고 할 수 있다.

누구나 관념으로는 알듯이, 사회란 정신(문화)과 물질(문명)이 고르게 발전해야 균형이 잡혀 사람들의 행복의 질도 높아질 수가 있다. 그럼에도 불구하고 우리의 이상과는 달리 현실은 언제나 양질(良質)보다는 물량(物量)을 추구하는 방향으로 치닫기 일쑤이다. 구구한 설명보다는 성수대교나 삼풍백화점이 붕괴된 이유를 생각해보면 금방 알 수 있듯이, 생산비를 적게 들일수록 수익이 늘어나므로 대충 만들어서 재화와 교환만 하면 된다는 천박한 자본주의 의식이 온통 세상을 지배하고 있다. 그리고 이런 현상은 황금의 위력에 대한 믿음이 견고할수록 더 심화되기 마련이다. 이렇게 눈에 보이는 것만을 중요한 가치로 따지기 좋아하는 현대사회에서 그것과는 철저하게 거리를 두는, 이를테면 재화를 끌어 모으는 일에서는 무력하기 짝이 없는 시에 관심을 두는 사람은 일견 '미친' 사람일 수도 있다. 그들은 세상물정에 눈이 어두운 사람으로 취급될 수밖에 없기 때문에 그렇다.

그러나 달리 생각해보면 '생의 마퍽에 집어던질/ 돌멩이 하나 없'(오규원, 「그것은 나의 삶」)는 이 넓고 삭막한 '사막'의 어느 한 귀퉁이에 아직도 끊임없이 자신을 일깨우며 아름다운 공동체를 생각할 줄 아는 따뜻한 마음과 여유를 갖기를 꿈꾸는 부류들이 존재한다는 사실은 얼마나 눈물겨운 일인가. 이런 점에서 '시를 공부하겠다는 미친 제자'는 정말로 미친 것이 아니다. 오히려 사회가 이상한 광기에 사로잡혀 있기에 순수한 존재들이 마치 미친 것처럼 보일 따름이다. 사실 따지고 보면, 시인들이야말로 이토록 비정상적으로 흘러가는 사회를 치유할 수 있는 지극히 정상적인, 진정 사람다운 가치를 추구하는 그 누구보다도 소중한 존재일 수가 있다. 그러니까 온 세계가 모두 위기라고 아우성을 내지르는 이 난장판의 시대에 시에 깊은 관심을 기울이고 푸른 시심(詩心)에 젖는 사람들이 늘어나는 것은 마치 문명의 온갖 역기능적인 매연으로 인하여 한없이 내려앉은 하늘 한쪽이 트여 맑고 푸른 공간이 점점 넓어지는 장면을 보는 것처럼 기분이 상쾌해지는 일이다. 단언컨대, 그들은 사막 같은 우리 사회에서 풀 한 포기, 또는 푸른 하늘 한 자락 같은 구실을 하는 존재로서 오늘날 우울하고 답답하기만 한 우리들에게 한 줄기 희망의 빛을 전달하는 배달부 같은 존재라고 할 수 있을 것이다.

2

신경희는 안산여성문학회의 일원으로서 누구 못지않게 시에 대한 정열을 불태우는 시인으로 안다. 늘 시에 대한 공부를 게을리 하지 않을 뿐만 아니라 문학회를 앞에서 이끌어 안산여성문학회의 발전을 도모하기도 했고, 또 각종 문학행사에 적극적으로 참여하여 지역 문학을 꽃피우고 확산하는 일에도 남다른 성의를 보여주는 시인으로 알고 있다. 내가 볼 때는 그런 마음 자체가 이미 시적 경지를 지녔다고 할 수 있을 터인데, 이번에 그 마음을 구체적인 언어로 형상화해낸 시집을 엮어내겠다고 보내온 작품들을 보니 역시 내가 갖고 있는 이미지가 그리 틀린 것은 아니라는 생각이 든다.

그의 시들을 개관하면, 시인으로서 그는 자기 자신과 더불어 세상의 아픈 곳에 대한 깊은 성찰과 인식을 시화하는 데 주력한다. 그러니까 아름다운 세상이란 무엇보다도 아름다운 개인들에서부터 그 가능성이 열린다는 진실을 그는 확신하는 편이다. 그래서 그의 시편들 중에는 자기 성찰에 관련된 작품들이 많다. 가령, 시집의 첫 장에 배치한 '흰 눈꽃송이가 날리는 자작나무 숲을 지나 검은 마차는 상트페테르부르크 겨울궁전으로 달려간다'로 시작해서 '내가 나를 용서하지 못하는 날' ………'이 겨울이

가기 전 상트페테르부르크 겨울궁전에 도착해 우리들의 검은 꽃을 불태워야 한다'로 끝나는 「상트페테르부르크 겨울궁전」이라는 작품에서 우리는 신경희의 시적 인식에 내재한 핵심들을 엿볼 수 있다. 이 작품은 산문시의 형태라서 다소 말수가 많기는 하지만, 그 중에 시인의 속마음에 관련된 핵심 시어들을 중심으로 접근하면, 흰 눈꽃송이 · 겨울궁전 · 자신을 용서하지 못함 · 검은 꽃을 불태워야 함 등으로 압축된다. 신경희 시는 결국 이 시어들에 담긴 함축적 의미들을 분해해면 그 면모를 구체적으로 보여줄 것으로 생각된다. 말하자면 시집의 머리 시로 장식된 「상트페테르부르크 겨울궁전」은 이번 시집에 흐르는 시적 인식의 줄기를 암시하는 요소들을 담고 있다.

그렇다면 앞서 지적한 이 시의 핵심 시어—'흰 눈꽃송이 · 겨울궁전 · 자신을 용서하지 못함 · 검은 꽃을 불태워야 함' 등에 담긴 함축적 의미는 무엇일까? 그리 어려운 말들이 아니므로 쉽게 짐작할 수 있겠지만 이들에 담겨 있는 공통점은 주로 겨울 인식과 깊은 연관을 맺는 점이다. 여기서 겨울인식이란 두 가지 사실에 대한 성찰에서 비롯된다. 즉 생성이 불가능한 비극적 현실과 스스로 용서할 수 없는 자아가 바로 그의 성찰의 대상이다. 그리고 성찰이 비판의식으로, 비판의식은 다시 겨울을 지우는 행위인 검은 꽃을 불태워야 한다는 책임의식으로 진화한다. 끝으로 '흰 눈꽃송이'는 그가 책임의식을 갖게 하는 데 하나의 계기이자 자기 암시를 부여하는 것으로 작용하였다. 그것은 '흰 눈꽃송이'↔'검은 꽃'의 대비를 통해서 잘 드러난다. 이에 의하면 신경희의 시적 인식이나 시심의 중심에는 겨울궁전으로 인식되는 어두운 세계를 밝고 깨끗하고 아름다운 봄의 궁전으로 만들 수 있는 길을 발견하는 것, 그리고 그것을 언어로 형상화해내야 한다는 시인으로서의 사명감이 자리를 잡고 있다. 그리고 그 길을 탐색하는 과정에서는 무엇보다도 '내가 나를 용서하지 못하는 날'이라는 구절에 드러나는 결벽성이 그림자처럼 시인과 동행한다.

신경희 시에서 흔히 만나는 이미지로서 먼저 겨울을 들 수 있다. 이는 앞서 잠시 언급했듯이 그에게 비친 세계가 주로 겨울 같은 정황으로 다가온다는 점을 환기한다. 겨울이란 생성의 봄에 대비되는 종말의 의미를 띤다. 이런 겨울의 속성을 이해하면 시인들이 고통스런, 또는 비극적인 현실상황을 주로 겨울이라는 계절을 통해 상징적으로 표현하는 이유를 쉽게 짐작할 수 있다. 또한 겨울은 자연적 시간관으로 보면 1년을 구성하는 네 개의 계절 가운데 하나요, 끊임없이 순환하는 자연 질서에 따르면 바로 다음에 봄을 예비한 계절이기도 하다. 이런 순환론적 인식에 의하면 겨울은 죽음이면서 동시에 부활을 예감하는 계절이라는 이중성을 거느리기도 한다. 그의 시에 표현된 많은 겨울 이미지도 궁극적으로는 위와 같은 의미에 합치되는데 다음 시에서는 현대적 의미까지 덧붙여져 한층 복합적으로 드러난다.

> 제 철도 모르고
> 식물들이
> 겨우내 꽃을 피우고 지우곤 하였다
>
> 향기가 천리를 간다는
> 천리향은
> 오리도 가지 못하고
> 빛깔만 선명한 소리로 피어났다
>
> 제 향기를 지니고도
> 소리를 내지 못하고
> 제 소리를 지니고도

향기를 내지 못하는
저 꽃들을 보면서

한참 생각에 잠겨있는 동안
날개를 갖고도 날 수 없는
새 한 마리
새장 속에서 파닥이고 있었다

—「겨울 식물원」 전문

'겨울 식물원'을 제재로 한 이 시에는 그 바탕에 인위성에 대한 비판적 인식이 깔려 있다. 물론 인위란 자연에 대립된 것이기는 하지만 그것이 전적으로 비판의 대상이 되는 것만은 아니다. 예컨대, 과학의 발달이나 문명의 발전을 통하여 인간들이 점점 더 나은 삶의 환경 속에서 살아가는 것을 생각하면 쉽게 알 수 있다. 그러면서도 한편으로는 그것이 반드시 긍정적 효과만 내는 것은 아니다. 특히 정신적 측면에서 자연에 배치된 삶은 때때로 고통과 갈등을 유발한다. 물질적 풍요를 누리기 위해 동원하는 인간들의 온갖 지식과 지혜들은 결국 무한 경쟁을 불러들이고 결과적으로는 인간다운 삶과 자유를 제한하거나 박탈해 버리고 만다. 시인의 눈과 인식은 바로 이런 인간으로서 누려야 할 존재의 진정한 자유로 향하기 때문에 번쩍거리는 문명의 거리에서 항상 마음에 그늘이 질 수밖에 없는 숙명을 안고 있는 것이다.

이런 시인으로서의 숙명이 '겨울 식물원에서' 일상인과는 다른 관찰을 하도록 부추긴다. 일상인이라면 겨울 식물원에 들어가서 철을 잊고 핀 꽃을 보면서 놀라움과 기쁨과 즐거움을 맛볼 것이다. 한 겨울에 꽃이 피다니! 옛날 같으면 상상도 할 수 없는 일이 아닌가. 그런데 이제는 그런 일이 인간들의 지식과 지혜에 힘입어 현실로 다가왔다. 온실을 만들고 난방을 하여 겨울에도 꽃이 필 수 있는 환경을 만들어줌으로써 화초들이 제 철을 잊어버리고 꽃을 피워대는 것이다. 이유야 어떻든 겨울 식물원에 구경 나온 일반인들은 그저 그 화려한 모습에 신기해할 따름인 것이다. 그리고 주인은 그것을 이용하여 재물을 축적할 것이다.

그러나 이러한 일은 인간들의 가치관이 만들어낸 인위이지 결코 자연을 위한 것은 아니다. 뿐만 아니라 그것이 자연의 이치를 왜곡하여 억지로 만들어낸 것이기 때문에 제 철에 핀 꽃하고 똑 같을 수는 없다. '향기가 천리를 간다는/ 천리향은/ 오리도 가지 못하고/ 빛깔만 선명한 소리로 피어났다'고 한 데서 알 수 있듯이 '천리향'이라는 소리(언어기호)만 같을 뿐이지 그 본질은 매우 다를 수밖에 없다. 말하자면 '겨울 식물원'으로 환유된 인위성이란 자연적 한계를 극복하고 인간의 한 꿈을 실현하는 일이기도 하지만, 자연의 측면에서는 계절을 파괴하고 식물을 기만하여 생태계의 혼란을 낳아 겉만 비슷할 뿐 진정성을 상실한 기형적 모습을 갖게 하는 바람직하지 않은 결과를 가져오게 하는 일이다. 시인의 고뇌와 고독은 바로 여기서 비롯된다.

시인이 인위적인 기술로 피워낸 무늬만 '천리향'인 꽃을 바라보면서 '한참 생각에 잠겨있는 동안/ 날개를 갖고도 날 수 없는/ 새 한 마리/ 새장 속에서 파닥이고 있었다'라는 존재의식에 사로잡히는 것은 인위와 자연, 또는 꿈과 현실 사이에서 혼란과 회의와 고통에 직면해 있음을 뜻한다. 구체적으로 말하면, 시인은 계절의 한계를 극복하여 인위로 꽃을 피워낸 천리향이 진정한 천리향이 아니듯이 근본적으로 인위성을 부정하고 비판하는 입장을 취한다. 그러나 자아에게로 돌아오면 자유를 향한 비상의 꿈(이상; 날개)에 젖으면서도 한편으로는 현실(새장)에 얽매일 수밖에 없는 실존을 인정하지 않을 수도 없다. 이러한 진퇴양난을 그는 '새장 속에서 파닥이고 있었다'라는 존재인식으로 표현한다. 말하자면 끊임없이 자유로운 존재로 날아오르는, 현실 초월의 꿈을 쉽게 접을 수 없다고 한다.

이렇듯 우리네 삶이란 이상과 현실이 동떨어져 있는 것이 다반사이다. 우리는 그 상황을 편안히 받아들이기 어려운 존재인식 속에서 갈등하면서 살아가야 하기에 참으로 복잡다단한 마음을 갖지 않을 수가 없다. 그만큼 우리 존재에, 또는 삶에 대하여 어떤 정답을 구하기도 어렵다. 그러니까 과연 어떤 길이 바람직한가, 그 물음에 선뜻 대답할 수 있는 사람은 없다. 그래서 시인들은 존재론적 탐색에 대한 시적 물음을 영원히 접을 수가 없다.

그녀는 투병중이다.
그녀의 눈엔 평화스러움이 고여 있다.
그녀는 비로소 오랜만의 휴가를 얻은 것이다
암보다 더 독한 세월을
여기 와서야 떨쳐 버릴 수 있었던 것이다.
긴 세월 동안 끌어안고 살아온
죄 아닌 죄
벗어버리고 그녀는
이제야 휴가를 얻어
홀가분한 시간을 즐기는 중이다.

—「어떤 휴가—1207호실」 전문

이 시에서는 또 다른 현실인식이 드러난다. 어떻게 보면 「겨울 식물원」보다 더 큰 혼란을 보여준다. 그것은 투병이 곧 휴식이라는 모순된 인식 때문이다. 내용에서는 어려울 것이 없음에도 불구하고 우리에게 생각의 여지를 많이 갖게 하는 것은 바로 이 역설적 표현 때문이다. 일반적으로 암에 걸려 투병한다는 것은 한없이 두렵고 무서운 것으로 인식되는데, '그녀의 눈엔 평화스러움이 고여 있다./ 그녀는 비로소 오랜만의 휴가를 얻은 것이다'라고 하여 오히려 안식과 평화로운 시간을 갖는 것으로 표현되어 있으니 일상적 인식으로는 이해하기 어렵다. 물론 이런 역설 뒤에 '암보다 더 독한 세월'이라는 표현이 붙어 있어서 그 표현에 암시된 의미가 무엇인지 어느 정도 짐작할 수는 있다.

세상살이가 얼마나 고통스러우면 '암보다 더 독한 세월'이라고 할까, 그런 의문이 들 수도 있지만 사실 대부분의 사람들은 살아가는 일이 지독한 병을 앓는 것처럼 그리 녹녹치가 않음을 느끼며 산다. '죄 아닌 죄'라는 역설적 표현에서도 잘 드러나듯이 우리의 삶의 과정에서는 죄를 짓지 않았음에도 불구하고 죄업(罪業)에 대한 형벌의 고통을 받는 것처럼 아파하고 슬퍼해야 하는 시간들이 적지 않다. 무엇 때문에 그런지 시인도 구체적으로 표현하지 않았듯이 딱히 무엇이라고 구체적으로 말하기는 어렵지만 하여튼 살아가기 몹시 힘겨운 것이 사람살이인 것만은 틀림없는 사실이다. 무엇으로 보나 외형적으로는 전에 없이 나아진다고 하는데도 말이다. 어쨌든 신경희가 읽어낸 세계는 이렇듯 한없이 비극적인데 그렇다면 그 비극의 원천은 어디에 있는 것일까?

> 무언가 노엽고 서러운 날
> 하루 종일
> 채송화에 물을 준다.
>
> 네 눈가에도 눈물이 고였구나!
>
> 너를 사랑한 것이 아니라
> 내 마음 둘 곳이 없어
> 너를 찾은 나를,
>
> 내 거짓을 슬퍼하고 있구나!

—「채송화」 전문

수술해야 할 일들이
너무 많은 세상

사람들은 서로를
정상이 아니라고 진단합니다.

생각도 없이 쉽게
매도하는 가벼운 입술들

나도 정상이 아님을
수술대 위에서 느낍니다.

그리고

다시 태어나기 위해
죽음의 길로 걸어갔습니다.

—「수술실에서」 전문

두 편의 시에서 가장 두드러진 것은 '성찰'의 눈이다. 두 작품 다 자아성찰이 드러나지만, 「수술실에서」는 믿음이 깨어진 세상이라는 세계인식이 전제되어 있다. 채송화(자연)를 사랑하고 싶어 사랑하는 것이 아니라 세상에 마음 둘 곳이 없어 그렇게 할 수밖에 없다는 대목에서 우리는 이미 「수술실에서」 제기한 세상의 문제점이 무엇 때문인지 짐작할 수 있다. 서로가 서로를 정상이 아니라고 비방하는 세상이란 어떤 것일까? 그것은 말할 것도 없이 반목과 질시와 분열과 갈등으로 치닫는 세상이요, 신뢰가 깨어지고 인정이 메마른 삭막한 세상이다. 이를테면 시인이 읽는 세상은 날이 갈수록 '검은 꽃'만 만발하여 '겨울궁전'이 깊어가는 것이다. 누군들 이런 '겨울궁전'에 살고 싶을까마는 시인은 특히 더 그런 세계에 대해 가슴 아파하고 안타까워한다. 앞서 말했듯 시인들은 기질적으로, 또는 숙명적으로 어둠과 겨울 상황에 대하여 민감하기 때문이다. 시인을 두고 견자(見者)나 천형(天刑)을 받은 존재라고 하는 것은 바로 그런 어두운 곳에 대해 남다른 관심을 갖고 집중할 수밖에 없는 숙명을 지닌 존재라는 의미를 나타내는 것이기도 하다.

한편, 세상 어둠을 남 먼저 발견(진단)할 줄 아는 시인의 사명은 당연히 그에 대한 처방을 내리는 것으로 완결된다는 점도 간과할 수 없다. 미리 당겨서 말하면 신경희가 제시한 처방전은, '겨울궁전'으로 되어 가는 세상이 '검은 꽃' 때문이라고 진단한 것을 고려하면, 우선 막연히 '겨울 꽃'을 제거하는(불태우는) 일이다. 물론 '겨울 꽃'은 세상을 사막화시키는 온갖 부정적 요인들이 될 것이다. 그것을 시인은 구체적으로 서로가 서로를 비정상이라고 손가락질하는 세태라고 꼬집어 말한다. 그렇다면 그런 세태를 바로잡는 일이 바로 '겨울궁전'을 봄궁전으로 되돌려놓을 수 있는 가장 확실한 길이 될 터인데, 신경희는 그 길을 무엇보다도 먼저 자기 자신부터 정상으로 돌아가야 한다는 것을 깨닫는 일이라고 한다. 여기서 우리가 특히 주목해야 할 것은 비정상으로 얽혀 있는 세상의 실마리가 자기 자신에게서부터 풀려야 한다고 보는 '내 탓이요'라고 인식하는 대목이다. 예로부터 우리는 잘못 되면 조상이나 남의 탓으로 돌리기 일쑤라는 속담도 있듯이 문제의 본질을 남에게 전가하기 좋아하는 나쁜 버릇이 있는데, 신경희의 시에서는 그런 인식보다는 주로 자기 성찰이 주류를 이룬다. 이런 그의 시적 태도는 모든 문제를 자아로 회귀시키려는 책임의식을 나타낸 동시에 자기 눈의 대들보는 보지 못하고 남의 눈의 티나 지적하기 좋아하는 비정상적인 세태를 꼬집는 의미를 나타내기도 한다.

이렇듯 시인은 세계에 대한 성찰로부터 자아에게로 눈을 돌려 잘못된 세상을 치유할 수 있는 길을 찾는다. 그는 그것을 '다시 태어나기 위해/

죽음의 길로 걸어갔습니다.'라고 하여 재생을 위한 전제로서 스스로 부정적인 자아를 죽이려는 의식을 갖는다. 물론 이 구절은 사실적 정황으로 보면 수술실에서 마취당하는 것을 의미하지만, 시적 표현으로 대입하면 새로운 존재로 다시 태어나기 위해 비정상적인 것을 동결시키는 상징적 죽음을 암시한다. 내일 새로운 사람으로 거듭 태어나기 위해서는 필연적으로 먼저 오늘의 잘못된 자아를 버려야 하는데, 신경희 시에는 이런 재생의 의지를 보여주는 이미지가 유난히 많이 등장한다. 그만큼 그는 거듭나는 삶에 대해 관심이 깊다고 하겠다. 가령, 그 몇몇 유형을 개괄적으로 보이면, 먼저 「바다를 끓이다」라는 작품에서는

커다란 바다에
적막 한 줌 털어 넣고
펄펄 끓이다가
다시 멸치와 다시마를 넣고
비릿한 바다향이 짙어질 때까지
끓이고 또 끓이면
죽음 곁을 날던 수만 마리의 새떼들
산홋빛 바닷가로 날아오른다.
푸른 그림자를 안고
욕망처럼 끓어오르던
내 안의 바다는

—「바다를 끓이다」 전문

이라고 표현하여 너무나 고요(적막)하고 쓸쓸하고 외로운 삶에 변화를 주기 위해 내면에 바다에 대한 인식을 끌어들여 끊임없이 출렁이며 반전을 거듭하는 생기를 불어넣으려 한다. 주지하듯이 바다는 삶과 죽음·이상·진리·번뇌·고통·순환·재생 등등을 상징한다. 바다가 이렇듯 다

양한 의미를 상징한다고 할 때, 삶이 지나치게 적막하여 주검처럼 인식되는 순간에 마음에 반전과 생동감을 충전하는 하나의 방법으로서 바다를 끌어들이는 상상작용은 수긍이 가고도 남는다. 이처럼 「바다를 끓이다」가 재충전을 통한 존재와 삶의 변화를 꾀하려는 의지를 드러낸다면, 다음 시는 균형을 잃은 삶을 수정하려는 의지를 보여준다.

오랫동안 신고 다니던 구두 굽을 갈며
걸음걸이가 왜 편치 않았는지 알게 되었다.
균형 잃은 내 보행의 습관이
구두 굽에 선명하게 기록되어 있었다.

절뚝거리며 살아온 탓일까
길거나 짧은 나의
무수한 生의 단면들

굽이 한 쪽만 너무 닳지 않도록
걸음마를 다시 배워야 할까
쇠굽을 덧대어 버티어야 할까
긴 궁리 끝에

어느 빛 좋은 가을 날 오후
남은 生의 보행을 위하여
낡은 구두의 굽을 갈기로 하였다.

—「구두 굽을 갈며」 전문

시인은 구두 굽을 갈다가 한 쪽만 심하게 많이 닳은 굽을 보면서 문득 절뚝거리며 균형감각을 잃고 살아온 삶을 반추한다. 길지 않으면 짧다는 표현에 드러난 바, 시인은 지난날을 항상 불완전한 삶을 살아왔다고 돌이

켜본다. 물방울 하나로도 간단히 목숨을 잃어 버릴 수 있는 것이 인간이듯 한없이 연약하고 유한하기 짝이 없는 존재로서 온전한 삶이란 애초에 불가능할지도 모르지만, 또한 끓어오르는 욕망을 주체하기 어려운 것이 인간인 까닭에 더 나은 존재, 온전한 삶에 대한 갈망을 쉽게 포기할 수도 없다. 이런 모순의 고리에서 헤어나지 못하는 존재에 대해 시인은 골똘한 궁리에 빠져든다. 걸음마를 새로 배워야 할까, 잘 닳지 않은 쇠굽을 덧댈까 등등. 그래도 뾰족한 수단이 없다는 판단에서 그는 결국 낡은 구두의 굽을 갈고 다시 삶의 길로 나서기로 한다.

그런데 여기서 우리가 주목할 것은 온전히 새로운 구두로 바꾸지 못하고 기껏 신던 구두의 굽이나 가는 정도에 만족하는 시적 화자의 태도이다. 이는 무엇을 말하는 것일까? 관습(집단)이나 습관(개인)으로부터 벗어나기 어려운 존재의 속성을 암시하기 위한 것이라 할 수 있다. 아무리 좋은 관습이나 습관도 시간이 흐르면 퇴색하여 잘 맞지 않는 것이 될 수도 있을 터이니, 새로운 시대에 맞는 변화가 필요할 수도 있다. 이러한 인식은 '내가 흘러가야 할 곳을 찾아/ 한참을 흘러 가다보면/ 낯선 길목/ 낯선 얼굴/ 깜짝 놀라 뒤돌아보면/ 아직도 어제의 그 자리에 서 있습니다.'(「혼돈 - 자화상」)라는 대목에 잘 드러난다. 즉 '내가 흘러가야 할 곳'과 '어제의 그 자리에 서 있습니다'에 보이는 괴리, 이를테면 이상에 젖는 마음은 흐름(변화)을 지향하는데 현실에 얽매이는 몸은 어제에 머물러 있는 이 모순의 거리를 좁히는 일이 우리의 삶을 조금이라도 온전한 모습으로 끌고 가는 방도가 된다. 다음 시는 그 방법 가운데 한 예를 보여준다.

과일가게 옆을 지나가다
오래된 친구의
편안한 얼굴을 만났다.

제 빛깔을 한껏 자랑하는
화려한 과일들 옆에서
덤덤하게 앉아 있는 모과

나를 바라본다.
내 삶의 언저리
가식으로 얼룩진 가면들을 벗고
모과처럼 여유롭게 앉아 있고 싶다.

—「모과」 전문

이상과 현실의 괴리를 좁히는 일로서 신경희는 '가식으로 얼룩진 가면을 벗고/ 모과처럼 여유롭게 앉아 있'는 삶을 제시한다. 이 시의 핵심은 '화려한 과일들'과 '덤덤하게 앉아 있는 모과'의 대비에 있다. 시의 흐름으로 보면 '화려한 과일들'이 온갖 가식으로 외형만 치장하기 좋아하는 겉멋이나 든 존재를 상징한다면, '모과'는 수수하지만 순수한 존재를 대변한다고 할 수 있다. 또한 전자가 화려하고 비정하고 급변하는 현대 물질문명을 상징한다면, 후자는 '오래 된 친구의 편안한 얼굴'처럼 늘 변함없고 인정이 많은 전통성을 상징한다고 볼 수 있다. 시인은 전자를 부정하고 후자를 선택하고 싶다고 한다. 다시 말하면 시인 신경희는 현대인들이 비록 좀 볼품은 없더라도 인정 많고 순수하고 진실하고 여유로운 마음을 가진 존재들로 거듭날 때 '겨울궁전'에서 벗어나 봄궁전으로 들어갈 수 있다고 믿는다.

3

수십 편에 이르는 작품들의 의미를 한 줄로 세워 논리화하기는 애초에 불가능하다. 그래서 나는 시인의 시심 깊은 곳에 자리를 잡고 있는 원형질에 초점을 맞추어 신경희 시의 특성을 들여다보려고 노력하였다. 다양한 작품들은 대체로 시심의 원형질이 표면으로 드러나는 과정에서 변주된 것이라고 보았기 때문이다. 이런 관점으로 신경희 시를 개관할 때, 신경희는 주로 겨울이나 어둠(검은 꽃)으로 인식되는 현실과 자아에 대한 문제에 관심을 집중하고 궁극적으로는 그 '검은 꽃'을 시들게 하고 사라지게 함으로써 아름다운 세계에 이를 수 있다고 보았다. 그리고 '검은 꽃'을 불태워 없애는 일로서 그는 가식을 버리고 순수한 마음으로 돌아가는 것을 제기하였다.

물론 '겨울궁전'을 봄궁전으로 바꾸기 위해서 신경희의 시심으로 피워 올리는 '흰 눈꽃송이'는 스키장에서 인위적으로 만들어내는 눈송이 같은 것이 아니다. 그것은 번쩍거리는 문명의 저편, 가식이 없는 순수하고 진정한 마음에서 피어나는 자연의 꽃이다. 그런 꽃이어야만 춥고 어두운 '겨울궁전'은 '분홍빛 진달래'가 피고 '새소리 물소리'(「녹양역」)도 들리며 '환한 웃음소리'가 피어나는 봄궁전으로 변화할 수가 있다. 아, 그런데 슬프게도 그런 꿈처럼 행복한 세계는 이승에는 없을 것이라고 신경희는 단언한다.

섬진강 기슭에
꽃비가 내린다

젖은 날개를 접는
나비 떼

바람이 시간을 몰고 와서
유언을 하는 시간

눈부신 축제

이승의 끈
모두 놓아 버리는

저 환한 웃음소리

—「낙화」 전문

섬진강 기슭에서 이른 봄 짧은 생을 마치고 나비떼처럼 떨어져 내리는 벚꽃 송이들을 보면서 시인은 '눈부신 축제'에서 쏟아지는 '저 환한 웃음소리'를 듣는다. 이러한 역설과 아이러니의 인식은 어디서 나온 것일까? 이승에 존재하는 모든 생명체는 시간의 물살에 떠내려갈 수밖에 없는 유한성을 지닌다는 점에서 근본적으로 비극적이다. 그렇다면 떨어지는 꽃잎은 유한한 이승의 시간이라는 손아귀에서 놓여나 영원한 세계로 들어가는 것이 되므로 비극적 존재를 일탈하는 것이기도 하다. 즉 모든 존재는 이승에서 잡은 시간의 끈을 놓는 순간에 절대적인 피안의 세계로 들게 된다. 그런 세계로 들어가는 순간이니 시인에게 떨어져 내리는 벚꽃들이 '환한 웃음소리'를 내지르는 것처럼 들려왔던 것이다.

이러한 시적 표현과 사유에 의하면 신경희는 인간에 대하여 비관적 인식을 갖고 있다. 그것은 어쩌면 우리 존재가 유한하다는 점에서 근본적으로 비극적이라는 점을 암시하는 것일 수도 있고, 또 소승불교(小乘佛敎)에서 이른바 회신멸지(灰身滅智)를 통해서만 열반에 들 수 있다고 보는 것처럼 살아 있는 한 약은 꾀를 부리는 일로부터 자유롭지 못하다는 인간에 대한 비관적 성찰을 나타내는 것일 수도 있다. 몸을 불태워 버려야만 지혜를 소멸시킬 수 있고, 지혜를 없애야 죄업에서 완전히 자유로워져서 진정으로 열락(悅樂)의 세계로 열반할 수 있다는 소승적 인식이 어떻게 싹트게 되었는가는, 큰 사건 뒤에는 대부분 더 많이 배우고 더 많이 알고 권력이나 재물도 더 많이 가진 사람들이 연루되어 있기 일쑤인 우리 경험을 되새기면 쉽게 짐작할 수 있다.

우리가 꿈꾸는 아름다운 공동체가 교육과 법률을 강화하는 등의 인위적인 제도를 통해서 이룩되는 것이 아니라는 점을 뼈저리게 생각할 때, 시인이 왜 인간에 대한 비관적 인식을 가질 수밖에 없는지 십분 이해가 된다. 시인의 간절한 꿈은 제도를 통해서 이루어지는 것이 아니라 궁극적으로는 개인의 자발적인 성찰과 자각을 통해서, 그리고 그런 개인들의 집합을 통해서 그 실현 가능성이 개진된다고 할 수 있다. 이런 점에서 신경희의 시심에 내재한 핵심인 자기 자신의 변화—허심으로 돌아가는 순간에 봄궁전으로 가는 길이 열린다는 인식은 한없이 춥고 어두운 우리들의 '겨울궁전'에 한 송이 희망의 꽃을 피우는 일이 된다.

시간의 슬하에 놓인 존재의 시적 반응
—노정분의 시세계

1

옛말에 "십 년이면 강산도 변한다."고 했는데, 눈부시게 발전하는 전자 문명에 힘입어 엄청난 변화를 거듭하는 현대사회를 염두에 두면 그 말은 이제 너무나 무색해져 버렸다. 하룻밤에 세상이 달라져 상전벽해가 되는 꼴을 우리는 일상처럼 접하기 때문이다. 급변하는 시대 탓인지 유난히 조급증에 시달리는 사람들이 많은데 그것은 시단도 예외가 아니다. 등단하기 무섭게 시집을 꾸려 내거나 시집을 출간하기 위해 안달하는 시인들이 적지 않음이 그것을 방증한다. 이런 분위기를 고려할 때 1998년 시단에 오른 이후 무려 14년이라는 긴 세월을 기다려 이제 겨우 시업의 첫 매듭을 짓기 위해 『바람의 집』을 펴내는 노정분의 인내심을 뭐라고 해야 할지 선뜻 갈피가 잡히지 않는다. 어떻든 요즘 분위기로서는 참 희귀하다 할 수밖에 없는 이 시인은 한마디로 무척 과작(寡作)하는 시인 유형에 든다는 것만은 분명할 것이다.

과작의 시인, 짐작컨대 작품 쓰기의 두려움으로 창작에 매우 긴장하는 이 시인을 어떻게 평가해야 할까? 긍정적으로 보아 나는 노정분의 과작이면에는 어쩌면 엄격한 자기 검열의 잣대가 시심의 밑바닥에서 작동하는 것이 아닌가 짐작해본다. 이 점은 대체로 작품들이 나름대로 정제되어 있음이 뒷받침한다. 바꾸어 말하면, 그는 기질적으로 언어를 절약하여 함축하고 노래의 자질을 강화해야 이룩되는 서정시(lyric)에 대해 강한 시적 취향을 갖고 있는 것으로 보인다. 가령, 시집의 첫 머리를 장식한 작품을 일례로 들어보면 그 점을 엿볼 수 있을 것이다.

> 오색 물감 풀리는 소리
> 손끝에 묻어나는 꽃의 미소
> 내 안의 높은 벽 부수는
> 종소리로 술렁인다
>
> 벼랑에 서 있는 나무들
> 몇 그루는 다른 생각에 잠기고
> 먼 산 아지랑이 아련히
> 산새들의 지저귐으로 끊어졌다 이어지고
>
> 무심한 바람 스쳐 지난 자리마다
> 앉은뱅이꽃
> 날고 싶은 꿈을 부풀린다
>
> 냇물소리 솟구친 다음
> 새들 떠난 자리
> 새로운 하늘 펼쳐지면
> 잔잔한 풀꽃들 길섶을 밝힌다
>
> —「꽃 피는 시간」 전문

이 시는 한눈에 그 특징이 들어온다. 무엇보다도 간결성과 형식성이 도드라진다. (시집에 실린 많은 작품이 대체로 이 범주에 드는 것으로 파악된다. 이런 점에서 시집의 첫 머리를 장식한 이 작품은 대표성을 띠는 것으로 보아도 무방하다.) 가장 긴 행이 네 개의 어절로 이루어져 있을 정도로 모든 행이 1~5개의 낱말로 구성되어 3음보격이 주류를 이루고, 기-승-전-결의 네 단위(전체 4연)로 시상(詩想)이 전개되면서 각 연에 4행이 규칙적으로 배치되어 있되 '전(轉)'에 해당하는 3연은 3행으로 파격을 이룸으로써 시상의 변화에 상응하는 리듬(行數律)을 형성한다. 이를테면 시인은 시상의 전환점('기-승'의 부분이 비상을 꿈꾸는 계기에 관한 표현이라면, '승'에서는 그것이 구체화되는 것을 표현하여 변화의 의미를 갖는다. 즉 결핍된 존재로서의 '앉은뱅이꽃'이 여기에 와서 비로소 초월적 의지인 '날고 싶은 꿈을 부풀린다'.)을 형식적으로도 표현하여 기계화되어 단조로워질 수 있는 결함(지루함)을 탈피하려고 노력하였다. 이것은 리듬의 기본 특성을 구현한 것으로서, 규칙과 파격으로 이루어지는 리듬의 일반적 특성에 잘 부합된다.

문학비평가인 I. A. 리처즈에 따르면 잘 구현된 리듬이란 규칙적인 반복뿐만 아니라 그것을 배반하는 파격이 가미된 상태를 뜻하는데, 그래야 생동감 있는 리듬이 형성된다는 것이다. 즉 반복과 규칙성이 기대에 부응하여 '단순하고 소박한 만족'을 준다면, 파격은 그 기대에 어긋남으로써 '실망 · 연기(延期) · 경이 · 배반'감을 주어 리듬에 '생기'를 불어넣는다는 것이다. 이렇듯 시상과 형식의 관계는 서로 밀접할수록 넘치거나 모자람이 없는 유기적 체계를 지향할 수 있으며, 또 형식의 묘미는 시를 세심하게 읽게 하고 쾌감을 배가하는 구실을 하는 것으로서 좋은 시의 조건이 되기도 한다. 인용한 작품의 경우도 우선 형식적으로 안정감을 준다는 점에서 우리의 주목에 값한다.

시의 형식성은 짙은 서정성을 만남으로써 빛을 더한다. 이것은 난잡하고 난삽한 현대사회의 속내를 반영한 이른바 산문화로 기울어지는 현대

시의 한 피폐한 양상에 대해 형식적으로 거부하는 의미를 지니기도 한다. 요즘 시와 산문의 경계를 아슬아슬하게 넘나드는 작품이 홍수를 이루는 것은, 그것이 아무리 산업화와 도시화로 치닫는 현대사회의 복잡다단한 현실 속에서 예전 같은 안정된 삶의 리듬을 견지하기 어려운 국면에 대한 시적(형식적) 반영이라 하더라도 너무 지나치게 시의 맛을 떨어뜨리는 짓[非詩化]이 아닐까 하는 혐의를 벗기 어렵다. 노정분의 기질적인 서정시 취향은 바로 이런 우리들의 심려를 상당히 줄여준다는 점에서 일정한 의미를 부여할 수 있을 것이다.

2

서정시의 어원을 보면, 그 유래는 'lyra'라는 조그마한 현악기를 치면서 현재의 심정을 노래(음유)하던 행태에서 비롯되었다고 하듯이, 서정시와 현재 시간의 관계는 매우 긴밀하다. 주지하듯이 끊임없이 흐르는 시간을 인간들이 큰 단위로 계량화하기 위해 구분한 것이 이른바 과거-현재-미래라는 개념인데, 이는 우리 삶을 개관하는 단위로 인식되기도 한다. 가령, 서정시의 경우, 시인들이 대체로 '현재'에 대한 인식으로부터 출발하여 때로는 과거의 기억(추억) 속으로 회귀하는가 하면, 또 어느 때는 미래를 전망하거나 초월적 꿈에 젖기도 하는 양상을 띠는 경우에서 그 점을 볼 수 있다. 예술이란 꿈의 양식인 만큼, 서정시 역시 궁극적으로는 꿈꾸기(미래 시간)의 한 양식이고 그 바탕에는 언제나 '현재 • 여기의 결핍'에 대한 절실한 인식과 성찰이 깔려 있기 마련이다. 그리고 이 결핍의 가장 큰 요인은 뭐니 뭐니 해도 시간과 연결된 '영원성'에 관한 문제라고 해야 할 것이다. 다시 말하면 목숨 탄 유한한 존재로서의 자각이 무엇보다도 절실하게 작용한다고 볼 수 있다.

‘시간 현상학’으로 유명한 한스 마이어홉은, “시간의 자궁에서 분만된 것은 다시 시간이라는 거대한 괴물에 삼켜지고 만다. 시간 또는 시간이 흘러가는 방향에 고유한 이 성질은 이제 창조에 관여하는 아버지가 아니라 파괴적이고 악마 같고 가증스런 것이 된다.”고 규정했다. 말하자면 시간이란 ‘창조의 아버지’이지만 동시에 ‘파괴의 아버지’이기도 하다는 것이다. 이러한 시간의 두 얼굴, 또는 모순성은 우리가 늘 경험하는 상식적인 것이기 때문에 사실 따로 설명할 필요도 없다. 예컨대, 생성과 소멸을 겪는 자연현상이나 유기체의 생로병사에는 모두 시간이 결정적으로(또는 근원적으로) 작용한다는 것을 통해 알 수 있다.

생명을 타고 난 모든 존재들에게 시간이 절대적으로 작용하는 만큼 그것은 우리네 삶과 세계의 의미를 궁구하고 표현하는 시인들에게도 가장 관심을 끄는 시적 제재라 해도 지나치지 않을 것이다. 특히 오늘을 통해서 어제의 기억을 반추하거나 내일을 내다보려는 선취(先取) 의지가 누구보다도 강렬한 이른바 견자(見者)로서의 시인들에게서 시간은 ‘창조의 아버지’이기보다는 ‘파괴의 아버지’로 훨씬 더 절실하게 다가오기 마련이다. 셰익스피어가 한 소네트(영국의 14행시)에서 “어떠한 것도 시간의 큰 낫에 대립해서 자기를 방어할 수 없다.”고 하거나, 또 “모든 것은 시간의 큰 낫에 베어지기 위해서 존재한다.”고 표현하여 시간을 ‘파괴의 아버지’로서 아프게 인식한 대목도 바로 그 때문일 것이다.

이렇듯 존재와 시간은 불가분의 관계를 갖고, 또 시인과 시간도 매우 밀접한 관계를 갖는데, 노정분 시편에서 나에게 가장 큰 관심을 끈 것도 ‘시간’의 문제였다. 시인의 시심은 시간인식이 근원을 이루고, 이것이 거의 대부분의 작품들을 탄생시키는 씨앗(motif) 구실을 한 것으로 보였다. 내가 본 바로는 시인은 시간이라는 거스를 수 없는 큰 강물에서 헤엄을 치거나 허우적거리기도 하고, 또 어느 때는 강둑에 앉아서 물끄러미 바라보거나 건너가려고 애를 쓰기도 한다. 바꾸어 말하면 노정분의 대부분의 시적 사유는 존재의식의 한 양태로서 시간의식에 닿아 있고, 이것이 다양한 재재들을 통해 변용되어 시적 스펙트럼을 형성한다. 이 점은 작품의 도처에서 만나는 일련의 제재들은 물론이거니와 단순히 시 제목에 들어 있는 시어들을 통해서만 보더라도 어느 정도 확인된다. 가령, '시간(세월, 역사)'을 직접 나타내는 시어를 비롯하여 '계절'에 관련된 것, '저물다·저녁·노을·낙엽' 등과 같은 하강하는 시간에 관련된 시어들, 그리고 검거나 회색 빛깔을 지닌 시어들의 빈도수가 유난히 높은데, 이는 그만큼 '파괴의 아버지'로서의 시간인식에 시인의 관심이 절실하게 기울어져 있음을 뜻한다.

그러나 여기서 우리가 한 가지 주의해야 할 것은 그것이 시의 표층을 형성하는 하나의 제재에 불과하다는 점이다. 즉 이것들은 시의 모티프인 시인의 정서나 사유를 담는 그릇으로서의 주요 제재가 되는 것일 뿐, 그 심층에는 어두운 빛과 밝은 빛이 교직된 경우가 많음을 간과해서는 안 된다. 그 단적인 하나의 예로서 나는 이번 시집에서 매우 중요한 지렛대로 기능하는 작품이라 생각되는 「저무는 가을」 (제4부)을 소개하고 싶다. (앞서 인용한 꽃 피는 봄을 노래한 작품에 대응하는 가을을 제재로 한 점에 주목했다.)

> 부서져간
> 계절의 부스러기 털어내며
> 가득 채웠던 치마폭 비워낸
> 너의 목소리
> 내 마음 쓸어내는 것은
> 또 다른 내일을 위한 아픔이라
> 가슴 속 한길
> 운하를 더 파도 좋으리

하늘은 황망한 뉘우침에
눈물 뿌려대고
오글오글 솟구치는 서러움으로
낙엽 한 장
창가로 파고들어 흐느낀다
어둠의 소리 등 돌려 나를 흔들고
뉘 부르는가
비 한 줄기 안겨들 뿐……
침묵의 벌레소리 고개 떨구고 있다.

—「저무는 가을」 전문

이 시의 표면을 형성하는 시간과 빛깔은 두 계열로 나뉠 수 있다. '운하를 더 파도 좋으리'라는 행을 중심으로 앞쪽이 미래인식에 관련된 상상세계로서 '흰색' 계통이라면 뒤쪽은 현재인식에 관련된 경험세계로서 '회색' 계열이다. 그러니까 자연적 시간으로 보면 이 작품의 구성은 도치되어 있는 셈이다. 도치법의 기능이나 효과를 생각하면 왜 시인이 이런 구성을 택했는지 짐작할 수 있다. 즉 시인은 후반부보다는 전반부에 강조점을 두려고 하였다. 이는 현재 경험하고 있는 부정적 현실인식으로부터 촉발된 미래의 새로운 세계로 초월하고 싶은 욕망이 마음속에 부풀어 오르기 때문이다. 물론 이것은 표층적 의미로 풀어본 좀 단순한 관찰일 수 있다. 왜냐하면 이 작품은 다음과 같이 두 가지 차원에서 섬세한 읽기가 요구되는 미묘한 구성을 취하고 있기 때문이다.

첫째, 시간적 순서로 보면 이 시는 과거('부서져간 계절', '가득 채웠던 치마폭') ⇒ 현재('비워내는 것은', '내 마음 쓸어내는 것은') ⇒ 미래('또 다른 내일을 위한 아픔', '운하를 더 파도 좋으리') ⇒ 현재의 시간(8행 이후) 순서로 이루어졌다. 이것을 다시 시인의 정서로 접근하면 부정적 현실인식에서 출발하여 그것을 극복하려는 의지가 발동되고, 이로부터 미래지향이라는 긍정적 인식을 가지려 하지만, 결국엔 '낙엽 한 장', '어둠의 소리', '비 한 줄기' 등의 시어들에 함축된 비극적 현실인식을 떨쳐버리지 못하는 것으로 마무리된다.

둘째, 이러한 시적 시간에 대한 해석은 보기에 따라 다르게 접근할 수 있다. 하나는 과거 ⇒ 현재 ⇒ 미래 ⇒ 현재로 시간 순서가 순리적으로 이루어져 있지 않음은 평면적인 구성을 지양함으로써 긴장감을 높이는 한편 소망사항을 앞당겨 제시하여 그것의 절실함을 강조하는 효과를 얻을 수 있다는 점이다. 다른 하나는, 시 구성상 도입부와 전개부를 거쳐 결말부에 이르러 주제의 핵심이 드러나는 경우가 많음을 고려하면 오히려 앞쪽보다는 뒤쪽에서 이 시의 궁극적 의미를 취해야 하는 것이 아닐까라는 회의가 싹튼다는 점이다. 그렇다면 앞의 해석은 다시 이런 생각으로 수정할 수도 있다. 시인이 아무리 마음으로는 미래의 초월의식에 집중하려 해도 궁극적으로는 현실의 시간으로부터 완전히 자유로울 수 없는 인간적 한계를 의식하고 있다는 것을 나타낸다.

위와 같이 노정분은 시간에 대해 매우 민감하게 반응하고 있음을 알 수 있는데, 시집 구성을 제1부 '꽃 피는 시간'으로부터 시작하여 제2부 '내 안의 숲'과 제3부 '강변에서'를 거쳐 제4부 '갈잎의 노래'로 마무리하는 것도 바로 절실한 시간인식이 반영된 것으로 보인다. 이렇듯 노정분 시에 투영된 다양한 스펙트럼 가운데 시간인식이 단연 가장 뚜렷한 빛깔로 투사되고 있기 때문에 이 문제를 도외시하고는 그의 시에 제대로 접근했다고 볼 수 없을 것이다. 그래서 나는 시간인식에서 분출된 노정분의 시의식의 스펙트럼을 몇 가지로 분해해보려고 한다.

3

존재론적 차원에서 현재인식의 대부분을 차지하는 것이 유한한 존재라는 자각과 성찰이라면, 이것은 항상 존재를 불안케 하고 위기의식에 사로잡히게 한다. 그리고 이 의식은 때로는 절망감에 존재를 주저앉게도 하지만, 정상적인 경우 대개는 창조적 의미를 지닌 저항과 극복의 길을 모색하도록 부추긴다. 이것은 생명을 가진 모든 존재에게 주어진 가장 큰 선물이라고 할 수 있는데, 노정분의 시에서도 우리는 크게 이 두 갈래의 시적 전개를 목격할 수 있다. 말하자면 파괴의 아버지인 시간에 구속된 존재로서 아버지를 존중하여 그의 무릎 아래 순순히 머리를 조아려 굴복하거나 순응하는 경우가 있는가 하면, 그 반대로 불경스러움을 무릅쓰고 그에 저항하여 가역(可逆)반응을 일으키거나 영원의 꿈에 젖는 인간적 몸부림을 보여주는 경우도 있다.

먼저, 파괴의 아버지로서의 무서운 시간의 위력 앞에 어쩔 수 없는 무력한 존재임을 확인할 때 우리는 어떤 태도를 가져야 할까? 태어나고 사라짐에 관한 한 우리는 완전히 무기력한 존재일 따름인데, 자신이 주도적으로 아무 것도 할 수 없다면 그 다음 단계는 자명해진다. 그저 순순히 주재자의 손길에 따를 수밖에 없는 것이다. 도저히 할 수 없는 일을 억지로 하겠다고 우기고 몸부림쳐봤자 몸과 마음만 더 상하기 마련이니까. 요즘 흔히 하는 말로 '피할 수 없으면 즐기라'는 권유의 말도 결국엔 어차피 해야 할 일을 억지로 거부하는 것은 더 큰 괴로움만 자초할 뿐이라는 것을 경고하는 것일 수도 있다. 다음 작품은 시간과 관련하여 이런 정서를 잘 보여준다.

마음이 밀물로 빠져 나간다
보이지 않는 끈이 나를 묶은 채

이리 저리 몰이를 한다
목숨의 무거움 언젠가는
세상 밖으로 밀려날 것을

좁은 둘레 안에
가득한 살얼음
헉헉거리며 길을 찾는 몸부림은
구름조각으로 흘러가고
바위 하나 가슴에 묻어
내가 나와 싸우는 곳에서
만신창이가 된 하루
눈썹 내리고 백기를 흔들며
나를 지우며 물살로 흘러간다.

—「흔들림」 전문

이 시에서 시인은 '보이지 않는 끈'에 묶여 이리저리 끌려 다닌다는 피조물로서의 존재인식을 갖고 있는데, 이것이 '목숨'과 관련이 있는 것으로 볼 때 자신을 '이리 저리 몰이' 하는 주체는 '시간'임이 분명하다. 주체적으로는 어찌 할 수 없는 피동적 존재이기에 '목숨의 무서움 언젠가는/ 세상 밖으로 밀려날 것을' 가늠하지 않을 수 없다. 그리하여 어느 날엔가는 소멸할 존재라는 비극적인 미래관이 자아를 더욱 불안케 하여 스스로 '살얼음'판을 걷거나, '헉헉거리며' 탈출구를 찾기 위해 '몸부림'을 치기도 하고, 또 어느 때는 '구름조각으로 흘러가'면서 유유자적하려 하는가 하면, '바위 하나 가슴에 묻어' 영원을 꿈꾸는 경우도 있음을 토로한다.

그러나 존재의 영원성을 꿈꾸는 것은 단지 희망사항일 뿐이지 결코 실현 가능한 욕망이 아니기 때문에 '내가 나와 싸우는 곳에서/ 만신창이가 된 하루'를 보내고 있음을 자각하게 할 따름이다. 그리고 이 자각이 비로소 시인에게 '눈썹 내리고 백기를 흔들며/ 나를 지우며 물살로 흘러간다.'

는 새로운 길로 들어서게 만든다. 말하자면 내면의 심각한 흔들림을 겪는 과정에서 시인은 시간에 거역할 수 없음을 절실히 깨닫고 결국 '백기' 투항하는 길을 선택하게 된 것이다. 이를 통해 시인은 이제 '내가 나와 싸우는' 내적 갈등으로부터 해방되어 자신의 고집을 지우고 '물살로 흘러' 가는 태도의 긍정성을 인식한다. 여기서 주목해야 할 것은 시인이 물살처럼 흘러가는 것이 아니라 스스로 '물살'이 된다고 표현한 점이다. 이는 나와 물살이 구분된 상태가 아니라 자신을 버리고 지움으로써 물살(시간/역사)과 일체화가 되는 것으로서 시간에 순응하여 스스로 변화하는 것을 나타낸다.

이처럼 결코 거역할 수 없는 '파괴의 아버지'인 시간에 '백기' 투항하는 길을 선택함으로써 시인은 이제 마음의 평정을 이루어 '넘쳐나는 말들은/ 깊이 묻은 채 침묵만 챙겨들고' '당신의 위대한 손길 안으로/ 나를 살찌게 하는 현을 켠다.'(「길은」)고 하거나, '… 지금 나는/ 풀잎의 이슬에 목을 적시며/ 가야만 하는 강을 향해 등짐을 추스른다'(「여정」)고 한다. 시인은 말보다는 침묵의 길을 선택하고, 시간을 파괴의 아버지로 저주하는 것이 아니라 오히려 '당신의 위대한 손길 안으로' 들어가는 것을 '가야만 하는 강'으로 받아들인다. 그리고 그것이 '나를 살찌게 하는 현을' 켜는 길이라 믿는다. 여기서 현을 켜는 것은 즐거움을 누리는 것, 또는 예술의 길을 걷는 것을 암시한다고 볼 수 있는데, 시집의 「머리글」에서 시인이 "시를 만나 십 수 년 고독한 짝사랑에 푹 빠져/ 혼자 울고 웃으며 행복했다."고 술회했듯이 그것은 시 쓰는 행위를 나타내기도 한다.

이렇듯 아집에서 벗어나 예술 행위를 통한 자아실현 과정은 시인에게 마음을 완전히 바꾸게 하여 이제 '커피 한 잔'을 마시면서도 '시공을 넘어선 듯/ 그윽이 눈을 감'을 수 있고, 그 맛과 향에 취해 '소유를 벗어 버'리는 마음의 여유를 갖기도 하며, '또 다른 나'를 만나 '나 살아 있음'(이상

「커피 한 잔」)을 확인하게도 한다. 커피 한 잔의 위력이 이렇게 클 수도 있다면 흔히 하는 말로 인간 만사 마음먹기에 달렸다는 말이 아주 거짓은 아닐 수 있을 것이다.

그러나 한편 생각하면 이런 마음을 갖는 것(관념성)에 진정성이 어느 정도일지 궁금해진다. 한없이 연약하고 유한한 인간에게 온전한 비움의 길이란 애초에 불가능한 경지이기 때문에 그야말로 짐짓 시적으로 능청을 떠는 것은 아닐까? 그것은 '떠날수록 그리움 짙어지는'(「강변에 마음 머문다」) 것이 인간에게 상존하는 마음[人之常情]임을 잘 알고 있기 때문이다. 그래서 어떤 날에는

밤마다 가슴 속엔
버둥대는 또 하나의 내가
다독여도 시새워 떨고
흩어지는 억새풀 울음소리마냥
슬픔을 삭이고 있습니다

… (중략)…

우두커니 빈 들에 서서
홀로 젖는 동상처럼
뼛속까지 잦아든 설움 위로
비 개인 후의 정적만 나를 덮쳐옵니다

—「고독」 전문

라고 하며, 다시 고독한 존재로서 끝없이 갈등하는 자아를 인식하기도 한다. 이 시에서는 커피를 마시면서 안정을 찾던 자아와는 사뭇 다른 모습이 드러난다. 시인은 아무리 다독여도 '밤마다 가슴 속엔/ 버둥대는 또 하나의 내가' 나타나기 때문에 '슬픔'과 '설움'을 홀로 삭여야 하는 고뇌와 아픔을

떨쳐 버릴 수 없다고 한다. 말하자면 고독한 존재자에게 밤이란 어쩔 수 없이 자아성찰의 시간이 길어질 수밖에 없고, 그 과정에서 이른바 비(非)자아(자신을 바라보는 또 다른 자아, 또는 비판적 자아)가 눈을 뜨고 자신을 '홀로 젖는 동상'으로 규정하며 '뼛속까지 잦아든 설움'을 인식토록 하는 것이다. 물론 자아에 드리워지는 이 고독은 근원적인 것일 수도 있지만, 어떻게 보면 시간에 의해 태어났기 때문에 겪어야 하는 숙명일 수도 있다.

그렇다면 우리는 그 고독을 무화하고 비극적 존재로부터 벗어나는 길도 쉽게 발견할 수가 있다. 그것은 바로 태어나기 이전으로 되돌아가는 길에서 찾을 수 있다. 물론 이는 현실적으로 불가능한 일이지만 인식적으로는 욕망할 수 있다. 이른바 퇴행의식(退行意識)을 통해 과거로의 회귀(시간에 대한 가역반응의 한 형태)가 가능해진다. 어떤 고통스런 현실에 처할 때 사람들이 쉽게 과거에 대한 그리움에 젖는 것은, 미지의 일은 불투명하고 불안할 수밖에 없어 미래에 대한 기대보다는 이미 경험한 현재보다는 아름다운 것으로 비춰는 추억으로 귀환하는 것이 훨씬 더 수월하기 때문이다. 향수에 젖거나 귀향의지를 갖는 것, 또는 어머니에 대한 그리움 같은 정서가 그 대표적인 것이다.

어제와 오늘을 잇는
살보다 진한 물새 울음소리
어머니의 강둑을 지나
내 심장 깊숙이 꽂히네

바람 간간이 시간을 거슬러 오르면
허구의 뒤안길 돌아온 물살은
기억의 문을 두드리고
어릴 적 나, 여기에 첨벙이고 있네

—「고향의 낙동강변」 부분

이젠 만날 수 없는 옛터
내 마음 비어 흔들리고
넘을 수 없는 시간은
맑은 햇살에 씻기우며
미루나무 아래로 그리운 얼굴이 걸어나온다

—「고향길 · 1」 부분

인용한 시에서는 고향과 어머니, 그리고 어린 시절로 회귀하려는 정서가 주류를 이룬다. 시인이 '고향의 낙동강변'을 찾아가는 이유는 '허구의 뒤안길'을 돌아서 '시간을 거슬러' 올라 '기억의 문을 두드리고/ 어릴 적 나'로 돌아가는 꿈에 젖기 때문이다. 말할 것도 없이 '어릴 적 나'란 세속에 때가 묻지 않은 순수한 자아이자 사회적 책임감에서 자유로운 존재이기 때문에 고통스런 현재의 자아와는 매우 대조적인 모습이다. 그래서 시인은 이젠 '만날 수 없는 옛터'이고 '넘을 수 없는 시간', 또는 '닿을 수 없는 시간'(「고향길 2」)임을 분명히 알고 있으면서도 한사코 기억 속의 먼 시간으로 거슬러 올라가서 '그리운 얼굴'을 만나는 상상에 빠지곤 하는 것이다.

그런데 과거의 시간으로 거슬러 올라가는 의식에 관련된 고향이나 어머니에 대한 그리움은 일종의 모태회귀의식과 깊은 연관을 맺는다. 특히 모태는 인간으로 잉태된 이후 가장 편한 상태로 존재했던 최상의 안온한 환경(공간)이었기 때문에 고통스런 현실의 정반대의 시점에 있을 뿐만 아니라 부정적인—그러니까 잘못 전개된 현재로부터 원점으로 되돌아가서 다시 출발할 수 있는 가능성을 잠재하여 궁극적인 회귀 공간으로 흔히 인식되는 곳이다.

그러나 모태회귀는 어디까지나 의식 속에서 상상으로만 잠행할 수 있는 것이지 현실적으로는 전혀 실현될 수가 없다. 이런 점에서 이것은 창조정신과는 거리가 먼 부정적 차원의 도피적 의미로 해석될 가능성도 있다. 물론 긍정적 차원의 의미가 전혀 없는 것은 아니다. 가령, 초심으로 돌아가라고 하는 경우나 2보 전진을 위해 1보 후퇴하는 것과 같은 경우에는 퇴행이 창조적 의미를 가져 긍정적으로 해석될 수 있다. 그럼에도 불구하고 현실적으로 과거로 되돌아가는 일은 전혀 실현 불가능한 일이기 때문에 선택적 차원의 문제가 될 수가 없다. 이 때문에 과거로의 회귀의식에 대립하는 미래에 대한 기대나 초월의지에 더 높은 가치를 부여한다. 그래서 다음 시는 어머니에 대한 그리움이 미래 시간과 융합된 특이한 정서를 보여는 것으로 주목된다.

산으로 병풍 두른 안범리
냇물소리 들녘을 간지럽힌다
사월의 흙길 위
비비새 소리에 젖고
만물이 흥겨운 이맘 때
훗날 내 먼 길 떠나리라

따뜻하리라
어지러움 다 내려놓고 돌아갈,
이 한 몸 깊은 잠에 들면
기름진 토양의 화원을 만들고
어머니를 위해 백일홍을 심으리라

아스라한 길섶 굽어보면
땅거미 걷으며 오실 어머니
사뿐한 발길마다 피어나는 흰 고무신.
이승에서 시리던 발목 풀어 드리고
두고 온 얘기로 밤새워

피리를 부리라.

—「내 깊은 잠에 들면」 전문

어떤 이는 '어머니'라는 말만 들어도 눈물이 핑 돈다고 한다. 누군들 어머니에 대한 애틋한 정이 없을까마는 노정분은 어머니에 대해 남달리 진한 그리움을 갖고 있다. 이는 아마도 그 이면에 "내 눈물의 근원은 독립운동가의 딸로 태어나 얼굴도 모르는/ 아버지에 대한 그리움이었다."(<머리말>)라고 한 것을 참조하면 가장이 부재한 가운데서 자식을 키우고 가정을 지켜내느라 너무도 간고한 삶을 살 수밖에 없었던, 한 여인으로서 기구한 운명을 온몸으로 겪어낸 어머니에 대한 진한 애정이 깔려 있기 때문일 것이다. 또 한 가지 특이한 점은 <머리말>에는 '아버지에 대한 그리움'이 눈물의 원천이 될 만큼 절절했음을 피력해 놓았으면서도 실제 작품으로 형상화한 것은 찾을 수 없다는 점이다. 어떻게 보면 너무 절실한 것은 작품으로 이루어내기 어려운 것인지도 모르겠고, 한편으로는 아버지에 대한 경험과 기억이 전혀 없으니 다만 관념으로만 그리워할 뿐 구체적인 형상화가 어렵기 때문인지도 모르겠다. 어떻든 시인에게 어머니에 대한 그리운 정서는 아버지에 대한 그리움이 중첩되어 그 부피가 훨씬 크다는 것을 짐작할 수 있다.

다시 인용한 시로 돌아가면, 시인은 '안범리'라는 고향에 들려 '훗날 내 먼 길 떠'날 날을 내다본다. 그리고 죽음에 대해 불안해하거나 슬퍼하지 않고 담담하게 받아들이려 한다. 아니, 오히려 이승의 '어지러움 다 내려놓고 돌아갈' 길이기에 '따뜻하리라'고 기대한다. 그 순간에 어머니와의 재회가 이루어질 것을 상상하기 때문에 더욱 그렇게 상상하는 것으로 보인다. 그래서 시인은 '이 한 몸 깊은 잠에 들면/ 기름진 토양의 화원을 만들고/ 어머니를 위해 백일홍을 심으리라'고 한다. 그리고 어머니를 만나면 '이승에서 시리던 발목 풀어드리고/ 두고 온 애기로 밤새워/ 피리를 부리라.'고 다짐한다. 이 대목에 생전의 어머니가 어떻게 살았는가 하는 점이 암시된다. 즉 '시리던 발목 풀어드리고'라는 구절에 드러나는 바, 여기에는 어머니가 생전에 자식을 위해 얼마나 험난한 길을 걸었을까 하는 딸의 안타까운 심정이 담겨 있다. 생계를 위해 바쁘고 힘겹게 사느라 평소에 모녀지간에 정담을 나눌 기회도 많지 않았을 터이니 저승에 가서야 그 기막힌 한을 풀어 보겠다는 것이다. 이렇게 이 시는 희열과 비애가 교묘하게 교직되어 읽는 이의 가슴에 찡하게 박힌다.

4

한편, 시인이 '깊은 잠'에 들 때 어머니와의 재회를 의식하는 것은 죽음을 끝이 아니라 또 다른 세상으로 이행하는 출발점으로 생각함을 뜻한다. 이는 단적으로 말하면 순환론적 시간관, 또는 불교의 불이사상과 깊은 관련이 있다. 삶과 죽음이 하나의 고리로 엮여 있다면 이승과 저승도 분리된 것이 아니다. 이쪽과 저쪽은 서로 넘나드는 것이요, 끝없이 순환하는 관계일 따름이다. 이런 존재론적 사유와 세계관은 이를테면 '겨울이 안으로 녹아내린다/ 약속으로 가득 찬 生을 안고/ 곧 태어날 생명들의 태동을 느낀다'(「봄 산」)는 계절 감각에서 구체적으로 살필 수 있다. 겨울은 만물에게 죽음을 내리는 '파괴의 아버지'이기만 한 것이 아니라 '곧 태어날 생명들의 태동'이 시작되는 '창조의 아버지'이기도 한 것이다. 이에 따르면 우리는 앞서 살핀 노정분의 이중적이거나 모순적 시간인식에 통합적 의미가 부여되고 있음을 알 수 있다. 이와 같은 순환론적 시간인식으로 세상을 바라보면,

얼어붙은 강물 위에 달무리 진 세월

혼절한 나래 위로
피 묻은 바람이 쓸고 간 뒤
내 꿈속으로
물결소리 가득히 일어
절망도 물갈이하며 새벽을 싣고 솟아오른다

—「새」 부분

고 노래한 대목에 잘 드러나는 것처럼, '얼어붙은 강물'(단절된 시간)이나 '피 묻은 바람'(갈등과 다툼과 폭압과 파괴)도 다만 한 순간일 뿐이다. 그럴수록 새로운 꿈에 부풀고 또 꿈꾸기에 따라서는 '절망도 물갈이'가 되어 비상하는 새처럼 새로운 '새벽을 싣고 솟아오'르는 환희의 순간을 맞이할 수가 있다. 또한 그것은 '억겁을 돌아온/ 숨죽인 잠의 그림자/ 무거운 죄목으로 추방되어도/ 네 눈물은/ 굳은 땅을 녹이는 빛이 된다'(「겨울나기」)는 구절에 암시된 재생에 대한 굳은 신념을 갖게 할 수도 있다. 이러한 시인의 순환론적 시간관은 영생에 대한 믿음, 다시 말하면 영생에 대한 꿈꾸기(이상적 관념) 형태에서 그 절정에 다다른다.

추위에 마음 저려진 산
우주의 자궁 하나를 둥그레 감싸고
탯줄 같은 수로를 눕혀 놓았다

어제를 쓸어대는 가랑잎소리
살짝 고요를 건드린다
까치마저 제 집에 들고
겨울이 밀어붙인 얼음장만
제 몸 갈무리할 뿐

온갖 생명들의 큰 발길질만으로는

냉혹한 저 무거운 문을 허물 수 없어
저들만의 노래와 춤으로
한 세상 열고 있으리라

약속의 시침 문을 두드릴 때
삶은 죽음을 돌아 나와 잎 피우고
산골 소리 목청 틔우면
끊임없이 쏟아내는 젖줄은
마음 넉넉히 출렁이며 멀리 떠나리라.

—「북한강을 찾다」 전문

이 시는 시간과 공간이 복합되고, 이것은 다시 존재론으로 확장되어 교묘하게 짜여 있다. 그만큼 세심한 읽기를 요구한다. 우선 우리가 주의를 기울일 것은 이 시에는 속성상 세 가지의 시간 개념이 깔려 있다는 점이다. 첫째는 일직선 형태로 끝없이 앞으로만 흐르는 과학적 시간 개념이요, 둘째는 사시사철의 순환처럼 봄에서 겨울로, 겨울에서 다시 봄으로 돌아가는 자연적 시간 개념이며, 셋째로는 자연적 시간에 기초한 존재론적 시간으로서 삶과 죽음도 단절이 아니라 순환하는 관계로 사유하는 문학적(또는 관념적) 시간 개념이다. 이렇듯 시에 투영된 시간을 분석적으로 읽으면 세 가지 유형으로 대별되지만, 이것은 개별화되기보다는 서로 넘나들어 시인의 세계관인 '영생의 꿈'을 반영한다.

다음으로 주목할 것은 위와 같은 시간인식이 공간인식과 어우러져 구체화된다는 점이다. 즉 강의 발원과 흐름을 통해 순환하는 시간과 '영생의 꿈'이 접합된다. 좀 더 구체적으로 살피면, 시간적으로는 겨울[無]에서 봄[生]으로 흘러가며, 공간적으로는 '추위에 마음 저려진 산'[停止 상태] 속 '우주의 자궁'[샘; 發源=움직임 상태]에서 태어난 물이 '탯줄 같은 수로'('온갖 생명들'에게 삶의 근원인 물을 공급하므로)를 만들며 흘러간다.

이 공간의 변화과정에 시간이 은밀히 작용하기 때문에 시간과 공간은 융합된다. 또한 이 과정은 물이 수증기로 증발(상승)하여 구름을 형성하고 다시 비로 하강하여 샘의 근원을 이루는 순환에 의해 지속성을 갖는다. 이와 같은 북한강/물의 흐름이 시인에게 '영생의 꿈'에 대한 믿음을 환기한 것으로 풀이된다. 이와 관련하여 또 한 가지 상기할 것은 생명체가 대부분 물로 형성되어 있음을 고려하면 순환하는 물의 영원성을 존재에 부여할 가능성이 더 크게 열리기도 한다는 점이다.

마지막으로 이 시에서 주목할 것은 3연의 '노래와 춤'의 의미와 기능이다. 이는 '온갖 생명들의 큰 발길질만으로는/ 냉혹한 저 무거운 문을 허물 수 없어'라고 하는 것, 즉 생명체의 저항의 행위만이 자신을 억압하는 냉정한 시간의 문에서 벗어날 수 없는 유한성을 보완하는 의미를 갖는다. 왜냐하면 '노래와 춤'은 예술 양식이기 때문이다. "인생은 짧고 예술은 길다."는 말을 통해 짐작하면 왜 이것이 유기체로서의 '온갖 생명'의 유한성을 극복하는 힘으로 작용할 수 있는지 쉽게 이해할 수 있을 것이다. 그러니까 예술 행위는 존재의 육체적(물리적) 차원의 한계를 초월할 수 있는 정신적(관념적) 차원의 노력에 다름 아니다. 따라서 노래의 한 형태인 시 쓰기 역시 존재의 영원성을 획득하는 노력의 일환으로 볼 수 있다.

이렇듯 이 작품은 적어도 세 가지 이상의 시적 사유가 어우러져서 현상적으로 소멸의 종착점에 다다를 수밖에 없는 존재의 가장 간절하고 오래된(영원한) 소망인 '영생의 꿈'을 노래하고 있다. '북한강'은 존재의 이 염원과 꿈을 구체적으로 담아내는 그릇이자, 시간(역사)을 가시적으로 현현하는 상징물이기도 하다. 끊임없이 순환하는 물에 의해 영원히 마르지 않는 강물처럼, 그리고 그 강물 덕으로 피었다 지고 졌다가도 다시 피는—끝없는 순환과 재생을 거듭하는 저 식물계처럼 우리 존재도 그럴 수만 있다면 아마도 사람들이 지금보다는 훨씬 더 유순해지고 여유로워져서 숨쉬기조차도 힘겨운 오늘날의 각박한 사회도 한결 아름다워질 수 있을 것이다.

시인이 시라는 노래를 통해서 영생의 꿈을 구현하기 위해 노력하는 것도 어쩌면 바로 이러한 존재의 사회적 갈망이자 실현의지의 한 표현일 수 있을 것이다. 이는 이 작품의 마지막 연[結]에서 분명히 확인할 수 있다. '약속의 시침 문을 두드릴 때/ 삶은 죽음을 돌아 나와 잎 피우고' 산골물이 노래하며 생명들에게 끊임없이 젖줄을 물리면 '마음 넉넉히 출렁이며 멀리 떠나리라'는 것은, 곧 우리가 서로의(사회적) 약속을 충실히 지키고 서로에게 물과 같은 생명수로 다가갈 수만 있다면 영원성에 이를 가능성이 그만큼 커진다는 것에 대한 다른 표현일 것이다. 물론 그 길은 무지무지 요원하지만, 그러기에 또 결핍에 대해 온몸으로 저항하는 시인된 도리는 더욱 뜨거운 의식의 불을 밝혀야 할 것이다. 노정분 시는 우리에게 이런 사명과 소망을 동시에 일깨워준다.

제3부

전쟁의 기억과 평화의 기원을 아우르는 기념비

—김여정 시집 『미랭이로 가는 길—6·25 연작시』

1

김여정 시인은 시력 40여 년 동안 시집만 12권을 상자할 만큼 활발하게 창작활동을 해왔다. 이제 여기에 『미랭이로 가는 길』이라는 새로운 시집을 한 권 더 보태게 되는데, 이것은 "열세 번째 시집을 6·25 연작시로 묶는다./ 6·25 60주년의 해에 60년 전 '그때'/ 내가 걸었던 길을 다시 걸어 보는// 내 발걸음 앞에/ 우리 모두의 앞길에 전쟁이 아닌/ 평화만 있기를 기도하며"라는 '시인의 말'에 따르면 단순히 13번째라는 의미 이상의 특별한 감회에 의해 태어났다. 이를테면 이 시집은 6·25 발발 60돌을 기념하는 동시에 앞으로는 우리에게 그런 끔찍한 비극이 다시는 되풀이되지 않고 오직 평화로운 세상만 지속되기를 염원하는 시인의 간절한 마음에서 특별히 기획된 것이다.

이렇듯 일종의 기념비적 의미를 띤 이번 시집에는 '전쟁과 평화'라는 상반된 의미를 뼈대로 하여 여기서 부수되는 다양한 의미들이 중층을 이룬다는 점이 주목된다. 예컨대, 서사/서정, 역사/개인사, 과거/미래, 회귀/전망, 파괴/창조, 고통/환희, 현실/이상, 사실/낭만, 경험/환상, 반영/표현,

동적/정적, 세계(타자)/자아, 객관/주관, 부정/긍정, 목적/순수, 붉은색/푸른색 등등 그야말로 보기에 따라서는 매우 많은 의미들이 주로 대립쌍을 이루며 중첩된다. 다시 말하면 동족상잔이라는 엄청난 비극적 현실 앞에서도 꿈을 잃지 않고 나름대로 미래를 위한 창조적 삶을 일구기를 잊지 않았던 한 소녀의 성장기에 관한 일면이 날줄과 씨줄로 촘촘하게 짜여 있다. 이를 통해 전쟁을 직접 겪지 않은 전후 세대들도 전쟁으로 인한 고통이 어느 정도인지 감지할 수 있을 것이다. 시인이 60년 전의 끔찍했던 상흔을 새삼 되새기는 것은 아마도 전후 세대들(특히 요즘 젊은이들)이 바로 이런 간접 경험을 통해서라도 동족상잔의 비극이 다시 일어나지 않게 하고 평화로운 삶의 지속을 위한 노력을 다하기를 바라는 마음이 간절했기 때문이라 생각된다.

이러한 시인의 의지를 다지는 데는 아마도 근래에 불거지는 여러 가지 불안한 정황들이 크게 작용했을 것으로 짐작된다. 예컨대, 친북좌경으로 기울어진 일부 교사들에 의해 어린 학생들이 왜곡된 역사관에 물들어 6·25의 실상을 오해하는 숫자가 점점 늘어날 뿐만 아니라, 천안함 피침 사건과 연평도 포격 사건 등 크고 작은 북한의 파괴행위와 협박 등에 의하면 휴전 상태가 언제 다시 활화산처럼 무서운 전쟁의 포화로 되살아날지 알 수 없는 위기 상황이 시인에게 6·25를 다시 상기하고 그때의 아픈 기억을 시적으로 재생해내고 싶은 충정어린 시정(詩情)을 자극했을 것으로 보인다. 자라나는 세대들의 미래를 책임지며 평생 교직에 몸담았던 시인으로서는 더욱 후세의 평화로운 앞날에 대한 염원이 컸으리라. 그러니까 이번 시집은 시인으로서 갖는 순수한 창조적 표현 욕구뿐만 아니라 끔찍한 전쟁을 겪은 선배로서 후세들의 평화로운 삶의 영위를 위한 교훈적/교육적 의도가 깔린 목적성도 크게 작용하였다는 점에서 이전의 시집들과는 크게 변별된다.

2

6 · 25가 발발한 해가 1950년이라는 점을 의식한 결과인지 이번 시집은 50편의 연작으로 이루어졌다. 이 50편을 개관하면 '1. 1950년 6 · 25의 그때 나는' '꽃다운 열일곱 살이었다'로 시작하여 전쟁의 소용돌이 속에서 겪었던 온갖 다사다난한 체험을 비롯하여 전후 '57년 그때'(「49. 풍랑을 헤치고」)까지의 회상을 주로 표현한 뒤 마지막으로 '60년 길고 긴 세월 지나 다시 미랭이로 간다'(「50. 다시 미랭이로」)는 회귀의지로 마무리하는 구성형식을 취했다. 앞서 잠시 언급한 대로 이 시집은 비극적인 역사의 한 장인 6 · 25동란 때 피난 생활을 통해 겪었던 고통과 그 속에서 나름대로 꿈을 잃지 않은 성장기 소녀의 체험을 서사와 서정이라는 씨줄과 날줄로 교직해 놓았기 때문에 시상의 전개과정은 기본적으로 크게 두 개의 줄기를 형성하고 있다. 즉 전쟁의 비극성을 강조하는 표면적/서사적 줄기와 그 소용돌이를 건너가는 소녀의 내면적/서정적 줄기가 교차하거나 통합하기도 하면서 어느 때는 쓰라린 아픔으로 재생되고 또 어느 때는 아련한 그리움으로 떠오르기도 한다.

그런데 이 시집에서 한 가지 지적할 것은 전쟁에 관한 서사성보다는 개인사적 열망이 더 두드러진다는 점이다. 그것은 '미랭이, 여기가 피난처인가 피안인가'(「10. 미랭이에 들어서다」)라고 반문하는 표현에 드러나듯이 우선 작품에 등장하는 장소가 경남 진주 지방으로서 격전지가 아닌 후방의 피난지인 데다가 주인공이 17~8세의 소녀이기 때문이다. 그래서 작품에서는 격전 장면에 대한 묘사보다는 전쟁의 여파로 인한 피난민들의 고통과 궁핍한 생활상이 주류를 이룬다. 그런 가운데도 시적 화자인 소녀의 눈에 비친 전쟁의 비극상이 때때로 묘사되거나 비판되기도 한다. 그것은 가령,

• 따따따 따따 콩 볶듯/ 폭격기의 폭격소리가 귀청을 찢었다' —「18. 초토화된 고향마을」에서

• 인민군들이 남으로 남으로 처내려와/ 미랭이 골짝도 이제는 조용하지만은 않았다/ 청년동맹원들이 하루에도 몇 번씩 마을을 훑고 다녔다
—「23. 산굴 속 생활」에서

라는 표현에 드러나는 전쟁의 실상과,

• 민족이 다르지 않고/ 맑고 고운 빛깔의 한 핏줄들인데 왜? 왜인가 말이다// 참으로 알 수 없다/ 그래서 이 죽은 시간들이/ 이 저주할 역사적 시간대가 억울하기만 했다
—「14. 저주할 역사의 시간대」에서

• 누구를 위해선가,/ 무엇을 위해선가/ 참으로 원통하고 절통한지고/ 이 좁은 땅에서 한 핏줄끼리 가슴에 총을 대다니/ 자기 땅을 자기가 쑥밭을 만들다니/ 누구를 위한 이념이며 무엇을 위한 사상이란 말인가
—「23. 치솟는 분노의 불길」에서

라는 표현에 드러나는, 한 핏줄 한 민족임에도 불구하고 이념의 차이로 인해 서로 총부리를 겨누고 '자기 땅'을 스스로 '쑥밭'을 만들어 버리는 어리석음에 대해 통절하게 비판하는 인식을 보여주는 대목에서 엿볼 수 있다. 이렇게 시인은 동족상잔의 비극을 도무지 이해할 수 없다고 생각하기 때문에 그 체험이 더욱 큰 아픔으로 다가온다고 한다. 그때의 쓰라린 체험이 시인에게 얼마나 뼈저린 상처로 각인되어 있는지 평생을 꿈속에서도 잊지 못한다고 시인은 다음처럼 표현한다.

• 그러나, 길고 긴 세월 반세기도 훨씬 넘게/ 꿈에서조차 잊혀지지 않고

잊을 수도 없는/ 내 생애 속에서 영원히 정지된 시공간// 미랭이에는/ 아무리 오랜 일월성상(日月星霜)이 흘러도/ 지워지지 않을 원색화가 인각(印刻)되어 있다

—「11. 정지된 시간」에서

• 지금도 꿈속에서 그때 삶은 콩잎에서 끝없이 우러나던/ 그 선홍의 핏빛을 보고 전율하곤 한다// 역사는 흘러도 비극의 핏자국은 지워지지 않고/ 우리의 뼈마디를 쑤시게 한다

—「21. 핏빛 유형의 기억」에서

시인에게 피난지 미랭이에서 겪고 각인된 비극의 핏자국은 길고 긴 세월 동안 꿈에서조차도 잊히지 않는 정지된 시간으로 화석화되었으며, 또 영원히 지워지지 않을 원색화로 인각되었기도 하다. 바꾸어 말하면 그것은 너무나 큰 충격이자 역사적인 사건이었기 때문에 영원히 잊히지 않을 뿐만 아니라 결코 잊어서도 안 되는 것이다. '우리의 뼈마디를 쑤시게 한다'는 표현은 바로 전쟁이 언제나 아픈 기억으로 재생됨을 환기하는 것이자, 뼈에 사무치도록 두고두고 기억해야 할 것임을 나타낸다. 따라서 이 땅에서 그런 끔찍한 비극상이 다시는 일어나지 않아야 함을 강조하는 것이다.

이처럼 동족상잔의 비극상을 고발하고 영원히 잊지 않음으로써 똑같은 비극이 두 번 다시 되풀이되지 않도록 해야 한다는 시인의 인식이 이번 시집의 바탕에 깔려 있는 기본 배경이라고 한다면, 전쟁의 포화 속에서도 한 송이 꽃은 피어나듯이 그 절체절명의 위기에서도 낭만과 꿈꾸기를 잊지 않았던 그 소녀처럼 후세들 역시 어떤 경우에도 좌절하지 않고 미래에 대한 열망을 저버리지 않기를 바라는 시인의 당부가 전경화되어 있다. 말하자면 시인은 어떤 시련 속에서도 낙관적 세계관을 가져야 함을 특히 강조하는 셈이다. 이것은 '연신 콩 볶듯 쏘아대는 난리통에/ 철딱서니 없

게도 부모를 따라가지 않고 내 뒤를 좇아'(「전란통에 나를 좇아온 남자친구」)오던 남자친구에 대한 표현을 통해 드러나는 낭만이라든지, 또

> 내 열일곱의 황금빛 레일은
> 그렇게
> 가운데 부분에서부터 시커멓게 그을렸던 것
>
> 그러나,
> 내 열여덟 살은
> 시커멓게 그을렸던 레일의 그을음을 그냥 둘 수 없지 않은가,
> 피아노 건반을 두들겨대듯
> 반빡반짝 다시 닦아내기 시작했다
>
> 미랭이의 푸른 콩밭을 떠올리며
> 달밤의 바이올린 소리를 떠올리며
> 레일에 엉겨붙은 검정 그을음을 닦아내기에 열중했다
>
> 내 열여덟 감성은
> 그렇게 하늘을 향해 흡반(吸盤)을 열었다
>
> 하늘은 높았다 아스라이
> 세계는 멀었다 아득히
> 희망은 비등(沸騰)했다 찬란히
> 꿈은 투명했다 영롱히
>
> —「32. 레일의 그을음을 닦아내며」 전문

라는 표현에 드러나는, 절망적인 현실에서도 희망과 꿈의 끈을 놓지 않고 전쟁으로 인한 상흔을 떨치고 일어서려고 애를 썼다는 대목에서 확인할 수 있다. 인식의 차원에서 이 시를 분할하면, 전쟁의 포화에 그을린 '내

열일곱의 황금빛 레일'(생의 행로가 절망적임) → 열여덟 살에는 전쟁이라는 파괴의 소용돌이 속에서도 푸르게 자라나던 콩밭(성장/창조)과 달밤에 들려오던 바이올린 소리(예술적 감성/낭만)를 떠올리며 그을음을 닦아냄(상처 치유) → 하늘과 세계(이상/전망)는 높고 멀어도 → 희망은 찬란히 부풀어 오르고 꿈은 영롱하게 빛났다는 것 등으로 크게 구분되는데, 여기서 비극적 현실 속에서도 섬세한 감성으로 미래를 지향했던 시인의 소녀시절의 낙관적 세계인식이 선명하게 드러난다.

어떻게 보면 이 시집의 전체 구조를 압축해 보여주는 듯한 위의 시는 확장하면 사람살이의 한 전형을 나타내는 것이기도 하다. 비록 일상이 끔찍한 전쟁 같은 상황은 아닐지라도 삶의 과정에서는 거의 전쟁에 버금가는 숱한 시련과 위기 상황이 얼마든지 닥칠 수 있음을 부정할 수 없으니까! 특히 조그만 시련에도 쉽게 좌절하고 포기하기 일쑤인 요즘 젊은이에게는 그토록 무시무시한 전쟁의 와중에도 가녀린 한 소녀로서 낙관적 세계관으로 무장하고 미래의 꿈을 실현하기 위해 노력했던 것은 매우 좋은 귀감이 될 수 있다. 전후 세대들이 그와 같은 시인의 충정을 이해하고 6·25의 참상을 잊지 않는다면 이 땅에는 전쟁의 불안감이 사라지고 항상 평화의 밝은 빛이 쏟아질 것이다. 이런 점에서 아주 특별한 의미와 의도로 창작된 이 시집은 일반 시집과는 다른 차원—예술적 상상력이나 미학적 가치 이전에 어느 정도 교훈적 목적성을 염두에 두고 기획된 것임을 고려하고 읽을 때 그 의미가 더욱 분명해지고 나아가서 독자에게도 더 감동적으로 다가갈 수 있음을 간과해서는 안 될 것이다.

꿰뚫어봄과 껴안음

—신달자의 첫 시집 『봉헌문자(奉獻文字)』

1

신달자 시인은 목월 선생을 통해 『현대문학』지에 추천이 완료되면서 시단에 나와 벌써 강산이 세 번이나 바뀌고도 남는 세월 동안 시를 써왔다. 이 기간 동안에 첫 시집 『봉헌문자』를 비롯하여 『겨울축제』·『고향의 물』·『모순의 방』·『아가(雅歌)』·『아가(雅歌)·II』·『새를 보면서』·『시간과의 동행』·『아버지의 빛』·『어머니, 그 삐뚤삐뚤한 글씨』·『열애』 등 11권의 시집을 세상에 내놓았다. 평균 3년에 한 권 꼴로 시집을 출간한 셈이니 시심의 원천이 무척 깊고 또 성실하게 시업을 일구어왔음을 짐작할 수 있다.

신달자 시인이 자신에게 문학적 재능이 숨어 있다는 것을 알게 된 것은 여고 2학년 때라고 한다. 고향인 경남 거창에서 어린 시절을 보내고 고등학교 2학년이 되던 해 봄에 부산 남성여고로 전학한 것이 계기가 되었다. 그해 가을에 진주에서 개최하는 경남 전국백일장에 보낼 학생을 선발하기 위해 학교에서 전교생을 대상으로 백일장을 개최하였는데, 이 때 본선에 출전시킬 학생 3명 중의 한 사람으로 뽑혀 본선에 참가하여 장원 아래

등급인 1등상을 받았다고 한다. 이 경험이 자연인 신달자에게 시인의 싹을 잉태시켰다면, 그 경력으로 숙명여대 국문과에 특기생으로 무시험 입학하여 국문과 교수로 계시던 김남조 선생과 조교로 근무하였던 허영자 선생을 만난 것은 그 싹을 틔운 원동력이 되었다고 한다.

그는 그 두 분을 통해서 자연스럽게 시인이 되는 꿈을 키우게 되면서 많은 습작을 하였는데, 어떤 때에는 한꺼번에 10여 편씩 들고 김남조 선생을 찾아가서 보여드렸다고 한다. 그러면 선생께서는 우선 많은 작품량에 놀라 그것은 있을 수 없는 일이라며 믿으려 하지 않았다는 것이다. 그때는 선생님의 마음을 이해할 수 없었으나 나중에 자신이 선생이 되어 학생들을 가르치면서 그것이 시를 '정교하게 보는 눈'을 갖도록 해주기 위한 배려였음을 깨닫게 되었다고 한다.

그런데 이번에 시인을 만나서 등단 전후에 관해 몇 말씀 나누는 가운데 새로운 사실을 알게 되었다. 『현대문학』에 추천이 완료되기 전에 이미 시단에 이름을 올리고 시인들과의 교유가 있었다고 한다. 즉 숙명여대 4학년 때인 1964년, 전봉건 선생께서 『현대시학』을 창간하기 전에 잠시 발행하던 『여상(女像)』이라는 잡지에 작품을 투고하여 제1회 여류문학상에 당선됨으로써 본격적으로 시업에 매달릴 수밖에 없는 운명 속으로 빠져들었던 것이다. 이런 점에서 본인은 우연한 기회였다고 하지만 박목월 선생을 만나고 그분의 가르침을 받게 된 것이 결코 우연이 아니었으리라 생각된다.

신달자 시인에게 목월 선생은 문학적 대부로서 아버지 같은 분이었다고 한다. 사모님의 눈총을 받아가면서도 그분의 댁을 열심히 드나들며 시 공부를 한 덕분에 시에 대한 새로운 눈을 뜨게 되었고, 결국 『현대문학』지로 다시 등단할 수 있는 기회도 얻게 되었다. 문학적으로 방황하던 시기에 목월 선생께서 갈 길을 인도해 주셨기에 그분에 대해 항상 감사한 마음을 갖고 있다고 한다.

2

『봉헌문자』는 1973년 11월에 출간되었다. 자연인 신달자를 시인으로 거듭나게 해준 두 사람 중의 한 분인 김남조 선생은 '평생 문자를 받들면서 살라'는 뜻으로 시집제목을 '봉헌문자'로 정해주었고, 박목월 선생은 직접 서문을 써서 앞날의 축복을 빌어 주었다. 흔히 등단기의 처녀작이나 첫 시집은 말 그대로 처음으로 자신의 시적 역량을 세상에 내놓고 검정받는 기회가 되기 때문에 시인 자신에게는 한없이 설레고도 부끄러운 마음을 갖게 하지만 독자들에게는 그 시인의 시적 특성과 앞길을 가늠해 볼 수 있게 하는 것이어서 무척 소중하다. 그만큼 등단작품이나 첫 시집에는 작가의 열정과 혼신의 노력이 배어 있기도 하다.

『현대문학』에 추천되는 과정에서 신달자 시인을 지켜본 목월 선생은 시집 서문에서 그의 시인됨을 통해서 그 장래를 내다보았다. 그는 신달자 시인의 인간적 매력을 건강과 성실성에서 찾아 "신달자는 그의 성실이 그를 아름답게 성숙시켜 줄 것이며, 그의 건강성이 그를 훤칠하게 성장시켜 줄 것"이라고 전망하였다. 아직 벌거숭이 신인에 지나지 않았던 그의 미래를 이렇게 확신하게 된 까닭은, 시란 "성실한 삶의 표현"이자 "인간 생활의 일면적인 것보다 전면적인 그것일수록 바람직한 것임에 틀림없다."고 볼 때 그의 시가 그런 모습에 가까이 다가서 있기 때문이라는 것이다.

이렇듯 목월 선생은 신달자 시인의 인간됨과 작품을 상관적으로 바라보고 그 앞날의 대성을 내다보았는데, 30여 년의 세월이 지난 오늘에 만약 목월 선생이 살아 있다면 아마도 그 때의 자기 가늠이 딱 들어맞았노라고 너털웃음을 웃으시지 않을까 생각된다. 우선 10권의 시집이 말해주듯이 시에 대한 헌신과 성실성이 돋보인다는 점, 그리고 전체 시집을 개관할 때 무엇보다도 늘 새로운 세계를 탐색하고자 하는 건강하고도 치열한 시 의식을 갖고 있다는 점에서 그렇다. 신달자 시인에게서 이러한 싹을 발견하게 만든 작품 중의 한 편인 「발」 연작을 읽어보면 목월 선생의 말에 머리를 끄덕이게 된다.

기성품을 샀다.
누굴 위해 만들어진지도 모르는 것에
순응하는
발

누구를 위해 마련된지도 모르는 길을
나의 집도 아닌
집으로
익숙하게 돌아가는
발

스스로를
헌신하여
상실되는
회수할 길 없는 흔적을 남기며

나의 방도 아닌
안개서린 숲으로
고단한 몸을 옮기는
발

언제나 그것은 전진하나
차단된 상황에

허무의 거미줄을 친다,
부단히 치면서 그 줄위를 걷는
발

지나간 시간의 흔적을 밟으며
집에 이르면
한평짜리 현관옆에
언제쯤 결별할 지도 모르는
신발을

소중하게 벗어놓는
숙명의
발

그것은 봉사의 섭리로
어느 곳이든
말없이 질주한다.

—「발 · I」 전문

신달자 시인이 『현대문학』에 추천을 받게 된 작품이기에 좀 길지만 굳이 전문을 인용하였다. 목월 선생은 서문에서 「발」 연작을 살펴 "그는 사치적 제도나 윤리 그것에 대한 반발이나 관심보다는 '아픔의 침묵 속에/ 헌신하는/ 발의 진실을'(「발 · II」) 우리에게 계시"하고, "한결 높은 차원을 인간생활의 본질적인 그것에 밀착"하여, "폭넓은 인간적 공감을 우리에게 환기시켜 주는 것이다. 그러므로 '어느 곳이든 봉사의 섭리로 말없이 질주하는' 한 인간의 지극히 성실한 생활과 이미지에서 우리는 깊은 감명을 받게 된다."고 신달자 시인의 인간과 작품의 특성을 아울러 평가하고 있다. 인간으로서의 성실성이 그대로 작품의 이미지로 잘 형상화되어 있다는 것이다. 그러니까 목월 선생은 신달자에게서 사소하고 평범한 것으로부터 인간생활의 본질과 진실을 발견하여 높은 차원으로 승화시킬 줄 아는 시적 안목과 솜씨가 있음을 간파한 셈이다.

이 작품에 여실히 드러나고 있듯이 신달자 시의 가장 큰 특질은 편견 없는 눈으로 세상을 통찰하는 깊은 사유와 포용력을 갖고 있다는 점이다. 이는 세계를 모순투성이로 인식하는 동시에 그 자체가 곧 진실일 수도 있다는 생각에서 그 전체를 조망하려는 태도를 통해서 잘 드러난다. 가령, 그것은 '나의 집도 아닌/ 집으로/ 익숙하게 돌아가는/ 발'이라든지, '스스로를/ 헌신하여/ 상실되는/ 회수할 길 없는 흔적을 남기며', 또는 '언제나 그것은 전진하나/ 차단된 상황에/ 허무의 거미줄을 친다'는 등의 표현에 잘 드러난다. 이와 같은 모순된 세계에 대한 통찰과 포용력은,

① 사랑과
사랑이 아닌 것을
눈물과
눈물이 아닌 것을
절망과
절망이 아닌 것을 거느리고
새벽길을 걷는다

—「새벽 산책」 부분

② 들에는
오곡이
우리집엔
예쁜 딸이
제 나이 넘치게
무르익는다.

(중략)

산에는
나무
우리집엔
할머니가
하나 둘
잎을
떨구고 있다.

—「秋景 · II」 부분

③ 집안을 정리하면
버리기 아까운
폐물이 나온다.

폐물은
폐물대로 소중한 것

여러 잡동사니
버리지 않고 넣어두는
나의 다락방
나의 머릿속에도
이런 방은 있다.

—「다락방」 부분

등에서 보이는 것처럼 다양하게 변주된다. 여기서 ①사랑과 사랑 아닌 것, 또는 절망과 절망 아닌 것을 함께 거느리고 새벽길을 걷는다는 것이나, ②들의 오곡과 우리집의 예쁜 딸이 제 나이 넘치게 무르익는 것을 보면서 산의 나무와 우리집의 할머니가 하나 둘 잎을 떨구는 것을 생각하는 것은 바로 ③'폐물은 폐물대로 소중한 것'이라고 생각하는 시인의 세계와 존재 인식에서 비롯된 것이다. 세상의 어떤 존재이든 모두 그 나름대로 존엄성과 가치가 있는 것이기에 함부로 버릴 수 없다는 생각과 가치관이 바로 세계의 전체상을 통찰할 수 있는 눈과 포용력을 갖게 하는 것이다. 세계의 본질이나 진실을 발견하기 위해서는 편견을 버리고 현상 전체와 그 이면까지 깊이 꿰뚫어볼 수 있는 깊은 사유와 그윽한 눈이 필요하다면, 신달자 시인은 젊은 나이에 이미 그런 마음과 눈을 간직하고 있었음을 위의 시편들이 일러준다.

일찍이 목월 선생께서 간파한 신달자 시인의 건강성과 성실성을 우리는 여기서 수긍할 수 있다. 다시 말해서 긍정적인 눈으로 세계를 통찰하면서 어느 한쪽으로 기울어지지 않고 있는 그대로를 포용하려고 하는 건강성, 또는 세계의 본질과 진실을 발견하려고 마음의 눈을 크게 뜨고 세계의 곳곳을 파고드는 성실성을 우리는 시집 도처에서 발견할 수 있다. 「빨래」라는 작품은 좀 더 구체적이고도 강력하게 우리를 그런 인식으로 끌어들인다.

지극히 평범한 주부의 일상사 중의 하나인 빨래하는 일과 마음의 정화를 중첩시킨 이 작품의 묘미는 시작과 끝의 변화를 통해서 드러난다. 도입부의 '家內/ 붙일 곳 없는/ 마음.', 즉 방황하던 마음이 빨래하는 과정을 거친 다음에 '빨래줄에 걸쳐진/ 그녀의 방황은/ 증발한다.'고 한 대목이 바로 그것이다. 이 작품에 형상화된, 때 묻은 옷가지를 깨끗하게 빨면서 마음의 찌꺼기도 함께 정화하고 결국 평상심으로 돌아가는 주부의 일상을 통해서 우리는 건강하고 성실한 삶의 의미를 되짚어볼 수 있다.

한편, 신달자 시인의 건강하고 성실한 자세는 그리움이나 탐색 이미지를 통해서도 엿볼 수 있다. 이는 발의 이미지에 직접 드러나기도 한다. 즉 발이 이동·여행·탐색·지탱·바탕·시초·노고·시련·성실·

봉사・헌신 등등의 다양한 이미지를 갖는 것으로 풀이해 보면 그의 첫 시집이 '발'의 이미지로부터 열린다고 하는 것은 암시하는 바가 크다. 이를테면 그는 세계에 드리워진 진실(정체성)에 목말라하고(그리움) 그것을 탐색하는 일이 시적 여정의 하나임을 감지하고 있었던 것이다.

언제나
맞는 신발을 찾아 헤매는
환상의
발

구름속으로
바람속으로
빛속으로
나의 기둥을 찾아 나선다.

—「발・III」 부분

제 발에 '맞는 신발'과 '나의 기둥'은 자신이 탐색하고 도달하려는 이상 세계를 나타낸다고 할 수 있다. 그러면서도 제게 '맞는 신발'이 자기에게 걸맞은 외적 조건으로서 자신을 편안하게 해줄 수 있는 요소라면, '나의 기둥'은 자기중심이나 정체성으로서 자기 내적 조건을 나타내는 동시에 자아를 이상적 존재로 완성해줄 협조자로도 볼 수 있다. 그러니까 이는 스스로 도달하고자 하는 진정한 자아의 내외적 조건을 나타낸다. 그래서 시인은 그 정체를 찾아 헤매거나 찾아 나서며, 그런 의문에 빠지게 하는 근원이 무엇인지 궁금하여 '아 누구인가/ 꽁꽁 묶어 감추었던/ 열길 그 속마음까지 열게 하는 이는'(「그리움」) 누구일까 자문해보는가 하면, 직접 '손을 내어 밀어도 잡히지 않는/ 너를 향하여/ 길이 들지 않는 말을 타고/ 달려가'(「잠자는 시계」)기도 하고, 또 어느 때에는 '며칠을 몸 숨겨/

새롭게 당신을 그리워하고 싶다./ 손바닥 위에 마주 서서/ 도무지 잘 보이지 않는 우리/ 나 혼자 뛰어내려/ 우러러 당신을 생각하고 싶다.'(「우리 둘 사이」)는 소망을 갖기도 한다.

그러나 '언제나 신발을 찾아 헤매는 환상의 발', 또는 '구름속으로 바람속으로 빛속으로 찾아 나선다'는 표현에서 드러나듯이 그 대상이나 경지에 이르는 길은 간단치가 않다. 인간 존재라는 것, 또는 그 삶이 무척 복잡다단한 의미를 띠듯이 그 진정한 의미에 이르는 길 역시 멀고 험할 수밖에 없는 것은 정한 이치이다. 그 까닭은 시인(우리)이 추구하는 세계가 '아무리/ 달려가도/ 좁혀지지 않는/ 거리'(「잠자는 시계」)처럼 도저히 닿을 수 없는 어떤 절대의 대상이나 경지이기 때문이기도 하지만, 한편으로는

언제나
시작에서
길을 잃는다.

일보의 앞도
보이지 않는 길
방황하며 더듬거리며
내 마음 같은 곳을 찾아서
걸어간다.
내 마음 같은
갈래갈래 엇갈린 길

(중략)

가도 가도
그 자리
엉거주춤 서성이고 있네.

—「미로」 부분

에서 보듯이 거기에 이르는 길이 일보의 앞도 보이지 않는 미로인 동시에 내 마음 역시 갈래갈래 분열되어 혼돈 속에 방황하고 있어서 아예 시작에서부터 길을 잃거나 가도 가도 그 자리에서 엉거주춤 서성이고 있을 수밖에 없는 존재이기 때문이기도 하다. 그러니까 그가 도달하고자 하는 세계가 어떤 절대적이고 높은 경지라면 거기에 도달하고 싶은 의지를 불태우는 자아는 상대적으로 너무나 미약하고 유한한 존재라는 것을 시인은 함께 깨닫고 있는 셈이다.

세계와 자아에 대한 갈등은 시인에게 더욱 깊은 환상이나 그리움에 젖게 하고, 또 그로 인하여 방황과 고뇌와 외로움을 안고 삶의 가파른 길을 올라가게도 만든다. 이를테면 그것은 '나는 당신에게/ 한 마리 새였다.// 말은 못하고 울기만 하는/ 아무도 몰라주는/ 구슬픈 새'(「새」)로서 당신과의 합일을 이루지 못한 채 '슬피 슬피/ 울어대는' 비극적 존재라는 인식을 갖고, '아무 것도 없고 이것 하나뿐/ 환상의 바다를/ 내 마음에' 불러들여 '환상으로 짜여진 벽이며 창은/ 매혹으로 이끄는/ 그윽한 수궁'에서 '아/ 음악속에 풀려나듯/ 이렇게 충만한 황홀'을 잠시 맛보기도 하지만, 결국에는 그것이 환상 이상의 아무 것도 아니듯이

그 뒤에 어리는
하얀 수증기 같은
외로움
번져오는 공허를
불사르며
나는 잠 못 이루는 먼 항해를 한다.

—「환상의 방」 부분

는 고독한 존재인식으로 귀결되는 점에 잘 드러난다. 이렇듯 인간에게 꿈(환상, 그리움)은 자아를 한 단계 높은 차원으로 상승하게 하는 근원이 되기도 하지만, 동시에 그것은 존재를 고난의 역정으로 내몰아 끝없는 방황과 외로움과 공허함 속에 불면의 밤을 지새우는 요인이 되기도 한다.

일찍이 어떤 철학자는 인간 존재를 하늘[聖]로 높이 상승할 수도 있고 그 반대로 땅[俗]으로 추락할 수도 있다고 보아 중간자로 규정한 바 있다. 그는 이것을 공중에 매달려 집을 짓는 거미를 통해서 암시 받았다고 한다. 제 분수에 맞는 소박한 욕망이나 꿈은 이루어지기 쉬운 반면에 분에 넘치는 허욕이나 망상은 자신을 절망의 나락으로 전락시키기 십상이라는 점을 생각하면, 키에르케고르가 거미줄에 매달린 거미로부터 암시를 받아 인간을 중간자적 존재로 규정한 것을 이해할 수 있을 것이다. 다음 시는 문득 그런 인간의 양면성을 생각하게 한다.

오늘 도마 위에
내다버린 욕망이 와서 눕고
진정한 칼을 기다린다.
진정한 칼을 갈기 위해
다시 절망하는 나의 몸부림

純銀의 철사줄에
거미 한 마리
집을 짓는다.

—「단 한 번의 과오를」 부분

이 시는 많은 것을 생각하게 한다. 버려도 버려도 온전히 버리기 어려운 것이 욕망이라는 점, 그리고 욕망이라는 것이 무조건 버려야 할 것만은 아니고 진정한 칼로 어떻게 요리를 하느냐에 따라 쓸모가 있을 수 있다는 점, 또한 진정한 칼을 갈기가 여간 쉽지 않다는 점 등이 그것이다. 그래서 시인은 진정한 칼을 갈기 위해 절망의 몸부림(시련)을 반복하는 순간에 '순은의 철사줄에' 집을 짓는 거미 한 마리를 발견한다. 아니, 거미를 통하여 자아를 성찰한다. 다시 말해서 거미가 거미줄에 매달려 아슬아슬 집을 짓고 삶을 영위하듯이 욕망과 절망 사이에서 몸부림치며 진정한 존재의 집을 지으려는 자아 역시 거미와 다를 바 없음을 인식한다.

신달자 시인이 세계와 자아의 정체성 탐색 여로에서 발견한 거미, 또는 중간자이자 양면성(또는 복합성)을 지닌 불완전한 존재로서의 인간에 대한 인식은 한층 겸허한 자세를 갖게 한다. 제 노력의 여하에 따라 상승할 수도 있고 절망할 수도 있는 것이 인간이라면 겸허한 마음과 성실한 노력은 필수적인 것이 아닐 수 없는데, 원고지를 '나의 땅'으로 생각하고 글 쓰는 행위를 삶에 비유하여 형상화한 다음 시에서 그러한 자세를 엿볼 수 있다.

> 나의 살을 태우던
> 검은 연기
> 빗방울이 되어 이 땅을 적시고
>
> 완전히 내게로 돌아왔을 때
> 보이는 하늘
> 그 하늘이 만드시는
> 기름진 玉土
>
> 이 땅에 서면
> 무엇이든 나는 반성한다.
>
> —「이 땅에서 나는」 부분

위에서 우리는 세 가지 핵심을 추출할 수 있다. 첫째, '나의 살을 태우던 검은 연기'가 '빗방울이 되어 이 땅을 적시'는 것을 소신공양(燒身供養)의 불교적 이미지로 읽으면 온 몸과 영혼을 불태워(바쳐) 쓰는 글은 이 땅에 생명수의 구실을 할 수 있다는 것이다. 둘째, '완전히 내게로 돌아왔을 때 보이는 하늘'에서는 자기 정체성을 찾는 일과 이상향의 도래가 한 고리로 연결되어 있다는 인식이 드러난다. 셋째, 이 땅(원고지) 앞에 서면 '무엇이든 나는 반성한다.'는 구절에서는 글쓰기란 근본적으로 자기반성의 한 과정이라는 관점이 드러난다. 이와 같은 세 가지 핵심을 역순으로 연결 고리를 만들어 보면 끝없는 반성을 통하여 자기 정체성에 이르러 혼신으로 글을 쓸 때 하늘과 같은 경지에 이를 수 있으며, 그 하늘에 의해 이 땅에 '기름진 옥토'가 도래하게 된다는 맥락으로 재구성될 수 있다.

여기에 이르면 젊은 시절에 신달자 시인의 삶과 문학에 대한 인식이 어떠했는지 대강은 짐작할 수 있다. 그에게 있어서 시를 쓰는 일은 일차적으로는 진정한 자기를 찾는 일이며 이차적으로는 이를 통해서 바람직한 세계를 만드는 한 방편이 된다. 다소 거창하게 말해서 시인의 사명은 자아와 세계의 정체성을 찾아서 '하늘이 만드시는 기름진 옥토'로서의 이상향을 이 땅에 건설하는 일이 되는 셈이다.

이러한 그의 관점을 이해할 때 우리는 목월 선생이 그의 작품을 두고 "그는 사치적 제도나 윤리 그것에 대한 반발이나 관심보다는 … 한결 높은 차원을 인간생활의 본질적인 그것에 밀착"하여, "폭넓은 인간적 공감을 우리에게 환기시켜 주는 것"으로 평가한 이유를 깨닫게 된다. 아직 제 갈 길을 제대로 가늠하기 어려운 신인 시절에 이미 그는 존재와 문학(시)이 가야 할 길이 어떠해야 하는가, 그 높은 차원의 물음을 마음에 담고 그것을 풀어나가는 데 시적 역량과 노력을 바칠 만큼 그는 조숙해 있었던 것이다.

3

"시란 질투 많은 애인 같아요."

신달자의 첫 시집 『봉헌문자』가 내게 없어 그것을 받을 겸 잠시 뵙는 자리에서 건넨 첫 말씀이었다. 무슨 뜻인가 내가 잠시 멈칫 하는 순간 선생님께서 말씀을 잇는다. 시라는 것은 다른 것에 곁눈질을 하면 잘 찾아오지 않기 때문에 마치 질투가 많은 애인 같다는 것이다. 널리 알려져 있다시피 선생님께서는 시뿐만 아니라 맛깔스런 수필도 적잖이 쓰셔서 많은 사람들의 사랑을 받고 있다. 그런데 선생님께서는 그것을 '외도'라 하면서 다른 것에 관심을 가지면 시가 잘 안 된다는 것을 절실히 알게 되었다는 것이다. 그래서 이제는 오로지 시만 생각하면서 시 쓰기에 전념하겠다는 요지의 말씀을 내게 강조하신다.

'아, 그렇구나.' 내 경험을 통해서 봐도 확실히 잡다한 일에 얽매이면 시가 나오지 않는다. 어쩌다가 시로 들어가는 문이 열려 집중적으로 매달리면 여러 편이 한꺼번에 나오기도 하지만 다른 일로 바빠서 시에서 멀어지면 몇 달이고 한 줄도 나오지 않는데 다 그만한 이유가 있었던 것이다. 흔히 좋은 시는 동심처럼 깨끗한 마음으로 돌아갈 때 이루어진다고 하는 까닭도 조금은 이해가 될 듯하다. 다른 일도 그렇겠지만 특히 시는 순수와 정성과 성실성이 있어야 되는 것이라는 사실을 선생님을 통해서 새삼스레 느꼈다.

오랜만에 선생님을 뵙고 이런 저런 말씀을 나누고 돌아오는 길에도 '시란 질투 많은 애인 같다.'는 상쾌한 비유가 오랜 동안 머릿속을 떠나지 않았다. 토라지기 잘 하는 시를 끝까지 붙잡기 위해서는 그것에 전념하는 길밖에 없다는 선생님 마음이 뒤숭숭한 장마 끝에 청량한 바람처럼 내 몸으로 스며들었다.

존재에 대한 치열한 성찰과 회의(懷疑)
—문충성 시집 『빈 길』

1

시집 날개에 적힌 약력에 따르면, 문충성 시인은 지난해에 고희를 맞았고 시력(詩歷) 32년이 된 시단의 원로이며, 이번 시집 『빈 길』 까지 무려 19권의 시집을 출간함으로써 평균 잡아 거의 2년이 멀다하고 한 권씩 시집을 세상에 바쳐왔다. 그리하여 그는 시적 상상력이 무궁무진해서 그의 시심과 손길이 닿으면 뭐든지 어엿한 시로 태어나게 할 수 있는 창조적 능력이 무한한 시인이라는 생각이 절로 든다. 필자는 지금까지 펴낸 많은 시집들을 일일이 살펴보지 못해 그의 전체 시력 과정이나 특성을 뭐라 말할 수 없는 처지이기는 하지만, 이번 시집의 제목과 '자서(自序)', 그리고 무엇보다도 구체적인 작품들을 통해서 보면 『빈 길』에서는 삶의 과정에 대한 성찰과 평가적인 의미를 담은 작품들이 퍽 많은 것으로 파악된다.

그러고 보면 이번 시집의 첫 장에 내세운 작품을 자기성찰의 빛깔이 강한 「하얗게」로 선택한 것도 우연한 일이 아닌 듯하다. 시집에 수록된 첫 작품은 독자들이 가장 먼저 만나는 것이자 그 시집의 얼굴 격이 되는 것이기 때문에 작품 배열 과정에서 시인이 가장 많이 고심한 결과물이다.

그래서 시인들은 대체로 가장 마음에 드는 작품을 머리에 배치하게 되는데, 이로 본다면 이 작품을 통해서 문충성 시의 내밀한 의미에 도달하는 열쇠를 마련하는 것도 의미 있는 방법이 될 성싶다. 이를 위해 먼저 작품을 인용해보면 이렇다.

> 절대로 안 변할 줄 알았어요
> 세월은 보랏빛
> 내 꿈을
> 하얗게
>
> 만들었어요
> 죽음의 빛까지
> 하얗게
>
> 모두
> 없어졌어요
> 꿈까지도
>
> 변할 게 없지요 그러나
> 절대로 안 변하는 줄 알았어요 나는

—「하얗게」 전문

이 시에는 『빈 길』의 특성을 대변한다고 해도 부족함이 없을 정도로 시인이 지닌 근래의 시적 사유나 존재에 대한 소회가 잔잔하게 파문(波紋)지고 있다. 파문의 속을 좀 더 자세히 들여다보면 형식과 내용이 잘 어우러져서 아름다운 결을 보여주는데 그것을 구체적으로 풀어보면 이렇다.

우선 형식을 따지면, 4연의 자유시 형태인 이 시는 4행연으로 시작하여 2행연으로 마무리됨으로써 변화하고 소멸해가는 존재의식이 형식화되어 있다. 그리고 이것은 다시 대조법을 통하여 강조된다. 즉 시인은 생성-변화-소멸의 과정을 주도하는 세월의 구속에서 벗어날 수 없는 존재의 속성을 '보랏빛 내 꿈'과 하얀 '죽음'으로 대비하고, 또 '절대로 안 변할 할 줄 알았'던 순진/무지했던 자아와 '죽음의 빛까지 하얗게' 만들고 결국에는 '꿈까지도' '모두 없어'지게 하여 더 이상 '변할 게 없'도록 만드는 것이 '세월'이라는 사실을 깨닫는 경험적/지혜로운 자아를 대비하여 존재의 무상감을 강화한다. 이렇듯 시인은 내용을 형식화하고 형식을 내용화하여 주제를 매우 효과적으로 표현하였다.

그런데 우리는 이 시를 좀 더 세심하게 읽을 필요가 있다. 그것은 첫째로 '하얗게'라는 시어와 '절대 안 변할/변하는 줄 알았어요'라고 하는 구절에 담긴 함축적 의미가 더 넓은 상상력을 유도하기 때문이다. 또한 필자는 이 두 경우를 확장해서 접근하면 이번 시집에서 시인이 추구한 작품들의 내밀한 의미, 또는 최근에 시인이 느끼는 존재인식의 실체를 만날 수 있다고 보기 때문이다. 이 두 구절에 담긴 함축적 의미를 풀어보면 다음과 같다.

첫째, '하얗게'라는 시어는 여기서 표층적으로는 생성[有]에 대비되는 소멸[無]의 의미가 강하지만, 심층적 의미로 보자면 순수성 · 원시성 · 진공 · 원점 등등을 동시에 거느려 궁극적으로는 새로운 출발의 가능성을 내포한다는 점을 간과할 수 없다. 그러니까 시인은 존재의 끝을 생각하는 동시에 어떤 형태로든 새로운 출발의 가능성을 믿기도 한다. 둘째, '절대 안 변할/변하는 줄 알았어요'라는 수미상관의 반복을 통해 강조하는 구절에는 무지 · 착각 · 성찰 · 반성 · 뒤늦은 깨달음 · 놀람 · 인정함/인정하기 싫음 · 회한 · 무상 등등의 의미가 함축되어 있어 황혼기에 든 존재인식이란 것이 얼마나 복잡한 심사로 물들게 하는가를 절실히 엿보게 한다는 점이다. 이렇듯 한 세상 살면서 느끼는 소회가 인생이란 한없이 복잡다단하여 오만 생각을 갖게 한다는 것은, 결국 인생이라는 것은 도무지 알 수 없는 것이요, 그러니까 생각하기에 따라서는 얼마든지 다양한 의미로 받아들일 수 있음을 뜻한다. 시인은 뭐라고 딱히 분명하게 규정하기 어려운 것이 바로 인생사라는 것을 심각하고도 절실하게 생각한다. 그래서 그는 존재에 대해 끊임없이 회의하고 탐문하는 자세를 늦추지 않는다.

2

시집 『빈 길』에 두드러진 문충성 시의 빛깔을 존재에 대한 치열한 탐색과 심각한 회의로 규정할 수 있는 구체적인 근거는 무엇보다도 시집의 도처에서 발견되는 의문형(설의법 포함) 종결어미를 통해서 확인할 수 있다. 의문형 종결의미로 이루어진 구절들을 집약하면 그 이면에는 '참으로 알기 어려운 인간 존재'라는 인식이 깔려 있는데, 이런 유형이 다양하고도 빈번하게 시집에 등장하는 것을 보면 시인에게 그것이 얼마나 절실한 문제로 다가오는지 짐작할 수 있다. 가령, 무작위로 시집 앞에서부터 몇몇 해당 구절들을 뽑아 제시하면 다음과 같다.

① 벙어리/ 칼 가는 할아버지 이름없이/ 말없이/ 시시한 토씨들 털어내고/ 시퍼렇게 날을 세웠다/ 이제/ 캄캄한 어두움도 싹둑싹둑/ 잘라낼 수 있을까 이 칼로/ ……/ 잘라낼 수 있을까 그러나 녹슨 칼로/ 이것저것 다 잘라내다 보니 내겐/ 잘라낼 아무 것도 남아 있지 않구나/ …… / 내 가슴 속 깊은 곳에서 졸졸/ 따라다니던 그림자일까/ 울고 있는 것은 무엇일까 아아!/ 내 죽음 잘라낼 칼을 갈까/ 스스로 칼 가는 법 익히며/ 칼을 간다 마침내/ 법을 버리고/ 시퍼런 한 자루/ 칼이 되는 날 새하얗게/ 이승과 저승 하늘 베어낼 수 있을까

—「시 2」 부분

② 나는 여기 있고 너는 저기 있고/ 허나 우리는 천민이다/ 광대다/ 어디/ 광대 아닌 사람 있나? —「나는 여기 있고 너는 저기 있고
—영화 '왕의 남자'를 보며」 부분

③ 아직 무지개는 잠 속에 있습니까/ 그 잠 속엔 그러니까 내 유년의 그림자들 잠자고 있습니까/……// ……/ 얼마나 많은 나날들/ 잠 속에 파묻었습니까// ……/ 살기 위해 일해야 합니까/ 죽기 위해서 없는 신 섬겨야 합니까// …… 이마/ 위로 뜹니까/ 한 무지개/ 머리칼 날리며

—「나날들」 부분

④ 다들 멋지다 했다 새집 지어 집들이할 때/ 처음 왕대나무들 심었을 때/ 10년 전 이야기/ 이젠/ 놀러오는 이들 아무 있을까
—「세 그루 말라죽은 왕대나무」 부분

⑤ 아무리 열려 애쓰지만 문은 열리지 않습니까// 바깥세상은 아무리 생각해 봐도 캄캄합니까 언제나// 환한 안 세상에서 울고 있습니까 나는// ……// 결코 배고파 우는 게 아닙니까// 닫혀 있습니까 문은 아무리 열려 애쓰지만// 반세기 동안 그리운 녀석들 먼저 열고 갔습니까// 그것은 내 죽음들이었습니까 생각해보면 곰곰이
—「앞문에서」 부분

의문형 구절이 나오는 작품을 시집 앞쪽에서부터 차례로 다섯 개만 인용해보았다. 사실 이런 형태가 들어 있는 작품은 일일이 나열하기 어려울 정도로 많다. 시집에 수록된 총 67편 가운데 무려 33편에 한 번 이상 그런 구절이 나와 거의 절반에 육박할 정도이니 그 빈도가 얼마나 높은지 수치로도 직접 확인할 수 있다. 이렇게 문충성 시에는 의문형 종결어미를 취한 구절들이 유난히 많이 나오는데, "문체는 곧 그 사람"(뷔퐁), 또는 "문체란 바로 정신의 외모"(쇼펜하우어)라고 하듯이, 한 시인의 시집에서 특정 문체가 아주 높은 빈도를 보인다는 것은 의식적이든 무의식적이든 간에 결코 우연한 결과가 아니다.

그렇다면 문충성 시인의 시의식, 또는 존재인식 속에는 왜 이토록 도저한 의문(自問, 反問, 設疑 등)이 용솟음치고 있을까? 우리는 그 답의 한 실마리가 될 만한 끈을 시집의 '자서'-체험적 진술에서 찾을 수도 있다. 즉 "이토록 오래 살았는데 아직도 빈손"/"별로 오래 살았다는 생각이 절실히 들지 않는다"⇒동일한 삶의 시간에 대한 대조적 인식, "처음에 나는 만물을 내 나름대로 사랑하며, 그 사랑을 노래하고 싶었다."/"사랑하는 것이 살아갈수록 이토록 어려운 일인 줄 몰랐다. 고희를 맞으며 이제 나는 사랑을 향한 미움의 노래를 그만 부르고 싶어졌다."⇒이상과 현실의 괴리 인식, "시시한 일이지만"/"이 깨달음을 얻어내는 데, 반백년이 걸렸다." ⇒시시한 일과 반백년(인생 대부분을 차지하는 시간)이 걸릴 정도로 어려운 문제라는 모순된 인식 등을 통해서 우리는 존재에 대한 그의 판단—참으로 복잡 미묘하다는 인식을 엿볼 수 있다. 그래서 그는 이러한 존재에 대해 끊임없이 성찰하면서 그 진정한 의미를 찾기 위해 회의하고 반문하는 일에 골몰한다.

그런데 참으로 알기 어려운 것이 인생이라는 답답한 심정보다 더 답답한 노릇은 그런 치열한 회의와 물음을 통해 깨달은 것이 기껏 "그렇구나! 사람이 무엇을, 누구를 사랑하며 사람으로 산다는 것이 참으로 어려운 일이구나!/ 빈 길이나 만들며."라고 결론을 맺듯이, '사랑'하는 일이 곧 '사람으로 산다는 것'인데 그 사람노릇이 참으로 어려워 결과적으로는 고뇌와 고통과 허망('빈 길')밖에 남는 게 없다는 점이다. 이러한 고통스러운 회의는 위에 인용한 구절들에서 매우 구체적으로 표현되어 있다. 예컨대, 시인은 ①에서 칼 가는 할아버지를 통해 시인으로서 시를 쓰는 의미를 성찰하면서 그것을 통해 무한한 자유와 영원한 존재에 이를 수 있을까를 반문한다.(이런 메타시가 몇 편 더 있는데 대체로 부정적 인식이 바탕에 깔려 있으며, 이를 통해 그는 시의 위의가 전락하는 세태를 꼬집는다.)

②에서는 광대(천민)와 양반의 구별에 대해 부조리하다는 인식을, ③에서는 유년의 꿈과 좌절 그리고 일(형이하학)과 신앙심(형이상학) 등 살면서 부딪히는 여러 가지 문제에 대한 의문을, ④에서는 세월의 흐름과 인심의 변화를, 그리고 ⑤에서는 현상 너머의 세계인 피안에 들기를 열망하지만 그것은 죽음이 아닌 현실에서는 불가능하다는 인식을 보여준다. 여기에 거론한 것만 보아도 알 수 있듯이 시인은 시나 시 쓰기에 대한 성찰에서부터 계층과 차별인식, 이상과 실제, 실존과 神, 세태 변화, 현실과 피안 등에 이르기까지 실로 다양한 문제를 시로 형상화해낸다.

이뿐만 아니다. 이번 시집에는 '그대 그리움에 불 지르면/ 불세상이 되느냐 나도/ 황금빛으로 타오르는 그리움/ 목숨조차 태워버릴까/ 그리움 태워 버리면 드디어/ 공산이 되느냐 그대와 내가/ 하나 되는/ 명월이 되느냐'(「공산명월」)에 보이는 바와 같은 순수 서정시에서부터 '양복 입고/ 양옥에 살며/ 양식 먹으며/ 영어 배워 영어로 말한다// ……// 골프장만 있고 사랑할 나라는 없다'(「妖精이 살지 않는 우리 숲은 어느새 골프장이 되고」)라고 일갈하는 현실비판의 시에 이르기까지 시적 음역이 매우 넓다. 이는 결국 문충성 시인의 시의식의 자장(磁場)이 강력하여 흡입 반경이 무척 넓음을 보여주는 것이라 하겠는데, 그중에도 '되돌아오는 건 메아리뿐 나는/ 지금 어디쯤 있습니까'(「보랏빛 지우며」), '여기는 어디쯤일까'(현기증에 대한 고찰」), '오늘은 혹여 아는 뉘 만날 수 있을까/ 그래 저승 가서도 그리운 이들/ 만날 수 있을까/ 문득'(「말머리공원 가는 길」) 등에 드러나는 것처럼 존재의 진정성을 탐색 확인하려는 의지를 보여주는 작품들이 단연 많고도 돋보인다. 왜 시인은 그토록 존재나 삶에 대해 심각한 의문에 사로잡혀 있으며, 또 주로 그 문제를 시로 빚어내는 일에 골몰할까? 우리는 그 답을 다음 시에서 구체적으로 확인할 수 있다.

벗겨내야 한다 빈 껍질을
벗겨내어도 속살이
안 보이면 다시
벗겨내야 한다 빈 껍질은

속살이
보일 때까지
혼이
비칠 때까지

—「삶을 위하여」 전문

위의 '빈 껍질'과 '속살 · 혼'의 대비를 통해 극명하게 표현되어 있듯이, 존재와 삶에 대한 심각한 의문(회의)과 그 비밀에 대한 치열한 탐색은 시인에게 '삶을 위하여' 하지 않을 수 없는 절박한 일이다. 말하자면 그 자체가 곧 삶이기 때문에 필연적인 것이다. 그래서 그는 '속살이 보일 때까지', 또는 '영혼이 비칠 때까지' '빈 껍질'(거짓된 것, 허위의식)을 벗기고 또 벗겨내야 한다는 강렬한 의지를 갖는다.

그러나 우리는 그러한 시인의 강렬한 의지와 노력이 뜻대로 결실을 맺지 못할 것을 이미 알고 있다. 그것은 삶이란 근본적으로 정답이 없는 것이기 때문이며 한편으로는 세상이 자꾸 변하기 때문이기도 하다. 그러니까 시인의 삶(존재)에 대한 치열한 회의와 탐문의 길은 끝없이 도로(徒勞)의 과정을 반복하는 프로메테우스의 행위에 다름 아니며, 그러다가 결국엔 죽음이라는 종착역에 당도한다는 사실만이 오직 분명하므로 인생이란 근본적으로 허망한 것('빈 길')이다. 또한 우리는 그 비극적 결말을 이미 잘 알고 있음에도 불구하고 짐짓 모른 척하며 끝까지 최선을 다 하고 성실하게 살아가야 할 운명을 거부하기도 어렵다. 그러기에 사람다운 사람이라면 누구든 끝끝내 자기 삶의 진정성(속살, 혼)을 찾는 일에 게을리

할 수가 없는 것이다. 위의 시는 바로 그런 인간 존재의 숙명과 당위성, 또는 삶이란 결과보다는 과정이라는 점, 그리고 그 과정에서의 성실성의 가치를 일깨운다.

3

정상적인 인간이라면 누구나 끊임없이 성찰하고 회의하고 탐색하는 과정에서 벗어날 수 없다. 그럼에도 결국에는 슬픔의 극치인 죽음이라는 종착역에 이를 수밖에 없다는 존재의 운명이나 삶의 속성은 어떻게 보면 참으로 비극적이고 허망하기 짝이 없는 것이지만, 다른 측면에서 보면 그렇기 때문에 더욱 끊임없이 거듭나려고 노력하면서 불멸의 길을 찾아야 한다. 그렇다면 과연 그런 길이 존재하기는 하는 것일까? 물론 현상적으로는 불가능하겠지만 인식하기에 따라서는 전혀 불가능한 것만도 아니다. 이를테면 그것은

지는 꽃은 세상을 한 번씩 아랑곳 한다
지는 꽃은 배운 대로
사랑과
이별과
슬픔과
환생을 노래한다
비록 한 줌 흙이 될지라도
아름답다 눈부시게
봄날이 간다

—「꽃이 진다」 부분

는 구절에 드러나는 '꽃'(존재)을 통해서 암시받을 수 있다. 꽃이 피고 지

는 과정은 궁극적으로 '환생'의 고리를 형성하고 있으므로 영원으로 이어져 있다. 이런 사유(자연의 이치에 대한 인식)로 세상을 바라보면 시인이 왜 봄날이 가는 것을 아름답고 눈부신 현상으로 바라보는지 알게 된다.

여기서 우리는 「하얗게」라는 첫 시에서 시인이 세월은 '보랏빛 내 꿈을 하얗게' 만들고 '죽음의 빛까지 하얗게' 만들어 결국 '변할 게 없지요'라는 인식으로 나아가게 되는 까닭을 헤아릴 수 있다. 말하자면 '절대로 안 변할 줄 알았어요'라는 자아의 무지와 착각에 대한 자각이 세속적인 존재인식을 표현한 것이라면, '변할 게 없지요'라는 언술은 우주(자연)의 질서를 인정하는 초월적 존재인식을 표현한 것이다. 즉 우주적 질서 안에서 바라보면 생성과 변화와 소멸은 끊임없이 순환하는 것이니 영원성을 내포한다. 인간 역시 이러한 우주적 질서 안에서 제외될 수 없는 존재라면, 숙명적으로 존재에 대한 치열한 성찰과 회의와 탐색의 길에서 벗어나지 못하는 것은 바로 자신이 자연의 일부임을 증명하려는 궁극적 행위라고 할 수 있다. 왜냐하면 그것은 끊임없이 거듭나려는, 재생의 의지를 불태우는 것이므로 영원히 살 수 있는 통로를 마련하려는 절실한 노력의 일환이기 때문이다. 그러므로 문충성 시의 가장 중요한 특성을 이루는 '존재에 대한 치열한 탐색과 회의'는 궁극적으로 진정한 존재에 이르러 영원히 사는 길을 찾기 위한 인간적 몸부림이라 할 수 있다.

요컨대, 문충성의 『빈 길』에는 세상사와 인생사에 대한 크고 작은 온갖 다양한 문제들에 대한 시적 담론이 종횡무진으로 형상화되어 있다. 그 중에도 특히 인간 존재의 의미, 또는 그 삶의 진정성에 대한 치열한 탐색 의지가 아주 돋보인다. 이것이 인생으로 보나 시력(詩歷)으로 보나 풍부한 경험을 가진 원로 시인의 세상과 존재 읽기라는 점에서 더욱 실감을 자아내게 한다. 또한 지면 관계상 다루지는 못했지만, 소재와 주제적 차원의 다양성뿐만 아니라 시적 형식에 있어서도 몇 가지 주목되는 점이 있다.

그 중에도 많은 작품에서 간결한 행갈이를 통한 빠른 호흡, 열거와 구조적 병치를 통한 리듬 형성 등이 뚜렷이 드러나는데, 이는 대책없이 길어지고 늘어지면서 산문화의 경향으로 치닫는 요즘 시들에 정면으로 배치되는 것으로서 시와 산문은 엄연히 다른 차원임을 작품을 통해 강변하는 듯하여 무척 안정되고 깊은 인상을 준다. 요컨대, 이상과 같은 문충성 시의 특성들은 결국 시인의 관심과 시적 사유의 깊이와 넓이를 증명하는 것이라 할 수 있다.

자연에 대한 끝없는 외경심
—한광구 시집 『산경(山經)』

예술가는 숙명적으로 한 곳에 머물지 못한다. 안주의 순간에 들 때 그의 마음은 편할지 모르지만 예술적으로는 새로움을 상실하여 더 이상의 가치를 갖기 어렵다. 그러니까 헤맴의 정신적 고달픔을 감내하기 어려운 사람은 애초에 예술가로 성공할 수 있는 가능성을 접고 출발하는 셈이다. 그는 분명 예술가로서는 행복한 미래를 보장받을 수 없을 것이다.

한광구의 9번째 시집 『산경(山經)』의 표지 앞날개에 적힌 시집 목록을 보면서 나는 새삼 그런 예술가의 변모의지에 대한 생각을 해보았다. 그가 상자한 시집들의 제목만 보더라도 그 배열이 예사롭지 않다는 생각이 강하게 다가왔기 때문이다. 예컨대, 9권의 시집 제목들인 '이 땅에 비오는 날은'·'찾아가는 자의 노래'·'상처를 위하여'/ '꿈꾸는 물'·'서울 처용'·'깊고 푸른 중심'/ '산으로 가는 문'·'산마을'·'산경(山經)' 등을 보면, 1기에는 '상처'에 관련된 것이 시적 사유의 씨앗[仁]으로 작용했다면, 2기에는 '꿈(초월)'이, 그리고 3기(현재 왕성한 작품 활동을 하는 시인이므로 초·중·후기라는 용어 대신에 1—3기로 표시함)에는 이미 제목에서도 통일감을 보여주듯이 '산'(중용, 조화)이 그 구실을 하여 전체 시세계가 하나의 일관된 흐름 속에 구획되어 있음을 확인할 수 있다. 다시 말하면 1기에 현실적 세계(세속, 상처)에 대한 깊은 관심으로부터 출발한 시인은 2기에는 그것을 극복하기 위한 꿈을 꾸거나 초월적 의지에 대하여 관심을 기울였으며, 근래(3기)에는 서로 대척 관계를 이루는 앞의 두 세계를 아우를 수 있는 공간에 대하여 관심을 가지면서 하늘도 아니고 세속도 아닌, 달리 표현하자면 하늘과 세속의 접점인 산의 세계에 대하여 집중적으로 관심을 기울인다. 짧은 이 글에서 더 구체적인 논의를 펼칠 겨를은 없지만, 어쨌든 그는 계승(작은 변화)과 전환(큰 변화)이라는 두 가지 시적 태도를 가지고 자기 시의 세계를 개척하고 있음을 엿볼 수 있다.

필자의 가설인 이 주기로 보면 그의 9번째 시집인 『산경』은 '산'에 대한 관심사를 변주한 마지막이고 그 결산이 되는 셈이다. 시인은 세속에 염증을 느낀 나머지 『산으로 가는 문』(입구)을 거쳐 『산마을』로 들어가서 거주해본 결과 그것이 최상의 경지라는 판단에서 아예 그것(산, 산에서 사는 삶=순수하고 아름다운 존재 등)을 '산경(山經)'이라고 경전화하여 그것에 절대적인 가치를 부여하려 한다. 주지하듯이 산이란 완전한 속세가 아니다. 그렇다고 또 하늘과 같은 완전한 이상향도 아니다. 그것은 이승에 존재하는 공간인 동시에 인간적 번뇌와 상처로부터 어느 정도 자유로울 수 있는 초월적 세계이다. 시인은 이렇게 양쪽을 다 아우를 수 있는 이승의 공간{'하늘과 땅을 잇고 있네'(「씻기」), '하늘과 땅이 만나는'(「햇살」), '하늘과 땅이/ 깊이 젖어 있습니다.'(「깊은 샘」) 등의 직접적인 표현, 또한 '박히다'(「산경」, 「암자에서」), '몸을 열다'(「깊은 샘」, 「샘물」) 등에 보이는 이 조화로움(아우름)에 대한 인식이 최근 이 땅에 살아가는 한 인간으로서 한광구의 중요한 화두('땅의 화두'(「샘물」)인 듯함}인 산의 의미를 새삼 인식함으로써 산에 서린 신성한 의미에 대해 무한한 관심을 갖게 된 것으로 보인다. 그래서 시인은,

산은 오르는 것이 아니라
가서 박히는 것임을 알게 됐네.
내가 가서 박히니
풀도 나무도 박히어 파랗고
냇물도 박혔다가 흐르는 걸.
하늘도 이렇게 뿌리를 박고
산 속에 살고 있음을 알게 되었네.

—「산경(山經)」 부분

라고 한다. 시집의 첫머리를 장식한 이 작품에 산에 대한 시인의 보편적이면서도 독특한 인식이 잘 드러난다.

우선, 보편적이라는 것은 하나의 원형적 상징으로서 산을 신성한 공간으로 인식한다는 점이다. 이는 '하늘도 이렇게 뿌리를 박고/ 산 속에 살고 있음을 알게 되었네.'라는 구절에 구체적으로 드러난다. 동서고금을 막론하고 산은 인간의 영원한 이상향인 하늘에 가장 가까이 닿아 있기 때문에 지상에서 하늘로 가는 통로이다. 뿌리를 지상에 박고 하늘을 향해 자라는 나무나 풀 역시 그런 의미를 거느린다.(탑을 쌓고 성황당에 돌무덤을 만드는 행위도 인위적으로 산의 형상을 만드는 것이니 결국 하늘에 이르고 싶은 인간들의 소망을 구현하는 행위의 한 형식이다.) 이런 점에서 이 표현에는 인류의 보편적 정서가 배어 있는 원형 상징의 이미지를 내포한다.

한편, 시인의 독특한 인식이란 '산은 오르는 것이 아니라/ 가서 박히는 것임을 알게 됐네.'라는 구절에서 드러나듯이 그가 산에 오른다고 하지 않고 '가서 박히는 것'이라고 생각한다는 점이다. 그는 왜 이런 생각을 할까? 여러 가지 의미가 있음직한데, 그 중에도 아마 겸허한 자세를 나타내는 것이 가장 중요한 의미라고 생각된다. '오르다'에 움직임과 정복의 의미가 들어 있다면, '박히다'에는 안김과 정착의 의미가 들어 있다. 오르는 것은 내려가야 하는 의미를 수반하지만 박히는 것은 영주하는 의미만 있을 뿐이다. 이런 의미를 부여하면서도 한편으로 시인은 그것을 다시 동적으로 전환함으로써 아이러니와 역설을 발생시킨다. 즉 풀과 나무가 산에 박혀야만 뿌리를 내리고 파란 생명으로 살아날 수 있으며, 샘도 산에 박히어야 샘물이 솟아나고 냇물로 흘러가는 것처럼 박힘은 멈춤(죽음)이 아니라 진정한 삶의 단초가 된다. 그러므로 시인이 산을 지향하고 거기에 박히려 하는 것은 세속을 도피하거나 초월하려는 것이 아니라 진정한 삶을 영위하기 위한 궁극적 의식이자 자기동일성을 실현하려는 의지와 깊은 연관이 있다.

이렇듯 7번째 시집에서부터 한광구의 주요 시적 관심사로 떠오른 '산'은 이것이야말로 그 어떤 것보다도 인간이 인간으로서의 진정한 존재(자기동일성)로 거듭날 수 있는 가장 중요한 길을 제시해준다고 믿기 때문에 그는 산을 하나의 경전과 같은 것으로 인식하기에 이른 것이다. 그러면서도 경전이 말씀(언어, 관념)으로 전하는 것이라면 산은 하나의 실체로서 본보기가 되는 것이기에 훨씬 더 구체적이다. 그만큼 우리 삶으로 깊이 스며들 수 있는 가능성을 지닌다. 이런 점에서 한광구가 '나무와 수풀들이 흔들리며 내는 소리를,/ 나는 듣지 못하고 그냥 지나왔'(「소리가 있었네」)다가 뒤늦게 산에서 나는 소리를 듣기 시작하면서 최근에 지극한 마음으로 믿는 산이라는 경전은 그의 독실한 종교적 신심으로 읽는 경전에 버금가는 것이다. 아니, 그것은 비단 한광구만의 경전이 아니라 풀 한 포기 자라지 못하는 콘크리트 장막에 둘러싸인 현대 도시인이라면 누구나 읽고 싶어 하는 간절한 대상이다. 주말마다 전국의 등산로가 사람으로 북적거리는 사실이 그것을 실증한다. 『산경』은 바로 그런 현대인들의 고독한 심사를 절실하게 그려냈기에 우리들 가슴을 움직여 시인의 시심 속으로 더욱 깊이 빠져들게 한다.

안 울어 좋은 곳을 위한 노래
—이명수 시집 『울기 좋은 곳을 안다』

1

이명수는 다섯 번째 시집 『울기 좋은 곳을 안다』의 핵심 체제를 시와 사진(영상)의 어울림으로 잡았다. 물론 시집 속에 들어 있는 사진들은 기본적으로 시를 위한 하나의 배경이며, 궁극적으로는 시정신의 소산이라 볼 수 있다. 이는 시집 속의 사진들이 더러는 시를 탄생시키는 일종의 모티프로서 "밑그림"의 구실을 하거나, 더러는 "안개처럼 흩어지고 마는 순간순간의 기억들을 잡아두기 위해, 시로 말할 수도 보여줄 수도 없는 것들에 대한 두려움을 메우기 위해 사진이란 도구를"(<시인의 말>) 빌린 것이라는 시인 자신의 술회를 통해서도 확인할 수 있다. 그러니까 시의 밑그림이든 독립된 사진이든 결국 모두 시인의 마음을 표상한다는 점에서 시적 인식 아래 어우러져 있다.

이런 어우러짐은 각각 다른 입장에서 접근해볼 수도 있다. 우선, 예술의 하위 양식으로서의 문학이 갖는 변별성은 언어를 매개 질료로 하는 데서 비롯된다는 전통적, 정통적 문학관으로 바라보면 시집 속의 사진들은 분명 시가 아니라 하나의 장식적 요소에 불과한, 쉬어가는 여백 이상의 의미를 갖기 어렵다. 이를테면 시집의 주인공이자 본질에 해당하는 시와는 일정한 거리를 갖는 부차적인 요소에 지나지 않는다. 그 반면에, 전통적 관점에서 조금 여유로워져 현대적 관점에서 바라보면 사뭇 다른 의미를 부여할 수 있다. 성급하게 결론부터 말하자면 그 이면에는 영상문화가 범람하는 우리시대의 특징을 한껏 고려한 시인의 편집의도가 깔려 있다고 할 수 있다. 20세기 후반부터 급격하게 발전하는 영상문화의 그늘에 가려 문자문화가 점점 쇠퇴해가는 점은 이제 누구도 부인하기 어려운데, 이런 영상문화의 시대를 염두에 두면, 영상세대를 의식한 결과이든 아니든 아무 상관없이 시집 속에 사진을 끼워 넣은 것은 그리 낯설거나 이물질처럼 여겨지지 않는다.

그런데 시와 영상은 역사적으로 보더라도 거의 친족관계라 할 만큼 유사한 뿌리를 갖고 있다. 일찍이 시모니데스(Simonides)가 "그림은 말없는 詩요, 시는 말하는 그림"이라고 갈파했듯이 시와 그림은 매우 밀접한 관계가 있다. 그런가 하면 우리 전통에서도 시화(詩畵)라는 형식이 면면이 이어져 오듯이 시와 그림이 함께 어우러지는 경우가 적지 않다. 그리고 이에 덧붙여 오늘날에는 해체/장르파괴 등의 이른바 포스트모더니즘에 의한 반미학적 예술의지가 발동하면서 시와 그림, 그리고 기계문명을 이용한 그림이라 할 수 있는 사진과 시의 만남을 시도한 작품들도 종종 볼 수 있다.

필자의 생각으로는 시집에 사진을 함께 배치한 시인의 의도에도 이런 다양한 의미가 복합적으로 작용했으리라고 본다. 그와 가까운 사람들은 잘 알 터이지만, 그는 이미 오래전부터 시인이자 사진애호가로서 활동하면서 늘 사진 찍기를 즐겨해 왔다. 최근에는 사진에 더욱 공을 들이면서 모 잡지에 영상 에세이도 발표하고 있다. 물론 이런 그의 활동들의 바탕에는 근본적으로 시정신이 깔려 있다. 이번 시집에 실린 시편들 중에 유난히 영상감각을 자극하는 작품이 많은 것도 바로 시 쓰기와 사진 찍기가 별개가 아님을 보여주는 증거가 된다. 말하자면 그것은 사진영상과 시적 이미지가 내적으로 서로 교호작용을 일으킨 결과라고 보아야 하기 때문이다. 가령,

가슴을 열어젖히고
그녀가 내 몸을 읽는다
쓸개, 콩팥, 지라
속속들이 훑고 지나간다
간 좀 보겠어요
그녀가 깊숙이
간장을 쓰다듬는다
간이 참 예쁘네요
검색을 끝내고
그녀가 젖은 가슴을 닦아 준다
이제 끝났어요
그녀가 손을 씻고
복부초음파 검사실을 나간다
윗옷 주워 입고 나도 거리로 나왔다
예쁜 간처럼 붉은 애기단풍
눈부시다
살아 있는 것들이 예쁘다

—「몸 읽기」 전문

같은 작품에서 그 점이 선명하게 드러난다. 마치 한 편의 짧은 영상물을 보듯이 '복부초음파 검사'를 받는 과정과 피검사자의 심리가 몇 개의 장면으로 나뉘어져 독자의 가슴 속 화면에 선명하게 투사된다. 선명한 영상으로 형상화되었으니 따로 설명할 필요도 없이 작품의 뼈대가 가슴에 잘

와 닿는다. 그냥 비추어지는 영상을 따라가다 보면 어둡고 무거운 마음으로 들어갔다가 밝고 가벼운 마음으로 바뀌어 병원을 나오면서 '살아 있는 것들이 예쁘다'고 감탄하는 시적 화자의 모습에 자신도 덩달아 마음이 상쾌해진다. 이것이 바로 시에서 심상(영상)이 차지하는 중요한 가치라고 한다면, 그 효과를 한껏 살려낸 이번 작품들은 그만큼 완성도가 높다고 평가된다.

2

이번 시집에 실린 시의 형상화적 특징을 영상감각이 한층 강화된 점에서 찾을 수 있다면, 주제적으로는 크게 두 가지로 대별할 수 있다. 하나는 사진영상에 깊이 관련된 것으로서 이른바 사회의 결핍된 공간에 대한 탐색이라면, 다른 하나는 세상 이치의 발견과 자기 깨달음에 관련된 것이다. 특히 앞의 경우는 시집의 제목인 '울기 좋은 곳을 안다'라는 구절을 끌어낼 정도로 이명수가 최근에 관심을 갖고 탐색하는 대상이다.

그렇다면 '울기 좋은 곳'이란 무슨 뜻일까? 이 구절은 중층적 의미를 거느리는 것으로 보인다. 첫째는 '울 만한 곳이 없어 울어보지 못한'(「울기 좋은 곳을 안다」) 사람이 아무 거리낌 없이 마음 놓고 울 수 있는 곳으로 풀이할 수 있다. 이는 남을 의식하지 않을 수 없는 사회적 존재로서 아무데서나 울 수가 없기 때문에 울음마저 참으며 살아야 하는 현대인의 답답한 심정을 전제하면서, 동시에 편안하게 울 수 있어 답답한 마음을 풀어내기(정화하기) 좋은 곳이라는 뜻을 나타낸다. 둘째는 '울기 쉬운 곳', 즉 사람을 쉽게 울리는 공간이라는 뜻으로 풀이할 수도 있다. 그곳은 말할 것도 없이 우리에게 고독과 고통과 갈등을 부가하는 공간일 것이다. 우리 현실이 낙원이 상실된 공간이라면 울기 좋은 곳—우리가 울지 않고는 배길 수 없는 곳은 사회 도처에 깔려 있다. 이명수는 바로 그런 곳을 찾아서 사진기를 들이대고 시의식의 초점을 맞춘다.

주제로 보면 이번 시집에 실린 시편들은 두 방향으로 구분해볼 수 있지만, 사실 자세히 접근하면 매우 다양한 관심과 시각과 의식을 보여준다. 예컨대, 시인됨에 대한 성찰에서부터 자아와 사회에 대한 인식, 또는 사회적 고발과 풍자에서부터 자각과 허심에 이르기까지 우리 마음을 울리는[鳴/動/泣] 것들은 뭐든지 그의 시적 대상이나 영상의 피사체로 포착되어 사진으로 인화되거나 시로 형상화된다.

① 몸이 몸이 아닐 때/ 네 몸을 목탁처럼 쳐라/ 詩를 쓰지 않으면/ 몸이 시인인 것을 잊고 만다

—「몸의 기억」 부분

② 재래시장에 詩가 있다/ 집집마다 알전구가 달려 있는/ 서산 어물시장 한 귀퉁이/ 알전구 옆 경고문/ —이곳 전구를 빼간 도둑님아!/ 너희 집은 밝으냐/ 오늘도 빼가 봐—// 알전구가 눈을 부라리고 있다/ 살아내는 일이 100촉 알전구만큼 뜨겁다

—「알전구」 전문

③ 울 만한 곳이 없어 울어보지 못한 적이 있나/ 울음도 나이테처럼 포개져 몸의 결이 되지 …중략… 갈대는 태어날 때부터 늙어 버려 이미 바람이고/ 노을이고 눈물이지/ 갯고랑이 물길을 여는 나문재 소금밭으로 가 봐/ 갯지렁이 몸을 밀면서 기어간 뻘밭의 자국들/ 그것이 고통스런 시 쓰기의 흔적처럼 남아 있을 때/ 뒤돌아 봐, 울음이 절로 터질 거야

—「울기 좋은 곳을 안다」 부분

④ 어머니 계시던 방을 한동안 비워 두기로 했다/ 밤이면 날 부르는 소리가 들린다 …중략… 어머니 떠나신 봄 하늘을 본다/ 이제 빈방을 치우고/ 오늘은 내가 그 자리에 누우리라/ 봄밤에 떠가는 저 꽃잎들/ 가볍게 떠나가는 저 바람 같은 목숨들

—「터미널」 부분

⑤ 먼 길 가려면 몸이 가벼워야 한다는데/ 60여 년을 나는 그렇게 살았나 봅니다/ 등에 진 배낭이야 내려놓으면 그만이지만/ 등짐보다 더 무거운 게/ 내 속에 달라붙은 탐진치(貪瞋癡)/ 아니겠습니까 탐, 진, 치/ 이제라도 턱, 내려놓아 버릴까요

—「방하착(放下着)」 부분

위에 시집 속에서 흔히 만날 수 있는 몇몇 주제가 잘 드러나는 작품들 5편의 일부를 인용해보았다. ①에서는 몸의 특성에 대한 인식과 시인됨에 대한 성찰을, ②에서는 남의 가게에서 알전구까지 빼어가는 부도덕한/몰염치한/살기 힘든 기막힌 사회를(여기에는 정화되기를 갈구하는 이른바 고발의 의미가 짙게 내포되어 있다), ③에서는 울 만한 곳도 없는 답답한 상황과 '태어날 때부터 늙어 버려 이미 바람이고/ 노을이고 눈물'인 갈대와 같은 존재인식을, ④에서는 어머니에 대한 그리움을, ⑤에서는 자아성찰을 통한 허심으로 돌아가기 등이 중심 의미로 자리를 잡고 있다. 이렇듯 다양한 주제들이 다양한 제재를 통해서 드러나고 있는데, 그럼에도 불구하고 이 모든 것들을 대별하면 결국 사회적인 문제와 존재론적–구체적으로 존재론적 위기의식으로 대별된다. 다음 시에서는 이와 같은 사회적/존재론적 성찰이라는 복합적 의미가 잘 어우러져 드러난다.

참 많이도 훔치고 살았구나
마량포구 뻘밭에 앉아
지는 해 보다가
달랑게 한 마리 내 먹던 것 잽싸게 물고
구멍 속으로 들어가는 것
들여다보다가
그래, 나 또한 그렇게 살았구나
제 것 아닌 것 흘끔흘끔 훔쳐보고 있는

죽은 몸뚱어리 물고 도망가는 달랑게와 무엇이 다르랴
잡히면 다리 하나 떼어놓고
달아나는 달랑달랑 달랑게야

—「달랑게」 전문

이 시는 이번 시집의 중요한 특성인 선명한 영상감각과 대상을 통해서 자기인식에 도달하는 감정이입의 기법을 잘 보여준다. 시적 화자의 시선이 멀리서 가까이로 옮겨가는 것을 그림이나 영상 기법에 연관된 것으로 본다면, 외부에 대한 관찰로부터 내면에 대한 성찰로 점차 시선을 옮겨가는 것은 대상을 통해서 자기 인식의 실마리를 마련하는 전통적 작시법에 의존하고 있다. 요컨대, 영상 기법과 전통적 작시 기법이 융합된 이 시는 대상을 통해서 자아를 발견하는 일종의 거울효과를 구현한다.

좀 더 구체적으로 분석해 보면, 이 시는 단연의 형식을 취하고 있지만 구성상으로는 크게 세 개의 장면으로 분할된다. 즉 시적 화자가 마량포구에서 석양을 바라보는 장면[遠景]→달랑게를 들여다보는 장면[近景]→달랑게의 모습을 내면화하여 자아성찰을 거쳐 반성으로 이어지는 장면[心境] 등이 그것이다. 이 세 장면을 융합하면 시적 화자가 자신도 한낱 달랑게에 지나지 않다는 존재론적 위기의식을 갖는 것으로 집약된다. 석양이 자아에게 유한한 존재인식을 유발한다면, '내 먹던 것 잽싸게 물고' 달아나는 달랑게는 남의 것에 탐을 내기 십상인 소시민적 인간의 한계를 인식하게 하므로 두 상황은 모두 자아에게 위기의식을 부가하는 외부현상이 되는 것이다.

이와 같은 시적 화자의 존재론적 위기의식을 들여다보면, 그 근저에는 근래에 어머니를 여읜 일과 자신도 이제는 이순을 넘어서게 된 육체적 시간관념이 깔려 있다. (작품의 도처에 그런 인식을 보여주는 대목들이 널려 있다.) 그렇다면 이러한 위기의식을 관념적으로나마 벗어나는 길도 그 안에서 찾아낼 수 있다. 즉 그것은 인간이란 본질적으로 유한한 존재라는 것을 깨닫는 일이다. 더 구체적으로 말하면 물욕과 아집에서 벗어나 허심에 이르는 것이다. 이것이 바로 황혼으로 달려가는 존재, 또는 물욕이나 아집으로 인해 위기에 처한 존재를 무한한 자유의 길로 안내하는 핵심 사항이다. 그렇게 되면 '텅 빈 개 밥그릇에 가을 하늘이 가득하다'는 역설의 세계를 경험하게 한다.

잠자리 한 마리 개 밥그릇에 빠졌다
젖은 날개를 파득이며 필사적이다
생사가 가을비 한 모금에 있구나
조심스럽게 꺼내 풀섶에 놓아주었다
한참을 더 들여다보았다
텅 빈 개 밥그릇에 가을 하늘이 가득하다
가을이 개 밥그릇 안에 있구나

—「개 밥그릇」 전문

'생사가 가을비 한 모금에 있'음을 감지하기 어려운 것이 바로 인간이란 존재이기에 우리는 어쩌면 우리게 주어진 한정된 시간이라는 밥그릇 안에 들어 있는 줄도 모르고 영생하겠노라고 필사적으로 날개를 파닥거리고 있는지도 모른다. 그러나 그것이 부질없는 짓임을 알아차리고 한참 더 깊은 생각에 이르면, '텅 빈 개밥그릇'에 '가을 하늘이 가득' 들어차듯이 비우는 것이 곧 차게 하는 것이요, 俗(개밥그릇)과 聖(하늘)이 비로소 접점에 이르는 것임을 알게 된다.

3

요즘 이명수는 우리를 눈물 나게 하는 속세의 이곳저곳을 찾아다니며 사진을 찍어 영상으로 세상에 알리고, 더러는 그 영상을 다시 언어로 형상화하여 시적 의미를 부여하기도 한다. 사진 속 영상이 오직 대상을 바라보는 주체의 의도와 선택만 보여줄 뿐 구체적인 발언을 유보하고 있다면, 시는 언어로 이루어지므로 시인의 특별한 의도와 의미를 더 선명하게 나타낼 수 있다는 점에서 분명히 차별화될 수 있다. 그래서 두 작업의 결과가 동시에 한 시집 속에 나란히 등장하는 것은 보기에 따라서 좀 낯설 수도 있다.

그러나 시가 언어로 표현되는 까닭에 사진에 비해 구체적인 의미를 표상할 뿐 심상/영상(image)의 상태를 지향하는 차원에서는 시와 사진은 매우 가깝다. 시로 표현하기 어려운 것은 사진으로, 사진으로 찍어낼 수 없는 것은 시로 썼다는 점에서 시인에게 두 양식은 과정만 약간 다를 뿐 결국 그 목적지는 유사하다. 그가 추구하는 목적지는 물론 유한한 존재로 인한 위기의식에서 풀려나 무한한 자유 안에 드는 것이다. 인간에게 그 길은 무척 멀고 험난하다. 아니, 거의 불가능한 일이지만 결코 포기할 수도 없다. 그래서 이명수는 요즘 시로 안 되면 사진으로, 사진으로 안 되면 다시 시로, 그도 아니면 그 둘을 아울러서라도 거기에 이르고자 '주체할 수 없는 화냥기'(「상사화」)를 시심에 담아 풀어내는 데 골몰한다.

식물적 상상력과 무위자연에 대한 지향
—한영옥 시집 『아늑한 얼굴』

한영옥의 시집 『아늑한 얼굴』을 읽으면, 시인이 우리 시단의 중진의 자리에 서 있는 만큼 그의 작품에서도 그런 시인으로서, 또는 인간으로서의 원숙하고 원만한 풍모가 유감없이 베어 나온다. '아늑한 얼굴'이란 시집제목에서 떠올릴 수 있는 그런 온유함이 시집의 중심 분위기로 자리잡고 있다. 특히 이번 시집에서는 식물적 상상력이 돋보이는데, 이것도 그런 분위기를 조성하는 데 크게 작용한 것으로 보인다. 식물적 상상력을 보여주는 이미저리가 얼마나 많은가 하면, 그에 관련된 시어들이 들어 있는 작품의 숫자만 보더라도 확연히 드러난다. 즉 총 63편중에 무려 47편의 작품(74.6%)에서 식물에 관련된 시어가 한 번 이상 나온다. 참고로 다른 시집을 살펴보면, 『처음을 위한 춤』(1992)에서는 67편중에 33편(49.3%)의 작품에서, 그리고 『안개 편지』(1997)에서는 87편중에 53편(60.9%)의 작품에서 한 번 이상 식물류의 시어가 사용된 것으로 파악된다. 이에 의하면 한영옥은 식물적 이미지를 무척 선호하며, 또 후기로 올수록 그 빈도가 더욱 높아짐을 알 수 있다. 그리고 그 종류도 훨씬 다양해지고 구체화된다.

물론, 시어 한두 개를 통해서 전체 작품의 이미지나 의미가 좌우되는 것은 아니다. 그럼에도 불구하고 많은 작품에서 유사 계열의 시어들이 반복해서 사용된다는 것은 적어도 시인의 경험이나 기억, 또는 지향 세계가 어느 방향으로 열려 있는지를 가늠할 수 있는 중요한 단서가 될 수도 있다. 한 편의 시를 지을 때 시인은 의식적이든 무의식적이든 자기 경험의 반경에서 크게 벗어나기 어렵다는 점을 감안한다면 그런 생각을 할 수 있다. 설령 시인이 의식적으로 자기 경험의 세계로부터 멀리 벗어나서 상상력의 폭을 극대화하려고 노력한다고 하더라도 사실 그것도 이미 출발점에서부터 자기 경험의 세계가 전제되어 있다고 해야 한다. 아니, 더욱 뚜렷이 그것을 고려한다고 하는 것이 더 옳다. 상상력이라는 것도 결국엔 완전한 無에서 有를 창조하는 것이 아니라 有에서 또 다른 有를 발견하고 변주하는 것에 다름 아니기 때문이다.

이런 점에서 보면 한영옥 시에서 가장 도드라져 보이는 식물적 상상력도 결코 우연한 것이 아니다. 의도적인 결과이든 아니면 무의식적 소산이든 간에 그의 경험세계로부터 우러나온 것이라 할 수 있는데, 가령, 「홍초잎사귀」라는 작품을 통해서 우리는 그 단서를 포착할 수 있다.

눈 비비며 일어나 몇 걸음 하면
큰엄마 계시고 작은엄마 계셨다
사촌 언니랑 메뿌리 캐어가면
큰엄마 메떡 쪄주시고
사촌 동생이랑 소루쟁이 뜯어가면
작은엄마 소루쟁잇국 끓여주셨다
큰집 사시는 할머니는 쇠죽가마에서
뜨끈한 감자알 수북이 골라주셨다

할머니는 칸나를 많이 심으셨다
칸나를 홍초라 부르셨던 할머니,

손이 홍초 잎사귀 같으셨다

…(중략)…

홍초 잎사귀 보면 흐느끼게 된다.

—「홍초 잎사귀」 부분

이 시에 의하면 시인은 시골에서 어린 시절을 보냈다. 사촌들과 '메뿌리'를 캐고 '소루쟁이'를 뜯어오고 그것으로 만든 떡이나 국을 먹기도 했으며, 또 할머니로부터 쇠죽가마에서 삶은 감자알을 얻어먹기도 하였다. 그의 할머니는 홍초라 불리는 칸나를 많이 심었는데 할머니 손이 그 잎사귀 같았다고 한다. 그런 어린 시절에 겪은 경험들이 시인의 가슴 속에 진한 추억으로 묻혀 있기 때문에 그는 먼 훗날 '홍초 잎사귀 보면 흐느끼게 된다.'고 한다. 홍초 잎사귀가 할머니에 대한 그리움, 또는 이제는 돌아갈 수 없는 어린 시절의 아련한 추억을 떠올리게 하기 때문일 것이다.

한영옥 시에서 식물적 상상력에 관련된 이미저리가 높은 비중을 차지하는 것은 어릴 때의 경험과 그 기억들이 크게 작용한 것으로 보인다. 그의 시에서 초기부터 줄곧 꽃이나 나무 등에 관한 이미저리가 빈번히 등장하고, 또한 갈수록 그 빈도수가 점점 높아지는 것은 바로 그런 개인적 경험이 크게 작용했던 것이다. 그래서 그는 때때로

마주보고 누운 눈, 코 입이
파릇파릇 싱싱하였다.

—「화안한 봄」에서(『안개 편지』)

모든 의심의 가지 끝에서
분명히 피어난 당신이

—「세상책」에서(이하 『아늑한 얼굴』)

햇살에 내다 말리지 못한
눅눅한 통한엔 가혹한 인연,
웃자란 채 쓰러져 있었다.

—「그래야만 했었다」에서(밑줄 필자)

에서 보듯이 사람에 관한 것에까지 식물이나 꽃에 관련된 표현을 끌어들이고 있다. 그렇다면 이렇듯 한영옥 시에서 두드러지게 드러나는 식물적 이미저리와 그에 관련된 상상력에 내재된 의미는 구체적으로 무엇일까?

주지하듯이 식물이란 순수·무심(무위자연)과 아름다움(화초)을 나타낼 수 있는 대표적인 심상이다. 보통 식물인간이라고 할 때에는 의식이나 활동을 전혀 할 수 없는 병자를 뜻하는 부정적 의미로 사용되지만, 사실 식물은 '무위자연'이라는 말에서 단적으로 표상되듯이 제 스스로 존재할 뿐 남을 억압하지 않는 비폭력적이고 순수한 존재의 대표적 상징물이다. 이런 관점으로 보면 한영옥 시에서 식물적 상상력에 관련된 이미저리가 빈번하게 드러난다는 것은 곧 그의 시의식 속에 순수함, 또는 아름다운 세계를 지향하는 의지가 짙게 깔려 있다는 것을 암시하기도 한다. 예컨대, 다음 시가 그 좋은 본보기가 된다.

쉬지 않고 꼼지락대는, 쌀벌레 같은
모멸의 가려움을 피 나도록 긁으며
들판길 걷다가, 울다 웃다가
머리 들어 맑은 하늘 쬐려 하는데
풍경들이 매운 회초리로 막아선다
부풀지 말 것, 부푼 말, 버릴 것!
시퍼렇게 넘실거리던 숲들은
조금씩, 다시 빛깔을 덜어 보인다

벌게진 살들 터져, 쓰라려서

주저앉아 풀꽃들에게 대었더니
소박(素朴), 소박(素朴), 그저 웃기만 한다
수수한 것의 찬란함이여
사나웠던 비위가 많이 가라앉는다
곪지 말 것, 곪은 말, 버릴 것!
찬찬히 회초리를 놓은 풍경들
힘껏 머리 들자 수수한 저녁이
흰 붕대, 한아름 가져오는 참이었다.

—「수수한 저녁」 전문

여기서 보면 현실적 자아와 들판의 풍경들(풀꽃들)은 사뭇 대조적이다. 현실적 자아는 '모멸의 가려움'증에 시달리며 '벌게진 살들 터져, 쓰라려서' 고통스러워한다. 그 원인은 '부풀지 말 것, 부푼 말, 버릴 것!'이라는 구절에 의하면 부푼 욕망과 과장되거나 거짓된 말을 쓰는 것 때문이며, 또한 '곪지 말 것, 곪은 말, 버릴 것!'이라는 표현에 의하면 부패하거나 타락된 것과 관련된다. 이에 비해 들판의 풍경들은 그런 일상적 자아(현실)와 대비되는 속성을 지닌다. 들판의 풍경(풀꽃)들로 하여 시적 자아가 부정적인 삶의 방식을 '버릴 것'이라는 소리를 듣는 것, 즉 자아성찰로부터 출발하여 자아비판의 길로 접어드는 것을 통해서 보면, 들판 풍경들(자연)은 욕심과 타락에서 벗어나기 어려운 인간과는 매우 대조적인 순수하고 소박한 존재들이다. 그래서 그것들은 현실적(부정적) 자아를 일깨우는 회초리의 역할을 하거나 소박한 존재로 재생하게 하는 치유의 기능(흰 붕대)을 갖기도 하고,

억새풀 빗자루, 몇 자루 엮어야

뿌연 눈물길 정갈히 쓸어갈까.

—「억새풀」 부분

라고 하는 데서 보이는 것처럼 슬픈 존재를 정화하기도 한다.

날이 갈수록 부풀어가는 욕망(물신주의)으로 인한 타락이 심화되고, 또 폭력과 광기로 점철되어 가는 현대사회를 염두에 둘 때 한영옥 시에서 점점 식물적 이미저리의 사용 빈도가 늘어나는 것은 암시하는 바가 크다. 현대사회의 부조리한 현상들이 대부분 자연의 파괴를 통해서 얻은 문명적인 것과 밀접한 관련이 있다면, 궁극적으로 그것을 치유할 수 있는 길은 반문명적인 것, 즉 자연의 이치를 거스르지 않는 인간들의 심성에서 찾을 수 있다고 믿기 때문일 것이다. 그런 심성은

> 쑥갓 꽃망울 같은
> 울먹한 표정 하나
> 몹시 파고든다
>
> 어릴 적 끼고 다니던
> 대소쿠리처럼 쿨렁,
> 가슴이 깊어진다
>
> …(중략)…
>
> 저잣거리에서
> 저벅저벅 돌아온
> 저녁 설움 쓸어담는
> 가슴 소쿠리
>
> —「가슴 소쿠리」 부분

같이 하루 종일 저잣거리(문명사회)에서 생존경쟁으로 인하여 생기는 설움을 쓸어 담아 녹여낼 수 있을 만큼 '가슴이 깊어진다'거나, 또는

들나물꽃은 봄에 피네
산나물꽃은 여름에 피네

더러는 늦어져
여름에도 들나물꽃은 피지
가을에도 산나물꽃은 피지

더러는 너무 숨이 가빠
매운 겨울 울타리 밑에서도
실눈 뜨며 눈치 보는,

꽃다지 연노란 꽃
누가 뭐래나
꽃피는데.

―「꽃피는데」 전문

에서 보는 것처럼 자연의 순리를 순순히 받아들이는 여유로운 자세를 갖는 것을 말한다. 그렇다면 시인은 왜 이런 자세를 선망할까?

자연은 그 스스로의 이치에 따라 운행될 뿐 서로 경쟁하거나 시기하지 않고 갈등하지도 않는다. 철마다 피는 꽃이 다르지만 때로는 제 철을 지나 뒤늦게 피는 꽃도 그것으로 그만이지 누가 뭐라 하지 않는 것이 자연의 세계이다. 그 반면에 무한 경쟁과 속도 전쟁 시대로 돌입한 현대라는 인간 세계는 그런 것들을 용납하지 않는다. 그런 사람은 어리석고 무능한 존재로 낙인이 찍혀 하루아침에 집단에서 밀려나고 도태될 수밖에 없다. 이렇게 자연과 문명(인간)의 세계는 대립적이다. 그래서 시인은 자연 세계를 인간이 도달해야 할 진정한 세계로 받아들인다. 그런 세계가 현실에서 실현될 때

길 건너가려고
푸른 신호 기다리며 서 있는데,
사람들 오고 가는 건너편에서
갑자기 풍경 하나가 솟아오른다
이쪽저쪽에서 뛰어오시던 할머니들
서로 5미터쯤 되자 서로 두 손 치켜들고
춤추듯, 달려와 와락 껴안으시더니
겅중겅중 솟아오르신 것.

—「솟는 풍경」 부분

과 같은 풍경으로 드러난다. 이 할머니들의 행동에서 우리는 두 가지 중요한 의미를 읽을 수 있다. 하나는 푸른 신호등을 따라 건너가듯이 최소한 사회 질서를 따른다는 점이고, 다른 하나는 행단보도 한 가운데서 남을 의식하지 않고 춤추듯 달려와 서로 와락 껴안고 겅중겅중 솟아오를 수 있는 자연스런 모습이다. 그러니까 할머니들의 행동은 방종이 아니면서도 제 감정을 최대한 표현할 수 있는 인간적인 모습을 보여준다. 이것이 곧 자연의 한 부분으로서의 인간존재의 참된 모습이라 할 수 있다. 그래서 시적 화자는 내심으로

솟는 풍경, 나도 만들 수 있을까

라고 하면서

어제와 그제, 내일을 두리번거리며
아래쪽으로 더듬더듬 내려갔다.

—「솟는 풍경」 결구

고 한다. 말하자면 무척 자연스럽고 인간적인 할머니들의 모습이 부러웠

던 것이다. 그 부러움이 따라하고 싶은 마음을 낳아 시적 화자로 하여금 그런 가능성을 짚어보게 한다. 그리하여 그는 우선 과거를 되돌아본 후 미래를 두리번거리며 조심스럽게 내다본다. 즉 지나온 길을 되돌아보고 미래를 내다보는 일은 그의 꿈에 대한 실현 가능성을 높이는 일이 된다. 그리고 여기서 우리가 또 하나 눈여겨 볼 것은 그가 '아래쪽으로 더듬더듬 내려갔다.'고 하는 대목이다. 이 구절에 담긴 주요 의미를 '겸손한 태도'라고 풀이할 때 결국 우리가 염원하는 아름다운 세계에 들기 위해서는 자연의 이법을 따르는 것이요, 그것은 곧 인간들이 지나친 욕망에서 벗어나서 겸허한 자세로 돌아가는 것이기도 하다. 한영옥은 그런 인간의 참모습을 '아늑한 얼굴'로 보고 그런 당신을 간절히 그리워한다.

'아늑한 얼굴'에 대한 그리움의 정서가 노정되고 있듯이, 우리가 앞으로 찾아야 할 그 모습은 결코 새로 만들어내야 할 낯선 것이 아니다. 그것은 우리가 지나온 과거 속에서 이미 존재했던 모습으로서 문명에 물들지 않은 소박하고 순수한 자연에 가까운 낯익은 모습이다. 문명이 오로지 부정적 의미만을 갖는 것은 아니지만, 그것은 여기서 구체적으로 거론할 필요를 느끼지 않을 정도로 많은 역기능을 갖고 있는 것도 부정할 수 없다. 문제는 바로 그 부분(작품에서 구체적으로 드러나지는 않으나 문맥과 분위기를 통해서 충분히 짐작할 수 있다)이라고 할 수 있는데, 이번 시집에서 주류를 이루는 식물적 상상력은 바로 그런 부정적인 문명의 그늘로부터 벗어나려 하는 시인의 소박한 꿈을 담고 있다. 그 꿈은 시인의 꿈이자 우리 모두의 간절한 꿈이기도 하기에 그의 작품들이 우리 마음을 찡하게 두드린다.

자기 정체성에 대한 탐색

—신진 시집 『강』·송유미 시집 『파가니니와의 대화』

1

신진의 시는 이 시대의 한복판을 살아가는 우리들에게 많은 것을 생각하게 해준다. 그는 이 시대 우리가 함께 생각하고 고민해야 하는 것이 무엇인가 하는 것에 대하여 깊은 관심을 가지고 한 편 한 편 읽을 맛 나는 시로 빚어내고 있기 때문이다. 그는 풍부한 경험과 세계를 읽는 날카롭고 비판적 안목을 통해서 이 시대를 살아가는 인간들이 지향해야 할 참된 삶은 무엇이고, 무엇이 진정으로 가치 있는 것인가라는 문제를 심도 있게 그려냈다. 이런 점에서 우선 그의 시는 우리의 관심을 불러일으키고 있으며, 우리에게 읽는 즐거움을 더해준다.

그의 이번 시집에는 이 시집의 표제이자 첫머리에서 연작으로 풀어낸 「강」 시편을 통해서 최근 그가 관심을 갖고 있는 것이 무엇인가 하는 점이 잘 드러난다. 즉 그는 오늘날 인류에게 초미의 관심사로 떠오르고 있는 환경파괴 문제에 대해서 깊은 관심을 갖고 그것을 시로 형상화해내고 있는 것이다. 이제 환경문제는 인류의 미래 삶에 대한 사활이 걸린 문제라는 점을 아무도 부인하지 못하듯이 우리가 이것을 극복하지 못할 때 인류의 미래도 암담한 것이 아닐 수 없다. 그런 만큼 그가 근심어린 눈으로 읽어내는 환경문제는 우리에게도 가장 절실한 문제 중의 하나이다.

그는 그 문제를 특히 「강」 연작을 통해서 드러내고 있는데, 이것은 매우 상징적인 것으로 이해된다. 다시 말하면 '강'이란 곧 시간의 흐름, 구체적으로는 역사의 줄기라고 볼 때 그 강이 공해로 오염되어 간다는 것은 곧 날로 황폐화되어 가는 역사에 대한 성찰이요, 그 역사를 청정하게 바로 일으켜 세워야 한다는 의지의 소산이라고 생각된다. 그는 유사 이래 인류의 젖줄이 되어온 그 강이 오염되어 주검으로 변해가는 상황을 다음처럼 노래하고 있다.

재화는 위로 위로 올라가고
분뇨는 아래로 아래로 흐른다.
교집합, 차집합으로 노래하던 새들은
목 쉰 나팔 하나 뿐, 종 · 목 · 과를 잃었다.
위로 흐른 재화는 상류를 막고
아래로 흐른 분뇨가 하류를 막으면서
물의 시체가 널리기 시작했다.
주검의 골짜기 물의 묘지에
발 헛디딘 반달이
살려다오, 살려다오.
개헤엄을 치고 있다.

—「강 · 반달」 전문

현대를 일컬어 물신주의, 배금주의가 만연하는 시대라 한다. 모두가 물질(재화)에 눈이 어두워 참으로 가치 있는 것이 무엇인가 하는 일에 대해서는 돌아볼 겨를이 없다. 재화를 위해서라면 어떤 짓도 다할 수 있다는 논리가 자본주의 사회에 사는 인간들의 피할 수 없는 한 속성이기도 한데, 그는 이러한 세태에 대하여 치열하게 비판하면서 「강」 연작을 풀어나간다.

위의 시에서 '위로 흐른 재화는 상류를 막고/ 아래로 흐른 분뇨가 하류를 막'는다고 하고 있는데, 여기서 분뇨는 곧 자본주의 사회의 특징과 밀접한 관련이 있는 소비주의의 부산물이기도 한 것이다. 시인은 인간들의 끝없는 욕망의 찌꺼기들이 하류를 막고 결국 강을 주검으로 변하게 만들었다고 한다. 그에 의하면 강은 이제 인간들의 젖줄이 될 수 없다. 그것은 다만 '물의 묘지'에 불과하기 때문에 지난날 한데 어우러져 노래하던 새들은 이제 '목 쉰 나팔 하나 뿐, 종·목·과를 잃었'으며, 또 인간들을 한없이 꿈에 젖게 하던 반달마저 제대로 모습을 드러낼 수 없어 발을 헛디뎌 허우적거리며 살려달라고 비명을 지르게 되었다고 한다. 그러니까 그의 생각의 중심에는 모든 것이 피폐해져 가고 있다는 인식만이 또렷이 살아날 뿐이다.

그가 매우 근심어린 눈으로 살피고 있듯, 이제 강은 더 이상 살아 있는 생명의 강이 아니고 다만 주검의 골짜기에 불과하다. 그러니 태초부터 강에 기대어 역사를 일구어온 인류의 삶도 위기에 처하지 않을 수가 없다. 여기서 오늘날의 세계는 화해와 희망이 사라진 역사라는 시인의 인식이 드러나고 있다. 이렇듯 「강」 연작에는 궁극적으로 현대사회에 대한 시인의 비판적 인식이 큰 줄기를 이루고 있는데, 이런 점에서 시인의 내면에는 비극적인 인식이 주류를 이루고 있는 것으로 보인다.

이처럼 세상이 자꾸만 피폐되어 가고 있기에 그는 이제 고향에 가도 옛날 같은 모습은 찾아볼 수가 없다고 한다. 고향의 전답들은 월사금을 위해 팔리고 그 자리에는 '다방, 슈퍼마켓, 당구장'(「귀향 소감」) 같은 것들이 들어서서 물신주의로 치닫는 도시와 조금도 다를 바가 없게 되었으니 그곳마저 이제는 마음 붙일 만한 안식처가 되지 못한다는 것이다. 여기서 그는 더욱 위기의식에 잠기게 되고 급기야는 세상 돌아가는 일들이 너무나 위태롭고 불안하여 날마다 '라디오 소리를 들으며 자는 버릇이 붙었다'(「라디오」)고 토로한다.

오늘 또 무슨 일이 일어날지 안심할 수 없어 한시도 라디오에서 귀를 뗄 수 없는 세상이란 그에게 한없이 혐오스럽고 부정적인 것일 따름이다. 그래도 어떻든 역사는 발전한다고 하지만 그것은 따지고 보면 진정한 발전이라고 할 수는 없다. 인간이 좀 더 잘 살아 보려는 노력이 물질문명의 발전을 도모하고 그에 따라 도시화가 가속되는 것이기는 하지만, 결과적으로 인간들은 물질적 풍요로움으로 얻은 육체적 안락에 못지않은 정신적 고통을 부수적으로 가져오게 되었던 것이다. 이기주의와 무질서, 온갖 부조리와 갈등 등이 현대화와 도시화가 낳은 산물이라고 한다면, 이와 같은 병폐를 수반한 역사 발전이란 참된 가치만을 지닌 것은 아니지 않는가.

이러한 비판적 인식은 시인으로 하여금 마침내 시간에 대한 부정적 인식을 갖게 한다. 그가 인간들의 의지와는 무관하게 그저 냉정하게 앞으로만 흘러가는 시간에 대해 회의하는 것에서 그것을 알 수 있다. 그리하여 그는 이 세계가 인간의 이상에 부합하지 않고 부정적으로만 치닫게 하는 시간이라면 차라리 흐르지 않는 것이 낫다는 생각에서 다음과 같은 인식에 이른다.

> 아, 불예측성의 시계는 없나?
> 내 조모의 인생처럼 헝클어진 시계
> 구천동 물이 되어 빠지고 흐르고
> 넘어지는 시계는 없나?
> 어느 외진 숲그늘에서
> 세월 가리고 쉬다가
> 순식간에 강 거슬러 오르는 시간의 척추.
> 연월 모르게 잠자고 사랑하고
> 배반하고 달아나는

목숨마저도 내놓고 가기도 하는 시계

—「시계」 일부

이 시에서 시인은 시계 바늘을 거꾸로 돌려놓고 싶은 심정을 암시한다. 이것은 이를테면 타락한 현재에 대한 성찰에서 타락하기 이전의 세계에 대한 그리움을 드러내는 것이 된다. 오늘날 현대인들이 자연을 찾고 새삼스레 원시주의에 젖는 것은 결국 타락한 현대에 대한 혐오감에 기인하는 것이라 할 때, '순식간에 강 거슬러 오르는 시간의 척추'를 생각하며 '연월 모르게 잠자고 사랑하고/ 배반하고 달아나는/ 목숨마저도 내놓고 가기도 하는 시계'는 없느냐고 반문하는 것은 곧 자꾸만 타락하는 쪽으로만 흘러가는 시간에 대한 회의요, 그 시간으로부터 일탈하고자 하는 인식을 나타내는 것이라 할 수 있다. '연원 모르게 잠'자고 싶다는 것은 무엇인가. 그것은 곧 초역사성, 또는 시간에 대한 초월을 꿈꾸는 것이다. 이런 초월적 의지는 부정적 현실인식에서 비롯되었다.

이러한 그의 현실에 대한 부정적 인식은 다시 인간 자체에 대한 회의로 발전한다. 시인은 오늘날 우리가 앓고 있는 많은 사회적 문제들이 인간들에 의해 저질러진 것이라고 생각하기에 그렇다면 인간의 본질이란 과연 무엇인가라는 점에 생각이 이르게 된다. 그리하여 그는, '사람아/ 너의 차가운 머리로도/ 지상의 나뭇잎은 헤지 못하고/ 뜨거운 눈으로도/ 지상의 불길은 잡을 수 없다/ 너의 손이 고와도/ 냇강 송어 한 마리 건질 수 없고/ 서랍안의 서랍은 열지 못한다'(「없었느니라」)고 경고한다. 이 문맥에 내포된 뜻에 의하면 인간이란 결국 불완전한 존재일 따름이다. 다시 말해서 인간들이 아무리 '차가운 머리', '뜨거운 눈', 고운 '손'을 가졌다고 해도 거기에는 일정한 한계가 있을 수밖에 없다는 것이다.

이러한 그의 인식은 무엇을 뜻할까. 그것은 인간의 오만함을 경계하는 것이리라. 즉 인간들이 자행하는 수많은 부조리하고 불합리한 일들은 따지고 보면 겸손할 줄 모르는 그들의 오만함에서 연유되었다는 인식으로부터 그는 궁극적으로 인간들이 그것을 극복할 수 있는 길이란 스스로 자기 한계를 분명히 알고 겸손한 마음으로 돌아가는 것밖에 없다는 점을 일깨우고 있는 것이다.

인간의 차가운 머리와 뜨거운 눈, 그리고 고운 손이 역사 발전을 이루어 온 것은 틀림없는 사실이지만 그렇다고 그것이 만능일 수만은 없다. 다시 말해서 그러한 머리와 눈과 손이 인간 역사를 발전하도록 만든 반면에 그것이 인간 사회를 너무 세속적이고 비정하게 만들기도 했다는 것을 결코 부정할 수는 없는 것이다. 이것이 인간들이 지닌 한계라고 한다면 시인은 그러한 한계를 벗어날 수 있는 길을 욕심으로부터 벗어나는 일에 있다고 생각한다. 그것이 참된 인간으로 돌아가는 것이고 가장 자유로운 인간으로 살아가는 것임을 그는 다음처럼 노래한다.

> 먼지를 털면
> 몸이 가벼워진다.
> 휘파람을 불면
> 헤어진 이름이 가벼워진다.
> 하늘은 아름답다, 그는 아무것도 갖지 않았다.
> 가진 것 없는 날은
> 주말의 만원열차가 가볍게 나에게 온다.
> 비명없는 다북쑥 무덤에 기대앉으면
> 그의 생전 모습만큼이나
> 나는 얼마나 자유로운가.
>
> —「경공법」 부분

오늘날 우리 사회의 온갖 병폐들이 대개 인간들의 끝없는 욕심으로부터 비롯된다는 것에 동의할 때 이 시인이 인식하고 있는 이러한 버림의 자세는 곧 그 병폐를 치유할 수 있는 가장 좋은 처방이 될 수 있을 것이다. 우리들의 마음에 꿈틀거리는 온갖 헛된 욕심을 버림으로써 우리는 진정한 자유를 누릴 수 있을 것임은 자명하다. 그가 인간 세상에 대하여 얼마나 혐오감을 갖고 있는가 하는 것은 '비명없는 다북쑥 무덤에 기대앉으면/ 그의 생전 모습만큼이나/ 나는 얼마나 자유로운가'라는 구절에 잘 드러나 있다. 이 구절을 거꾸로 읽으면, 세상이란 아귀다툼의 도가니와 다를 바가 없는 것이기에 비명으로 점철되어 있고, 그러기에 그런 세상에 사는 인간이란 결국 온갖 속박과 억압으로부터 자유로울 수 없다는 것이 된다. 그래서 그는 아귀다툼의 세상 저 편에 있는, '비명없는 다북쑥 무덤에 기대앉으면' 한없이 자유로운 상태를 경험하게 되는 것이다. 물론, 사람과 사람이 서로 부대끼며 살아가는 세상에서 무덤처럼 갈등이 완전히 사라지기를 기대하는 것은 근본적으로 불가능한 일일지도 모른다.

그러나 인간들의 의지에 따라서는 얼마든지 서로간의 갈등을 줄이고 화해의 세계로 나아갈 수도 있다. 그것이 다름 아닌 서로가 이기심과 헛된 욕심을 버리고 함께 어우러져 살아가는 세상이라는 것을 자각하는 일이다. 그렇게 가벼운 몸과 마음으로 설 때 세상은 얼마든지 새로워질 수가 있고, 그때 또 우리는 다음 시에서 노래되는 것처럼 모르는 사람과 함께 시장 골목을 걸어도 모두들 예쁜 모습으로 비춰질 수가 있는 것이다.

모르는 사람끼리 어깨 비키며
손 잡고 하나 둘
구령 맞추지 않아도 구령맞춰 걷는 모습
보이지 않아도
모두들 예쁘다
예쁘다 보고 있었다.

—「시장골목」 부분

지금까지 보았듯, 현실을 바라보는 신진의 인식 속에는 두 갈래의 눈길이 자리를 잡고 있다. 즉 그는 세상을 갈수록 타락하는 것으로 읽고 있으면서도, 또 한편으로는 그렇다고 그것이 도무지 구제할 수 없는 완전히 절망적이지만은 않고 한 가닥 희망은 존재한다고 생각하는 점이 그것이다. 바꾸어 말하면 인간들의 노력에 따라서는 얼마든지 세상을 평화로운 세계로 전환시킬 수가 있다는 것이다. 그것이 이른바 인간들이 스스로 허욕을 버림으로써 허물을 줄이는 일이다. 그럴 때 우리는 우리들 사이에 가로놓여 있는 높은 벽을 허물고 시장골목도 함께 손잡고 걸어갈 수 있다.

결론적으로 말해서 신진은 날로 타락하는 오늘날의 세태에 대한 비판적 인식에부터 시적 출발을 하고 있다. 그리고 그것을 어떻게 극복하고 참된 화해의 길로 이를 수 있는가 하는 문제에 그 귀결점을 맞추고 있다. 결국 이번 시집 『강』에는, 요약하면 크게 위와 같은 두 가지 문제에 대한 시적 해명이 다각도로 이루어지고 있다고 할 수 있다. 이러한 그의 관심사는 이 시대에 살아가는 우리 모두가 어떤 형태로든 해결하지 않으면 안 된다는 점에서 매우 절실하게 다가온다.

2

신진이 시단의 중진으로서 세상을 읽어내는 안목의 넓이와 깊이로 중후한 맛을 주는 시를 빚어내고 있다면, 송유미는 젊은 여류시인으로서 섬세한 감각을 가지고 삶의 본질을 들여다보려는 치열한 자세가 돋보이는 시를 빚어낸다고 할 수 있다. 특히 그는 짙은 서정성을 바탕으로 자기 나름의 시적 빛깔과 가락을 실어낼 줄 알고 있을 뿐만 아니라 시에 바치는 열정이 대단한 시인으로 주목된다. 그는 등단 5년여에 벌써 3권의 시집을 엮어낼 정도로 왕성한 작업을 해나가고 있는 것이다.

이러한 송유미의 시를 일별하면, 그의 시의 근원에는 항상 상실의식이 깊이 깔려 있으며, 궁극적으로는 그는 이와 같은 상실된 세계로부터 사랑이 충만한 세계를 지향하고자 하는 의지를 분출시키고 있는 것으로 요약된다. 이 점은 그의 시 곳곳에 노정되어 있는 당신의 없음과 그로 인한 그리움, 기다림의 마음 등을 통해서 쉽게 확인할 수 있다. 가령, 그의 상실의식은 「내 잠을 흔드는 갈대」에서

> 당신이 떠나고
> 오래도록 저는 말을 잃었습니다
> 흔들리지 않고는 살 수가 없는 세상,
> 물들지 않고는 견딜 수 없는 세상,
> 그 견딜 수 없는 아픔들이 또 나를 노래 부르게 합니다

라는 것으로 노래된다. 그는 당신이 떠난 이후로 말을 잃고 세파에 흔들리며 견딜 수 없는 아픔에 젖어 있다. 위의 구절에서 우리는 그가 왜 아픈 세월을 살 수밖에 없는가 하는 이유를 두 가지 측면에서 이해할 수 있다. 하나는 근본적인 이유라고도 할 수 있는 당신의 떠남 때문이며, 다른 하나는 험난한 세파 때문인 것이다. 험난한 세파에 견디기 어려운 것이란 곧 당신의 떠남에 연유하는 것이기도 하지만, 세상 그 자체에 도사리고 있는 단절된 상황 때문이라는 점도 간과할 수 없다. 그의 경험 속에 비친 세상은 온통 '열 수 없는 문'(「열쇠」)으로 그득하기만 하고, 사람들의 가슴 또한 어떤 암호를 통해서도 쉽게 열 수 없는 상태에 놓여 있기 때문에 그는 어쩔 수 없이 단절감 속에서 살 수밖에 없게 된다.

이렇게 그를 둘러싸고 있는 주변 상황이 그의 힘으로 열 수 없을 만큼 견고한 성으로 이루어져 있다는 생각은 동시에 그에게 항상 그 문을 열고자 하는 의지를 버리지 못하도록 한다. 그 의지는 많은 경우 그를 떠난

당신을 그리워하는 것으로 나타나기도 하지만, 그러나 그 당신과의 합일이 쉽게 이루어질 것 같지 않다는 점에서 절망감 또한 그 열망의 강도만큼 커지게도 된다. 이러한 인식은 그로 하여금 많은 의문과 인식론적 망설임에 빠지게 한다. 이것은 그를 그토록 열망하는 마음에 빠지게 하는 주체란 도대체 무엇인가라는 물음을 통하여 그 근원을 살피려는 노력이기도 하다.

누구일까
내 가슴을 이처럼 솟구쳐
정지될 수 없는 사랑을 알게 한 이는
누구일까
살을 저미며 적셔오는 종소리로
천년을 울게 하는 아픔을 알게 한 이는
바람은
간혹
나를 흔들어
눈가를 적시는 눈물을 알게 하지만
한순간도 잊을 수 없는 고통으로 하여
자폭의 계단을 수없이 오르며
나를 버리는 까닭을
오, 알게 한 이는,

—「분수」 전문

이 시에는 자신에게 사랑을 알게 하고 그로 하여 아픔과 슬픔에 빠지게 한 대상에 대한 의문에 사로잡히는 시인의 마음이 잘 드러나고 있다. 분수의 물줄기가 결국에는 다시 제자리로 떨어질 수밖에 없으면서도 끊임없이 하늘을 향하여 뻗쳐오르기를 멈추지 않는 것처럼 시인은 사랑 또한 그와 다를 바 없다는 생각에 이른다. 즉 수없는 절망에 빠지면서도 그 사랑을 포기하지 않고 열망할 수밖에 없다는 것이 시인의 인식의 바탕을 이루고 있는 것이다. 그래서 그는 자신에게 이런 사랑을 알게 한 주재자에 대한 의문을 품게 된다.

이와 같은 회의와 의문에 사로잡혀 있으면서도 그것을 해결할 대안을 찾지 못할 때 그는 판단중지로, 또는 인식론적 망설임으로 나아가게 된다. 가령, '차마 당신이 우실까봐 죽을 수도 없는 사랑이/ 사랑인지는 알 수 없습니다만/ 저는 죽을 수도 살 수도 없는/ 길 위를 오래도록 서성입니다(「지독한 사랑의 노래 · 2」)는 구절이 그것을 암시한다. 죽을 수도 살 수도 없는 상태에 머물러 있다는 것은 바로 진퇴양난에 빠져서 어느 쪽으로도 판단을 내릴 수 없음을 뜻한다. 이것은 자아가 지독한 위기의식에 처해 있음을 나타내는 것이자, 가치 혼란에 빠져 망설이고 있음을 뜻하는 것이다. 또한 그가 판단 중지 속에서 망설이고 있다는 것은, 말을 바꾸면 바람직한 삶의 길을 탐색하는 도정을 나타내는 것이기도 하다. 그런 망설임과 탐색자세가 융합된 모습을 다음 시에서 볼 수 있다.

> 플레시가 터지고 막이 올라요
> 아침이 시작되는군요
> 소화도 되기 전에 저녁이군요 이브닝 드레스를 입은 검은 女子
> '사랑하고 싶어요'
> 아니 '이별하고 싶어요'
> 아니 아니 '함께 자고 싶어요'
> 아니 아니 아니 '죽어버리고 싶어요'
> 아니 아니 아니 아니 '죽음보다 강한 삶을 원해요'
>
> —「파가니니와의 대화 · 3」 부분

여기서 시인이 하나의 지향점의 선택과 다시 그것에 대한 부정을 자꾸 반복하는 것은 진정한 삶을 탐색하려는 의지를 나타내는 것에 다름 아니다. 그러니까 '죽음보다 강한 삶을 원해요'라는 진정한 목표에 이르기 위해서 그는 네 번에 걸친 시행착오를 겪는다. 그 시행착오는 곧 망설임과 결부되어 있는 것이며, 그런 망설임이 바로 '죽음보다 강한 삶을 원해요' 라는 궁극적 삶의 자세에 이를 수 있게 했던 것이다. 그가 최종적인 선택에 이르기까지 앞에서 선택한 것에 대하여 계속 더욱 강한 부정으로 처리한 것은 좀 더 참된 삶의 길을 찾고자 하는 강렬한 의지를 나타낸다.

이렇게 의문과 회의, 그리고 망설임과 탐색의 과정을 통하여 '죽음보다 강한 삶을 원해요'라는 명제에 도달했을 때, 이제 시인에게 남는 것은 최종적으로 선택한 삶을 향하여 열심히 밀고 나가는 자세만이 있을 뿐이다. 그러니까 시인은 새로운 존재로 태어나야 하는 것이다. 그에게 새로운 존재로 태어나는 것은 당신에 대한 회의보다는 믿음을 갖는 것이고, 그런 믿음을 더욱 확실한 것으로 만들기 위해 거듭나는 존재가 되는 것이다. 그리하여 절망감에서 빠져나와 이제 그는 '당신이 보고 싶습니다 당신도 나를 보고 싶어 하세요 내가 애절히 당신을 그리는 것처럼 그럼 우린 만날 수 있을 꺼에요'(「소문」)라는 믿음을 갖고, 그 '당신이 오실까봐 문을 열어 두고 잠'(「문 · 2」)에 들며 언제나 기대감을 저버리지 않는다고 한다.

그렇다면 왜 그토록 그는 당신에 대한 미련과 그리움을 버리지 못하는 것일까. 단적으로 말하면 그것은 그와의 합일된 세계만이 '아름다운 궁전' 이라고 인식되기 때문이다. '아름다운 궁전'이란 무엇인가. 그것은 곧 당신의 떠남으로 인하여 잃어버린 낙원을 회복하는 일이요, 진정한 삶을 누릴 수 있는 세계라 할 수 있다. 하지만 그것은 지금 여기에는 존재하지 않고 절망적인 현실의 저 건너편에 있을 따름이다. 그래서 시인은 그것이 현재 여기의 현실로 실현되기 위해서는 당신이 나에게 와야 한다고 굳게 믿고 있기 때문에 떠나간 당신을 간절히 그리워하는 것이다. 이런 열망이 그에게 너무도 강렬하기 때문에 또 어느 때는 그로 하여금 추억 속에 들도록 만들기도 한다.

> 저는 아직도 잊을 수가 없어요 당신이 하모니카를 불어주던 푸르른 날들을 그대는 나에게로 오고 나는 그대에게로 가던 그 징검다리의 아슬한 곡예를 수수밭이 군악대처럼 병렬해 있던 아름다운 궁전을 그곳에서 오래도록 왕자와 공주는 행복했고 한 사람의 퇴장으로 막이 내려버린 관객도 없던 그 무대를 그대 기억하나요 기억은 아름다운 아코디온의 층계로 연주되고 있군요 그 층계를 밟으면 하늘까지 닿을 수 있는 무지개 사다리가 되어버리죠 전 이 사다리로 그 푸르른 기억의 숲을 휘파람 불며 가고 있어요
>
> —「끈질긴 기차를 타고 · 8」 전문

시인이 '끈질긴 기차를 타고' '푸르른 기억의 숲을 휘파람을 불며 가고' 있는 것은 잃어버린 낙원이 추억 속에 존재한다고 생각하기 때문이다. 즉 현재하고는 아주 다른 '그대는 나에게로 오고 나는 그대에게로 가던' 서로 합일된 세계였다는 그 시절의 아름다운 기억이 그를 추억 속으로 끌어들이고 있는 것이다. 물론 이러한 지난날의 조화로운 세계를 동경하는 마음은 현실에서 도피하고자 하는, 낭만적이고 퇴행적인 사유와 밀접한 관련을 맺고 있기 때문에 부정적인 측면이 있기도 하다. 그러나 인간들은 현실에서 좌절감을 느낄 때 곧잘 이와 같은 퇴행의식에 젖게 되는데, 여기에는 행복했던 추억 속으로 들어감으로써 정신적 위안을 구하려는 심리가 개재되어 있는 것이다.

이러한 추억 속으로의 여행이 현실적으로 떠나가고 없는 당신을 만나고 절망감을 희석시킬 수 있는 한 방편이기는 하지만, 그러나 이것은 결국 인간에게 허망함만을 안겨줄 뿐 현실을 개선할 수 있는 참된 방법이 되는 것은 아니다. 왜냐하면 그것은 의식 속에서만 가능한 것일 뿐이기 때문이다. 이런 점에서 시인에게는 필연적으로 새로운 대안이 요구되는데, 그것은 바로 현실을 좀 더 분명히 인식하는 일이요, 이를 통해서 부정적인 현재를 개선하는 길을 찾는 일이다.

이런 사정은 '정해진 구도를 벗어나/ 다른 몸짓으로 하늘을 나르는거야/ 무한한 자유를 두고/ 왜 스스로/ 갇혀서 운다지/ 울면서 운명을 한탄한다지'(「새」)라는 구절에 잘 드러나고 있다. 그는 현재에 대한 문제를 반성하고 '다른 몸짓'을 가져 봄으로써 새로운 세계에 들고자 하는 것이다. 그는 결국 현재의 삶을 '남의 흉내만 내는' 허위의 삶임을 자각하고 '내 땅을 만드는 일', 또는 '내가 노래할 수 있는 많은 노래'를 찾기 위한 노력을 펼쳐가고자 한다.

살면서 물들은
이 분류되지 못한 슬픔들을
어느 코오스로 맞추어 돌려야 할까
들들들들들 들들들들
들들들들들 들들들들
밤낮으로 그대를 돌려도
씻어지지 않는 세상의 혼탁들을
무엇으로 거품을 일으켜
바람에 말려 거둘 것인가

—「분류되지 못한 슬픔들을 어느
코스로 돌려야 할까—세탁기」 부분

이제 그는 좌절감에 젖어서 떠난 당신을 그리워하고 추억 속으로 들어가 행복한 시절을 마음속에 떠올리며 정신적 위안을 구하기보다는 오히려 그것이 허위의 삶임을 비판하고 새로운 삶을 살아가려는 의지를 더 강하게 보인다. 그것이 이른바 '세상의 혼탁들'을 분류하고 씻어 버리고자 하는 노력인 것이다. 이것은 그가 새로운 존재로 거듭나려는 것으로서, 문제 해결의 참된 길이란 무엇보다도 자신 속에 내재되어 있다는 것을 분명히 깨달은 결과라 할 수 있다. 그래서 그는 '스스로 깃털을 뜯어내는 자학'(「새」)을 하기보다는 자신에게 걸맞은 노래, 즉 자기 정체성을 찾는 일에 더 골몰하고자 한다.

물론 이러한 노력을 한다고 해서 쉽게 그가 염원하는 경지에 이를 수 있는 것은 아니다. '어느 코스로 맞추어 돌려야 할까', '무엇으로 거품을 일으켜/ 바람에 말려 거둘 것인가'라는 구절에 암시되어 있는 것처럼, 우리 삶에 덧씌워진 티끌들을 낱낱이 털어 내고 진정한 모습에 이르기란 그렇게 쉬운 일은 아니기 때문이다.

그러나 그렇다고 우리가 그런 노력마저 포기할 수는 없다. 어떻든 우리는 살아 있는 한 낙원에 대한 꿈을 버릴 수 없기 때문이다. 아니, 우리는 어쩌면 생전에는 끝내 우리가 염원하는 낙원에는 이를 수 없을지도 모르지만, 그에 이르기 위한 꿈과 노력만은 결코 버릴 수가 없다. 그것이 곧 인생이 아니겠는가. 송유미의 시는 이런 인생의 의미를 우리에게 한사코 곱씹게 한다.

채움과 비움의 이중주
—박무웅 시집 『내 마음의 UFO』

1

미국의 비평가 R. 웰렉은 시인을 두 가지 유형으로 나누어 개성(주관적 요소)을 시에서 제거해야 한다고 강조하는 객관적 시인과 마치 자화상을 그리듯이 자기 자신을 구체적으로 표현하기를 즐겨하는 주관적 시인으로 구분했다. 이 구분에 따르면 박무웅은 주관적 성향이 강한 시인에 속한다. 그의 시를 읽으면 거의 의심의 여지없이 전기적 산물이라고 판단할 만한 제재들이 즐비하다. 그 중에도 특히 '어머니'라는 시어가 자주 눈에 띄는데 이 시어가 직접 드러나는 작품만도 13편으로 대략 세 편중에 하나 꼴일 정도로 그는 어머니에 대한 회상을 시화하려고 애를 썼다. 뿐만 아니라 고향, 힘들었던 청년시절, 가난의 고통을 탈출하고 성공할 수 있도록 성실성을 가르쳐 준 외삼촌에 대한 회상 등 그는 주로 자신이 살아온 체험이나 그 사유에 관한 제재들을 시화하여 대부분의 작품이 그의 자전적 요소라고 해도 무방할 정도이다. 이로 보면 그는 분명 주관적 시인의 부류에 든다.

그렇다면 이러한 그의 시적 취향이 우리에게 던지는 의미는 무엇일까?

그것은 그의 시가 작위성보다는 절실한 체험을 진솔하게 표현하여 기교에 의존한 시와는 다른 인간적인 훈훈한 감동을 자아내게 한다는 점이다. 또한 지나치게 기교나 형식에 치우치다보면 어쩔 수 없이 인간학으로서의 문학이라는 점을 다소 유보할 수밖에 없으나 그의 시는 인간학으로서의 문학이라는 근본을 충실히 따르고 있어 외화내빈으로 치닫는 현대문학의 한 맹점을 뛰어넘는다. 이 같은 그의 시적 특성은, 그가 어머니의 삶에 대해 '금산 장터에 가면/ 지금도 어머니가 좌판을 벌이고 있다/ 온몸으로 쓰는/ 육필시다!'(「육필시」)라고 스스로 표현했듯, 그에게도 삶이 곧 시이고 시가 곧 삶이라는 역설을 보여주는 것이기도 하다.

「5분 후?」라는 작품에 따르면 그는 30대 초반에 이미 시에 대한 관심을 가졌으나 등단은 상당히 늦은 편이다. 그렇다면 그에게 시의 씨앗이 잉태된 것은 오래 되었지만 그것에 구체적인 싹이 돋기 시작한 것은 사업이 안정되고 다소 여유가 생기기 시작하면서부터인 것으로 짐작한다. 문학은 자신과 주변을 돌아볼 수 있는 마음의 여유를 가져야만 비로소 그 실체가 뚜렷해질 수 있음을 감안하면 그 연유를 알만 하다. 이와 같은 그의 시 입문 과정은 그가 작품을 발표하거나 시집을 출간하는 일에 그리 연연하지 않았다는 점과도 연관이 있다. 그가 1995년에 등단한 것으로 보면 등단 이후 15년이라는 세월이 흘렀는데 이제야 첫 시집을 내고, 시집에 수록된 작품도 비교적 적은 43편에 불과하다는 것은 웬만한 시인들과는 사뭇 다른 모습이다. 이 사실은 어떻게 보면 그에게는 시에 대한 강박증이나 조급증이 아주 희박하다는 것을 반증하는 것이기도 하다.

이러한 그의 이력을 나름대로 읽자면 그는 다만 시를 좋아하고 즐길 뿐 그 이상도 그 이하도 아닌 것으로 생각하는 듯하다. 옛날과 달리 시집 내기가 쉬워져 등단하기 바쁘게 시집을 내는 시인도 많고, 또 욕심을 부려 1년이 멀다하고 시집을 내는 시인들이 적지 않은 풍토에서 그의 과작은 확실히 다른 느낌을 준다. 앞의 부류들이 시인들마저 속도와 물량주의를 신봉하는 현대사회의 맹점을 추종하는 씁쓸한 뒷맛을 느끼게 하기에, 다만 시를 즐길 뿐 연연해하지 않는 그의 여유로운 인식이나 태도는 '느림의 미학'을 실체적으로 보여주기 때문이다.

2

『내 마음의 UFO』에는 모두 43편의 작품이 실려 있다. 이 작품들을 개관하면 다음과 같은 세 가지 특성을 간추려낼 수 있다.

첫째는 대부분의 작품이 시인의 구체적 생체험을 제재로 하여 시간의 추이(과거-현재-미래)에 따라 시인의 존재인식이 매우 다르게 드러난다는 점이다. 이것을 존재론적으로 재구성하면 박무웅의 시는 현존재(현재+자아)에 대한 성찰을 중심으로 하여 의식의 방향이 과거의 기억을 재생하거나 미래의 자아상을 전망하는 것으로 유형화할 수 있다.

둘째는 전체 시를 결핍과 충족이라는 이항대립으로 묶을 수 있을 만큼 그의 시에는 결핍에 대한 인식과 그것을 극복하거나 초월하려는 의지가 강하게 드러난다는 점이다. 그리고 이 결핍과 충족의 내용을 구체적으로 들여다보면 인생 전기와 후기가 질적으로 달라져 다시 두 계열로 대별된다. 즉 어린 시절에서 중년기까지는 주로 물질적 결핍과 그 충족을 위한 힘겨운 노력을 보여주는 반면, 장년기 이후에는 정신적 결핍을 자각하고 그 충족을 위해 오히려 욕망을 비우는 길을 찾는다는 점에서 서로 대립적인 관계로 놓인다.

셋째는 위와 같은 제재, 또는 주제적 특성을 효과적으로 형상화하기 위해 박무웅은 즐겨 '對照'의 시법을 사용한다는 점이다. 시집 첫 머리를 장식한 「박쥐」라는 작품에서부터 시적 화자가 박쥐와 대조되어 있듯이 시인은 자아를 성찰하고 인식하는 방식의 하나로 대조법을 즐겨 사용한다. 대조의 유형은 과거/현재, 어머니/나, 주체(자아)/타자(비자아), 자연/나 등 다양하게 드러난다. 주지하듯이 대조법은 서로 다른 두 사안을 대비함으로써 어떤 한 쪽의 특성을 부각하고 강조하는 데 매우 유용한 방법이다. 시인은 주로 이 방법을 통해서 자아를 구체적으로 파악하고 문제점을 일깨운다. 이를테면 그는 대조법을 통해 자아성찰→반성→수치심 발동→이상적 존재 염원 등의 과정을 밟아간다. 이 때문에 그의 시에는 종종 자아와 비자아(타자화된 주체, 또는 비판적 자아)가 동시에 드러난다. 여기서 자아는 일상적/부정적 모습을 띠고, 비자아는 그런 자아를 성찰하고 비판하여 부끄러움을 느끼게 하는 구실을 한다. 그리고 그 반성의 결과 미래의 이상적/진정한 자아의 모습을 상상하고 염원한다. 위와 같은 세 가지 특성을 좀 더 구체적으로 풀어 박무웅 시의 특성을 살펴보면 다음과 같다.

과거를 제재로 한 작품에 가장 두드러지게 드러나는 것은 가난한 성장기와 억척같이 생계를 꾸려 가시던 어머니, 고난의 청년기와 조력자로서 이 외삼촌의 존재가 가장 인상적으로 그려져 있다. 그 시기가 힘들었던 만큼 그의 기억 속에 각인된 그분들에 대한 정은 무척 애틋하다. 그래서 그는 종종 대상을 통해서 그분들의 모습을 떠올리거나 기억을 반추한다. 그중에도 특히 어머니에 대한 그리움이 가장 큰 비중을 차지한다. 그래서 시적 화자는 시래깃국 · 쑥부쟁이 · 쑥국 · 시장 · 보름달 · 일출 등 하찮은 것에서 신성한 대상에 이르기까지 만나는 것마다 어머니의 모습을 떠올리곤 한다.

가령, 어머니에 대한 간절한 그리움은, 그에게 마장리 '쑥부쟁이'(「쑥부쟁이」)를 보거나 쑥국(「쑥국」)을 먹을 때, 또는 '보름달'을 보아도 '감자전, 파전, 호박전/ 화덕 불 활활 타오르는 뒤뜰/ 솥뚜껑에서/ 전을 부치

셨던 어머니'(「보름달」)가 생각나게 하는가 하면, '금산 장터'에서 만난 장돌뱅이를 통해서는 '웃음 속에 아픔 감춘/ 어머니의 붉은 울음소리/ 시장 구석 구석에 배어 있다./ 육필시다.'(「육필시」)라고 하여 어머니의 삶이 곧 몸으로 쓰는 시였다고 규정하게도 한다. 갖은 역경 속에서도 결코 절망하지 않고 악착같이 삶의 끈을 놓지 않은 어머니의 삶을 생각하면 어떤 시가 그보다 더 절실하고 아름답고 감동적인 것으로 다가올 수 있겠는가? 우리는 기구한 어머니의 삶을 '육필시'로 읽는 시인의 마음을 십분 이해할 수 있을 것이다.

그런데 이렇듯 시인이 어머니를 간절히 그리워하고 절실한 마음으로 과거를 되돌아보는 것은 단순히 지나간 시절에 대한 그리움 때문만은 아니라는 점에 박무웅 시의 특성이 있다. 기본적으로는 어머니에 대한 그리움과 시간의 무상감이 그 배경에 깔려 있지만, 궁극적으로는 현존재, 즉 '오늘의 나'를 분명히 알기 위한 하나의 방법이라는 점에서 그렇다. 이는 '시래깃국'을 소재로 한 다음 시에서 잘 드러난다.

> 오직 쓰러지지 않기 위해
> 어머니가 눈물로 받쳐 들었던 시래깃국!
> 목숨과도 같았던 된장 시래깃국!
> 지금은
> 온몸에 꽃등심처럼 낀 기름을
> 걷어내기 위해 먹는다.
>
> —「시래깃국」 부분

어머니가 끓여주시던 시래깃국이 지독한 가난 때문에 먹을 것이 없어 '오직 쓰러지지 않기 위해' 밥 대용으로 먹은 '목숨과도 같았던' 것이었다면, 오늘날의 그것은 부유한 덕으로 기름진 음식을 너무 포식한 탓에 '온몸에 꽃등심처럼 낀 기름을 걷어내기 위해 먹'는 비만하고 게으른 사람들의 별미이기도 하다. 시골이 고향인 중년 이상의 사람들은 대개 경험했듯이 불과 3-40년 전만 해도 우리 삶에서 시래깃국은 생명을 연명하는 중요한 먹을거리 중의 하나였듯이 시인은 그 시래깃국을 먹으면서 찢어지게 가난하던 어린 시절과 그에 대비되는 오늘을 견주어보고 격세지감을 느끼는 동시에 자신을 비판적으로 들여다본다.

어머니와 나의 대조는 「옐로우 카드」라는 작품에서도 잘 드러난다. 시적 화자는 '운동부족이라는 옐로우 카드를 받'고 운동을 한다. 그는 '러닝머신을 타고 걸어도 걸어도 제자리/ 한 시간 동안 땀에 젖어 숨이 차도/ 고작 10리'라는 표시를 보면서 '인삼 보따리를 머리에 이고/ 숍리, 강경, 논산 땅을 장사 다니셨던 어머니/ 하루에도 백 리/ 백 리 넘게 발이 트도록 걸으'신 기억을 회상한다. 그런데 어머니가 가족의 생계를 위해 백 리를 넘게 걸었다면 나는 제 건강을 지키기 위해 기계 위에서 걷는 것이니 걸음의 의미가 전혀 다르다. 그래서 그는

> 나는 아직 멀었다
> 당신을 좇아 한참 더 가야겠다
> 길이 보이지 않는다
> 옐로우 카드에는 길이 그려져 있지 않다
>
> —「옐로우 카드」 부분

고 탄식한다. 보따리 장사를 위해 걸었던 어머니의 걸음이 가난한 가정을 건져내는 희망의 길로 통했다면, 운동부족으로 늘어나는 체중을 줄이려고 러닝머신 위에서 기계적으로 하는 그의 운동은 믿음도 전망도 없어 대조를 이룬다. '나는 아직 멀었다'는 그의 자괴감은 단순히 어머니의 '백 리'와 나의 '10리'의 대조만을 뜻하는 것이 아니라 자신의 삶의 유형에 대한 일말의 부끄러움을 느끼는 것이기도 하다.

이렇듯 박무웅 시에는 대조를 통해 부끄러운 자아를 성찰하는 자의식에 관련된 작품이 상당히 많은데, 그것은 주로 자신의 삶을 개선하고 새로운 존재로 나가는 원동력으로 작용한다는 점에서 그의 인식은 매우 건강하고 역동적이다. 젊은 시절에는 새벽부터 파리채 같은 손바닥으로 자신을 삶의 현장으로 내보내 '세상을 뚫어나가는 큰 빛을'(「파리채」) 보도록 이끌어주던 부지런한 외삼촌을 통해 '나는 밥만 축내는 식충'(「바다 경전」)이라는 자각을 가졌고, 나이가 들어서는 순백의 맑고 고운 억새(자연)를 보면서 '염색한 내 은발이 부끄럽다'(「은빛 억새가 내게 말을 걸어왔다」)고 인위적/가식적인 자의식을 갖거나, '준고랭지에서 큰 일교차를 견디며/ 생생하게/ 파릇파릇한 손을 내미는 추부깻잎'을 보면서 그에 대비되는 '나는/ 조금만 잠을 설쳐도/ 하루가/ 만사가 귀찮고 생기를 잃는' 자신을 바라보기도 하고, '나무들은 저마다/ 가을 햇빛 속에 열매를 거두고 있는데/ 나는/ 빈손으로 바람만 쥐고 있다'(「빈손」는 허무감에 젖기도 한다. 또 어느 때는 '햇살도, 바람도 들지 않는 움막에서/ 하고 싶은 말 다 눈에 담고/ 꿈벅거릴 때마다 흘러내리는 할머니의 눈물'을 보면서 '무청처럼' 시들어갈 '나의 미래를 생각'(「할머니의 눈물」)하며 할머니의 모습을 통해 자신의 미래에 대해서 연민의 정을 느끼기도 한다.

과거와 현재, 어머니와 나, 외삼촌과 나, 자연과 나 등의 대조를 통해서 느끼는 현존재에 대한 부끄러움과 미래의 자아에 대한 연민의 정은 한편으로 회의(懷疑)・방황・불안감・두려움 등등 그를 더욱 복잡한 감정으로 몰아넣는다. 예컨대, 가을날 한 점 부끄럼 없이 맑기만 한 붉은 단풍[赤丹楓]과 산골짜기에서 발원하여 바다에 이르러 하늘에 오르는 투명한 물을 보면서

> 탯줄을 끊고
> 세상살이

60년이 넘고 더 넘었다

나는
무엇이 될까
나에게 묻는다면
그 대답 듣기 싫어
스스로 귀를 봉한다

—「유유자적) 부분

는 대목에서 보면 그는 미래에 대한 자신감 결여, 불확실성으로 인한 불안감, 문제로부터의 도피 등 자아의 한계인식으로 인해 매우 복잡한 감정을 갖는다. 이 시에서 시인이 추구하는 것은 무한한 자연과 유한한 자아를 대비하여 보잘 것 없는 인간, 또는 자연의 이치를 본받아야 할 인간의 성실성을 강조하는 것으로 보이는데, 이러한 시인의 인식은 도처에서 발견된다.

① 지금/ 나는 어느 길 위에 있지?// (중략)// 어린 날/ 접어 날리던 종이 비행기의 꿈/ 이제는 생존을 위해/ 하늘 길에 반딧불처럼 한 점으로 떠 있다

—「종이비행기」 부분(밑줄 필자, 이하 같음)

② 시장통 한 귀퉁이에 좌판으로 시작된 그날이/ 숨이 차도록 소리를 지르고 있다.// 칼날 같은 세상, 여기저기 가득 들어찬 어둠속에서/ 종아리뼈가 빼개지도록 서서 떨며/ 시린 바람으로 몰려오던 그날/ 미나리처럼 푸르른 한 올 한 올이/ 깊은 뿌리가 되었다./ 시장통에 나와 선/ 그날의 나는/ 지금 어디에 있는가?

—「그날의 나는?」 부분

③ 나도 여기 억새꽃 바다에 와/ 한 백년 살면/ 감추지 않아도 스스로 아름다울 수 있을까?/ 저리 정갈해질 수 있을까?

—「은빛 억새가 내게 말을 걸어왔다」 부분

④ 비가 뿌리는 거리의 아침/ 가슴에 보이지 않는 미래를 매달고/ 도시의 이 쪽 저 쪽에 걸쳐/ 나의 하루가 흔들린다

—「나도 거미?」 부분

⑤ 미워하고 분노하는 응어리/ 잊어야 할 것 잊지 못하고/ 비워야 할 것 비우지 못하는/ 더 많은 것만 찾아 헤매는// 이 마음의/ 혹,/ 어떻게 떼어내지?

—「혹」 부분

①과 ②에서는 어린 날/젊은 날과 현재를 대조하여 변해 버린 자아에 대하여 회의하면서 현재의 위치를 가늠하고자 하는 의지, ③에서는 자연에 대조되는 유한한 자아에 대한 회의, ④에서는 불투명한 미래에 대한 불안감과 방황의식, ⑤에서는 과욕 때문에 가치가 전도된 부조리한 '마음의 혹'을 떼어내야 함을 알기는 하지만 그 구체적인 방법을 모른다는, 무기력하고 무지한 자아의 모습이 드러난다.

이런 의식을 보여주는 작품들에서 의문부호를 많이 사용하고 있는데, 그것은 불완전한 자아에 대하여 끊임없이 회의하고 반성하고 반문한다는 것을 뜻한다. 그만큼 박무웅은 자의식이 강한데, 그 자의식은 그에게 새로운 존재로 거듭나게 하는 힘으로 작용할 뿐 절망하거나 주저앉게 하지 않는다는 특징이 있다. 즉 그가 끊임없이 자아를 성찰하고 인식하는 것은 내일의 이상적인 자아로 거듭나는 계기를 마련하기 위한 노력의 일환이다. 이는 한없이 가난했던 시절이 그에게 깊은 상처를 주었을 테지만 그것을 도리어 소중한 것으로 받아들이는 「옹이」라는 시에서 확인할 수 있다.

흉터에는 추억이 고여 있다
아픈 추억들이다
그 힘으로 옹이에 새순이 돋는다

(중략)

내 몸의 옹이들을 들여다본다, 소중하게.

—「옹이」 부분

'옹이'는 나무에 가지가 잘려나가서 생긴 그루터기를 뜻한다. 가지가 잘리면 옹이가 생겨 새로 움이 돋아나는 것처럼 시인은 힘겹게 살아가는 과정에서 어쩔 수 없이 생기는 상처와 흉터도 새 삶을 살게 하는 힘으로 작용한다고 생각한다. 그래서 그는 그것을 소중하게 여기고 삶의 일부로 받아들인다. 이와 같은 긍정적인 사고와 삶의 태도가 그를 그 어떤 역경 속에서도 좌절하지 않고 꿋꿋이 견뎌내도록 하였을 것이며, 새로운 미래에 대한 확신을 갖게 한다.

3

현존이 불완전하고 불안하여 불만과 부끄러움과 회의에 젖게 하기 때문에 그는 진정한 제 모습을 찾으려는 열망으로 몸살을 앓는다. 즉 가을의 맑은 '적단풍'이나 바다에 이르러 하늘로 오르는 투명한 '물'을 바라보고 부러움을 갖는 인생의 가을에 접어들면서 그는 존재의 종점을 의식하며 아름다운 결말에 이르려 한다. '~싶다'(염원)라는 종결어미를 빈번하게 사용된 그의 작품들에서 주로 이런 의식이 드러난다. 이들 작품에 투영된 자의식의 공통점은 불만스럽고 부끄러운 현존으로부터 미래에 새로운/이상적인 존재로 거듭나고 싶은 욕구/꿈을 갖는 것으로 집약할 수 있다. 이를테면 그것은

① 추사는/ 눈보라 속에서도 잎지지 않는 소나무를/ 세한도를 그렸지만

/ 나는/ 저 바위 속에 깊이 묻혀 있는/ 뿌리를 그리고 싶다

—「뿌리를 그리고 싶다」 부분

② 지난 날 무지랭이인 나도 온 몸으로 울었다/ 삶을 뿌리 내리기 위해/ 세상나무를 이빨로 물어뜯으며/ 삶의 나이테에/ 선명한 무늬를 깊이깊이 새겼다// (중략)// 날개만 남아/ 무욕의 하늘을 떠돌아다니고 싶다/ 우화등선의 나를 찾고 싶다

—「우화등선」 부분

③ 잡초를 닮고 싶다/ 뽑아도 뽑아도 뽑히지 않는/ 베어도 베어도 다시 솟는

—「잡초」 부분

④ 나도 거기 누워/ 풀처럼 바람처럼/ 공처럼/ 이것이 본업인 것처럼/ 이것이 목적인 것처럼

—「공처럼 살고 싶다」 부분

등의 시편들에서 선명하게 드러난다. ①에서는 '세한도'를 그린 추사의 마음에 자신의 마음을 대비한다. 추사의 '세한도'가 일상보다는 위기 때 진정한 제 모습(강인하고 초연한 자세)이 드러남을 암시한다면, 이 시에는 현상보다는 본질이나 보이지 않으면서 영원한 근원의 중요성을 강조하는 의미가 담겨 있다. ②에서는 오랜 기다림 끝에 세상에 나와 '울음을 쏟아'내는 매미의 모습을 통해 긴 세월 억척스럽게 살아온 자아를 되돌아보면서 이제는 '무욕의 하늘'로 비상하고 싶은 소망을 표현하고 있다. 그리고 ③에는 밟혀도 끊임없이 되살아나는 '잡초'처럼 좌절하거나 굴복하지 않는 강인한 자아, 또는 끊임없이 재생하고 순환하는 영원한 존재에 대한 염원이, ④에는 풀밭에 든 골프공을 통해서 '풀처럼 바람처럼' 자연과 더불어 자유롭고도 원만한 존재, 그것이 곧 삶의 본업이자 진정한 목적이 되기를 열망하는 자아인식이 담겨 있다.

과거를 회상하는 시와는 달리, 현존을 성찰하고 미래의 자아를 그리는

시에서는 세속적인 것을 초월하려는 의지가 많이 담겨 있다. 이는 어린 시절에 겪었던 지독한 가난을 떨쳐 버리고 물질적인 풍요를 누리기 위해 '세상나무를 이빨로 물어뜯으며/ 삶의 나이테에/ 선명한 무늬를 깊이깊이 새겼다'는 생활력 강한 자아와는 사뭇 다른 모습이다, 말하자면 그는 이제 세속적 삶에 밀착되기보다는 가능한 한 그것으로부터 멀리 떨어지려 하고, 지상적 존재보다는 자연에 합류하거나 하늘로 비상하여 자유로운 존재로 나아가기를 꿈꾼다. 이와 같은 그의 절실한 꿈은 물론

> 수시로 몸을 바꾸는 저 구름!
> 구름처럼 나도
> 늘
> 몸을 바꾸고 마음을 바꾼다
> 팽이는 내 심장의 UFO
> 내가 살고, 내 가족이 살고, 내 공장이 살길이
> 저 어둠 속, 저 안개 속에 묻혀 있다
>
> 팽이는
> 혼자
> 꼿꼿이 서야 한다
>
> 나는 잠시도 쉬지 못하는 슬픈 UFO
>
> —「팽이는 내 마음의 UFO」 부분

에서 보는 바와 같은, 자기 정체성을 생각할 겨를도 없이 오직 자신이 살아남기 위해, 아니면 가족을 위해 팽이처럼 끊임없이 돌아가고 변신하면서 꼿꼿이 서야 하는, '나는 잠시도 쉬지 못하는 슬픈 UFO', 또는 '서울에 뿌리를 붙이려고/ 마장동 348번지에서/ 몸부림 친 내 얼굴'(「쇼윈도우」)이라는 비극적 존재인식을 떨쳐 버리려는 자구책의 하나이다. 달리

말하면 이제 그는 삶의 '본업', 또는 진정한 '목적'이 무엇인지, 정말로 추구해야 할 인간의 정체성이 무엇인지를 가늠할 수 있는 원숙한 존재에 이르러 있음을 뜻한다.

어쩌면 박무웅은 그 정체성을 찾기 위해 삶을 통해 수많은 시간을 소비하고 숱한 체험을 겪으며 멀리멀리 돌아왔으며, 또 그것을 시라는 형식을 통해 확인하고 있는지도 모른다. 시를 잘 모르는 그의 어머니가 온몸으로 육필 시를 썼다면, 그는 육필 시에 더하여 실제 시를 통해 그의 절실한 삶을 재구성해냈다고 할 수 있다. 이런 점에서 그는 어머니와는 또 다른 대조를 이룬다. 그리고 어머니가 주로 현대적 의미로서의 '庶民'(물질적으로 가난한 사람)을 탈출하기 위해 온몸으로 걸어갔다면, 그는 그에 더하여 이제 원래 의미로서의 '庶民'(정신적으로 가난한 사람)에 대한 두려움을 갖고 그로부터 초월하려는 염원을 실현하는 방향으로 삶의 지혜를 모으고 시적 형상화에 집중한다.

시는 문학 가운데 가장 자전적이며 자의식이 강하게 드러나는 양식이다. 자기 체험에서 직접 우러나오는 것이되 예술적으로 가치 있는 형식으로 정제되고 형상화된 것이 바로 시이다. 박무웅의 시는 자기 '고백'으로서의 시라는 점이 뚜렷이 전해오는 동시에 시적 형상화에도 상당히 애를 쓴 흔적이 드러난다. 내가 알기에 그는 사실 시를 전문적으로 공부한 것이 아니라 거의 혼자 읽고 즐기는 과정을 통해서 터득했다고 해도 과언이 아닌데(사업가로서 자수성가한 것도 같은 맥락이라 할 수 있을 듯), 그렇다면 그의 시심은 지극히 자연스럽게 흘러나온 것이고, 시법은 머리가 아니라 몸으로 익힌 것이라고 할 수 있다. 이런 점을 감안하면 간혹 곰삭지 않은 부분이 더러 눈에 띄는 그의 시는 오히려 더 애틋한 정감을 자아낼 수도 있다. 보기에 따라서는 시가 우리 삶과 잘 어우러질 때 더 깊이 가슴을 울릴 수도 있기 때문이다.

서성거림, 또는 마음의 물길 트기
—하두자의 시

1

괴테는 서정적 양식에 대해 '위대한 고백'이라 정의한 바 있다. 여기에는 여러 가지 뜻이 담겨 있겠지만, 아마도 이 말은, 서정시란 개인의 고백적인 형식과 내용으로 이루어져 있지만 위대하게 될 수 있는 의미와 가치를 지님으로써 개인적 차원을 초월하여 보편적 진실을 담은 형식으로서의 예술적 위상을 갖는다는 뜻으로 이해해도 무방할 것이다.

요즘 나는 '위대한 고백'이라는 말을 자주 마음에 새긴다. 자기 고백적이되 위대한 차원으로 승화될 수 있는 시란 과연 어떤 것일까? 이런 생각으로부터 고백의 내용이 어떤 것이어야 하고 또 어떤 식으로 고백해야 위대한 가치를 지닐까? 아니면, 이 세상에 하고많은 시들 중에 '위대한 고백'이라 일컬어질 수 있는 작품이 얼마나 될까? 등등 여러 갈래의 생각들이 머리속을 어지럽힌다. 오늘날처럼 시인과 시를 싣는 잡지들이 급격히 늘어나고 한 달에도 숫자를 헤아릴 수 없을 정도로 쏟아져 나오는 많은 시집과 잡지들마다 홍수를 이루는 시들 가운데 과연 어떤 작품에 대해 '위대한 고백'이라는 칭호를 붙일 수 있을까 궁금증이 꼬리를 문다.

그런데 하두자의 근작시를 읽으면서 나는 '위대한 고백'이라는 말의 의미를 어렴풋이 느낀다. 왜 시는 고백적인 것일 수밖에 없는가, 왜 그것이 위대한 것으로 인식되는 것인가 그런 이유를 희미하게나마 가늠해 본다. 특히 오늘날처럼 온 천지가 어둠으로 뒤덮이고 제 눈에 있는 대들보는 못 보면서 남의 눈에 있는 티나 찾아내어 크게 부풀리고 함부로 돌을 던지거나 침을 뱉기 일쑤인 시끄러운 세상을 떠올리면 '고백'의 의미와 가치를 새삼 느낀다. 털어서 먼지 안 나는 사람 없다고 하듯 우선 제 몸의 먼지부터 터는 일이 무엇보다 중요하다는 것이 나의 생각이다. 남을 손가락질하기보다는 먼저 자기부터 깨끗하게 되어 그런 개인들이 모여서 자연스럽게 아름다운 세상을 만드는 일이 훨씬 더 바람직하다고 믿기 때문이다.

2

이런 관점에서 보자면 하두자의 시는 우리 마음을 울릴 수 있는 자질을 간직한 것으로 판단된다. 그는 스스로 참 존재의 길을 찾기 위해 많은 의문과 탐색의 과정에 들어 서성거리면서 제 마음의 지도를 섬세하게 그려내는 데 더 깊은 관심을 갖고 있기 때문이다. 물신주의가 모든 가치에 우선하는 시대이기에 눈을 안으로 거두어들여 조용히 명상하듯 세계와 자아의 진정성을 탐색하는, 서성거리는 그 자세가 우리의 관심을 끌어들이고 있는 것이다. 그것은 가령,

> 새벽강 골짝마다 파문이 인다
> 누가 저 물길을 건너고 있는가
> 미루나무 가지 끝에 쏟아지던
> 별들의 운행일까

고요한 시간, 새들의 날갯짓일까

—「내 몸의 물길」 부분

홀로 날리는 꽃잎들
어린 초록의 탓이라 할지
몹쓸 바람의 탓이라 할지

—「섬진강」 부분

그 사내는 그녀를 착취하였거나 속였을까
사랑의 약속을 어겼거나
누군가의 목덜미를 쥐고 숨통을 조였을까

—「푸른 대출」 부분

애써 아무렇지도 않게 지워 보지만
집착으로 얼룩진 무거운 몸
아직도 문 밖에서 서성이며
나, 일주문을 들어서지 못한다

—「일주문 앞에서」 부분

등등과 같이 표현되어 있다. 그의 의문과 탐색의 대상은 자연의 이치(「내 몸의 물길」·「섬진강」)에서부터 타인(「푸른 대출」)과 자아(「일주문 앞에서」)에 이르기까지 다양하다. 이렇듯 세상만사가 그에게는 모두 알 수 없는 의문투성이이고 그것으로 하여 그는 허기에 시달린다. 그리하여 그는 그 의문을 풀기 위한 끝없는 탐색(서성거림) 여행에 들어 있는데 그의 시는 곧 그것을 언어로 풀어내는 일종의 고백이 되는 셈이다. 그러므로 하두자의 이번 근작 시들의 핵심을 도달하기 위해서는 무엇보다도 그의 '서성거림'의 원인과 실체가 무엇인가 하는 점을 해명할 필요가 있다.

나, 오래된 유목의 길을 떠나네
양떼를 몰고
허기를 채워줄 초원을 찾아가네
허기 뒤 빛나는 아픔이 기다리네
언덕을 넘어서면 사라지는 목초지
풀들은 내 식성을 비껴가거나
독초랑 함께 있네
맑은 햇살과 푸른 초원에서
내 안의 허기진 궁핍은
목 디밀고 있는 우리의 욕망이네
마음이 풀어진 길을 따라 가 보네
내 시야를 넓히는 들판을 지나
초원이 아닌 둑길도 걷네
서성대며 오랫동안 걸어 온 내 발자국에
궁핍과 허기가 묻어 있네
부드럽게 한 몸이 되어
초원 위에 눕는 허기의 끝은
제 살처럼 따듯한 감미로움이네

—「초원에는 의자가 없다」 전문

이 작품은 이번에 발표한 작품들을 꿰뚫는 근간이 무엇인가 하는 점을 잘 보여준다. 이에 의하면 그의 서성거림이 어디서 비롯되며, 또 그의 지향점이 어디로 뻗어 있는가가 선명하게 드러난다. 그것은 첫째로 그의 서성거림이 '내 안의 허기진 궁핍'을 인식하는 데서 비롯된다는 점, 둘째는 그 '허기진 궁핍'의 근원이 '욕망'에 닿아 있음을 알아차렸다는 점, 그리고 셋째로 그 욕망과 궁핍을 해소할 수 있는 길이 초원에 동화되는 일임을 깨닫고 있다는 점 등으로 집약된다. 그러니까 초원을 찾아 떠나는 그의 '유목의 길'은 욕망을 채우는 길이 아니라 오히려 욕망으로부터 초월하는 길이 되는 셈이다.

그런데 이 작품의 제목을 '초원에는 의자가 없다'고 한 것을 통해서 보면 그의 유목의 길은 끝없는 고행의 길임을 알 수 있다. '언덕을 넘어서면 사라지는 목초지/ 풀들은 내 식성을 비껴가거나/ 독초랑 함께 있네'라고 하는 구절에서 직접 드러나듯 초원을 찾아 떠나가게 하는 그의 꿈은 쉽사리 실현되지 않는다. 언덕을 넘어가도 목초지는 나오지 않기 때문에 강인한 인내심을 필요로 하며, 또 설령 목초를 발견한다고 해도 그것이 독초랑 함께 있으므로 냉정한 분별력을 요구한다. 그래서 그는 오랜 서성거림의 발자국 끝에 다만 '궁핍과 허기'만 묻어나고 있음을 확인할 따름이다.

이러한 인식은 참으로 고통스러운 것이지만 그러나 중요한 것은 그가 그것을 고통으로 받아들이지 않는다는 점이다. '서성대며 오랫동안 걸어온' 고행의 대가로 '허기진 궁핍'이 '욕망'과 맞물려 있다는 것을 깨닫게 되었으며, 그 결과 안락하게 기대앉을 수 있는 세속적인 의자에 대한 욕망을 떨쳐 버리고 자연에 동화되는 것이 진정한 행복에 드는 길이라는 것을 알기도 하였던 것이다. '부드럽게 한 몸이 되어/ 초원 위에 눕는 허기의 끝은/ 제 살처럼 따듯한 감미로움'이라는 구절에서 그 점이 암시된다. '제 살처럼 따듯한 감미로움'이란 무엇을 뜻하는가? 그것은 자연과의 동화를 추구하는 것이 바로 그가 걸어가야 할 본연의 길이자, 그 경지가 그가 지향하는 진정한 세계임을 나타내는 것이다. 그래서 그 순간에 들 때 감미로움을 느끼게 된다.

이렇듯 하두자는 인위적이고 세속적인 것을 초월하여 자연적이고 원초적인 세계에 합일하거나 동화되는 지점이 곧 우리의 지향처가 된다고 가늠한다. 그러니까 우리의 '허기진 궁핍'을 채우는 길은 욕망의 추구가 아니라 오히려 욕망으로부터 초월하는 데 있다는 것이다. 그것은 자연에 동화되는 일, 또는 자연의 순리에 따르는 것을 의미하고 나아가서 정신적 궁핍과 갈등을 해소할 수 있는 근원으로 작용한다. 여기서 우리는 이번 작품들에서 왜 물(물길)의 이미지가 곳곳에서 번져 나오고 있는가 하는 이유도 이해하게 된다.

> 푸른 잔등을 적시며 돌아오는
> 내 안의 물길
> 고요 속에 갈라지는 내 몸의
> 물길이 보인다
>
> —「내 몸의 물길」

> 내 생은 시작부터 어긋났지만 그물에서 올려지는 순간 내 영혼은 곧장 짙푸른 바다로 내뺀다 그대 날렵한 솜씨로 내장과 뼈를 발라내고 하얀 속살을 뜨지만 내 간곡한 숨쉬기는 그친 적 없다 익숙하게 허기로 채워지는 내 부드러운 속살은 바다로 빠져나가고 살점에 남긴 눈물을 먹고 있는 그대,
>
> —「서귀포 횟집에서 만나다」 부분

> 꽃 따라 흘러가는 섬진강이
> 물길 하나 건네주며
> 꽃잎 되어 함께 흘러가자 하네요
>
> —「섬진강」 부분

> 새 순 하나 틔우지 못한 내 뼈들이
>
> 고즈넉이 물길 잡는 소릴 듣는다
>
> —「명상」 부분

> 익숙하고 제일 편안한 찻잔을 찾아 놓고

물이 끓어오르기를 기다리는,
아주 잠시, 사랑이라도 끓어오르기를
기. 다. 리. 는

—「흐린 날」 부분

봄이 되면 눈이 아프다
어딘가 숨어 있는 또 하나 나의 눈
꽃잎에 짓눌려 붉은 꽃물이 떨어진다

—「붉은 눈」 부분

물바람이 폭풍우를 향하여
단걸음에 달려나갈 때

—「폭풍의 언덕」 부분

위에서 보듯 10편의 작품 가운데 물의 이미지가 구체적으로 드러나는 것만 무려 7편에 이른다. 그리고 그 함축적 의미도 대체로 크게 다르지 않다. 물이 갖는 원형 상징적 이미지를 떠올릴 필요도 없이 작품의 문맥을 따라가면 왜 하두자의 시심에 물이나 물길에 대한 이미지가 짙게 번지는지 감지하게 된다. 물은 생명의 근원을 이루는 생명수이자 높은 곳에서 낮은 곳으로 흘러 순리를 거역하지 않으며, 언제나 함께 어우러지는 강한 친화력을 갖고 있을 뿐만 아니라 작은 물방울이 모여서 바위도 뚫어낼 수 있는 거대한 힘(창조력)을 형성하며, 더러운 것을 깨끗하게 변화시키는 정화 기능을 갖고 있는 등 다양한 이미지를 거느리고 있다. 따라서 이와 같은 물의 이미지를 따라가면 시인의 인식이 흐르는 방향도 짐작할 수가 있다.

그에게 물은 어둠 속에서 '세상 밖으로 건너야 할 아득한 길'을 터주거나(「내 몸의 물길」), '한 때는 푸르른 남자였던' 그의 죄를 씻어줄 수 있으며(「푸른 대출」), '가까운 산들이 먼 산을 업고서/ 마을 밖으로 이어진 긴 강을 따라 가'고 '꽃 따라 흘러가는 섬진강이 물길 하나 건네주'는 것처럼(「섬진강」) 함께 어우러져 살아가는 길을 가르쳐 주기도 한다. 또한 그것은 '새 순 하나 틔우지 못한 내 뼈들이/ 고즈넉이 물길 잡는 소릴'(「명상」) 듣듯이 시든 것을 재생할 수 있게 하거나, '사랑이 끓어 오르'게도(「흐린 날」) 한다. 이처럼 하두자에게 있어서 물의 이미지는 다양하며, 또 그것은 대체로 막힘으로부터 열림으로 가는 길을 터주는 것으로 인식된다.

그러나 그럼에도 불구하고 우리의 꿈이 소중하고 열망이 뜨거운 만큼 거기에 이르기란 여간 어렵지 않다. 우리들이 살아가는 일이 늘 그렇듯 제 뜻대로 되는 일이란 실상 그리 많지 않은 것이 엄연한 현실이 아닌가. 이에 우리의 꿈은 언제나 꿈으로만 저만큼 멀리 떨어져 있을 뿐이며, 그래서 그 꿈의 실체에 이르기 위한 노력도 항상 멈출 수가 없다. 또한 그렇기 때문에 우리는 오늘도 진정한 자기를 찾아가는 탐색의 길 위에서 한없이 서성거릴 수밖에 없다.

몸 낮추는 일이사
고개를 숙이면 된다지만
마음을 비워야 들 수 있다는
대흥사 일주문 앞에서
내 삶의 더께진
마음을 본다
꿈의 반경에서
어둠의 진창으로 내달린 길
애써 아무렇지도 않게 지워 보지만
집착으로 얼룩진 무거운 몸
아직도 문 밖에서 서성이며

나, 일주문을 들어서지 못한다

—「일주문 앞에서」 전문

위의 시에서 보듯 하두자는 이상향에 이르기 위해서는 마음을 비우고 허심으로 돌아가야 한다는 것을 알고는 있지만, 언제나 '집착으로 얼룩진 무거운 몸'이 그 길을 가로막고 있기에 '꿈의 반경에서' 다만 서성거리고 있을 따름이라고 한다. 몸 낮추는 일처럼 마음 비우는 일이 쉽지 않다는 것, 즉 마음에 욕망의 집착이 너무나 끈적끈적 달라붙어 있기 때문에 물처럼 순리대로 흘러가지 못하고 끝없이 어둠 속을 헤맬 수밖에 없다고 한다.

그러나 그가 인식하는 어둠은 결코 막막한 어둠만은 아니라고 생각된다. 그는 어둠의 실체가 무엇인가 깨닫고 있을 뿐만 아니라 애써 도달해야 할 목적지가 어디인가도 잘 알고 있기 때문이다. 물론, 그 길은 결코 순탄하지 않다. 우리가 미명에 허덕이는 우둔한 인간으로 남아 있는 이상 끝끝내 '꿈의 반경'을 좁히기는 어려울지 모르지만, 그러나 문제의 핵심을 분명히 파악하고 있는 한 이상향에 이르는 길을 가로막는 단단한 벽에도 물은 스며들어 조금씩 길을 터줄 것이라 믿는다. 특히, 그 길을 밖에서 찾는 것이 아니라 자기 내부에서 찾고 있다는 점에서, 그리고 그것이 '한 생애가 걸어야 할 희망과 절망이라면 내 꿈꾸기는 멈추지 않는다 쓰린 상처의 비늘 퍼덕이는 날까지'(「서귀포 횟집에서 만나다」)라고 강한 인내심과 결의가 식지 않는 한 그의 시심은 늘 푸를 것이며, 그 푸른 기운은 다시 우리들의 어두운 마음에도 숨통이 트이게 하는 생명수로 다가오리라 믿는다.

무심으로 돌아가기
—문경의 시

1

요즘 젊은이들이 즐겨 입는 옷차림으로서 힙합바지라는 것이 있다. 내가 보기에 이것은 가랑이가 필요 이상으로 넓고 길다. 지저분한 거리를 비질이라도 하며 다니고 싶은 탓일까, 땅에 질질 끌리는 힙합바지는 거의 밑단이 너덜너덜 헤져 있어 볼썽사납다. 그럼에도 불구하고 유행을 좇는 심리가 작용하여 많은 젊은이들이 그런 옷차림을 즐겨 입고 다닌다. 한동안 거지패션이라는 것이 유행한 때가 있었는데, 내가 보기에는 힙합바지도 거지꼴이나 다름이 없다.

그렇다면 그들은 왜 깔끔한 옷차림을 거부하고 일부러 거지꼴을 닮아가려고 할까? 우리는 사실 이런 심리적인 측면부터 먼저 이해할 필요가 있다. 말하자면 기성문화에 대하여 반발하고 싶은 욕구가 젊은이들의 심리에 깔려 있다고 한다면, 그들이 즐겨 입는 옷차림의 이면에도 어쩌면 그런 심리적 배경이 깔려 있는지도 모른다. 적어도 내가 보기에는 남루한 옷차림(거지패션)을 선호하는 일부 젊은이들의 심리에는 현대 물질문명에 대한 혐오감이 어느 정도 깔려 있는 것으로 보인다.

이러한 비판적 인식은 다음과 같은 두 가지 의미로 나누어서 생각해 볼 수도 있다. 즉 하나는 지나치게 잘난 척 하는 속물근성에 대한 혐오감이요, 다른 하나는 지나친 꾸밈에 대한 역겨움이다. 좀 더 구체적으로 말해서 잘난 척하는 사람들을 따라가지 못할 바엔 차라리 그들과 정반대의 길을 선택함으로써 저항적 의지를 더욱 노골적으로 드러내고자 하는 것이다. 이를테면 그 내면에는 그들의 행태를 적극적으로 부정함으로써 그들에 버금가는 의미를 부여받고자 하는 의도가 깔려 있다. 또한 그런 것이 현대 물질문명의 역기능적 산물이라면 거지같은 옷차림은 물질문명의 반대편에 있는 인위적으로 꾸미지 않은 소박하고 순수한, 그리하여 인간미를 풍길 수 있는 모습이라 할 수 있다. 아마도 내가 보기에 이 후자의 의미가 더 농후하지 않을까 한다. 그런 점에서 그것은 히피족들의 심리와 통하는 점이 있기도 하다. 이렇듯 이 시대에는 옷차림 하나에도 심각한 의미가 깔려 있다. 말하자면 본질이 왜곡되고 속물근성이 오히려 거리를 활보하는 시대에 대한 비판적 인식이 옷차림을 통해서도 발산되고 있는 셈이다.

시단도 예외는 아니다. 자본주의의 병폐가 깊어 물질 중심의 세계로 전락하고, 그에 따라 시마저 혼란에 빠져 있는 것이 숨길 수 없는 현실이다. 쓸데없이 길고 수다스러운가 하면 괜히 흥분하거나 과격해지는 작품들을 흔히 볼 수 있듯 사람들의 관심을 끄는 유형이라는 인식만 따르면 개성보다는 세간의 관심사에 따라가는 젊은 시인들이 너무나 많아서 눈살이 절로 찌푸려지는 것이 오늘날의 시단이다. 좀 과장하자면 시 같지도 않은 시들이 시다운 시를 몰아내는, 이른바 악화가 양화를 구축하는 현상이 시단에도 적용되고 있는 꼴이다.

늘 이런 아쉬움을 갖고 있는 나에게 문경이라는 신인의 작품은 많은 위안을 준다. 내게 생면부지인 그는 약력에 의하면 1999년에 『게릴라』라는 잡지에 시를 발표하면서 본격적으로 시업에 종사하게 되었다고 하니 나이야 얼마나 되었든 젊은 시인이다. 이런 신인의 작품이 나의 마음을 끌어당기는 것은 전적으로 그의 시가 무척 시답다는 안정감을 내게 보여주고 있기 때문이다. 내가 보기에 그는 일단 사고의 깊이와 세계를 통찰할 수 있는 그윽한 눈을 갖고 있으며, 그리고 무엇보다도 시의 생리를 잘 이해하고 있어서 읽는 이로 하여금 시가 갖는 독특한 맛을 느끼게 한다는 점에서 우리의 기대를 모은다.

2

문경의 시는 여러 가지 측면에서 현대라는 저 숨 막히는 시대의 한복판을 걸어가는 우리에게 많은 것을 생각하게 한다. 특히 그 중에서도 앞서 잠시 언급한 대로 무엇보다 시다운 시, 읽는 즐거움을 주는 시를 쓰려는 진지한 자세를 간직하고 있다는 점을 높이 사고 싶다. 그의 시를 읽으면 지금 우리가 가고 있는 방향, 즉 너무나 속되고 너무나 탐욕스럽고, 그리하여 엄청나게 빠른 속도로 숨 돌릴 겨를도 없이 막무가내로 달려가기만 하는 듯한 이 시대의 세태가 반드시 추구해야만 하는 것인가 하는 회의를 갖게 한다. 그것은 시의 형식적 측면뿐만 아니라 내용적 측면에서도 분명히 확인할 수 있다.

가령, 우선 형식적 측면에서 그의 시는 대체로 짧은 유형을 취하고 있다. 세계가 복잡해지면서, 그리하여 점점 산문적 세계로 변모하면서 문학작품도 그것을 따라가는 듯 길어지고 산문화되어 혼란스러울 정도로 뒤죽박죽인 것들이 많은데, 문경의 시는 일단 한눈에 들어올 만큼 짧으면서 서정성을 바탕으로 하고 있으며, 우리의 상상력과 사유를 충동한다. 그것은 바로 시의 경계를 아슬아슬하게 넘나드는 우리 시단의 한 행태를 비판적으로 인식하고 있음을 알게 한다.

한편, 이러한 그의 인식은 내용면에서도 잘 드러난다. 특히 이번에 발표하는 7편의 작품을 개관하면, 그는 각박한 현실에 대한 부정적 인식을 시의식의 근간에 깔고 있는 것으로 보인다. 전체적으로 그는 빠름보다는 느림을, 욕심보다는 허심을, 현재보다는 과거를, 표면보다는 내면을 응시하고 옹호한다. 그러니까 그의 의식은 현대성에 대한 비판적 인식을 전제로 하여 진정 인간이 추구해야 하는 것이 무엇인가라는 점을 되새기는 방향으로 향하고 있음을 알 수 있다.

요즘 어떻게 지내는가? 그리유 그냥!
한번 놀러오게나, 그리유! 아무때나 가지유 뭘!
귀찮다는 말인지, 반갑다는 말인지
나도 그랬으면 좋겠네
삶이 안부를 물어올 때도
모든 사람들이
그리유 그냥, 무심하게 대답하며 살았으면 좋겠네

詩가 나에게 時를 물어오면
그리유, 새벽 한두 시쯤 됐을 거유
그렇듯 무심하게 대답했으면 좋겠네

—「삶이 詩에게」 전문

표제시로 내세운 이 작품을 통해서 문경의 현실인식이 어떤 쪽으로 기울어지고 있는지 짐작할 수 있다. 우선 우리는 이 작품의 어조에 주목할 필요가 있다. 즉 이 작품은 충청도 어투를 택하고 있는데, 이는 향토성 외에 특히 느리더라도 여유를 갖는 삶의 필요성을 드러내는 것이라 하겠다. 그것은 '삶이 안부를 물어올 때도/ 모든 사람들이/ 그리유 그냥, 무심하게 대답하며 살았으면 좋겠네'라는 구절에서 직접 드러나고 있다. 모든 사람들이 무심하게 대답하며 살았으면 좋겠다는 시인의 인식, 그 중에도 우리는 '무심'이라는 말과 함께 사람들이 그렇게 했으면 좋겠다는 소망을 갖는다는 점에 특히 주목할 필요가 있다. 말하자면 시인은 현대인들이 너무나 각박하고 너무나 욕심으로 가득 차 있다고 생각하기에 조금이라도 무심의 경지로 돌아갔으면 하는 마음을 갖는다. 그러니까 그는 사람들이 좀 순수해졌으면 좋겠다고 생각한다.

이러한 그의 인식은 둘째 연에서 시간에 대한 관념으로 확장되면서 무심한 삶의 가치를 은밀히 드러낸다. 즉 '새벽 한두 시쯤'이라는 시간 인식에 중요한 의미가 담겨 있는데, 그것은 바로 원점으로 회귀하고 싶은 욕구가 그 시간관념에 내포되어 있기 때문이다. 다시 말해서 '새벽 한두 시쯤'이란 역사적 시간으로 확장하면 현대 문명사회의 역방향으로서 문명이전의 시간을 말하는 것일 수 있다. 여기서 우리는 시인이 왜 충청도 어투를 시에 도입하고 있는지 짐작할 수 있다. 즉 충청도 어투에 깔린 향토성과 순수성과 여유라는 의미를 취하기 위해서 짐짓 그는 충청도 어투를 선택하고 있는 것이다. 이와 같은 의미로 볼 때 '새벽 한두 시쯤'은 또한 사람들이 무심으로 돌아간다면 새벽 한두 시쯤과 같은 새로운 시간이 열린다는 것을 나타내기도 한다. 결론적으로 시인은 물신주의가 극에 달한 현대에 대한 혐오감으로부터 새로운 출발이 이루어지기를 바라는 마음이 간절함을 이 시를 통해서 보여주고 있다.

문명의 발달이 인간들의 발전에 대한 욕망이 이룩한 결과라 한다면 그 욕망에는 또한 필연적으로 역기능적인 요소도 있을 수밖에 없다. 말하자면 지나친 욕망이 항상 문제가 된다고 할 수 있을 텐데, 그 문제의 중심에 인간을 위해서 발달시킨 물질문명이 도리어 인간을 소외시켜 버리는 현상이 자리잡고 있다. 이러한 현상이 깊어지고 만연되면 이제 물질문명의 발달에 대한 거부감이 발동하게 되고, 나아가서 문명의 발달을 가능하게 했던 근원으로서의 욕심에 대한 비판적 인식도 따르게 된다. 시인이 무심에 대하여 강조하고 '보내야 꽃 피는가봐요 보내는 일밖에요'(「상제나비」)라고 하며 붙잡기보다는 보냄의 의미를 생각하는가 하면, 그리고 공을 쳐 올리는 나의 행위와 다시 지상으로 가라앉게 되는 공의 원리를 통해서 모든 인간들의 욕심이란 '가죽뿐인 공의 부푼 열망'(「나무이거나 풀이거나 돌이거나」)에 불과함을 깨닫기도 하는 것은 바로 그러한 인식과 깊은 관련이 있다. 따라서 그에 의하면 '말하자면 꽃이거나 그늘이거나 바람이거나/ 새잎이 돋고, 그늘을 드리우고, 흔적도 없는 것'이고 인간 역시 그러한 자연물의 하나에 지나지 않는 것인데('세상의 끝을 돌아,/ 돌아서 오는, 나는/ 그 뒤를 따라다닐 뿐이지요') 쓸데없이 '부푼 열망'에 들떠 있는 셈이다.

이처럼 그는 무엇보다 인간들의 욕심에 대하여 부정적으로 바라보면서 무심으로 돌아가는 삶을 강조한다. 물론 이러한 그의 자세는 물질문명의 발달을 근본적으로 부정하고 원시시대로 되돌아가자는 것은 아닐 것이다. 그는 다만 인간들이 욕심을 버리고 무심으로 돌아가려는 의지를 조금이라도 갖게 됨으로써 비인간화로 치닫는 현실을 다소나마 완화해야 한다는 절박한 심정을 갖고 있을 뿐이라고 해야 할 것이다. 왜냐하면 우리가 원시시대로 다시 돌아갈 수도 없거니와 설령 돌아간다고 해도 문명의 이기에 길들여진 현대인들이 견딜 재간도 없기 때문이다. 그러기에 그가 바라는 무심이란 지나친 욕심이나 허욕을 버리자는 것일 뿐 그 자체를 송두리째 부정하는 것은 아니다. 이러한 점은 다음 시에서 분명히 엿볼 수 있다.

> 빗자루로 쓸어낸 봉숭아씨가 하수구 틈새에서 싹을 틔웠다
> 철근 콘크리트 바닥을 뚫고

나는 놈을 끄집어내어 옮겨주려다, 허리를 부러뜨렸다

철심보다 더 단단한 뿌리를 그 속에 박고 있었던 것이다

제 삶의 터전에 모질게 뿌리내려 사는 법을
놈은 나보다 먼저 터득하고 있었던 것이다

—「죽음으로 말하는 충고」 전문

이 시에서 우리는 지나친 관심의 허위를, 그리고 생명체란 어떤 척박한 공간에서도 사는 법을 터득하며 생존한다는 사실을 발견하는 시인의 그윽한 눈길을 엿볼 수 있다. 철근 콘크리트 바닥을 뚫고 싹을 틔운 봉숭아 싹의 애처로운 모습이 안쓰러워서 좋은 환경으로 옮겨 주려고 했던 일이 그만 허리를 부러뜨리고 생명을 잃어버리게 하는 것처럼 우리는 상대방보다는 나의 입장에서 일을 처리하다가 도리어 심각한 문제를 일으키는 경우를 종종 당하게 된다. 그것이 인간의 한계일 수도 있지만 대부분 경솔한 행위에서 나오는 것이기에 우리는 늘 진지하고 성실하게 살아가는 자세를 아쉬워하게 된다. 그것 역시 제 삶의 영토에 깊이 뿌리를 내리고 최선을 다하는 삶이 아니겠는가. 이 시는 바로 그러한 지혜를 우리에게 일러주고 있다.

3

그러나 인간의 존재란, 또 그 인간의 삶이란 얼마나 복잡하고 알 수 없는 것인가. 도무지 이해할 수 없고 판단할 수 없는 얼마나 많은 것들이 우리의 존재의 이면에, 그리고 삶의 행로 깔려 있는가. 생각하면 할수록 참으로 답답하기도 하고 신비롭기도 한 것이 바로 인간의 존재이다. 다시

말해서 앞에서 말한 바, 잘 살고 싶은 소망이 문명을 발달시켰는데, 그것이 지나친 욕망으로 작용할 때에는 오히려 인간성을 말살하고 소외와 갈등을 야기하는 것과 같은 이중성이 항상 인간의 존재와 삶과 행위에는 깔려 있기 때문에 더욱 답답하고 괴롭고 아프다. 가령, 다음 시에 드러나는 장면을 우리는 수없이 경험하면서 때로는 당황하고 때로는 화를 내고 또 어느 때는 자신을 반성하기도 한다.

강과 어우러져 살아보려고
발 담그고 들어서면
놀라 홰를 치며 물새는 저 건너로 날아가고
강물은 어린 송사리 떼마저 데리고 달아나네

—「외면」 부분

이 시를 통해서 우리는 자신의 생각이나 행동이 곧이곧대로 상대방에게 전달되기가 얼마나 어려운 것인가를 실감하게 된다. 즉 '강과 어우러져 살아보려'는 나의 마음을 새와 강물이 몰라주는 것처럼 자신의 진심을 제대로 알아주는 상대방을 만나기가 어려운 것이 사실이다. 이러한 현상은 사회가 각박해지고 인정이 메말라가면서 더욱 심화되고 있다. 어떻게 보면 사회가 너무나 각박하니까 제 삶을 꾸려나가기도 어려운 세상에 남에게 깊은 관심을 갖고 남을 배려하며 정을 쏟기란 그리 쉽지가 않은지도 모른다. 그러니까 오늘날 우리가 이토록 힘들고 외로운 것은 어쩔 수 없이 받아들여야 할 정황인 것이다. 여기에 바로 날이 갈수록 고독한 존재로 전락하고 있는 현대인들의 존재를 되짚어봐야 할 당위성이 놓인다. 구체적으로 말해서 심각한 문제에 봉착하고 있는 현대인들의 많은 문제점들은 대부분 그들 스스로의 자업자득이란 점을 깊이 깨달을 필요가 있다.

문경은 우리가 깨달아야 할 그 문제점의 일부분이 무심으로 돌아가는 것이어야 함을 시로 형상화해서 보여준다. 우리에게 그의 시가 따뜻하게 다가오는 것도 바로 그가 삶을 깊이 헤아리고 그 삶의 이면에 드리워진 내밀한 의미에까지 눈길을 주며 그것을 서정적으로 풀어낼 수 있는 솜씨를 지녔기 때문이라 생각된다.